Recht in der Transformation

Potsdamer Textbücher Band 7

2002

Christian Boulanger (Hrsg.)

Recht in der Transformation

Rechts- und Verfassungswandel
in Mittel- und Osteuropa

Beiträge zur Debatte

Berliner Debatte
Wissenschaftsverlag

Potsdamer Textbücher *PTB*

Die Reihe wird herausgegeben von Erhard Crome,
Jochen Franzke und Raimund Krämer
im Auftrage des WeltTrends e.V. Potsdam.

Recht in der Transformation. Rechts- und Verfassungswandel
in Mittel- und Osteuropa : Beiträge zur Debatte /
Christian Boulanger (Hrsg.). - Berlin : Berliner
Debatte Wiss.-Verl. ; 2002
    (Reihe Potsdamer Textbücher ; 7)
    ISBN 3-931703-46-0

© Berliner Debatte Wissenschaftsverlag. GSFP - Gesellschaft für
sozialwissenschaftliche Forschung und Publizistik mbH & co. KG.
PF 58 02 54, 10412 Berlin

Satz: Rico Janke
Druck: GAM MEDIA
Auslieferung: Bugrim Berlin, Saalburgstraße 3, 12099 Berlin
Printed in Germany

ISBN 3-931703-46-0

Inhaltsverzeichnis

Christian Boulanger
Recht in der Transformation – Transformation durch Recht?   7

Wolf Heydebrand
Die Dynamik des rechtlichen Wandels in Mittel- und Osteuropa   13

Ulrich K. Preuß
Die Rolle des Rechtsstaates in der Transformation
postkommunistischer Gesellschaften   36

Marcel Tomášek
Privatisierung, Post-Privatisierung und der Rechtsstaat –
Das Beispiel der Tschechischen Republik   62

Armin Höland
EU-Recht auf dem Weg nach Osten:
Rechtssoziologische Fragen   78

Wolfgang Gaul
Sinn und Unsinn internationaler Rechtsberatung   102

Gert Pickel und Jörg Jacobs
„Subjektive Legitimität", Rechtsstaat und Konsolidierung   125

Paul Georg Geiß
Rechtskultur und politische Reform in Zentralasien   149

Katalin Füzér
Wirtschaftlicher Notstand: Konstitutionalismus und
ökonomischer Diskurs im postkommunistischen Ungarn   171

Karel Vodička
Das slowakische Verfassungsgericht
im Transformationsprozess   193

Aleš Galič
Das Slowenische Verfassungsgericht im
Transformationsprozess: Selbstbeschränkung oder
richterlicher Aktivismus … 215

Edin Šarčević
Transformation durch Verfassungsrecht:
Grenzen realpolitischer Intervention
in das nationale Rechtssystem … 233

Bibliographie … 256

Autoren und Autorinnen … 269

Christian Boulanger

Recht in der Transformation – Transformation durch Recht?

Die Stunde der Juristen

Gefragt, wie es denn war, unter kommunistischem Recht zu leben, erzählte die polnische Ombudsfrau für Verfassungsrechte, Ewa Letowska, ihren westlichen Besuchern gewöhnlich folgenden Witz: Kommt ein hungriger Reisender in ein Restaurant in Moskau. Er setzt sich hin, schaut in die Speisekarte, und sagt zum Ober: „Ich hätte gerne das Schnitzel." „Haben wir nicht", antwortet dieser. „Na dann nehme ich eben die Fleischbällchen". Darauf der Ober: „Haben wir auch nicht." – „Wie wäre es mit Leber?" – Der Ober wieder: „Gibt es nicht." Woraufhin der Gast wütend wird und ruft: „Ist das hier eine Speisekarte oder unsere Verfassung?"[1]

Wie viele andere Witze, die während der staatssozialistischen Herrschaft im Ostblock kursierten, bringt auch dieser die Situation, die Andrew Arato als die „doppelte Verfassungsrealität" der von der Sowjetunion beherrschten Gesellschaften bezeichnet hat, auf den Punkt: die Koexistenz der ungeschriebenen autoritären Verfassung des Einparteienstaates und der geschriebenen, aber ungenutzten „demokratischen" Verfassungen, die hauptsächlich zum Zweck der äußeren Darstellung dienten.[2] Dies ist kein ausschließliches Merkmal staatssozialistischer Regime. Viele autoritären Regime versuchen, ihre Herrschaft in quasi-demokratische Schaufensterverfassungen zu kleiden.[3] Aber in den Staaten, die sich offiziell zur marxistisch-leninistischen Lehre bekannten, stand hinter der systematischen Missachtung von Verfassungsrecht oder auch jedem anderen Recht, eine offizielle Ideologie und Rechtstheorie.

---

[1] Ewa Letowska, „A Constitution of Possibilities", *East European Constitutional Review*, Bd. 6, Nr. 2 (Spring/Summer, 1997), S. 76-81, 76.

[2] Andrew Arato, „Constitution and Continuity in the East European Transitions. Part I: Continuity and its Crisis", Constellations, Bd. 1 [1] (1994), S. 93-112.

[3] Zu autoritären und totalitären Regimen siehe: Juan J. Linz, Totalitäre und autoritäre Regime. Berlin: Berliner Debatte Wissenschaftsverlag 2001 (Potsdamer Textbücher, Nr. 6).

Diesen weitgehend „unbenutzten" Verfassungen kam in den revolutionären Umbruchsituationen der Jahre 1989/90 eine ganz neue Qualität zu. Zwar wurden fast überall neue Verfassungen verabschiedet oder die alten bis zur völligen Unkenntlichkeit revidiert. Jedoch geschah dies oftmals auf der Basis der Prozeduren, die in den alten Verfassungen vorgesehen waren. Die Neugestaltung der politischen Institutionen und zentralen gesellschaftlichen Werte durch Verfassungsgebung war ein bedeutendes öffentliches Ereignis auf nationaler Ebene, aber auch in den demokratischen westlichen Industrienationen stieß diese Institutionalisierung der neuen postsozialistischen Ordnungen auf großes Interesse. Westliche Regierungen unterstützten den Prozess der Ausarbeitung von Verfassungen tatkräftig.

Nicht nur die Verfassungen sollten die neuen Gegebenheiten widerspiegeln. Die gleichzeitige Veränderung politischer, wirtschaftlicher und sozialer Institutionen unterscheidet die mittel- und osteuropäischen Länder von anderen postautoritären Staaten, z.B. in Südamerika, in denen nach dem Ende der Diktaturen nur das politische System neu geregelt wurde. Sie machte die Revision fast aller rechtlicher Materialien notwendig, im öffentlichen Recht genauso wie im für das Wirtschaftsleben entscheidenden Privat-, Vertrags- und Handelsrecht. Auch strafrechtliche Bestimmungen mussten entpolitisiert und den neuesten menschenrechtlichen Entwicklungen angepasst werden. Weiterhin stellte sich die Frage, wie mit dem Recht bzw. Unrecht der Vergangenheit umgegangen werden sollte. Waren Handlungen strafbar, die nun nach allgemeiner Auffassung moralisches Unrecht bedeuteten, aber zum Zeitpunkt der Begehung vom offiziellen Recht gedeckt waren? Schließlich wurden auch weitere Lebensbereiche neu geregelt, die auf den ersten Blick nicht mit dem politischen System des Kommunismus in Verbindung zu stehen schienen. Die neuen, demokratisch gewählten Mehrheiten in den Parlamenten brachten in vielen Fällen andere sozialpolitische Vorstellungen mit als die früheren Machthaber, z.B. in Fragen der Sozialfürsorge, des Familienrechts, der sozialen Stellung der Frau.

Nun begann die Stunde der Juristen. Das hatte es in vielen anderen historischen Umbruchsituationen gegeben. Während sich in autoritären Systemen Regelungen per Anordnung des Herrschers oder Herrschaftskollektivs durchführen lassen, können in rechtsstaatlichen Demokratien - die nun die post-kommunistischen Länder zu sein wünschten - sozial- und wirtschaftspolitische Ziele nur *durch* Gesetze oder zumindest nur *auf der Grundlage von* Gesetzen erreicht werden. Da es jedoch in Anbetracht existierender Alternativen und rechtlicher Globalisierungszwänge nicht sinnvoll und angesichts der knappen Zeit auch unmöglich war, alle Gesetze selbst zu schreiben, begann ein massiver Import von Gesetzesmaterialien, die nur zum Teil den örtlichen Gegebenheiten angepasst wurden.

Durch den bloßen Import von formalen Rechtsregeln (z.B. Verfassungstexte, Zivil-, Wirtschafts- oder Strafrechtskodifikationen) schien der Übergang zu „westlichen" Vorstellungen von Demokratie, Menschenrechten und Marktwirtschaft relativ einfach bewältigt werden zu können. Zugleich wetteiferten Vertreter von staatlichen und nichtstaatlichen Institutionen aus dem Ausland darum, ihre jeweiligen Vorstellungen vom „idealen Rechtsstaat" und der „idealen Wirtschaftsgesetzgebung" in das vermeintliche 'rechtliche Vakuum' der 'kommunistischen Unrechtsstaaten' zu exportieren. Was in Georgia, USA, funktionierte, sollte auch in Georgien, GUS, gehen. Wenn die Prinzipien des Bürgerlichen Gesetzbuches in Deutschland seit Anfang des 20. Jahrhunderts den Abschluss von Verträgen erfolgreich regelt, warum sollten sie anderswo nicht die Marktwirtschaft befördern? Die Aussicht, kurz- oder langfristig der Europäischen Union und deren Rechtsraum beitreten zu können, tat in vielen Ländern Mittel- und Osteuropas das Übrige, um Parlamente in vielen Fällen zu bloßen Zustimmungsorganen zu Normenkomplexen zu machen, die auswärts entworfen und dann im Lande hastig zusammengeschrieben wurden.

Die massenhafte Übernahme von westlichen Rechtsmaterialen hieß jedoch nicht, dass dem nationalen Rechtssystemen kein Spielraum verblieb oder diese nun alle vollständig „modernisiert", sprich, dem entwickelten Westen angepasst wurden. Der Umfang der gesetzlich zu regelnden Lebensbereiche war natürlich bei weitem größer als die tatsächlich importierte Rechtsmaterie. Zudem besteht ein großer Teil des Rechts nicht aus den geschriebenen Normen, sondern aus der Konkretisierung dieser Normen durch die Gerichte. Diese wiederum schöpfen aus dem Fundus der nationalen rechtswissenschaftlichen Diskussion, die von Land zu Land eine unterschiedliche Entwicklung nimmt. Insbesondere die obersten Gerichte und Verfassungsgerichte mühten sich unablässig mit der „tatsächlichen" Bedeutung der neuen Gesetze. Im Fall der Verfassungsgerichtsbarkeit konnten sogar oft Akte der Regierung und Gesetze der Legislative mit dem Argument der Verfassungswidrigkeit zunichte gemacht werden. Man kann sagen, dass während der Transformationsprozesse in Mittel- und Osteuropa Juristen nicht nur in der rechtlichen Praxis und wissenschaftlichen Forschung, sondern an zentraler Stelle in der Politik eine entscheidende, von der Öffentlichkeit und wissenschaftlichen Beobachtung oft unterschätzte, Rolle gespielt haben.

Die Chance der Sozialwissenschaften

Die bisher beschriebenen Phänomene sind von westlichen Rechtswissenschaftlern im Detail begleitet und bearbeitet werden. Im deutschsprachigen Raum besteht eine umfangreiche juristische Literatur, die sich mit der rechtlichen Transformation in Mittel- und Osteuropa beschäftigt, sie systematisiert und in den deutschen Rechtskontext übersetzt. Diese Literatur beschäftigt sich vor allem mit den Verfassungs- und Gesetzestexten, ihrer Auslegung und der Analyse und Kommentierung von Gerichtsentscheidungen in diesen Ländern.

Vieles widersetzt sich jedoch einer rein normativen juristischen Analyse. Es sind dann Fragen, die eher von Rechtssoziologen, Politikwissenschaftlern und Anthropologen gestellt werden: Die wichtigste ist jene, welchen Einfluss Recht tatsächlich auf das Handeln von Menschen hat. Schon Max Weber hat darauf aufmerksam gemacht, dass es nicht ausreicht, Recht nur aus der *normativen* Sichtweise der Juristen zu betrachten.[4] Es muss immer danach gefragt werden, welche Beziehung zwischen Recht und Gesellschaft, zwischen „Rechtsanspruch" und „Rechtswirklichkeit", zwischen „law on the books" und „law in action" besteht.

Diese Unterscheidung ist für die osteuropäischen Transformationsländer höchst relevant. Was nützt es, perfekte Verfassungen bzw. Gesetze zu schaffen bzw. aus anderen Rechtssystemen zu übernehmen, wenn sie im eigenen Land nicht „funktionieren", weil sie z.B. nicht beachtet oder falsch verstanden werden bzw. nicht erzwungen werden können? Woran liegt es, wenn die erhofften Wirkungen ausbleiben? Weit über 10 Jahre nach dem Ende der sozialistischen Regime und dem Beginn der Rechtsreformen in den postsozialistischen Staaten und Gesellschaften stellt sich die Frage, wie die bisherigen Transformationen des Rechts aus sozialwissenschaftlicher Sicht zu beschreiben und zu bewerten sind. Wie hat die Transformation staatssozialistischer Gesellschaften das Recht beeinflusst? Und: Welchen Beitrag hat das Recht zur Transformation geleistet? Dabei ist es nicht ausreichend, einen „dünnen" Begriff des Rechts zu verwenden, der dem „law on the books" entspricht. Statt dessen muss das „law in action", das „lebendige Recht" (Eugen Ehrlich) untersucht werden.

Die Literatur zu diesem Thema ist allerdings noch dünn gesät. Politikwissenschaftler und Soziologen haben bisher vor allem den Umbau des wirtschaftlichen und politischen Systems im Visier gehabt und sich mit dem Rechtssystem eher am Rande beschäftigt.

---

[4] Max Weber, Wirtschaft und Gesellschaft. Grundriß der verstehenden Soziologie. Tübingen: Mohr, 5., rev. Aufl. 1980 (orig. 1921), S. 181.

Insgesamt hat die sozialwissenschaftliche Debatte zu den Transformationsprozessen in den postkommunistischen Gesellschaften Mittel- und Osteuropas die Rolle von Recht als soziales Phänomen und die Rolle von Gerichten als Akteure der Transformation vernachlässigt. Dies ist sicherlich der stark ausgeprägten disziplinären Arbeitsteilung von Juristen und Sozialwissenschaftlern zuzuschreiben. Die deutschen Sozialwissenschaften stehen also noch vor ihrem „legal turn". Auf der anderen Seite müssen auch die Juristen über den Tellerrand ihres Fachs blicken und soziale, politische und kulturelle Faktoren in ihre Analysen mit einbeziehen.

Zu dieser Publikation

Dieser Band der Potsdamer Textbücher soll als eine Einführung in das Thema dienen. Er ist aber kein *Lehrbuch*, sondern ein „Textbuch", soll heißen, dass die darin enthaltenen Artikel weder einen umfassenden Überblick über das jeweilige Themengebiet geben, noch, dass sie sich im theoretischen oder methodischen Ansatz, Erkenntnisinteresse oder in den Schlussfolgerungen gleichen. Die Beiträge wollen zwar auch einen Einblick in die aktuelle Forschung bieten, aber es geht in ihnen vor allem darum, wichtige Probleme der Thematik zu beleuchten und Lösungswege deutlich zu machen. Sie zeigen unterschiedliche Argumentationsweisen, normative Zielsetzungen und wissenschaftliche Arbeitsstile. Mit den Beiträgen in diesem Textbuch und mit den hier angegebenen weiterführenden Literaturangaben soll man arbeiten können. Sie sollen zum Widerspruch auffordern und zu weiterem Lesen anregen.

Die Prozesse der Rechtstransformation sind ein wahrhaft „weites Feld" und werfen zahlreiche theoretische und konkrete Fragen auf, von denen dieses Buch selbstverständlich nur einige ausgewählte bearbeiten kann. Das einführende Kapitel von Wolf Heydebrand wurde ursprünglich Mitte der 90er Jahre geschrieben. Wir drucken es hier in leicht aktualisierter Form ab, weil es in umfassender Weise wesentliche Probleme und Themen benennt, mit denen sich die Forschung zur postsozialistische Rechtstransformation auseinander setzen muss. Danach erkundet Ulrich K. Preuß die Beziehung zwischen der historischen Entwicklung des Rechtsstaats und seiner Bedeutung in den Transformationsprozessen, und Marcel Tomášek untersucht das *Verhältnis zwischen Rechtsstaat und Wirtschaftsordnung und -entwicklung* mit Bezug auf die Transformationstheorie. Die Beiträge von Armin Höland und Wolfgang Gaul beleuchten den *Rechtstransfer von der EU in die Beitrittskandidaten* bzw. *den Einfluss von internationaler Rechtsberatung* in Transformationsstaaten. Paul Geiss und Gert Pickel beschäftigen sich in ihren Kapiteln am Beispiel Zentralasiens und Mittel- und Osteuropas mit der Frage, welche Bedeutung *Rechtskultur* im Reformprozess spielt. Die Rolle von *Verfassungsgerichten in der Transformation* bildet einen besonderen Schwerpunkt dieser Publikation. Verfassungsgerichte stehen am Schnittpunkt zwischen dem Rechtssystem und dem politischen System. Sie können als Gradmesser für den Fortschritt der Rechtsstaatlichkeit dienen. Katalin Füzer, Karel Vodička und Aleš Galič stellen aus jeweils unterschiedlicher Perspektive die Arbeit der Verfassungsgerichte Ungarns, der Slowakei und Sloweniens vor. Abschließend befasst sich Edin Šarčević am Fall Bosnien-Herzegowina mit den Problemen einer von außen aufgezwungenen Rechts- und Verfassungsordnung, die im Land selbst nur wenig Legitimität genießt. Um weitere Nachforschungen für diese und andere Themen zu erleichtern, haben wir an das Ende dieses Bandes eine Bibliographie gestellt. Diese Bibliographie kann zusätzlich über einen bibliographischen Index erschlossen werden, der im Internet unter http://www.rechtswirklichkeit.de/transformation veröffentlicht wurde.

Die Kapitel von Tomášek, Höland, Gaul, Geiss, Füzér, Galič, und Šarčević wurden ursprünglich in Beiträgen auf der Konferenz „Recht in der Transformation – Transformation durch Recht?" vorgestellt, die am 28. und 29. März 2001 von der Zeitschrift *WeltTrends* und der Brandenburgischen Landeszentrale für politische Bildung veranstaltet und von der Deutschen Forschungsgemeinschaft (DFG) unterstützt wurde. Wir möchten an dieser Stelle der Landeszentrale ganz herzlich für die Ausrichtung und Finanzierung der Konferenz bedanken. Weitere Beiträge von Konferenzteilnehmern sind in *WeltTrends* Nr. 31 (Sommer 2001) veröffentlicht worden.[5]

Der Politikwissenschaftler Klaus von Beyme hat einmal ironisch angemerkt, dass nach einem weitverbreiteten Sprachgebrauch *interdisziplinär* genannt werde, „was mehrere Autoren als Buchbindersynthese vorlegen".[6] Eines sollte nach der Lektüre der Beiträge dieses Bandes deutlich geworden sein: Die Beobachtung, Förderung, und Bewertung der postsozialistischen – und mithin jeder – Transformation des Rechts muss ein interdisziplinäres Projekt sein. Damit es das auch tatsächlich wird, damit also Juristen und Sozialwissenschaftler nicht an einander vorbei reden, müssen sie verstärkt miteinander ins Gespräch kommen. Vielleicht kann dieser Band ein wenig dazu beitragen.

---

[5] Botagoz Kassymbekova, „Vom Geist der Gesetze in Zentralasien"; Dobrinka Tschankova, „Das Bulgarische Rechtssystem im Wandel"; Elke Schwinger, „Die Mauerschützenprozesse oder: Das moderne Gewissen vor Gericht".

[6] *Theorie der Politik im 20. Jahrhundert,* Frankfurt: Suhrkamp 1996, S. 24.

Wolf Heydebrand

Die Dynamik des rechtlichen Wandels in Mittel- und Osteuropa*

Während viel über die ökonomischen und politischen Aspekte der Wende in Osteuropa geschrieben wurde, gibt es nur wenig Literatur zur besonderen Dynamik der Transformation des staatssozialistischen Rechtssystems und zur Beziehung zwischen Recht, Privatisierung und Demokratisierung. Die meisten Beiträge, die die politischen Aspekte der Wende betonen, gehen von einer Übereinstimmung von Recht und Politik oder von Recht und Staat aus. In diesem Kontext zielt dieses Essay erstens auf die Reflektion einiger Herausforderungen, die mit der Analyse eines einzigartigen, sich gerade entfaltenden sozialgeschichtlichen Prozesses in Zusammenhang stehen. Zweitens will ich einen bestimmten Aspekt dieses Prozesses herauszuheben, konkret die Dynamik des rechtlichen Wandels in seinem politischen und ökonomischen Kontext. Schließlich sollen einige Lehren für einen zugleich rechtssoziologischen und vergleichenden Ansatz gezogen werden, mit dem die politischen Aspekte rechtlicher Reformen analysiert werden können.

Mein Beitrag basiert auf zwei Annahmen: einerseits auf Alan Hunts soziologischem Diktum „law is important" (Hunt, 1993:36)[1] und andererseits auf E.P. Thompsons Überzeugung, dass der Schutz von Bürger- und Menschenrechten unter der Herrschaft des Gesetzes (*rule of law*) eine wichtige historische Errungenschaft ist (Thompson, 1975). Die Bedeutung des Rechts ist für die klassische Tradition der Rechtssoziologie nichts Neues, aber in den Theorien vieler westlicher Marxisten über den Staat war sie weder selbstverständlich, noch war sie durch die offiziellen Theoretiker der staatssozialistischen Legalität anerkannt.[2] Zu Beginn werde ich daher den hi-

---

* Dieses Essay ist die überarbeitete Fassung eines längeren Aufsatzes, der unter dem Titel „The Dynamics of Legal Change in Eastern Europe", in *Studies in Law, Politics, and Society*, Bd. 15 (1995), S. 263-313 publiziert wurde.
[1] Die Literaturangaben finden sich in der Bibliographie am Ende dieses Bandes.
[2] Ganz im Gegenteil: nur wenige der kritischen Beobachter auf beiden Seiten beschäftigten sich mit einer Rolle des Rechts und der Frage, ob und in welchem Ausmaße die dominante Rolle des Staates bei der gesellschaftlichen Führung gezähmt und in eine zunehmend autonome und demokratische Gesellschaft transferiert werden könnte. Dennoch

storischen Kontext der Wende rekapitulieren und eine knappe Skizze der Natur staatssozialistischer Legalität liefern. Nachdem ich grundlegende Fragestellungen vorgestellt habe, die dieses Vorhaben leiten, werde ich mich auf eine der wichtigsten von ihnen konzentrieren: die Notwendigkeit einer vergleichenden Analyse des Rechtswandels. Anschließend wende ich mich einigen theoretischen Problemen zu, die aus der komparativen Analyse resultieren, und ende mit einigen Schlussbemerkungen.

Der historische Kontext

Über ein Jahrzehnt ist es jetzt her, dass die Wende des Jahres 1989 in Mittel- und Osteuropa begann und sich schnell zu einer Transformationskrise beispiellosen Ausmaßes und hoher Komplexität entwickelte. Während das Jahr 1989 – mit Ausnahme einzelner lokaler Ereignisse – eine gewaltlose politische Umwälzung mit reformorientierten Ergebnissen war – in Timothy Garton Ashs Worten eine „Refolution" –, erweist sich der versuchte Übergang vom Staatssozialismus zu der einen oder anderen Form eines subventionierten und international eingebetteten Marktkapitalismus als eine äußerst schmerzhafte Erfahrung für die betroffenen Menschen und Länder. Die Tatsache, dass ein Großteil des Eigentums und der Ressourcen dieser Nationen weiterhin dem Staat gehört bzw. von ihm kontrolliert wird, gepaart mit den Überlebensstrategien der ehemaligen Herrschaftseliten, bot einen instabilen und riskanten Kontext für den Übergang vom Sozialismus zum Kapitalismus. Das galt auch für den Übergang von staatssozialistischer Legalität zu einer demokratischen Version von Rechtsstaatlichkeit.

Man kann auf der anderen Seite kaum leugnen, dass viel erreicht wurde. Zum jetzigen Zeitpunkt haben alle mittel- und osteuropäischen Gesellschaften, wenn auch in unterschiedlichem Maße, entschiedene Schritte weg von der Einparteienherrschaft und hin zur Etablierung eines mehrparteilichen parlamentarischen Systems vollzogen. Alte Verfassungen wurden modifiziert oder neue ausgearbeitet; alle wichtigen Gesetzeswerke wurden verabschiedet, Verfassungsgerichte eingerichtet. Damit wurden die Voraussetzungen für die Normenkontrolle der Legislative und der exekutiven und administrativen Entscheidungsfindung geschaffen. Das Privat-, Vertrags-, Unternehmens- und Handelsrecht wurde genauso reformiert wie das Verwaltungsrecht. Gleiches gilt für die Etablierung eines durchsetzungsfähigen Steuersystems mit adäquaten rechtlichen Verfahren

---

wurde Recht - selbst von den kritischsten Beobachtern - lediglich als ein Instrument in diesem Prozess angesehen und nicht als ein Element mit eigenständiger Bedeutung innerhalb der Gesellschaft.

für die Vollstreckung, was bei den fast ständigen Finanzkrisen der jeweiligen Regierungen zwingend notwendig ist. Die Einführung neuer Strafverfahren betraf ein Thema, das zwar dringend regelungsbedürftig, aber auch zweischneidig war: Nicht nur weil dieses Gebiet sozialer Kontrolle eine der politischen Bastionen des vorigen Systems darstellte, sondern auch, weil sowohl die Kriminalitätsrate dramatisch anstieg als auch neue Formen von Korruption und organisiertem Verbrechen auftauchten. Eine vielleicht noch anspruchsvollere Aufgabe war der politische „Lustrationsprozess" im Rahmen ordnungsgemäßer Verfahren, und hinzu kamen ganz allgemein brennende Themen wie die Stellung von Frauen, Gewerkschaften und Arbeitsrecht, ethnische und andere Minderheiten sowie die Trennung von Staat und Kirche. Andere Probleme, die noch im Hintergrund lauern, erfordern vermutlich einen langfristigen, graduellen Ansatz wie beispielsweise die Ausbildung der nächsten Generation von Anwälten und Richtern oder die Wandlung des Rechtsbewusstseins und die Entwicklung einer Rechtskultur und neuer Institutionen.[3]

Allerdings werden all diese Aspekte des ost- und mitteleuropäischen Rechtswandels von drei Themen bestimmt: Erstens steht die Privatisierung staatseigener Güter und die Entwicklung einer sich selbst stützenden Wirtschaft im Vordergrund. Die Probleme sind dabei der akute Mangel an Investitionskapital, Ressourcen und Material, die stark unterentwickelte beziehungsweise verwahrloste Infrastruktur, veraltete oder unzureichende Technologien, der Verlust oder die Schrumpfung ehemaliger Absatzmärkte und die Übernahme des Managements durch ehemalige Funktionäre.[4] Wie man es auch angeht, ohne eine solide ökonomische Grundlage scheint nichts so zu funktionieren, wie es soll. Diese Tatsache betrifft auch die demokratischen und rechtlichen Institutionen. Zweitens muss der Staat „resozialisiert" und an der entstehenden Zivilgesellschaft, ihren assoziativen und organisatorischen Netzwerken und ihren kulturellen Traditionen neu ausgerichtet werden. Diese Aufgabe hängt paradoxerweise von einem relativ hohen Niveau politischer Mobilisierung und parlamentarischen Handelns ab. Drittens ist es ein typisches Dilemma der Wende, dass die Unabhängigkeit des Rechts vom Staate letztlich nur durch die aktive Mitarbeit, wenn nicht sogar Führung, des Staates selbst geschaffen werden kann. Ein widerwilliger neo-korporatistischer oder auf Exekutivgewalt konzentrierter Staatsapparat wird sich der Institutionalisierung der Rechtsstaatlichkeit widersetzen oder das Recht bestenfalls als In-

---

[3] Siehe zu den verschiedenen Themen: Teitel, 2000; Kreisky, 1996; Barr, 1994; Brunner, 1999; Sajó, 1996; Sajó, et al., 1999, Shlapentokh, 1989, Shelley, 1992; Elster, et al., 1998.

[4] Hierzu Alexander & Skapska, 1994, und Stark & Bruszt, 1997.

strument gesellschaftlicher Steuerung und Kontrolle nutzen. Folglich sind alle sich reformierenden Gesellschaften einem dreifachen Dilemma ausgesetzt: es müssen gleichzeitig Wirtschaft und Gesellschaft entstaatlicht, der Staat und die Regierungsinstitutionen resozialisiert und das Rechtsystem autonomisiert werden. Treten wir aber zunächst für einen Augenblick einen Schritt zurück und wenden uns dem unmittelbaren, zu transformierenden Gegenstand zu: der staatssozialistischen Legalität.

Was ist staatssozialistische Legalität?

Das vorherrschende Modell staatssozialistischer Legalität war das sowjetische Rechtssystem, das nach 1917 unter der „nihilistischen, staatszentrierten und legalistischen" Leitung Pashukanis, Stuchkas, Vyshinskys und anderer entwickelt wurde (Huskey, 1991:54; Berman, 1963). Einige formal-legalistische Elemente überstanden die Oktoberrevolution nur, um dann auf Pashukanis nihilistische Ablehnung zu treffen. Dieser behauptete, die Rechtsform sei nichts weiter als die bloße Widerspiegelung der kapitalistischen Form der Ware und ihres Tauschwertes. Eines der entscheidenden Elemente der letztlich siegreichen staatszentrierten Rechtsform war eine instrumentelle und materiale Rechtsauffassung[5], die dazu konzipiert war, dem Fortschritt der politischen Ordnung zu dienen, d.h. den Sozialismus unter den Leitprinzipien von Partei und Staat aufzubauen. Im Gegensatz dazu würde bei einer nicht-instrumentellen und formaleren Auffassung dem Schutz individueller und subjektiver Bürger- und Menschenrechte sowie sozialer und politischer Rechte vor potentiellen Verstößen durch die Regierung höchste Priorität zukommen. Dies schloss allerdings nicht zwangsläufig den Schutz vor Verstößen durch andere einflussreiche Akteure wie Unternehmen und Institutionen außerhalb des Staates ein. Aus staatssozialistischer Sicht würde Rechtsschutz vor dem Staat einem unnötigen und ineffizienten Widerspruch in den Regierungsangelegenheiten gleichkommen und durch die Ermutigung, dem Eigeninteresse nachzugehen, ständig die Durchführung von Sozialpolitik vereiteln.

Weil die Einheit der sozialistischen Gesellschaft ein unverzichtbares politisches Postulat war und davon ausgegangen wurde, dass keine inneren sozialen Widersprüche und Interessenkonflikte existierten, gab es keine konstitutionelle Gewaltenteilung, sondern bestenfalls eine funktionelle Aufteilung zwischen exekutiv-administrativer, legislativer und gerichtlicher Kontrolle. Offiziell nahm man

---

[5] Zum Unterschied zwischen *formellem* und *materiellem* Recht auf der einen, und *formalem* und *materialem* Rechtsverständnis auf der anderen Seite siehe Weber, 1980:395-397. Vgl. dazu Quensel, 1997.

die Übereinstimmung von Staat und Recht an. Die breitspurige Natur dieses „neuen Typs" von Recht wird anhand der Vorstellungen von den „fürsorglichen", pädagogischen oder pragmatischen Funktionen des Rechts deutlich (Berman, 1963:277, und Hildebrand, 1972). Die pädagogische Rolle des Rechts äußerte sich bisweilen in der Neigung der Richter, prozessführenden Parteien und Straftätern (oder extra geladenen Mitgliedern der Gemeinde) in öffentlicher Verhandlung Vorträge über die Niederträchtigkeit privater Streitigkeiten und die Boshaftigkeit zu halten, sich der Autorität des Staates zu widersetzen oder das Wohl der Allgemeinheit und des Staates hinter belanglose individuelle Interessen und Konflikte zurückzustellen (Markovits, 1993).

Trotz des informellen, dialogischen Urteilsstils sozialistischer Gerichte waren offizielles Recht und Justiz aus politischem Prinzip der Politik und den relevanten Partei- und Staatsorganen streng untergeordnet und durch sie bestimmt. Es gab keine „Rechtsautonomie" oder „gerichtliche Unabhängigkeit" im liberal-rechtlichen Sinne. Ebenso gab es keine Normenkontrolle von Regierungsdekreten oder legislativen Bestimmungen durch das Mittel des Verwaltungs- oder Verfassungsrechts.[6] Verwaltungsrecht und Verwaltungsgerichte dienten hauptsächlich der Überwachung und Kontrolle des administrativen Handelns von Regierungsbehörden.[7]

Das sowjetische Modell staatssozialistischer Legalität wurde von nahezu allen mittel- und osteuropäischen Gesellschaften, die nach dem Zweiten Weltkrieg unter sowjetischer Vorherrschaft standen, übernommen. Allerdings fand ein gradueller Anpassungsprozess des sowjetischen Modells an landesspezifische rechtliche und kulturelle Traditionen statt. Dies gilt insbesondere nach dem Ende des ersten halben Jahrzehnt kommunistischer Herrschaft, das durch den Tod Stalins 1953 und Chruschtschows Vorstoß zur Entstalinisierung nach dem XX. Parteitag der KPdSU im Jahre 1956 markiert wird. Chruschtschows Politik war dadurch gekennzeichnet, rechtliche Verfahren mit Hilfe von Sozial-, Betriebs- bzw. „Kameradschaftsgerichten" (Konfliktkommissionen) oder Nachbarschaftsgerichten (Schiedskommissionen) auch breiteren Bevölkerungsschichten zugänglich zu machen. Schließlich leiteten die Aufstände des Jahres 1956 in Ungarn und Polen eine Periode begrenzter innerer Reformen ein.

---

[6] Siehe Rottleuthner, 1994; Brunner, 1977; Sajó, 1990b; Zweigert & Kötz, 1996, Kapitel 5. Die Normenkontrolle wird nicht immer als unentbehrlicher Teil der Rechtsstaatlichkeit angesehen. In England gibt es beispielsweise keine Normenkontrolle, im ehemaligen Jugoslawien existierte sie dagegen.
[7] In der DDR war die Verwaltungsgerichtsbarkeit zwischen April 1958 und Dezember 1988 vollständig abgeschafft.

Sozialistisches Recht und dessen Implementierung waren im Prinzip anti-formalistisch und standen den Anforderungen einer materialen Gerechtigkeit, wie sie durch die herrschende Partei definiert wird, offen gegenüber. Eine breit ausgelegte Verfassung und die weit verbreitete Verwendung allgemeiner Bestimmungen, außerrechtlicher Prinzipien und politischer Ziele gestatteten eine flexible Interpretation und die situativ-kontextuelle Anwendung staatssozialistischen Rechts. Derartige Bestimmungen und politische „Prinzipien" können dazu genutzt werden, sämtliches positive schriftliche Recht umzuinterpretieren, auszuweiten oder zu negieren. Dies trotz der Tatsache, dass zivilrechtliche Systeme Richter normalerweise dazu zwingen, sich fest an eine enge Auslegung und Anwendung kodifizierten Rechts zu halten. Folglich ermöglicht die Aufnahme allgemeiner Bestimmungen (wie „örtlicher Brauch", „Wohlergehen der Gemeinde", „sozialistische Prinzipien") in positives Recht Richtern einen hohen Ermessensspielraum und Flexibilität in der Anwendung des Rechts auf Tatsachen.[8] Sozialistisches Recht ist weder völlig frei von rechtlichem Formalismus und den im rechtlichen Positivismus definierten formellen Kriterien, noch steht es gänzlich im Gegensatz dazu. Dennoch überwiegen materiale Elemente sowohl pragmatisch als auch aus Prinzip. In der Sowjetunion traten Vorstellungen eines formelleren „Rechtsstaates" bzw. eines „vom Recht geleiteten Staates" sowie einige unausgereifte Formen von Normenkontrolle nochmals im Zuge der rechtlichen Perestroika im Jahre 1987 hervor (Barry, 1992; Sharlet, 1992:85). Ebenso wurde in den letzten Jahren der DDR eine Version von „Verwaltungsrecht" in Form eines Gesetzes zur Regelung der „Zuständigkeit und Verfahrensweise von Gerichten zum Zwecke der Überprüfung administrativer Entscheidungen" wieder eingeführt (Rottleuthner, 1994:509). Diese instrumentelle Variante von Verwaltungsrecht ersetzte ein System individueller Eingaben, welches bis dahin an Stelle der Verwaltungsgerichte existiert hatte. Diese Eingaben wandten sich in der Regel an örtliche und staatliche Behörden, deren Vertreter häufig tatsächlich wie Kadis oder neo-patrimoniale Herrscher handelten, d.h. auf der Basis einzelfallorientierter materieller Irrationalität. Möglicherweise hat die materielle Rationalität sozialistischer Legalität aber dennoch ein Rolle gespielt, da die Eingaben es den Bürgern nicht nur gestatteten, sich über Entscheidungen zu beschweren bzw. begrenzte Reformen zu fordern, sondern sie den

---

[8] Diese politische Ausdehnung richterlichen Ermessens finden wir auch in anderen politischen Systemen des 20. Jahrhunderts, z.B. im Nationalsozialismus (Neumann, 1957; Rüthers, 1992; Rüthers, 1997; Maus, 1986), und – wie von Max Weber vorhergesehen (Weber, 1980:504-509) und für die USA neben anderen von Unger (Unger, 1976:196-205) beschrieben – im Korporatismus liberaler Demokratien.

Behörden auch wichtige Informationen über die Art häufig auftretender Probleme und das Ausmaß einheimischer Unzufriedenheit lieferten.[9]

Es spiegelt die Vorherrschaft des „allgemeinen Interesses" über die individuellen Rechte wider, dass öffentliches Recht in der sozialistischen Legalität eine höhere Priorität als Privatrecht hatte. Dies impliziert sowohl den Vorrang von Steuerung vor Gesetzgebung als auch die Dominanz der Durchführung politischer Programme gegenüber der Beilegung von Streitigkeiten, da Staat und Gerichtswesen bei der Durchsetzung von Normen eher initiativ als reaktiv handeln (Damaska, 1986). Nur örtliche Konflikte und individuelle Streitigkeiten werden gemeinschaftlich erörtert und geschlichtet. Dies geschah im Rahmen von Vermittlungs- und Schlichtungskommissionen; die am Arbeitsplatz oder in der Gemeinde angesiedelt waren. Im Allgemeinen wurden individuelle politische und rechtliche Kompetenzen aber stillschweigend an die Partei und den Staat abgetreten, die dafür die Verantwortlichkeit in Anspruch nehmen, im Namen der ganzen Gesellschaft zu handeln. Die Rechtfertigung eines solchen Zustands ist Ausdruck des charismatischen Charakters revolutionären Rechts und der Untrennbarkeit von Staat und Gesellschaft im Staatssozialismus.

Hinzu kam, dass das Strafrecht gegenüber dem Zivilrecht Vorrang hatte. Das Zivilverfahren lag „auf halber Strecke zwischen anklagenden und inquisitorischen Extremen", während „der Strafprozess die sozialistische Legalität stärken [sollte], um vor Kriminalität abzuschrecken, sie auszumerzen und um die Bürger im Geiste der Einhaltung sowjetischer Gesetze und im Respekt für die Regeln sozialistischen Gemeinschaftslebens zu unterrichten" (Quigley, 1973). Die zentralisierte, aber willkürliche Kontrolle durch Strafrecht basierte in der Sowjetunion auf der militärisch organisierten Prokuratur, die auf eine ehemals zaristische autokratische Institution zurückging.[10] Richter und Gerichtsbeamte handelten tendenziell

---

[9] Die Frage, ob die sozialistische Rechtsordnung, vor allem die der informelleren Sozialgerichte und Konfliktkommissionen, eine Form von Weberscher „Kadijustiz" ist, wirft komplexe Definitions- und Auslegungsfragen auf. Genau genommen ist die sozialistische Rechtsordnung materiell rational, wogegen die Kadijustiz materiell irrational ist (Weber, 1980:510-511). Aber wahrscheinlich übertreibt Weber die Irrationalität der Kadi-Justiz.

[10] Die Prokuratur ist ein halb-autonomes Amt. Sie ist eine Art Staatsanwaltschaft, übernimmt eine Überwachungsfunktion und hat die Macht, die Entscheidungen niedrigerer Regierungsebenen (und solche anderer Regierungszweige) auf ihre Rechtmäßigkeit zu überprüfen. Hier liegt also eine Form der „Normenkontrolle" vor, allerdings innerhalb der Exekutive (Berman, 1963:238). Zum russischen Strafrechtssystem Anfang der 90er Jahre siehe Barry, 1992.

eher bürokratisch als professionell-kollegial, und man erwartete von ihnen, dass sie das „allgemeine Interesse" der staatssozialistischen Gesellschaft förderten. Zwar wurden sie für „unabhängig" erklärt, ihre Ernennung, Werdegang, Bezahlung, Beförderung und Beurteilung wurde allerdings bürokratisch bestimmt und basierten vor allem auf Kriterien politischer Loyalität. Man darf nicht übersehen, dass die politische Loyalität der Beamten zum Teil durch einen echten Glauben an die formale Rechtmäßigkeit der Rechtsordnung unterstützt wurde.[11] Hinsichtlich der Bürokratisierung des Gerichtswesens unterscheidet sich die staatssozialistische Organisation von Gerichten und gerichtlicher Verwaltung nicht wesentlich von ähnlichen Praktiken und Erwartungen im Gerichtswesen anderer Länder kontinental-europäischer Rechtstradition (Damaska, 1986; Merryman, 1985). Gerichte und Richter waren in die Beamtenhierarchien der Exekutive eingebunden und teilten häufig deren bürokratische Merkmale. Dennoch spielten formelle Bestimmungen ziviler und strafrechtlicher Verfahren bei Gerichtsverfahren eine eher nebensächliche Rolle. Die für gewöhnlich informelleren, zuweilen in Ergänzung zum Berufsrichter mit Laienrichtern besetzten Nachbarschafts-, Sozial- und „Kameradschaftsgerichte" waren in Osteuropa weit verbreitet und befassten sich mit dem Großteil der Beschwerden und geringfügigen Streitigkeiten. Rechtsanwälten und dem juristischen Berufsstand war eine eher nachgeordnete Rolle zugewiesen; bereits der Zugang zu juristischer Weiterbildung wurde begrenzt und galt als Privileg. In der Sowjetunion versuchte der vormals sozial relativ angesehene Berufsstand der Juristen ein bestimmtes Maß an Unabhängigkeit von den staatlichen Institutionen zu wahren (Shelley, 1984), erhielt diese Unabhängigkeit allerdings erst mit dem Beginn der Reformen Gorbatschows in gewissem Umfang zurück.

Einige Fragestellungen und Annahmen

Nach dieser kurzen Skizze staatssozialistischer Legalität komme ich nun zu einigen grundlegenden Fragen, die sich aus der außerordentlich komplexen und turbulenten Natur der hier analysierten politischen und rechtlichen Wende ergeben. Die wichtigste Frage ist wohl die, welche Rolle die rechtliche Neustrukturierung in der Wirtschaft und im politischen System spielt. Ist formelles Recht und rechtliche Rationalisierung, wie Max Weber es für den industriellen Kapitalismus des 19. Jahrhundert postuliert hatte, Teil der Grundlage, auf der sich die Entwicklung einer neuen Wirtschaft entfalten kann?

---

[11] Meuschel, 1992:234ff argumentiert, dass dies einen besonderen Aspekt des ostdeutschen Falles darstellt.

Weber hatte gezeigt, dass die westeuropäische kapitalistische Entwicklung innerhalb des Rahmens formal-rechtlicher Rationalität stattfand: einer „Wahlverwandtschaft" zwischen den geschäftlichen Bedürfnissen nach Sicherheit, Kalkulierbarkeit und standardisierten Verfahren einerseits und den formellen Garantien und offiziellen Verfahren des Rechts andererseits (Weber, 1980:181-187). Doch auch die umgekehrte Richtung muss betrachtet werden: In wie weit sind, wie es Seymour Martin Lipset (1963) nahe legt, wirtschaftliche Entwicklung und politische Legitimität Grundvoraussetzungen für die Schaffung von Demokratie und Rechtsstaatlichkeit, also, muss nicht zuerst eine funktionierende Wirtschaft geschaffen werden, bevor man an ein funktionierendes Rechtssystem denken kann?[12] Bevor ich auf diese Fragen eingehen kann, will ich zunächst einige Grundannahmen formulieren, die dieses Essay leiten.

1. Rechtlicher Wandel kann nicht ohne den Bezug auf den historischen Kontext und die Dynamik politischen, sozialen und ökonomischen Wandels verstanden werden, ungeachtet der Frage, ob „Law's Empire" (Dworkin, 1986) nun eine unabhängige Sprache und kognitive Struktur in sich birgt oder nicht. Die Annahme, dass das staatssozialistische Rechtssystem, das so sehr vom politischen System durchdrungen war, isoliert von politischen und anderen institutionellen Veränderungen transformiert werden könnte, ist theoretisch unhaltbar und praktisch unmöglich. Der Verlauf der „Refolutionen" von 1989 weist darauf hin, dass (mit Ausnahme des ungarischen Falles) die politische der rechtlichen Transformation vorausging bzw. einen Kontext für sie lieferte.[13] Da das Rechtssystem im Staatssozialismus nicht formell vom politischen System unabhängig war, hing der rechtliche Wandel zwangsläufig vom politischen Wandel ab. Im Staatssozialismus war die Einordnung des Rechts in die exekutive Staatsgewalt Teil der „formellen" sozialistischen Legalität, da der Staat als höchster Ausdruck des politischen Willens der Partei, und letzten Endes des Volkes, verstanden wurde. Diese Fiktion erlaubte es, von Recht, Legalität und einem sozialistischen Rechtsstaat zu sprechen, obwohl dieser weit von westlichen Vorstellungen von „Rechtsstaatlichkeit" entfernt war und kei-

---

[12] Man könnte auch an andere Fragen denken, die von Klassikern der historischen Soziologie gestellt wurden: Ist es, wie Karl Polanyi (1992) argumentiert, der Prozess der Staatsbildung und merkantilistischer Staatspolitik, die für die Entstehung und Ausdehnung nationaler Märkte verantwortlich sind? Oder setzten sich derartige Institutionen eher aus historischem Zufall als aus politischer Absicht durch, wie es die Abhandlungen zur Bildung von Nationalstaaten von Barrington Moore (1965), Reinhard Bendix (1977) und Charles Tilly (1975) nahe legen?
[13] Der Fall Ungarns als eine Ausnahme dieser Verallgemeinerung wird weiter unten diskutiert.

nerlei rechtlichen Schutz vor Parteientscheidungen und Regierungsdekreten bot.

Als 1989 der Staat zusammenbrach, wurde damit dem Rechtssystem die Grundlage entzogen. Alle post-kommunistischen Parlamente begannen sofort, die dominante Rolle der kommunistischen Partei aus ihren Verfassungen zu entfernen. In der Praxis arbeiteten die Gerichte allerdings weiterhin größtenteils unter alten Vorzeichen. Dies hing davon ab, wie schnell der Fortschritt der Verfassungs- und Rechtsreform vor sich ging, wie viele frühere Kader der Kommunistischen Partei weiterhin als Beamte und Richter tätig waren, und wie effektiv die „Lustrationsgesetze" waren, welche dazu dienen sollten, das System zu „säubern" und die Überreste der alten Nomenklatura zu entfernen.[14] In den Transitionsländern war die Auffassung weit verbreitet, dass es in Zeiten des Notstands besser sei, lieber überhaupt jemanden im Amt als niemanden im Amt zu haben. Insgesamt bleibt die Frage bestehen, wie die Reform des Rechtssystems bei weitgehender Kontinuität des Justizpersonals gelingen kann.

2. Die von Luhmann (1995) und Teubner (1988) postulierte Autonomie, Geschlossenheit und Selbstbezogenheit des Rechtssystems erfordert die Klarstellung des Unterschieds zwischen zwei Perspektiven: der des Teilnehmers und der des Beobachters. Beide sind notwendige Bestandteile einer jeden erkenntnistheoretischen Einstellung, die die Bedeutung sozialer Strukturen und Kulturen von

---

[14] In der Praxis ist die „Säuberung" des Justizsystems ganz unterschiedlich abgelaufen. Dieser Aspekt wird besonders zwingend im Vergleich mit der DDR. Im Osten Deutschlands wurden bis zu 70% der früheren Richter des Dienstes enthoben und durch Richter und junge Anwälte aus dem Westen Deutschlands ersetzt – übrigens eine weitaus höhere Zahl als nach dem Sturz des deutschen Faschismus im Jahre 1945. In der Sowjetunion überstieg die Fluktuation bei Richtern in den ersten Regierungsjahren Gorbatschows 50% (Huskey, 1991:60, Fn. 26), obwohl ein Teil dieser Fluktuation auch durch die geringen Gehälter und schlechten Arbeitsbedingungen der Richter erklärt werden kann. Der Lustrationsprozess in der ehemaligen Tschechoslowakei gipfelte in eine Verfassungskrise, die zwischen Präsident Havel (der, wie viele ehemalige Dissidenten, keinen allgemeinen, kategorischen Kurs der Vergeltung und Reinigung gegen die Überreste der Nomenklatura verfolgen wollte) und Teilen des Parlaments ausgetragenen wurde. In Polen gab es während der letzten Gespräche am Runden Tisch eine interne Verabredung zwischen der Opposition (Solidarność) und der herrschenden Elite, nicht allzu sehr auf „Lustration" zu drängen. In Ungarn entschied sich das Verfassungsgericht entgegen den Forderungen einiger parlamentarischer Gruppen gegen die Aufhebung des Rückwirkungsverbots. Zu den Ereignissen vgl. Brunner, 1995.

innen heraus verstehen möchte sowie deren Entstehung und Transformation von außen zu erklären sucht. Ein Insider spricht die Sprache des Systems, er kann verstehen und beschreiben, wie das System funktioniert, was sich auf lokaler Ebene verändert und wie sich dies subjektiv vollzieht. Vielleicht wird es sie oder ihn aber nicht allzu sehr interessieren bzw. werden sie es eventuell nicht formulieren können, wie, warum und in welcher Weise sich das System als Ganzes verändert. Im Gegensatz dazu wird der Beobachter von außen in der Lage sein, den Transformationsprozess zu kategorisieren, zu diagnostizieren und zu erklären. Die Entwicklung einer auf lokalen Kategorien der rechtlichen „Lebensform" und ihren Sprachspielen basierenden „grounded theory" könnte er aber möglicherweise als schwierig empfinden (Glaser & Strauss, 1967). Das ändert jedoch nichts an dem entscheidenden (von der kritischen Theorie eingeforderten) Aspekt, dass nur eine dritte Position – die der teilnehmenden Beobachtung und der reflexiven, kritischen Interpretation - zwischen diesen beiden Perspektiven vermitteln kann. Sie vermag es, den unnötigen Konflikt zwischen diesen Sichtweisen aufzulösen und über diese hinauszugehen.[15]

3. Ich gehe davon aus, dass sich rechtliche Veränderungen, insbesondere die Übernahme des sowjetischen Modells und dessen anschließende Umgestaltung innerhalb des Kontextes unterschiedlicher nationaler Rechtskulturen, am sinnvollsten durch eine komparative Perspektive analysieren lassen. Grund dafür ist, dass Fallstudien einzelner institutioneller Regeln und Praktiken sowie einzelner nationaler (stabiler oder im Übergang befindlicher) Rechtssysteme wohl nicht die variablen analytischen Dimensionen, die hier am Werke sind, aufdecken. Sie gestatten daher auch nicht die Identifikation kausaler Beziehungen und Verallgemeinerungen bezüglich der Unterschiede und Zusammenhänge im Übergangsprozess – so wichtig diese Fallstudien auch für die Bereitstellung von Informationen für Vergleiche sein mögen. Westliche Perspektiven und Theorien (vor allem die „Modernisierungstheorie", siehe Burawoy, 1992) betrachten die Sowjetunion und den „Ostblock" nach wie vor als homogenes Ganzes. Dieses habe das gleiche Schicksal (Zusammenbruch) und die gleichen Herausforderungen (Aufbau einer Marktwirtschaft und Demokratie). Dabei zeigt schon der flüchtige Blick auf die mittel- und osteuropäischen Reformgesellschaften, wie unterschiedlich deren Geschichte und heutige Verhältnisse sind. Genau diese Fülle von Unterschieden inmitten bestimmter Ähnlichkeiten macht einen komparativen Ansatz erforderlich. Ein Problem dabei ist, dass Vergleiche häufig zugleich sowohl horizontal als auch vertikal gezogen werden müssen; d.h. es müssen die strukturellen

---

[15] Siehe Habermas, 1968. Die vierte Position einer „engagierten Praxis" habe ich an anderer Stelle ausgearbeitet: Heydebrand, 1983.

Unterschiede erfasst werden, während gleichzeitig mit dem historischen Vergleich des „Vor- und Nachher" von 1917-1949-1989 gerungen wird. Folglich wird klar, dass die Antworten auf einige durch die Wende gestellte Fragen sich unterscheiden müssen, je nachdem, ob wir die Beziehung zwischen Recht, Staat und Wirtschaft aus einer synchronischen, systematischen und statischen Perspektive oder aus einer diachronischen, historischen und dynamischen Perspektive betrachten.

Eine zusätzliche Schwierigkeit des komparativen Ansatzes besteht darin, dass die Einführung des sowjetischen Rechtsmodells in Mittel- und Osteuropa einen doppelten Vergleich erfordert: den zwischen dem Modell und seinen länderspezifischen Varianten und einen zusätzlichen Vergleich der Art und Weise, wie die unterschiedlichen Länder dieses Modell jeweils modifizierten beziehungsweise welche Charakteristika des Grundmodells sie nicht übernahmen.

4. Ein komparativer Ansatz, der die Verbindung zwischen rechtlichem und politischem Wandel herstellen will, ist notwendigerweise ein interdisziplinäres Projekt. Diese Interdisziplinarität beinhaltet eine Spannung zwischen zwei völlig verschiedenen Denkmustern: auf der einen Seite eines, das sich „am Fall" und daran orientiert, wie sich das Gesetz auf diese oder jene konkrete Situation anwenden lässt. Auf der anderen Seite steht ein Denkmuster, das sich an einer theoretischen Struktur der Beschreibung und Erklärung orientiert. Die sozialwissenschaftliche Herangehensweise beruht auf mehr oder weniger wissenschaftlichen Verfahren, die Hypothesen formuliert, die man überprüfen und gegebenenfalls auch falsifizieren kann, und auf einem Forschungsprogramm, das sich mehr auf statistische oder interpretierende als auf rein logische Verfahren verlässt, um überkommenes Wissen zu revidieren, und kumulative Selbstkorrektur des Wissenschaft zu ermöglichen (Topitsch, 1965). Das juristische Modell ist nach logischen Prinzipien *deterministisch*, d.h. ein gegebener Zustand ist entweder vorhanden oder abwesend und passt in eine gegebene Auswahl an Definitionen und Normen oder nicht. Im Gegensatz dazu ist das empirisch-sozialwissenschaftliche Muster entweder *probabilistisch*, d.h. eine Hypothese wird innerhalb bestimmter spezifizierter Grenzen und mit einem gewissen Grad an Wahrscheinlichkeit akzeptiert oder abgelehnt, oder es wählt interpretierende Methoden, die auf teilnehmender Beobachtung oder komparativer Analyse basieren.[16]

---

[16] Die Rational-Choice-Theorie ist wohl das einzige Gebiet, auf dem Anwälte, Ökonomen und Politikwissenschaftler relativ leicht miteinander ins Gespräch zu kommen scheinen. Siehe Posner, 1972; Eidenmüller, 1995.

Der komparativ-historische Rahmen

Die staatssozialistischen, größtenteils nach dem sowjetischen Vorbild gestalteten Institutionen erlegten den jeweiligen Zivilgesellschaften zunächst bestimmte Gemeinsamkeiten auf und erzeugten so einen Grad an Homogenisierung. Das staatssozialistische Bürokratie- und Staatsideal war hierarchisch und nicht koordinativ, und auch in der Justizverwaltung übernahm der Staat die Initiative: Justiz und Verfahren dienten eher der staatlich konstruierten Durchführung von Politik und nicht der Konfliktlösung innerhalb der Zivilgesellschaft (Damaska, 1986; siehe aber die Kritik bei Markovits, 1989b).

Auf der anderen Seite ist offensichtlich, dass sich die Staats- und Rechtssysteme der staatssozialistischen Gesellschaften trotz der Gemeinsamkeit des rechtlichen und politischen Rahmens in der Praxis erheblich unterschieden.[17] Für unser Anliegen ist es von methodologischer und theoretischer Bedeutung, dass die Länder unterschiedliche Übergangsdynamiken erlebten, die von graduellen, quasi-evolutionären Prozessen in Ungarn bis zu abrupteren Änderungen in der CSSR und der DDR reichten, wobei Polen zwischen diesen Positionen liegt.[18] Sie unterschieden sich auch in der Rolle, die soziale Bewegungen, Institutionen und oppositionelle intellektuelle Elite vor, während, und nach der Wende spielten.[19] Natürlich stellt die Eingliederung der DDR in das vereinte Deutsch-

---

[17] Beispielsweise sind die Jahre 1953 (in der DDR), 1956 (in Ungarn und Polen), 1968 (in der CSSR) und 1972/1981 (in Polen) wichtige historische Meilensteine im Transformationsprozess des stalinistischen Staates in diesen Gesellschaften. Der Transformationsprozess in den vier Gesellschaften unterschied sich sowohl in der Art der seit den frühen 60er Jahren hervorgebrachten wirtschaftlichen Reformprogramme und -gesetze als auch in der Natur der in der Zeit der staatssozialistischen Vorherrschaft vorgeschlagenen bzw. implementierten konstitutionellen Veränderungen und Rechtsreformen (Markovits, 1989a). In der DDR gab es seit 1949 drei konstitutionelle Veränderungen und in den frühen 70er Jahren wurde ein neues Zivilgesetzbuch angenommen (Heuer, 1995). In Ungarn wurden große Anstrengungen zur Rechtsreform lange vor 1989 aus der Regierung und der herrschenden Partei heraus initiiert.

[18] In der Sowjetunion gab es ebenfalls wichtige rechtliche Veränderungen. Beispielsweise kam die Verfassungsreform von 1977 – mit Robert Sharlets Worten (1992:15) – einer „Kodifizierung der Entstalinisierung" gleich.

[19] Z.B. Solidarność und die katholische Kirche, die in Polen eine herausragende Stellung einnahmen. Siehe Joppke, 1995 bezüglich der DDR; Bozóki, 1999 und Shlapentokh, Vanderpool & Doktorov, 1999 für Mittel- und Osteuropa.

land auch in Hinblick auf die rechtliche und gerichtliche Wende einen Sonderfall dar. Die DDR ist ein methodologisch wichtiger Negativfall, vor allem was Art und Ergebnis der Transformation anbelangt. Dagegen sind die anderen Gesellschaften dabei, eigene neue Rechts- und Gerichtswesen zu entwickeln, die Varianten kontinentalen kodifizierten Rechts darstellen, aber auch nationalspezifische Rechtsformen und -institutionen widerspiegeln, die vor dem 1. Weltkrieg oder in der Zwischenkriegszeit existierten.[20] Ungarn scheint dabei der einzige Fall zu sein, in dem sich das Rechtssystem bereits *vor* dem politischen Zusammenbruch zu ändern begann. Beispielsweise die Entwicklung rudimentären Vertragsrechts, um dem anwachsenden Sektor der Kleinunternehmen einen Rahmen zu geben, oder die politisch-rechtliche Entscheidung, den Exodus von Flüchtlingen über die ungarisch-österreichische Grenze im Herbst 1989 zu gestatten. Damit war das Recht selbst an der Vorbereitung, vielleicht sogar Einleitung der politischen Wende beteiligt (Kulcsár, 1991).

Was erklärt die Unterschiede in Art und Dynamik der vollzogenen Wende? Ein wichtiger Faktor könnte der Grad der „Staatlichkeit" sein, den die sozialistischen Regime ihren jeweiligen Zivilgesellschaften auferlegen konnten oder umgekehrt der Grad an Selbstorganisation, den diese Zivilgesellschaften besaßen oder entwickeln konnten. Dadurch konnten diese einen Prozess der „Entstaatlichung" - lange bevor er 1989 seinen Höhepunkt erreichte – einleiten. In der Tat gibt es selbst in der Sowjetunion Anhaltspunkte für den Abbau des stalinistischen Staats seit Mitte der 50er Jahre (Sharlet, 1992). Daher ist auch zu erwarten, dass Unterschiede bei der Institutionalisierung staatssozialistischer politischer, rechtlicher und gerichtlicher Systeme und bei der Penetration oder/und Absorption der Zivilgesellschaft durch sozialistisches Recht und sozialistischen Staat existierten. Sollte diese Hypothese stichhaltig sein, dann muss sich komparative Forschung nicht nur mit der Frage nach der Art und Dynamik des Wandels in rechtlichen und gerichtlichen Institutionen und dem juristischen Berufsstand, sondern auch mit dem Wandel in anderen institutionellen Sphären staatssozialistischer Gesellschaften beschäftigen.

Dieser Punkt weist darauf hin, dass es eine systematische Verbindung zwischen dem Verlauf staatssozialistischer Geschichte einer jeden Nation vor 1989 und der spezifischen Art und Dynamik der Wende von 1989 und ihrer Folgen gibt. Außerdem weisen die komplexen Beziehungen zwischen den strukturellen Elementen und die Verkettung von Ereignissen über Generationen hinweg auch darauf hin, dass bestimmte vereinfachende Modelle sozialistischer Realität das Ausmaß und die Tiefe der Interpenetration von Staat und Gesellschaft im Staatssozialismus unterschätzen und somit der

---

[20] Vgl. Kuss, 1985; Markovits, 1982; Hankiss, 1990

sozialistischen Zivilgesellschaft jegliche Unabhängigkeit absprechen. Bei manchen herrscht die Vorstellung, dass die Zivilgesellschaft im Staatssozialismus in einem Zustand „tiefer Erstarrung" verharrte, aus dem sie etwas übel riechend, aber weitgehend intakt wieder hervortrat, wie es der ungarische Oppositionspolitiker János Kis einmal angemerkt hat. Solche Vorstellungen ignorieren die Existenz von Industrialisierungs- und Modernisierungsprozessen und die Wirksamkeit politischer Selbsttransformation staatssozialistischer Gesellschaften. Sie vernachlässigen die „integrativen" Effekte der sozialistischen Regime (Sozialisation, Anpassung, Kooptation durch Privilegien). Sie überbewerten schließlich auch den Widerstand und unterschätzen bzw. bagatellisieren die inneren Reformen der herrschenden Eliten sowie deren unterschiedliche Bereitschaft, sowohl auf inneren als auch äußeren Druck zu reagieren.

Die Sowjetunion und deren heutige Nachfolgestaaten nehmen bei einer komparativen Analyse einen Sonderstatus ein. Ein Grund dafür ist die Tatsache, dass das sowjetische Modell den mittelosteuropäischen Rechtssystemen zwischen 1949 und 1956 ein gewisses Maß formeller Gemeinsamkeit und Homogenität auferlegt hatte. Dieser Umstand beeinflusst den unabhängigen Status der vier Fälle als Analyseeinheiten, d.h. er beschränkt die methodologische Unabhängigkeit der einzelnen Fälle, da ein allen gemeinsamer Kern existiert. Dennoch ist die Abhängigkeit der einzelnen Fälle von einem gemeinsamen Modell aus komparativ-historischer Perspektive gerade wegen der Art und Weise von Bedeutung, wie jede Gesellschaft den anfänglichen homogenisierenden Einfluss des Modells modifizierte bzw. dekonstruierte und wie dies letztlich den Verlauf der Wende beeinflusste.

Als letzten Punkt, der die Notwendigkeit des Vergleichs deutlich machen soll, muss der rechtliche Homogenisierungsprozess nach 1989 genannt werden. Dieser Prozess ist die Folge der fortschreitenden Privatisierung und der Übernahme westlicher Rechtsmodelle, welche Privateigentum, Vertragsrecht einführen und z.B. Renten, Arbeitsgesetzgebung, Unternehmens- und Handelsrecht, Wohnungspolitik, Immobilien und Steuergesetzgebung regeln sowie Bürgerrechte gewährleisten sollen. Obwohl einige dieser Bereiche bereits vor den beiden Weltkriegen und der russischen Revolution kodifiziert worden waren, müssen sie nun angesichts veränderter und zunehmend komplexer Bedingungen überarbeitet und „modernisiert" werden. Seit 1989 findet ein umfangreicher rechtlicher Transferprozess von West nach Ost statt, in dem Verfassungsbestimmungen und Gesetzeswerke zum Teil direkt übernommen, zum Teil mit – finanzieller und rechtstechnischer – Hilfe aus dem Westen verfasst wurden. Wichtig ist dabei im Auge zu behalten, dass die Rechtspraxis der Geberländer sehr unterschiedlich ist.[21] Gerade deswegen muss auch hier komparativ untersucht werden, welches Ergebnis die jeweilige Mischung aus Rechtsimport und lokaler Rechtskultur hervorgebracht hat.

Ausgewählte materielle Probleme

1. *Die Spannungen zwischen Rechtskultur, Rechtsbewusstsein und konkreten institutionellen Strukturen.* – Eine Frage von theoretischer und praktischer Bedeutung ist, in welcher Beziehung Rechtskultur zu Rechtsbewusstsein steht und wie diese beiden Aspekte in einer Übergangsphase wie der gegenwärtigen umgestaltet werden. In ihrer Arbeit über „Das Erbe des Anti-Legalismus" aus dem Jahre 1992 geht die Rechtssoziologin Grazyna Skapska (abgedruckt in Skapska, 1994) - sowohl Teilnehmerin als auch Beobachterin der Wende in Polen - auf das Problem kultureller Apathie ein, das Veränderungen des Rechtsbewusstseins und der Rechtspraktiken in der Umwandlung der staatssozialistischen öffentlichen Sphäre charakterisiert. Soweit sich staatssozialistische Legalität mehr auf öffentliches Recht und öffentliche Ordnung als auf Privatrecht und individuelle Rechte, eher auf administrative Bestimmungen und Dekrete als auf Verfassungsmäßigkeit und ordnungsgemäße Rechtsverfahren, und mehr auf instrumentellen Rechtsgebrauch zum Zwecke sozialer Organisation als auf den formellen Schutz materieller und formeller Rechte gegen Verstöße seitens der Regierung konzentrierte, etablierte sie ein tief verwurzeltes kulturelles Erbe des Anti-Legalismus. Im Vergleich dazu scheint der „neue Legalismus" (Sajó, 1990a) der Zeit nach 1989 oberflächlich zu sein. Hinzu kommt in diesen Gesellschaften das sprichwörtliche und scheinbar fortwährende Misstrauen gegen Gerichte, Richter, Anwälte, Polizei und alle mit Rechts- und Regierungsinstitutionen in Verbindung stehenden Behörden oder Personen.[22]

2. *Das Spannungsverhältnis zwischen Recht und Rechtsanwendung.* – Da wir uns mit rechtlichem Wandel und Transformation beschäftigen, müssen wir bei der Analyse ein weiteres Problem berücksichtigen. Es geht um den Unterschied zwischen niedergeschriebenem Recht und den tatsächlichen Prozessen des Rechtsprechens, der Entscheidungsfindung, Anwendung, Normendurchsetzung und Implementierung. Die Transformation des Rechts durch Verfassungsreform und legislative Veränderung – so wichtig sie auch ist –

---

[21] Zum Unterschied zwischen der kontinentaleuropäischem und der angelsächsischen Rechtspraxis siehe Merryman, 1985, Rueschemeyer, 1973.
[22] Mit Ausnahme vielleicht der neu errichteten Verfassungsgerichte.

muss nicht zwangsläufig die Transformation von Justiz und juristischer Methodologie nach sich ziehen. Die Übertragung von einem Diskurssystem zum anderen ist ein komplexer Prozess, der in Abhängigkeit vom Institutionengefüge des Staates, den Beziehungen zwischen den verschiedenen staatlichen Einrichtungen und von den Traditionen der politischen und Rechtskultur variiert. Was ändert sich – rechtssoziologisch gesehen – auf der Implementierungsebene des positiven Rechts, konkret: in den Gerichten, Prozessen, der gerichtlichen Administration? Eine soziologische Analyse muss daher den Wandel der Rollen, der Beziehungen zwischen den Rechtsinstitutionen und in den empirisch beobachtbaren Rechtspraktiken dokumentieren. Befasst man sich mit den Wechselwirkungen zwischen Systemwandel und Rechtstransformation, so zwingt eine Reihe von Faktoren, die Aufmerksamkeit von der rein normativen Analyse auf den Prozess gerichtlicher Entscheidungsfindung und Administration zu verlagern. Damit zusammenhängende Probleme sind einerseits die Spannung zwischen Verfassungs- und Gesetzgebungsreform und andererseits die konkreten Veränderungen in der Verwaltung und bei administrativen Methoden auf allen Gesellschaftsebenen, einschließlich der Lokalverwaltung, also der Selbstverwaltung auf kommunaler und städtischer Ebene sowie auf Bezirksebene. Starrheit, taktische Nicht-Durchsetzung bzw. direkte Auflehnung gegen rechtlich angeordnete Veränderungen verhindern häufig deren Durchführung.

3. *Notstand und schleichende Verfassungsgebung.* – Dieses Problem fokussiert die Spannung zwischen den Versuchen, Rechtsstaatlichkeit voranzubringen bzw. zu etablieren, und den nötigen Programmen und Strategien, um mit Krisenzuständen fertig zu werden. Versuche, die Institutionen eines sozialen Rechtsstaates aufzubauen, in denen sich selbst reformierende Gesellschaften einem fast ständigen ökonomischen und politischen Notstand ausgesetzt sind, treffen tendenziell auf das Problem, dass technische Beschränkungen, begrenzte Ressourcen und politische Ideale miteinander in Konflikt stehen. Aus einer rechtlichen Perspektive wird dieses Problem durch die Vorstellung einer „schleichenden Verfassungsgebung" erfasst.[23] Es stellt sich die Frage, in welchem Ausmaße der Übergangsprozess zur Entformalisierung des Rechts führt: besteht in einer Situation des permanenten Notstands nicht die andauernde Notwendigkeit für schnelle und pragmatische Entscheidungen, die je-

---

[23] So der Titel eines 1992 geführten Interviews mit Peter Tölgyessy, dem ehemaligen Vorsitzenden der ungarischen Oppositionspartei „Bündnis Freier Demokraten" in der Zeitschrift *Beszélö*. Carl Schmitt (1989) hat dieses Problem als Inkompatibilität zwischen Demokratie und Rechtsstaatlichkeit interpretiert; Max Weber (1980:511-513) nimmt es zum Anlass zu einer Warnung vor anti-formellen Tendenzen im Recht.

doch rechtliche und demokratische Prozeduren umgehen? Bewegen sich diese Systeme zu *dem* Zeitpunkt in Richtung einer technokratischen Form ausgehandelter Gerechtigkeit, wenn sie eigentlich dem Ideal der Herrschaft des Gesetzes zur Geltung verhelfen sollen? Dieses Problem wurde schon detailliert im Bezug auf den Übergang zum Nationalsozialismus angesprochen, aber bisher noch kaum im Zusammenhang mit dem Übergang vom bzw. zum Staatssozialismus. So beleuchtet z. B. Ernst Fraenkels These vom „Doppelstaat" die widersprüchliche Koexistenz formal-rechtlicher, vertraglicher und materieller staatlicher bzw. national-rassistischer Formen des Rechts und der Rechtsprechung.[24] Sofern Institutionen wie Privatbesitz und Vertragsfreiheit an ein normatives, auf formeller Rechtsrationalität basierendes Rechtssystem gebunden sind, kann man von einem „Doppelstaat" sprechen. In der Praxis gestatteten einige „liberal-kommunistische" Varianten des osteuropäischen Staatssozialismus (hauptsächlich Ungarn und Polen) die Existenz oder das Aufkommen einer sogenannten „zweiten" Wirtschaft. Diese basierte auf Kleinunternehmen und kleinen landwirtschaftlichen Familienbetrieben und konnte so das Überleben bzw. die Wiedereinführung von vertragsrechtlicher Theorie und Praxis sichern. Folglich könnten „liberalere" staatssozialistische Varianten als Förderer bestimmter „doppelstaatlicher" Merkmale angesehen werden, die die entformalisierenden Auswirkungen staatssozialistischer Legalität milderten.

4. *Wer erzieht die Erzieher?* – Die Schulung und Sozialisierung der nächsten Generation von Anwälten und Richtern ist vielleicht ebenso wichtig wie die anderen institutionellen Veränderungen. Allerdings wirft die Frage nach neuen Lehrplänen, neuen Konzepten und neuen Methoden und Verfahren im Gegenzug eine weitere Frage auf: wer erzieht die Erzieher, wenn die meisten von ihnen unter staatssozialistischen Vorzeichen ausgebildet wurden? Die Frage führt uns wieder zum politischen Rechtsrahmen, der als normative Matrix dient, d.h. als moralische Untermauerung der in juristischen Fakultäten gelehrten technisch-professionellen und theoretischen Rechtsstruktur. Eine radikale Transformation im Bereich der juristischen Fakultäten, Juraprofessuren und auch Lehrpläne gab es

---

[24] Fraenkel versuchte zu verstehen, auf welche Weise der deutsche Faschismus seine Praktiken mit Hilfe eines Anscheins formeller Legalität zu rechtfertigen suchte und unterschied dabei zwei Staatsformen: einerseits der administrative bzw. „Maßnahmestaat" und andererseits der normativ-rechtliche bzw. auf dem Recht basierende Staat. Während der „Maßnahmestaat" weitgehend mit willkürlichen Verfügungen regiert und sein Gewaltmonopol ohne die Kontrolle durch etwaige Rechtsgarantien oder Normenkontrolle ausübt, erhebt der „normative Staat" den Anspruch, die rechtliche Ordnung, Gerichtsentscheidungen und materielle und formelle Bürgerrechte zu wahren. (Fraenkel, 1969)

wohl nur im Osten Deutschlands und in gewissem Maße auch in der Tschechischen Republik. Und trotzdem muss wieder im Einzelfall vergleichend untersucht werden, welches Rechtsdenken in den juristischen Ausbildungsstätten der einzelnen Länder dominiert.

5. Der Anstieg der Kriminalität. – Angesichts steigender Kriminalitätsraten ist die Transformation von Strafrecht und Strafverfahren eine der dringendsten materiellen rechtlichen und politischen Angelegenheiten, die ich hier nur streifen kann. Historisch betrachtet hatten staatssozialistische Gesellschaften ein relativ niedriges Niveau registrierter Kriminalität. Seit 1989 ist die Kriminalitätsrate nach offiziellen Angaben in allen mittelosteuropäischen Gesellschaften dramatisch angestiegen (siehe Savelsberg, 1995). Diesem dramatischen Anstieg der Kriminalitätsraten seit dem Beginn der Wende im Jahre 1989 sollte man allerdings mit Vorsicht begegnen, da es für sichere Schlussfolgerungen nicht genügend statistische Belege gibt. Zudem dürfte es sich als schwierig erweisen, die Auswirkungen organisierten Verbrechens sowohl von weit verbreiteter Korruption, Wirtschafts- und Regierungskriminalität als auch von einfachen Formen der Straßenkriminalität zu unterscheiden. Außerdem ist es möglich, dass der Anstieg auch der Wende selbst zugeschrieben werden kann, da es ein großes Maß an Ungewissheit hinsichtlich legaler oder illegaler, richtiger oder falscher, erlaubter oder verbotener Verhaltensweisen gibt. Mit anderen Worten, die verbreitete Anomie und Ungewissheit über moralische und rechtliche Grenzen sollte ein Übergangszustand sein, der mit der Zeit abnimmt.

Schlussbemerkungen

Mitte der 90er Jahre berichtete Thomas R. Pickering, ehemaliger US-Botschafter in der Russischen Föderation, in einem Vortrag über die Wirtschaftsreformen, dass Russland langsam begonnen hätte, einen rechtlichen Rahmen für Geschäftsbeziehungen zu schaffen. „Allerdings", so fuhr er fort, „gibt es momentan kein Rechtssystem: Verträge werden per Handschlag abgeschlossen, Rechtssicherheit und Rechtsdurchsetzung sind weder vorhanden noch bekannt, Rechtsrahmen werden nur für bestimmte Situationen und Vorhaben geschaffen. Folglich ähneln sie eher einer administrativen Verfügung oder Vereinbarung. Kostenrechnung, Rechtsbeziehungen, Handels- und Zivilrecht sind praktisch nicht vorhanden. Besteuerung gibt es zwar, doch die Steuersätze steigen und die Steuereinnahmen sinken mit der taumelnden Wirtschaft"[25]. Es ist sicherlich

---

[25] Thomas R. Pickering, „Reforms in Russia: Emerging Trends and Science and Technology. Address to the Science Policy Association", New York: New York Academy of Sciences, October 28, 1994.

übertrieben, von dem völligen Fehlen eines Rechtssystems zu sprechen. Jedoch ist – abgesehen von den offensichtlichen Prioritäten der Juristen und den rhetorischen Behauptungen der Politiker – nicht klar, ob die Entwicklung eines westlichen Rechtssystems in der Anfangsphase der Transformation genauso wichtig erachtet wurde, wie die Entwicklung des privaten Sektors. Roman Frydman formulierte dies so: „Statt dass Eigentumsrechte geklärt und für kapitalistische Gesellschaften typische Systeme von Anreizen geschaffen wurden, führte der Privatisierungsprozess bisher häufig zu einem Labyrinth komplizierter Wirtschafts- und Rechtsbeziehungen, das den zügigen Übergang zu einem System transparenter und geschützter Rechte für Kapitalinvestitionen sogar erschweren könnte"[26].

Man könnte daher – sehr vereinfacht – argumentieren, dass Recht in vielen Fällen der Anfangsphase der Transformation keinen effektiven Rahmen für wirtschaftliche und politische Veränderungen geboten hat. Entweder wurde es nicht geschaffen oder es blieb im Vergleich zu anderen transformativen Kräften wirkungslos. Am optimistischsten ist die Überlegung, dass Recht durch diese Veränderungen stimuliert und geprägt wurde, anders gesagt, dass gesetzgeberische Initiativen und Rechtsreformen mit periodischer Wiederholung auf die widerwillige Selbsttransformation von Wirtschaft und Gesellschaft reagierten. Dies spräche gegen Max Webers These, die die Affinität von formal-rechtlicher Rationalität und dem Kapitalismus und die Bedeutung formalen Eigentums und Vertragsrechts für die wirtschaftliche Entwicklung behauptete. *Für* Webers Darstellung spricht allerdings, dass die Unterentwicklung des Rechtswesens, ob nun vom Staate abhängig oder nicht, in der Tat ein Grund für das schleppende Voranschreiten der Privatisierung, für den Widerwillen, Wagnisse einzugehen und zu investieren, und für das langsame Wachstum wettbewerbsfähiger Marktstrukturen ist.

Eine zweite Schlussbemerkung gilt einem Phänomen, das ich als „Übergangsprimat des Politischen" bezeichnen möchte. Dieses Primat des Politischen wird nicht so deutlich (oder wahrscheinlich eher mythologisch eingehüllt), wenn wir beispielsweise die Rechtsstaatlichkeit als institutionalisiertes, stabiles System untersuchen, in dem stillschweigend von der Unabhängigkeit der rechtlichen von der politischen Sphäre ausgegangen wird, oder wenn wir von der Doktrin der Gewaltentrennung sprechen, als ob sie eine zeitlose Wahrheit wäre. Nach dem Zusammenbruch der politischen wie wirtschaftlichen Strukturen des Staatssozialismus scheint das Primat der politischen Sphäre die wichtigste „Erbschaft" dieser Systeme zu

---

[26] Roman Frydman, „Economic Reform in Eastern Europe and the Former Soviet Union: A Prognosis", New York: CV Starr Center for Applied Economics Policy, 21. April 1994.

sein.[27] Zum Teil ist dies der Tatsache geschuldet, dass die Verbindung zwischen Politik und Sozialstruktur (Anhängerschaft von Parteien, Bewegungen, „Wählerschaft") bei diesem Übergang schwach ist. Die Betonung des Übergangsprimats der Politik erkennt an, dass die Turbulenzen der gegenwärtigen Entwicklungen in Mittel- und Osteuropa offensichtlich solche demokratischen Tugenden erfordert, wie Lipset (1963) sie – der Inspiration Aristoteles' folgend – in seinem *Political Man* und seinen Veröffentlichungen zu den sozialen Voraussetzungen der Demokratie beschrieben hat. Man kann – wiederum vereinfacht – zu dem Schluss kommen, dass die Zwänge, die aus dem wirtschaftlichen Notstand und den Anstrengungen zu seiner Überwindung resultieren, tendenziell der rechtsstaatlichen Entwicklung entgegenstehen. Schließlich ist jedes politische Programm nur so wirksam, wie der Prozess seiner Durchführung, jedes Gesetz nur so gut, wie seine Interpretation und Anwendung. Der Erfolg von Programmen und Gesetzen hängt von der Frage ab, wer letztlich die Programme realisieren bzw. die Urteile fällen wird. Für viele „realistische" Beobachter ist dies die zentrale Bedeutung des Begriffs des „Politischen": dass es auch im Recht stets Raum für Aushandeln, Opposition, Abweichung und Korruption gibt. Und gerade die politische Sphäre schafft die rechtlichen Institutionen, die das jeweils amtierende politische Regime unterstützen sollen. Dies ist natürlich der Sinn positiven Rechts. Aber nur in etablierten demokratischen Systemen wird diese Beziehung zwischen Recht und Politik in dem Maße unsichtbar, wie der Souverän bereit ist, sich an die von ihm geschaffenen Grenzen rechtlicher Normen und Verfahren zu halten.

Die dritte Bemerkung bezieht sich auf den beschriebenen umfangreichen rechtlichen Transferprozess von West nach Ost und den Einfluss nationaler Rechtskulturen. Trotz der vielfältigen Faktoren, die auf die Entwicklung postsozialistischen Rechts einwirken, muss eine vergleichende Analyse ebenso die strukturellen Unterschiede zwischen der mehr oder weniger homogenen staatssozialistischen Legalität und dem „neuen Legalismus" der Zeit nach 1989 untersu-

---

[27] Schließlich war es das politische Programm Lenins (vor allem der Neuen Ökonomischen Politik der frühen 20er Jahre), das die politische Kontrolle über die Wirtschaft zum Zwecke der Mobilisierung der produktiven Kräfte und Ressourcen von Gesellschaft und Wirtschaft etablierte. Lenin sah nicht voraus, dass sich schließlich ein fataler Widerspruch zwischen diesem politischen Kontrollapparat und der weiteren Entwicklung von Produktivität und dem Projekt zur Befreiung der Menschen - das ja letztlich ganz nah am utopischen Kern marxistischer Sozialtheorie lag - entwickeln würde. Auch in der weiteren Entwicklung der Sowjetunion war es gerade die exzessive politische Kontrolle, die die wirtschaftliche Entwicklung behinderte (siehe Sharlet, 1992: 15-54).

chen. Es wird interessant sein zu sehen, ob dieser neue Legalismus – so vielfältig er auch ist – die Entwicklung eines neuartigen Gesamtmodells mit sich bringt, also die Entwicklung eines globalen Modells, das sich auf neoliberale Vorstellungen von Privatisierung und kapitalistischem Wirtschaftswachstum konzentriert und sich somit über die kulturellen Unterschiede zwischen den neuen Reformgesellschaften Mittel- und Osteuropas hinwegsetzt (Heydebrand, 1997).

Eine vierte und letzte Bemerkung betrifft die Rolle der Anwälte und Richter. Insgesamt ist das Problem rechtlicher Ausbildung und Nachfolge nicht nur eine Frage qualifizierten und ausreichend vorhandenen Personals, sondern viel mehr eine der rechtlichen und politischen Kultur. Zunächst betreiben in Zeiten des permanenten Notstandes die Parlamente tendenziell eine Gesetzgebung, um kurzfristig auf Probleme zu reagieren, selbst wenn diese Gesetze schlecht sind und modifiziert, ergänzt oder anderweitig mit existierendem positiven Recht und mit Verfassungsprinzipien durch irgendeine Form unabhängiger Normenkontrolle vereinbar gemacht werden müssen. Juridifizierung der Gesetzgebung ist häufig das Ergebnis und stellt die Gerichte vor enorme Probleme. Paradoxerweise müssen die Gerichte so eine über die Intentionen des Gesetzgebers hinaus gehende „kreative" gerichtliche Entscheidungsfindung betreiben aber gleichzeitig auch begrenzen. Mit anderen Worten könnte die Verlagerung der Verantwortung vom Gesetzgeber zu den Gerichten rechtlichen Pragmatismus und technokratische Justiz fördern. Solch eine Verlagerung könnte in eine Entformalisierung münden, die zwar einerseits den Folgen der Juridifizierung entgegenwirkt, aber auch einen Trend in Richtung einer informellen, flexiblen, ausgehandelten, prozessorientierten Rechtsordnung begünstigt.

Unter den Bedingungen eines anti-legalistischen „Erbes" und einer unterwickelten Rechts- und Verfassungskultur verlagert sich ein Teil der Verantwortung von Gesetzgebern und Richtern auf Anwälte und rechtlichen Aktivismus. Es ist unwahrscheinlich, dass sich eine solide Rechtskultur entwickeln wird, bevor sich nicht ein starker und unabhängiger juristischer Berufsstand mit der Bereitschaft etabliert, sowohl für die Verteidigung materieller Individual- und Menschenrechte als auch verfahrensrechtlicher Bürgerrechte einzutreten.[28] Für eine junge und anwachsende Juristenschaft, die in unmittelbarer Nähe mächtiger Entscheidungsträger und in Reich-

---

[28] Im Übergangsprozess profitieren Rechtanwälte vom Zustand allgemeiner rechtlicher Unterentwicklung und von der Verwirrung, die sowohl durch die Koexistenz alten und neuen Rechts als auch durch das hohe Tempo der Gesetzgebung, welches oftmals gestern noch „neue" rechtliche Bestimmungen schon heute unanwendbar oder obsolet werden lässt, hervorgerufen wird (Barr, 1994:107; Los, 1993).

weite großzügiger Gehälter agiert, ist dies sicherlich ein hoher Anspruch. Das ändert allerdings nichts an der Tatsache, dass ein moralisch integrer juristischer Berufsstand – ähnlich den unabhängigen Medien und einer Kultur kritischen Diskurses – ein entscheidender Bestandteil einer demokratischen Gesellschaft zu sein scheint.[29]

Vielleicht ist es daher angemessen, in einem optimistischeren Ton zu enden. Als teilnehmende Beobachter eines gemeinsamen, über die Grenzen Mittel- und Osteuropas hinausgehenden Projekts sollten wir vielleicht unsere Vorstellungen von der künftigen rechtlichen Verfasstheit Mittel- und Osteuropas in einen weiteren Zusammenhang einordnen: den Dialog über den richtigen rechtlichen Rahmen, der für die Demokratie förderlich ist. Aus dieser Perspektive wäre es klug, wenn sich die Debatte über Rechtsstaatlichkeit, die rechtliche Ausbildung, den juristischen Berufsstand und die Entwicklung der Rechtskultur an einem breiteren Horizont orientieren würde, als an dem, der durch die unmittelbaren Anforderungen der Situation in Mittel- und Osteuropa geschaffen wurde. Zudem wäre es ratsam, wenn die Debatte von einem längeren Zeitraum historischer Erfahrung geprägt wäre, als nur von dem seit dem Beginn der Wende vergangenen Jahrzehnt.

Übersetzt aus dem Englischen von Jan Wechmann.

---

[29] Zur Bedeutung von kritischen Juristen und einer rechtlichen „Infrastruktur" für sozialen Wandel und die Verwirklichung von Grundrechten siehe Sarat & Scheingold, 1998 und Epp, 1998.

Ulrich K. Preuß

Die Rolle des Rechtsstaates in der Transformation postkommunistischer Gesellschaften*

I.

Nach dem Zusammenbruch des Kommunismus befinden sich die Staaten Ost- und Mitteleuropas auf der Suche nach neuen konstitutionellen Grundlagen für ihr gesellschaftliches Leben. Der Zerfall des Machtmonopols der leninistisch-kommunistischen Parteien hat die Integrationsprobleme dieser Gesellschaften keineswegs verringert. Im Gegenteil. Es melden sich nun gesellschaftliche Spaltungen und Konflikte zurück, die im kommunistischen System allenfalls latent vorhanden waren, offiziell aber nicht anerkannt und infolgedessen mehr oder minder subtil unterdrückt wurden: nationale, ethnische, religiöse Konflikte gehören hierzu ebenso wie unausgetragene regionale Interessengegensätze, die nicht selten zusätzlich noch eine ökonomische Einfärbung aufweisen. Dies ist die prä-kommunistische Erblast. Unabhängig von diesen tradierten, durch jahrzehntelange Unterdrückung eher verschärften als gemilderten Konflikten gibt es eine zweite Kategorie von Problemen, die wir als post-kommunistisch bezeichnen können. Sie sind durch die gesellschaftlichen Umbrüche erst erzeugt worden, und für ihre Bewältigung müssen ebenfalls neue konstitutionelle Formen erst noch entwickelt werden. Es handelt sich um die Integrations-, Lenkungs- und Steuerungsprobleme eines auf Privateigentum, Leistungswettbewerb, Kapital- und Arbeitsmärkten beruhenden Wirtschaftssystems, mit anderen Worten um die rechtlich-politische Bändigung einer kapitalistischen Ökonomie, die in unterschiedlichen Versionen das Ziel der Transformation aller post-kommunistischen Gesellschaften geworden ist. Schließlich, drittens, sind auch noch die Ungewißheiten und Risiken des Übergangsprozesses selbst zu bewältigen; Gegenstand dieses Komplexes ist die Dynamik des geschichtlich beispiellosen ökonomischen und politischen Regimewechsels.

---

* In ähnlicher Form erschienen in: *Rechtstheorie*, Bd. 24 (1993), S. 181-204.

Augenscheinlich spielt der Rechtsstaat für die Bewältigung dieser drei Problemkomplexe eine jeweils unterschiedliche Rolle. Es mag sogar zweifelhaft erscheinen, ob er überhaupt zu allen dreien einen Beitrag zu leisten vermag. Die Probleme der ersten (präkommunistische Erbschaft) und der dritten Kategorie (politischer und ökonomischer Regimewechsel) sind, jedenfalls auf den ersten Blick, nicht typischerweise solche des Rechtsstaats. Religiöse, nationale und ethnische Gegensätze treten in der Entwicklungsgeschichte moderner politischer Herrschaft einerseits in der - vorrechtsstaatlichen - Phase der vom fürstlichen Absolutismus betriebenen Konstitution des modernen Territorialstaates auf, andererseits berühren sie den Nerv des eng mit dem demokratischen Prinzip verbundenen Nationalstaates, der strukturell wenig Berührungspunkte mit dem Rechtsstaat hat. Die Koexistenz unterschiedlicher - allerdings durchgängig christlicher - Konfessionen innerhalb derselben politischen Einheit ist das Ergebnis der absolutistischen Staatsbildung, wobei hier mehrere Stufen durchlaufen wurden: von der zwangsweisen hoheitlichen Durchsetzung religiöser Homogenität des 'cuius regio, eius religio' über das Prinzip autoritärer Toleranz gegenüber Minderheitskonfessionen bis hin zur endlichen Anerkennung der grundrechtlichen individuellen Religionsfreiheit im Rahmen des Verfassungsstaates. Erst diese letzte Phase verbindet das Problem des religiösen Dissenses mit dem Rechtsstaat; sie konnte wohl nur erreicht werden, weil es gelungen war, die Frage der Religion zu entpolitisieren. Das führt uns zu der Vermutung, daß der Rechtsstaat nicht die Quelle, sondern die Ratifizierung der Problemlösung darstellte, deren Wurzel in den vorrechtsstaatlichen Potentialen des modernen Territorialstaates liegt. Auf der anderen Seite ist die Idee der modernen Nation und ihre Verknüpfung mit der Einheit und Geschlossenheit des modernen Staates - in anderen Worten: die Idee des Nationalstaates - entwicklungsgeschichtlich eine post-rechtsstaatliche. Jedenfalls läßt sie einen inneren Zusammenhang mit dem Rechtsstaat nicht erkennen. Im Gegenteil, in gewisser Weise ist sie dem Rechtsstaat sogar feindlich gesonnen. Das Nationalprinzip verbindet das demokratische Prinzip der volonté générale mit der nivellierenden und unitarisierenden Tendenz zur Homogenisierung und Egalisierung pluralistischer, dezentraler und föderaler Strukturen[1]; es neigt zu einem zentralistischen Absolutismus, der sich mit den auf den Schutz von Individualität und Freiheit gerichteten rechtsstaatlichen Konstruktionselementen politischer Herrschaft nicht besonders gut verträgt.[2]

---

[1] Vgl. *H. O. Ziegler* Die moderne Nation. Ein Beitrag zur politischen Soziologie. Tübingen 1931, S. 90 ff.
[2] Zur nationalen Einfärbung des Politischen vgl. *B. Anderson* Die Erfindung der Nation. Frankfurt/M. 1988.

Was schließlich die dritte Problemkategorie angeht – die institutionellen Formen des Übergangs von kommunistischer zu unterschiedlichen Versionen liberal-demokratischer Herrschaft –, so ist ihre Beziehung zum Rechtsstaat womöglich noch lockerer und ungreifbarer als bei den beiden zuerst genannten. Diese Vermutung drängt sich jedenfalls auf, wenn wir uns an unseren geschichtlichen Erfahrungen mit der Einführung des Verfassungsstaates orientieren. In der englischen, der amerikanischen und der französischen Revolution kulminieren drei ganz verschiedene historische Entwicklungen zum modernen Verfassungsstaat, doch das kontinental-europäische Rechtsdenken nachhaltig geprägt hat zweifellos die französische Revolution. Sie vollzieht am radikalsten den revolutionären Bruch mit dem vorhergehenden Regime, und sie proklamiert am konsequentesten und auch am doktrinärsten das Prinzip der Verfassungsneuschöpfung *ex nihilo* durch die unbegrenzte Macht des *pouvoir constituant*. Der *pouvoir constituant* kreiert den Rechtsstaat und bindet die von ihm konstituierten Gewalten an rechtsstaatliche Regeln, ohne ihm selbst unterworfen zu sein.[3] Der Rechtsstaat beruht, wie ich das bereits in bezug auf die Religionsfreiheit angedeutet hatte, auf nicht-rechtsstaatlichen Voraussetzungen und scheint daher als organisierendes Prinzip des politischen Regimewechsels dort auszuscheiden, wo dieser Wechsel revolutionär vollzogen worden ist. Allerdings gibt es auch Beispiele für nicht-revolutionäre Übergänge von autoritären zu demokratischen Regierungsformen wie z.B. in der jüngsten Vergangenheit Spanien, Griechenland und einige Staaten Lateinamerikas. Aber auch hier kann man keineswegs vom Übergang zum Verfassungsstaat in verfassungsstaatlichen, geschweige denn rechtsstaatlichen Formen sprechen. Die hierzu vorliegenden Analysen enthüllen vielmehr unterschiedliche Varianten paktierter Machtteilung zwischen alten und neuen Machteliten und damit Formen des politischen Systemwechsels, die mit dem rechtsstaatlichen Prinzip rechtlich garantierter staatsbürgerlicher Gleichheit fraglos unvereinbar sind.[4]

Und doch spielt das rechtsstaatliche Argument in den Übergangsprozessen der post-kommunistischen Gesellschaften eine hervorgehobene Rolle - nicht nur in dem (weniger erstaunlichen) Sinne, daß ein rechtsstaatliches System das *Ziel* des Überganges sei, sondern

---

[3] Klassisch die berühmte Schrift des Abbé *E. Sieyès* Was ist der dritte Stand? (1789). Dt. Ausg. Berlin 1924; vgl. *E.-W. Böckenförde* Die verfassunggebende Gewalt des Volkes - ein staatstheoretischer Grenzbegriff. München 1986.

[4] Vgl. hierzu *G. O'Donnell/Ph. C. Schmitter/L. Whitehead* (eds.) Transition from Authoritarian Rule: Comparative Perspectives. Baltimore/London 1988; *G. O'Donnell/Ph. C. Schmitter* (eds.) Transition from Authoritarian Rule: Tentative Conclusions about Uncertain Democracies. Baltimore/London 1989.

in dem praktisch und theoretisch gleicherweise aufregenden Sinne, daß die *Methode* und das *Verfahren* des Übergangs zur konstitutionellen Demokratie rechtsstaatlichen Prinzipien verpflichtet sein solle. Aus diesem Anspruch ist geschlossen worden, daß es sich bei den politischen und gesellschaftlichen Veränderungen in Mittel- und Osteuropa überhaupt nicht um demokratische Revolutionen gehandelt habe, weil das Volk in keinem der Länder zu irgendeinem Zeitpunkt die unbegrenzte revolutionäre Gewalt des *pouvoir constituant* beansprucht, vielmehr den radikalen Bruch mit dem alten Regime seinerseits in den Formen der Verfassungsstaatlichkeit vollzogen habe - sei es unter Beachtung der materiellen Normen der jeweils geltenden Verfassung, sei es nach vorheriger Änderung der Verfassung gemäß den von dieser selbst vorgesehenen Regeln.[5] Wir können diese Zweifel hier auf sich beruhen lassen. Wichtiger als die Frage, ob es sich 1989/90 in den Ländern Ost- und Mitteleuropas um Revolutionen gehandelt hat, ist die andere, ob der Übergang vom kommunistischen Regime in die politische Form des liberal-demokratischen Verfassungsstaates in rechtsstaatlichen Formen überhaupt möglich ist.[6] *Theoretisch* verbirgt sich hinter dieser Frage das Problem, ob der Rechtsstaat sich selbst konstituieren und perpetuieren kann oder von vor-, außer- oder gar gegenrechtsstaatlichen Bedingungen abhängt. *Praktisch* geht es bei den hier in Rede stehenden Übergangsprozessen um den Anspruch, mit rechtsstaatlichen Mitteln zwei zentrale Probleme des Übergangs zum demokratischen Verfassungsstaat zu lösen: erstens die Schaffung von Privateigentum (als wesentliche Voraussetzung für das Funktionieren einer Marktwirtschaft) und zweitens die Herstellung und Gewährleistung von Gerechtigkeit für die nicht geringe Zahl der Opfer des alten Regimes. Beide Fragen hängen aufs engste zusammen, denn sie kreisen letztlich um dasselbe Thema, nämlich um das Verhältnis der Gegenwart zur Vergangenheit. Was die Eigentumsfrage betrifft, so sind sich alle relevanten politischen Kräfte in allen ost- und mitteleuropäischen Ländern über das Prinzip einig, daß das riesige Staatsvermögen weitgehend zu privatisieren ist - das Vertrauen in die segensreichen Wirkungen eines möglichst ungezügelten Marktes ist hier häufig ungebrochener als in den westlichen Ländern. Hier

---

[5] Vgl. hierzu *U. K. Preuß* Revolution, Fortschritt und Verfassung. Zu einem neuen Verfassungsverständnis. Berlin 1990, S. 59 ff.

[6] Ich gehe hier nicht auf die Frage ein, ob und ggf. unter welchen Bedingungen *gleichzeitig* eine ökonomische und eine politische Reform möglich sind, d.h. ob der Übergang zur kapitalistischen Marktwirtschaft durch den gleichzeitigen Übergang zur Demokratie konterkariert wird oder ob sich, im Gegenteil, beide Reformen wechselseitig stützen und verstärken, vgl. hierzu *C. Offe* Das Dilemma der Gleichzeitigkeit. Demokratisierung und Marktwirtschaft in Osteuropa, in: Merkur 505 (April 1991), S. 279-292.

ist nun zu entscheiden, ob die ehemaligen, vom kommunistischen Regime enteigneten Eigentümer in ihre alten Rechte wieder eingesetzt werden oder ob nicht vielmehr diejenigen Vorrang bei der Privatisierung des Staatseigentums genießen sollen, die die vorhandenen Ressourcen am wirkungsvollsten für den Aufbau einer dynamischen und auf beschleunigtes Wachstum gerichteten Marktwirtschaft bewirtschaften, d.h. die Investoren. Rechtsprinzipien stehen hier Argumenten wirtschaftlicher Effizienz gegenüber; während jene die Gegenwart auf der normativen Integrität der Vergangenheit zu errichten trachten, verweisen diese auf die ökonomischen Wohlfahrtsverheißungen der Zukunft. Noch drastischer und womöglich auch quälender ist diese Alternative dort, wo die Gerechtigkeit Sühne für das Unrecht des alten Regimes verlangt, während politische Klugheit ebenso wie das Bedürfnis nach innerem Frieden gebieten, die Vergangenheit dem Vergessen anheimzugeben. Hier steht u.U. sogar das Recht selbst - das rechtsstaatliche Verbot rückwirkender Gesetze - dem Wunsch nach rückwärtsgewandter Gerechtigkeit entgegen, ganz abgesehen von den Erfordernissen politischer Neukonstitution. Je größer die Zahl derer, die in das institutionelle Unrecht des alten Regimes verstrickt waren, desto weniger ist es möglich, die neue Ordnung ausschließlich auf Gerechtigkeit zu errichten. Aus Raumgründen wird sich dieser Beitrag allerdings auf die Behandlung der Eigentumsfragen beschränken; die Sanktionierung der Exponenten des alten Regimes ebenso wie die Problematik der „Rehabilitierung"[7] der Regime-Opfer werfen trotz ihrer unverkennbaren Beziehung zur Eigentumsproblematik doch Fragen auf, die eine gesonderte Untersuchung erfordern.

II.

Die innere Rationalität des Rechtsstaats ist auf die Begrenzung, Rationalisierung und Berechenbarkeit von Herrschaft gerichtet. Sein Ziel ist die Ermöglichung und der Schutz von Dispositionen gegen ihre Enttäuschung durch die politische Gewalt.[8] Sein wesentliches Mittel ist die Entpersönlichung des Souveräns, d.h. seine Ersetzung durch unpersönliche Regeln, denen er selbst unterworfen wird. Niemand steht über dem Gesetz, auch der Gesetzgeber nicht. Das ist

---

[7] Zur Problematik dieses Begriffs vgl. *F.-Ch. Schröder* „Rehabilitierung" von SED-Opfern?, in: Zeitschrift für Rechtspolitik 1992, 41-42.

[8] Vgl. hierzu *G. Kisker* Vertrauensschutz im Verwaltungsrecht, in: Veröffentlichungen der Vereinigung der Deutschen Staatsrechtslehrer, H. 32 (1974), S. 149-199, 161 ff.

der Grundgedanke des *'rule of law'*[9], der bereits in dem mittelalterlichen Prinzip „*lex facit regem*" enthalten ist und der seit dem 16. Jahrhundert im rationalen Naturrecht seine systematische vertragsrechtliche Begründung findet.[10] Bezeichnenderweise kennt jedoch der anglo-amerikanische Rechtskreis keine dem deutschen 'Rechtsstaat' analoge Wortverbindung, da dort das Recht ebenso wie die Aufgaben, Befugnisse und Kompetenzen der politischen Gewalt von den vorstaatlich gedachten Rechten der Individuen her konzipiert werden - die politische Gewalt wird nicht durch das Recht bloß begrenzt, sondern durch die subjektiven Rechte der Individuen und deren vertragsrechtliche wechselseitige Bindung allererst konstituiert. Daher wäre der Begriff des 'Rechtsstaats' dort ein Pleonasmus - es gibt keinen Staat jenseits des Geflechtes der Wechselseitigkeit der mit natürlichen Rechten begabten Individuen. In Deutschland dagegen konstituiert sich die subjektive Rechtssphäre der Individuen im Kampf um Freiräume gegenüber dem gleichsam selbstlegitimierten Staat. Als politisch-polemischer Kampfbegriff macht der Begriff des Rechtsstaates daher seine Karriere in dem antiabsolutistischen Kontext der Forderung nach einer vom Staate garantierten rechtlich gesicherten Sphäre freier, gleicher und selbständiger Bürger, wie sie philosophisch von Kant formuliert worden war[11] und dann im ersten Drittel des 19. Jahrhunderts von Welcker, v. Aretin und v. Mohl als rechtliches Prinzip des Staates gefordert wurde.[12] Angesichts der in Deutschland in das 20. Jahrhundert hineinreichenden Hegemonie der bürokratisch-etatistischen Macht über die bürgerliche Gesellschaft assoziiert sich das Rechtsstaatsprinzip weniger mit den auch in ihm enthaltenen politischen Implikationen - der Idee einer autonomen öffentlichen Sphäre als Ort der politischen Selbstaufklärung und -steuerung freier und gleicher Bürger - als mit seinen unpolitisch-individualistischen und staatsabwehrenden

---

[9] Hierzu *J. Harvey/L. Bather* Über den englischen Rechtsstaat. Die „rule of law", in *M. Tohidipur* (Hrsg.) Der bürgerliche Rechtsstaat. 2 Bde. Frankfurt/M. 1978, Bd. 2, S. 359-376; *F. Neumann* Die Herrschaft des Gesetzes. Frankfurt/M. 1980, S. 203 ff.

[10] Vgl. *E. Denninger* Art. 'Rechtsstaat', in: Handlexikon zur Rechtswissenschaft (hrsg. v. A. Görlitz). Reinbek b. Hamburg 1974; vgl. auch *H. Hofmann* Von den Ursprüngen deutschen Rechtsstaatsdenkens in der nachchristlichen Sozialphilosophie, in ders. Recht - Politik -Verfassung. Studien zur Geschichte der politischen Philosophie. Frankfurt/M. 1986, S. 74-89.

[11] *I. Kant* Über den Gemeinspruch: Das mag in der Theorie richtig sein, taugt aber nicht für die Praxis, in Werkausgabe (hrsg. W. Weischedel) Bd. XI. Frankfurt/M. 1977, S. 125 ff., 143 ff.

[12] *E.-W. Böckenförde* Entstehung und Wandel des Rechtsstaatsbegriffs, in ders. Staat Gesellschaft Freiheit. Studien zur Staatstheorie und zum Verfassungsrecht. Frankfurt/M. 1976, S. 65-92.

Merkmalen, die bürgerliche Ruhe, „machtgeschützte Innerlichkeit" und auch Behaglichkeit versprechen. Die deutsche Version des 'Rechtsstaates' betont mit anderen Worten weniger das schöpferische und dynamische Element am Prinzip der Herrschaft des Rechts, nämlich den Prozeß der Rechtserzeugung durch die Rechtsunterworfenen selbst, als vielmehr den eher verhaltenen Gedanken der Kontrolle politischer Herrschaft.[13] Die justizstaatliche Ausfüllung des Rechtsstaatsprinzips dürfte bis auf den heutigen Tag in kaum einem anderen modernen Verfassungsstaat stärker ausgeprägt sein als in Deutschland. Hier dominierten trotz - oder vielleicht auch gerade wegen - Kant die passiven und reaktiven Elemente des Rechtsstaats, und es verwundert daher nicht, daß er vielfach bis auf den heutigen Tag als ein konservatives und mäßigendes Gegengewicht gegen die inhärente Dynamik der wohlfahrtsstaatlichen Massendemokratie verstanden wird.

In den politisch-konstitutionellen Frontstellungen des 19. und der ersten Hälfte des 20. Jahrhunderts mögen rechtsstaatliche Grundsätze in diesem retardierenden Sinne gewirkt haben.[14] Dabei gerät dann leicht die Bedeutung des Rechtsstaats für die Entfaltung der Dynamik der modernen Gesellschaft aus dem Blick. Der Rechtsstaat ist auf die Positivität des Rechts bezogen und setzt diese voraus, denn indem er alle politisch-autoritativ induzierten gesellschaftlichen Änderungen an das Medium Recht bindet, erklärt er zugleich das Recht als verfügbar und jederzeit änderbar; die gesellschaftliche Ordnung ist positivierte Rechtsordnung. Das bedeutet, daß sich der Prozeß der rechtlichen Selbstordnung der Gesellschaft von der Bindung an tradierte Ordnungswerte löst und sich statt dessen an dem Raum zukunftsoffener Möglichkeiten orientiert.[15] Die wesentliche Eigenart des Rechtsstaats besteht nicht darin, daß er bindet,

---

[13] Zu den Eigentümlichkeiten des deutschen Rechtsstaatsbegriffs vgl. *U. Scheuner* Die neuere Entwicklung des Rechtsstaats in Deutschland, in E. Forsthoff (Hrsg.) Rechtsstaatlichkeit und Sozialstaatlichkeit. Darmstadt 1968, S. 461-508; *I. Maus* Entwicklung und Funktionswandel der Theorie des bürgerlichen Rechtsstaats, in M. Tohidipur (Hrsg.) (Anm. 1), Bd. 1, S. 13-81; zur Dogmatik des grundgesetzlichen Rechtsstaatsprinzips vgl. *E. Schmidt-Aßmann* Der Rechtsstaat, in J. Isensee/ P. Kirchhof (Hrsg.) Handbuch des Staatsrechts. Bd. I. Heidelberg 1987, S. 987-1043.

[14] Für die Rekonstruktionsphase (west-)deutscher Verfassungsstaatlichkeit nach dem 2. Weltkrieg nach wie vor aufschlußreich die Aufsatzsammlung von *E. Forsthoff* (Hrsg.) Rechtsstaatlichkeit und Sozialstaatlichkeit. Darmstadt 1968.

[15] Zu diesem Zusammenhang *N. Luhmann* Gesellschaftliche und politische Bedingungen des Rechtsstaates, in ders. Politische Planung. Aufsätze zur Soziologie von Politik und Verwaltung. Opladen 1971, S. 53-65.

fesselt, verhindert oder Schranken zieht, sondern durch rollenorientierte Institutionalisierungen Möglichkeiten des Handelns eröffnet.

Betrachtet man nur einige seiner zentralen Elemente - die Rechtssubjektivität der Individuen gegenüber der öffentlichen Gewalt, insbesondere die rechtliche Anerkennung und den gerichtlichen Schutz staatlich unverfügbarer individueller Freiheiten, die Rechtsgleichheit, eine vom politischen System getrennte und unabhängige Gerichtsbarkeit, die Bindung der Exekutive an das Gesetz, das Verbot der Rückwirkung von Gesetzen, schließlich die Verrechtlichung der Rechtserzeugung (Gesetzgebung) selbst[16] - dann wird deutlich, warum um ihretwillen Revolutionen gemacht worden sind und warum sie, einmal institutionalisiert, ihrerseits Gesellschaften revolutioniert haben: sie setzen politische Herrschaft unter einen permanenten Begründungs-, Rechtfertigungs- und Rationalisierungszwang und verwandeln Gehorsam ihr gegenüber aus einer unbefragten Regel in eine rechtfertigungsbedürftige Ausnahme, weil, ganz im Sinne des rationalen Naturrechts, jedoch ohne seine angreifbaren normativen Voraussetzungen, die Freiheit des Einzelnen theoretischer Ausgangspunkt, legitimierende Grundlage und Telos politischer Herrschaft ist. Der Rechtsstaat schafft den institutionellen Raum für die Entfaltung eines politisch unkontrollierten Beziehungsgeflechtes Autonomie beanspruchender Individuen und ermöglicht damit die Konstitution einer staatsunabhängigen bürgerlichen, d.h. zivilen Gesellschaft.[17] Eine solche Sphäre der Zivilität begründet nicht bereits eine demokratische Struktur, und sie kann eine solche auch nicht ersetzen. Besteht das Wesen demokratischer Einrichtungen darin, daß sie auf der Grundlage individueller Freiheit kollektiv bindende Entscheidungen ermöglichen, so erweist sich die Existenz einer zivilgesellschaftlichen Sphäre als eine notwendige Bedingung für Demokratie; denn sie bildet jene Strukturelemente heraus, die die Freiheit der selbständigen Willensbildung der Individuen gewährleisten. In der Differenz zwischen Rechtsstaat und Demokratie zeigt sich damit zugleich auch ihre enge Verwandtschaft.

Es ist daher keineswegs verwunderlich, daß in den post-kommunistischen Gesellschaften Mittel- und Osteuropas die Herstellung rechtsstaatlicher Verhältnisse als ein Ziel von höchster strategischer Bedeutung für das Gelingen des Übergangs zu demokratischen Verhältnissen angesehen wird. Unabhängig von den durchaus sehr unterschiedlichen ökonomischen, sozialen und kulturellen Bedingungen, unter denen die einzelnen Länder den Übergang bewälti-

---

[16] Hierzu *D. Grimm* Der Wandel der Staatsaufgaben und die Krise des Rechtsstaats, in ders. Die Zukunft der Verfassung. Frankfurt/M. 1991, S. 159-175, 160 f. m.w.N.

[17] *D. Grimm* Bürgerlichkeit im Recht, in ders. Recht und Staat der bürgerlichen Gesellschaft. Frankfurt/M. 1987, S. 11-50.

gen müssen, herrscht doch weitgehende Übereinstimmung darüber, daß die Herausbildung einer selbständigen zivilgesellschaftlichen Sphäre nicht nur den Humusboden für die schöpferische Entfaltung gesellschaftlicher Vielfalt bildet, sondern zugleich auch jenes differenzierte binnengesellschaftliche Geflecht wirtschaftlicher, sozialer und kultureller Mikrostrukturen hervorbringt, das eine wirksame Barriere gegen den Rückfall ihrer Gesellschaften in einen zentralistischen und absolutistischen Etatismus darstellt.

Der Kampf um den Rechtsstaat hat damit eine explizit politische Dimension. Entgegen einer in Deutschland vertretenen, vor allem von Carl Schmitt pointiert herausgearbeiteten Lehre sind die rechtsstaatlichen Elemente des modernen Verfassungsstaates keineswegs nur negativ-kontrollierend und politisch substanzlos, nicht nur verund behindernde Schranken gegenüber einer ihnen vorausliegenden politischen Potenz[18], sondern positive Elemente einer Ordnung, die auf die Steigerung der Leistungsfähigkeit eines politischen Gemeinwesens gerichtet sind. Sie schirmen nicht nur eine Sphäre individueller Freiheit gegen autoritative Interventionen ab, sondern schaffen die Voraussetzung für eigenständige Strukturbildungen, die mit elementaren Problemen einer jeden Gesellschaft - wie Knappheit, Erkenntnisungewißheit und moralischem Partikularismus - schöpferischer und erfolgreicher umgehen können als zentralistisch und politisch-autoritativ gesteuerte Gesellschaften.[19] So dient die Gewaltenteilung, jenes Kronjuwel jedes rechtsstaatlichen Systems, durchaus nicht nur, ja vielleicht nicht einmal in erster Linie der Begrenzung politischer Macht, sondern fungiert wesentlich als ein institutioneller Mechanismus der Steigerung ihrer Leistungsfähigkeit.[20] Durch funktionelle Spezifizierung wird die öffentliche Gewalt, wie jede Funktion in einem arbeitsteiligen Schema, produktiver; durch Differenzierung wird sie gegenüber der Vielfalt gesellschaftlicher Probleme sensibler; und durch die Verteilung auf verschiedene institutionelle Träger wird sie sogar gegen Abnutzung und Legitimationszweifel geschützt. Bereits Montesquieu hatte das deutlich erkannt: ein Souverän, der auch Richter sei, verliere das schönste Attribut seiner Souveränität, nämlich Gnade zu üben; es wäre unsinnig, seine eigenen Urteile sowohl zu sprechen wie aufzuheben. Er würde sich nicht in Widerspruch mit sich selbst setzen wollen. Abgesehen von dieser gedanklichen Verwirrung würde man

---

[18] *C. Schmitt* Verfassungslehre. 4. Aufl. Berlin 1965, S. 125 ff.
[19] *Preuß* Revolution, Fortschritt und Verfassung.... (Anm. 5), S. 66 ff.
[20] *S. Holmes* Precommitment and the Paradox of Democracy, in J. Elster/ R. Slagstad (eds.) Constitutionalism and Democracy. Cambridge 1988, S. 195-240, 228 ff.

auch nie wissen, ob ein Mensch nun freigesprochen oder begnadigt worden sei.[21]

Ebenso sind subjektive öffentliche Rechte der Individuen, vor allem die Grundrechte, nicht lediglich Schranken, gleichsam Negationen der öffentlichen Gewalt, sondern in erster Linie positive Konstitutionselemente einer gesellschaftlichen Ordnung, in der die Autonomie individueller und kollektiver Lebenssphären die Grundlage der gesellschaftlichen Beziehungen darstellt. Wenn das Bundesverfassungsgericht die Grundrechte nicht nur als subjektive Abwehrrechte, sondern zugleich auch als Elemente einer objektiven Ordnung betrachtet[22], so werden sie damit als konstitutionelle Umschreibungen der Eigengesetzlichkeit gesellschaftlicher Funktions- und Lebensbereiche – wie z.B. Wissenschaft, Kunst, Wirtschaft, politische Öffentlichkeit etc. – anerkannt.[23] Sie setzen dem staatlichen Zugriff nicht Grenzen, weil sie eine vorstaatliche individuelle Freiheit schützen, sondern weil sie das Prinzip spontaner, d.h. politisch ungesteuerter gesellschaftlicher Ordnungsbildung ermöglichen. Dementsprechend sind auch die den meisten Grundrechten angefügten gesetzlichen Regelungs- und Eingriffsvorbehalte keineswegs als Einschränkungen des konstitutionellen Prinzips der Freiheit zu betrachten, sondern als notwendige Elemente der sozialen Koexistenzfähigkeit grundrechtlich konstituierter gesellschaftlicher Lebensbereiche.[24] Auch und gerade das Gesetz, das ein Grundrecht beschränken oder regeln darf, ist Bestandteil der gesellschaftlichen Ermöglichung freier Wissenschaft, unabhängiger politischer Öffentlichkeit, autonomer Kunst etc. Schließlich ist in den letzten Jahren auch der grundrechtsermöglichende und -freisetzende Charakter der klassischen Domäne des Rechtsstaats, nämlich des Verwaltungsverfahrens, entdeckt und entfaltet worden[25], bis hin zu der vor allem vom Bundesverfassungsgericht fortgebildeten Doktrin von der

---

[21] *Montesquieu* Vom Geist der Gesetze, Buch VI, Kap. V, in der von E. Forsthoff herausgegebenen dt. Ausgabe München o.J. S. 137.

[22] Hierzu *K. Hesse* Grundzüge des Verfassungsrechts der Bundesrepublik Deutschland. 17. Aufl. Heidelberg 1990, Rdnrn. 290 ff.

[23] Zu den methodischen Problemen dieser Objektivierung der Grundrechte vgl. *R. Alexy* Grundrechte als subjektive Rechte und als objektive Normen, in: Der Staat Bd. 29 (1990), S. 49-68; *E.-W. Böckenförde* Grundrechte als Grundsatznormen. Zur gegenwärtigen Lage der Grundrechtsdogmatik, in: Der Staat Bd. 29 (1990), S. 1-31.

[24] Grundlegend hierzu *P. Häberle* Die Wesensgehaltsgarantie des Art. 19 Abs. 2 Grundgesetz. 2. erg. Aufl. Karlsruhe 1972, S. 180 ff.

[25] Hierzu *Schmidt-Aßmann* Der Rechtsstaat (Anm. 12), Rzn. 75 ff.; vgl. auch *R. Wahl* Verwaltungsverfahren zwischen Verwaltungseffizienz und Rechtsschutzauftrag, in: Veröffentlichungen der Vereinigung der Deutschen Staatsrechtslehrer H. 41 (1983), S. 151-192, 166 ff.

Grundrechtsverwirklichung durch Organisations- und Verfahrensrecht.[26]

Allerdings ist hier eine Qualifizierung erforderlich. Die rechtsstaatlichen Elemente der modernen Verfassung sind zwar ermöglichend und kreativ, aber sie sind es nur, weil sie auf etwas antworten, was in der Gesellschaft als Bedürfnis bereits latent oder manifest vorhanden ist. Sie müssen gesellschaftlichen Strukturen korrespondieren und mit ihnen kommunizieren, die durch die formende Kraft rechtsstaatlicher Institutionen gewissermaßen zum Sprechen gebracht werden. Weder erzeugen die rechtlichen Garantien der Freiheit der Kunst, der Wissenschaft, der wirtschaftlichen Betätigung etc. künstlerische, wissenschaftliche, wirtschaftliche etc. Verhaltensweisen, noch sind Kunst, Wissenschaft, Wirtschaft etc. aber auch als entfaltete Sozialsysteme vorrechtlich bereits vorhanden und werden durch die rechtsstaatlichen Institutionen wie subjektive Rechte, Gewaltenteilung, Gesetzmäßigkeit der Verwaltung etc. lediglich gegen Störungen und hoheitliche Interventionen abgeschirmt. In keiner Phase der geschichtlichen Entwicklung des modernen Verfassungsstaates und speziell des Rechtsstaates können wir von der Existenz einer autonomen gesellschaftlichen Sphäre ausgehen, deren prinzipielle Selbststeuerungsfähigkeit das Recht darauf beschränkte, diese Sphäre gleichsam sich selbst zu überlassen und gegen punktuelle und okkasionelle Störungen von außen zu schützen.[27] Ohne rechtliche Garantie würden bestimmte Verhaltensweisen und Interaktionen als gesellschaftlich übliche, mit einer gewissen Regelmäßigkeit erwartbare und damit Erwartungssicherheit vermittelnde nicht stattfinden - dies ist die Implikation der Positivität des Rechts, daß nämlich „Rechtsnormen nicht mehr nur als Entscheidungsprogramme für bestimmte Rollen, sondern in ihrem ursprünglichen Sinn als Erwartungsstruktur aller Teilnehmer an gesellschaftlicher Interaktion" wirksam sind.[28] Investitionen würden als durchschnittliches gesellschaftliches Wirtschaftsverhalten nicht stattfinden, gäbe es nicht die Rechtsgarantie des Eigentums und des Vertrages; systematische wissenschaftliche Forschung würde als normale gesellschaftliche Erkenntnishaltung gegenüber dem Unbekannten, d.h. als gesellschaftliche Institution, nicht stattfinden, wenn

---

[26] Vgl. *Entscheidungen des Bundesverfassungsgerichts (BverfGE)* 53/30, 65; 57/295, 320; 60/53, 64; 60/253, 294 f.; 63/131,143; 73/280, 296; 77/170, 229 f.; 78/123, 126; hierzu H. *Bethge* Grundrechtsverwirklichung und Grundrechtssicherung durch Organisation und Verfahren, in: NJW 1982, S. 1-7; D. *Grimm* Verfahrensfehler als Grundrechtsverstöße, in: Neue Zeitschrift für Verwaltungsrecht 1985, S. 865-872.
[27] In diesem Sinne aber *Grimm* Der Wandel der Staatsaufgaben... (Anm. 15), S. 165 f.
[28] *Luhmann* Rechtssoziologie. Reinbek b. Hamburg 1972, S. 252.

es nicht die rechtliche Garantie gäbe, daß Erkenntnisirrtümer nicht als Sünde, Verbrechen oder moralisches Versagen gebrandmarkt und sanktioniert werden.

Es zeigt sich daher, daß der Rechtsstaat nicht eigentlich auf den Schutz der Freiheit von Individuen als vielmehr auf den der Integrität von Handlungen gerichtet ist. Die rechtsstaatliche Bindung der souveränen politischen Autorität - das Versprechen der Nicht-Intervention - ist ordnungskonstitutiv und stiftet eine selbständige Sphäre der bürgerlichen Gesellschaft dadurch, daß sie bestimmten, mehr oder weniger verbreiteten Verhaltensweisen rechtliche Anerkennung verleiht und sie dadurch als erwartbare stabilisiert: mit der Gewährleistung von Freiheitsrechten wird nicht einzelnen Individuen eine Erlaubnis, eine Befreiung, ein Privileg, eine Ausnahme, ein Dispens oder dergleichen verliehen bzw. bewilligt; es werden vielmehr bestimmte Interaktions- und Kommunikationsformen unabhängig von ihren individuellen Urhebern und Akteuren in den Status des Rechtsgemäßen versetzt, d.h. in Bestandteile einer sich eben dadurch herausbildenden Ordnung verwandelt. Die Handlungen und Interaktionen sind frei, und *dadurch* sind es auch die Individuen. Da es mithin für die rechtliche Stabilisierung der auf der Positivität des Rechts basierenden Ordnung auf die Integrität von Handlungen und Interaktionen ankommt, können die rechtlichen Garantien, die jene Integrität schützen, auch nur unterschiedslos allen Individuen zugute kommen.

Die Rechtsgleichheit hat daher neben der normativen naturrechtlichen Begründung der natürlichen Gleichheit und Freiheit aller Individuen eine Versicherung in dieser a-personalen Orientierung rechtsstaatlicher Garantien. Wirtschaftliche Erwerbstätigkeit, wissenschaftliches Forschen, künstlerische Gestaltung, publizistisches Räsonnement - dies sind beispielhafte Elemente der staatsunabhängigen zivilgesellschaftlichen Ordnung, die der Staat, auch der Rechtsstaat, nicht unmittelbar hervorbringen, deren Wahrscheinlichkeit er aber beeinflussen kann, indem er den sozialen Kontext für ihr Auftreten schützt, möglicherweise auch erst erzeugt. Wenn wir daher von dem schöpferischen Charakter des Rechtsstaates sprechen, so ist damit die Fähigkeit seiner Institutionen gemeint, jene individuellen und kollektiven Verhaltenspotentiale zu aktualisieren, die die Vielfalt des in der Gesellschaft vorhandenen Entwicklungsreichtums zum Ausdruck bringen.

Betrachten wir demnach den Rechtsstaat nicht lediglich als ein System von Fesseln, die dem Staat angelegt werden, sondern als ein ziemlich komplexes Medium der Entbindung produktiver gesellschaftlicher Potentiale, so wird deutlich, daß das Ziel der post-kommunistischen Gesellschaften, eine rechtsstaatliche politische Ordnung zu errichten, komplexer ist als es zunächst den Anschein haben mag. Denn es besteht nicht lediglich in der Errichtung von

Schranken gegenüber der politischen Gewalt, sondern erfordet die Herstellung jener gesellschaftlichen Bedingungen, unter denen rechtsstaatliche Verfassungselemente erst ihre Funktion erfüllen können. Eine Politik der Deregulierung, d.h. der Beseitigung aller oder doch der meisten Schranken individueller und kollektiver Interessenverfolgung würde den Rechtsstaat in jenem oben erwähnten bloß negativ-hemmenden Sinne mißverstehen und verkennen, daß - um nur die gängigsten und offensichtlichsten Beispiele zu geben - die verfassungsrechtlichen Garantien des Eigentums, des Vertrages oder der Tariffreiheit nicht funktionieren, wenn ihnen nicht sozio-ökonomische und sozio-kulturelle Bedingungen korrespondieren, welche die Potentiale jener Freiheiten entbinden. Wiederum stoßen wir damit auf die bereits mehrfach berührte Frage nach den nicht-rechtsstaatlichen Bedingungen des Rechtsstaats.

III.

Begreift man die Durchsetzung des Rechtsstaates als einen Vorgang der Konstituierung einer staatsbürgerlichen Gesellschaft, dann folgt daraus, daß man ihn nicht als einen Staat der unbedingten Rechtswahrung begreifen kann. Der Rechtsstaat ist nicht der Garant der jeweils vorhandenen Rechte. Er müßte andernfalls u.U. Rechte schützen, die mit seinen eigenen Voraussetzungen unvereinbar sind. In bezug auf den Übergang von der ständischen zur staatsbürgerlichen Gesellschaft ist dies historisch beglaubigt und von niemandem bestritten. Das den Rechtsstaat konstituierende Prinzip individueller Freiheit ist mit ständischen Ansprüchen auf die Freiheit und die Arbeitskraft von Individuen schlechthin unvereinbar, mögen solche Rechte auch in früheren Zeiten rechtmäßig begründet worden sein. Seine Geltung kann das Rechtsstaatsprinzip mit anderen Worten nur durch die Verneinung und gegebenenfalls Zerstörung ihm entgegenstehender, nach früher geltenden Rechtsmaßstäben „wohlerworbener" Rechte durchsetzen - der Rechtsstaat muß gegebenenfalls früheres, mit seinen eigenen Prämissen unvereinbares Recht entwerten, das Vertrauen in dessen Fortbestand enttäuschen und sich daher mit nicht-rechtsstaatlichen Mitteln etablieren. Die französische Nationalversammlung handelte in ihrer Eigenschaft als souveräner, d.h. keiner rechtlichen Machtbeschränkung unterliegender *pouvoir constituant*, als sie in der Präambel zur Verfassung von 1791 erklärte, daß sie unwiderruflich die Einrichtungen abschaffe, welche die Freiheit und die Gleichheit der Rechte verletzen. Und folglich verkündete sie feierlich: „Es gibt keinen Adel mehr, keinen Hochadel, keine Lehnsherrschaft, keine Patrimonialgerichtsbarkeiten, keine ... Vorrechte, die davon herrührten" etc. Die staatsbürgerliche Gesellschaft und ihr Rechtsprinzip - der Rechtsstaat - kon-

Die Rolle des Rechtsstaates in der Transformation

stituierten sich auf den Trümmern der zuvor gewaltsam zerschlagenen vorbürgerlichen Rechte.

Knapp zwei Jahrzehnte nach der französischen Revolution beschritt bekanntlich Preußen den Weg einer gesellschaftlichen Umwälzung im Rahmen der Legalität.[29] Nach den Vorstellungen der bürokratischen Reformelite um Stein, Hardenberg und Humboldt, nicht zuletzt auch in Anbetracht der realen Machtverhältnisse im preußischen Staat sollte und konnte die von ihnen angestrebte staatsbürgerliche Gesellschaft sich nur unter größtmöglicher Schonung der wohlerworbenen Rechte des Adels entwickeln. Sie konnte die alte Gesellschaft nur in einer dem Recht gemäßen Weise, und angesichts der fortdauernden Gültigkeit des Allgemeinen Landrechts hieß das: gegen Entschädigung ablösen. Die Verweigerung einer Entschädigung hätte bedeutet, daß die vielfältigen vermögenswerten Ansprüche der Grundherren gegen ihre erbuntertänigen Bauern retrospektiv illegitim geworden wären.

Darin liegt das Kernproblem des Verhältnisses zwischen zwei aufeinander folgenden, nach ihren inneren Prinzipien unvereinbaren Rechtsordnungen. Werden die nach dem alten Recht begründeten Titel nachträglich entwertet, wird die darauf aufbauende Lebensplanung zerstört, weil im Lichte des neuen Rechts die alte Ordnung unrechtmäßig gewesen ist? Oder wird die Rechtmäßigkeit von Zuständen und die Anerkennung von Rechten danach beurteilt, ob sie für ihre jeweilige Zeit und nach deren Rechtsbewußtsein rechtmäßig zustandegekommen sind, da, wie es Friedrich Julius Stahl ausdrückte, keine Zeit berufen sei, „Gericht zu halten über die Vergangenheit und die aus derselben stammenden Rechte je nach ihrem Urteil über ihre Angemessenheit anzuerkennen oder zu vernichten"[30]? Nun leugnete eigentlich niemand den Grundsatz, den die Franzosen in ihrer Erklärung der Menschen- und Bürgerrechte von 1793 feierlich verkündet hatten, daß nämlich keine Generation künftige Generationen ihren Gesetzen unterwerfen, d.h. ihr Recht auf ewig für unabänderlich erklären könne. Der Grundsatz wurde auch im Deutschland des 19. Jahrhunderts anerkannt. Die entscheidende Frage aber war, ob das Recht einer jeden Generation, sich ihr eigenes und in ihrer Sicht besseres Recht zu geben, auch das Recht der moralischen und ökonomischen Entwertung der auf altem Recht

---

[29] Umfassend *R. Koselleck* Preußen zwischen Reform und Revolution. Allgemeines Landrecht, Verwaltung und soziale Bewegung von 1791 bis 1848. Stuttgart 1967; die verfassungsgeschichtliche Darstellung der preußischen Reformen bei *E. R. Huber* Deutsche Verfassungsgeschichte seit 1789. Bd. I. 2. Aufl. Stuttgart/Berlin/Köln/Mainz 1967, S. 183 ff.

[30] *F. J. Stahl* Philosophie des Rechts. Zweiter Band: Rechts- und Staatslehre auf der Grundlage christlicher Weltanschauung. Erste Abteilung. 3. Aufl. Heidelberg 1854, S. 339.

beruhenden Titel einschloß. In der praktischen Konsequenz lautete die Frage: mußte für die Beseitigung auf altem Recht beruhender Titel eine Entschädigung gezahlt werden? In der preußischen Reform wurde das bejaht; es galt der Grundsatz des Allgemeinen Landrechts, daß derjenige, der ein vermögenswertes Recht für die Allgemeinheit aufzuopfern habe, dafür eine Entschädigung verlangen könne. Eine Aufopferung oder Enteignung implizierte daher keine moralische und infolgedessen auch keine ökonomische Entwertung des dem öffentlichen Wohl entgegenstehenden subjektiven Rechts. Und so folgte zumindest für diejenigen, die, im Gegensatz zu den französischen Revolutionären und ihren deutschen Gesinnungsgenossen, nicht dazu neigten, die feudal-absolutistische Ordnung als ein großes geschichtliches Unrecht anzusehen, daß der Übergang zur rechtsgleichen staatsbürgerlichen Gesellschaft nur gegen Entschädigung der um ihre erworbenen Rechte gebrachten Standesherren geschehen konnte.

Die Analogie zur Aufopferung war allerdings fragwürdig, denn die ständischen Reche kollidierten nicht mit einem beliebigen öffentlichen Interesse; sie standen gewissermaßen dem geschichtlichen Fortschritt selbst im Wege. Den Unterschied hatte z.B. Stahl durchaus zutreffend erkannt, wenn er feststellte, daß „die gewaltsame Abstoßung erworbener Rechte nach politischen Rücksichten nicht eine fortwährende und regelmäßige Funktion des Staatsorganismus ist, sondern bloß das Werk besonderer Zeitepochen, und hat daher mehr eine weltgeschichtliche als eine juristische Rechtfertigung"[31]; aber wenn denn in der „großen weltgeschichtlichen Fortbildung des ganzen öffentlichen Zustandes...die erworbenen Rechte einzelner Menschen oder Klassen zuletzt weichen (müssen)", so hätten sie „zu weichen als Recht und in Anerkennung desselben", und das hieß: gegen Entschädigung.[32] Auch Savigny forderte, daß die Aufhebung erworbener Rechte durch neue Gesetze einer Entschädigung bedürfe, da eine Bereicherung eines Teiles auf Kosten des anderen „auf keine Weise zu rechtfertigen" sei.[33] Dagegen folgte für Lassalle, dem wir die wohl ausführlichste Abhandlung zu diesem Thema verdanken, aus der historisch-moralischen Delegitimierung erworbener ständischer Rechte mit Notwendigkeit ihre ökonomische Entwertung. Der moderne Gedanke der Umstellung der Rechtsordnung auf Positivität und die Erkenntnis der darin implizierten zeitlichen Variabilität der Rechtsgeltung klingt bereits an, wenn er deduziert, der Entzug eines Rechtes sei nur solange zu entschädigen, wie es rechtmäßig existiere - wo „der Inhalt des aufge-

---

[31] *Stahl* Die Philosophie des Rechts, S. 340.
[32] *Stahl*, a.a.O., S. 339.
[33] *F. C. v. Savigny* System des heutigen Römischen Rechts. Bd. VIII. Berlin 1849, S. 539.

hobenen Rechtes vom öffentlichen Bewußtsein bereits prohibiert, d.h. als widerrechtlich bestimmt" sei, dort gebe es nichts zu entschädigen, denn hier sei dem Einzelnen nichts genommen worden, was noch als rechtmäßiges Eigentum anerkannt werde.[34] Die gegenteilige Annahme „hieße...nichts Geringeres, als Klassen oder Individuen das Recht zuzusprechen: dem öffentlichen Geiste einen Tribut für seine Fortentwicklung aufzuerlegen, hieße also nichts anderes, als ein tributpflichtiges Hörigkeits- oder Abhängigkeitsverhältnis des öffentlichen Geistes von jenen berechtigten Klassen oder Individuen annehmen".[35]

Was Lassalle hier perhorreszierte, entsprach ziemlich genau der in der preußischen Agrarreform geübten Praxis, in der dem Adel die Bauernbefreiung abgekauft werden mußte. Folgte man jedoch Lorenz v. Stein's theoretischer Erklärung dieses Vorganges, so war die Entschädigung für die Ablösung ständischer Rechte nicht so sehr ein in den gegebenen Machtverhältnissen begründeter faktischer Zwang, sondern eine aus der inneren Logik der staatsbürgerlichen Gesellschaft selbst folgende Notwendigkeit, die Konsequenz ihres eigenen Rechtsprinzips, des Prinzips nämlich der „volle[n] Freiheit des individuellen wirtschaftlichen Besitzes und Erwerbs..., der freien Entwicklung aller Einzelnen und ihrer Arbeit".[36] Dieses Prinzip verlange zwar die Beseitigung aller Berechtigungen, „deren individueller Besitz materiell im Widerspruch mit der freien Tätigkeit der Einzelnen steht"; da aber das Recht auf den Wert jener Berechtigungen diesem Prinzip keineswegs widerspreche, müsse die staatsbürgerliche Gesellschaft ihrem eigenen Rechtsprinzip entsprechend dem Entrechteten diesen Wert in Gestalt einer Entschädigung zurückgeben.[37] L. v. Stein unterscheidet diese durch den geschichtlichen Fortschritt zur staatsbürgerlichen Gesellschaft notwendig gewordene Entrechtung von jenem Rechtsentzug, der aufgrund eines Konfliktes zwischen Gesamtinteresse und Individuum erfolgt. Jenen nennt er Entwährung, diesen Enteignung[38]; die Entwährung ist ein historisch einmaliger Vorgang der Herstellung einer neuen Gesellschaftsordnung, während die Enteignung innerhalb der etablierten staatsbürgerlichen Ordnung selbst ein reguläres rechtliches Institut der Lösung des Konflikts zwischen dem Einzeleigentum und

---

[34] *F. Lassalle* Das System der erworbenen Rechte, in ders. Gesammelte Reden und Schriften (hrsg. v. E. Bernstein), Bd. IX. Berlin 1920, S. 344 f.
[35] *Lassalle*, a.a.O., S. 345.
[36] *L. v. Stein* Die Verwaltungslehre. Siebenter Theil. Stuttgart 1868, S. 76.
[37] *Stein*, a.a.O., S. 76.
[38] *Stein*, a.a.O., S. 74 ff., 292 ff.

„der allgemeinen Entwicklung des freien Erwerbs aller Einzelnen" darstellt.[39]

Der Begriff ist bedeutsam, weil er ein wichtiges Element sowohl des Rechtsstaats wie der Revolution miteinander verbindet, ja die Möglichkeit ihrer Kompatibilität zum Ausdruck bringt, nämlich einerseits das revolutionäre Element der Delegitimierung alten Rechts, zum anderen das rechtsstaatliche Prinzip der weitgehenden Beständigkeit des geltenden Rechts in Gestalt der Schonung der Vermögensinteressen derjenigen, deren Rechte den Kriterien des neuen Rechtsbewußtseins nicht mehr genügen. Lorenz v. Stein entwickelte den Begriff der Entwährung mit Blick auf den historischen Fortschritt von der ständischen zur staatsbürgerlichen Gesellschaft. Im Namen ihres Rechtsprinzips wurden die ständischen Titel delegitimiert. Zu dieser Zeit sah sie selbst sich bereits in ihrer historischen Legitimität in Frage gestellt und den Rechtsforderungen des vierten Standes ausgesetzt, der nun seinerseits den geschichtlichen Fortschritt auf seiner Seite sah. Daher lassen sich Entrechtungen, die im Namen sozialistischer Prinzipien durchgeführt werden, durchaus ohne weiteres ebenfalls als Entwährungen bezeichnen, auch wenn L. v. Stein diesen Begriff auf die historische Singularität des Übergang von der ständischen zur staatsbürgerlichen Gesellschaft beschränkt hatte. Die Idee des geschichtlichen Fortschritts hatte sich mit dem Sieg der bürgerlichen Gesellschaft durchaus nicht erschöpft. Bis weit in das 20. Jahrhundert hinein trug die Linke ihre Rechtsforderungen in der Gewißheit der historischen Überlegenheit über die dem Untergang geweihten bürgerlichen Rechtsinstitute auf, wobei in erster Linie natürlich an das Privateigentum an Produktionsmitteln gedacht war. Selbst dort, wo, wie in Art. 156 der Weimarer Verfassung oder in Art. 15 GG, das Programm der Sozialisierung wirtschaftlicher Unternehmen im Rahmen einer prinzipiell liberaldemokratischen Verfassungsordnung steht, hat es doch den Hauch des Sozialrevolutionären nicht völlig verloren. Wie anders wenn nicht mit Zweifeln an der sozialethischen Rechtfertigungsfähigkeit des Privateigentums an Produktionsmitteln und mit der Unterstellung seiner inhärenten Tendenz zum Machtmißbrauch ließen sich konstitutionelle Ermächtigungen zur Sozialisierung wirtschaftlicher Unternehmen begründen? Die Sozialisierungsartikel der Weimarer Verfassung und des Grundgesetzes sind daher nicht Variationen zum Institut der Enteignung; sie sind konstitutionelle Ermächtigungen zur Sozialentwährung.[40] Was in unserem Zusammenhang bedeutsamer ist: sie sind Beispiele für die rechtsstaatliche Zähmung der

---

[39] A.a.O., S. 295.
[40] So zutr. *H. Ridder* Enteignung und Sozialisierung, in: Veröffentlichungen der Vereinigung der Deutschen Staatsrechtslehrer H. 10 (1952), S. 124-149, 136 ff.

Revolution, denn sie verbinden die Idee des geschichtlichen Fortschritts mit dem Prinzip des rechtlichen Schutzes wohlerworbener, jedoch dem Fortschritt zum Opfer gefallener Rechte. Könnte hierin ein Vorbild für den Übergang vom autoritär-kommunistischen Regime zum Rechtsstaat, von der sozialistischen Kommando- zur kapitalistischen Marktwirtschaft liegen?

IV.

Auf den ersten Blick sieht es so aus, als sei nun in den postkommunistischen Gesellschaften Mittel- und Osteuropas die Zeit der Entwährung auch des sozialistischen Eigentums angebrochen. Es bedarf keiner näheren Begründung, daß die Errichtung einer staatsbürgerlichen Erwerbsgesellschaft auf kapitalistischer Grundlage und im Rahmen einer konstitutionellen Demokratie mit den sozialistischen Eigentumsformen unvereinbar ist.[41] Diese haben ihre legitimierende Grundlage verloren. Nach den Vorstellungen der neuen politischen Eliten soll die Volkswirtschaft prinzipiell wieder dem Regime der Privateigentumsordnung unterliegen, und folglich ist die Privatisierung des sozialistischen Eigentums eine der großen und schwierigen Aufgaben der postkommunistischen Gesellschaftsreform. Bei näherer Betrachtung zeigt sich, daß wir es hier jedoch nicht mit einem Vorgang der (Sozial-)Entwährung zu tun haben.

In der Vorstellungswelt des 19. Jahrhunderts drückten Entwährungen nicht nur die sittliche Überlegenheit einer neuen über die alte Rechtsordnung aus, sie waren auch Stufen einer linearen Fortschrittsentwicklung der Gesellschaft zu immer perfekteren Rechtsgestaltungen. Dieser Fortschrittsoptimismus war keineswegs auf den Marxismus beschränkt.[42] Er spielte z.B. auch bei Lorenz v. Stein eine erhebliche Rolle, wenn er im Zusammenhang mit der Entwährung davon sprach, daß eine neue Gesellschaftsordnung das „Aufgeben der andern Rechts- und Eigenthumsordnung im Namen

---

[41] Nach Art. 10 der Verfassung der DDR v. 1968 i.d.F. v. 7. Okt. 1974 bestand das sozialistische Eigentum als (1) gesamtgesellschaftliches Volkseigentum, (2) genossenschaftliches Gemeineigentum werktätiger Kollektive sowie als (3) Eigentum gesellschaftlicher Organisationen der Bürger. Als Privateigentum im traditionellen Sinne waren das gem. Art. 11 I gewährleistete „persönliche Eigentum der Bürger" sowie die gem. Art. 11 Abs. 2 garantierten Urheber- und Erfinderrechte zu qualifizieren. Enteignungen dieser Rechte waren gem. Art. 16 entschädigungspflichtig, wobei jedoch eine konstitutionelle Rechtsweggarantie fehlte.

[42] Vgl. hierzu *R. Koselleck* Art. 'Fortschritt', in Geschichtliche Grundbegriffe (hrsg. v. O. Brunner/W. Conze/R. Koselleck). Bd. 2, Stuttgart 1975, S. 351 ff.

derjenigen Berechtigung (fordert), welche das höhere sittliche Ideal gegenüber einer bestehenden Rechtsordnung gibt, die dasselbe nicht zur Geltung gelangen läßt".[43] Sozialistisches Eigentum galt durchaus nicht nur Marxisten als die Verwirklichung eines höheren sittlichen Ideals gegenüber der kapitalistischen Eigentumsordnung, „die dasselbe nicht zur Geltung kommen läßt"; in diesem Lichte scheint deren Beseitigung zugunsten der *Wieder*herstellung einer Privatrechtsordnung eher einen Rück- als einen Fortschritt darzustellen. Doch das ist letztlich eine Frage der Geschichtsphilosophie, die nicht Gegenstand dieser Untersuchung ist.

Rechtswissenschaftlich interessanter und womöglich auch praktisch folgenreicher ist ein anderer Unterschied zwischen den Sozialentwährungen des 19. Jahrhunderts und den heutigen Vorgängen der Etablierung einer bürgerlich-liberalen Marktordnung. In beiden Fällen geht es um die Herstellung einer auf Privateigentum an Produktionsmitteln beruhenden Wirtschaftsordnung, d.h. um die Schaffung sowohl der Kategorie des Privateigentums wie um die Festlegung der Regeln, nach denen sich eine Klasse von Eigentümern bilden konnte. Im 19. Jhdt. griff die Agrarreform in Preußen eindeutig in bestehende Rechte ein. Die Beseitigung der Erbuntertänigkeit der Bauern, die diese in freie Arbeiter verwandelte, ebenso wie die Verwandlung gutszugehöriger Hofstellen in Grundeigentum, die die bisher erbuntertänigen Bauern zu freien Eigentümern machte, nahm den adligen Grundherren Berechtigungen, die sie seit Jahrhunderten unangefochten besessen hatten. Die Rechtsumformungen, die zur rechtlichen Institutionalisierung persönlicher Freiheit und privaten Eigentums führten, waren nur um den Preis des Eingriffs in tradierte Rechte möglich. Dagegen erfordert der Übergang postkommunistischer Gesellschaften zur Marktwirtschaft zwar die Aufhebung der verschiedenen Kategorien des kollektiven Eigentums, aber es werden dabei keinerlei subjektive Berechtigungen beseitigt, eingeschränkt oder auch nur berührt, weil die sozialistische Kommandowirtschaft derlei Berechtigungen nicht kannte.

Denn rechtlich waren - um beim Beispiel der DDR-Verfassung von 1974 zu bleiben - Eigentümer und Herr über die volkswirtschaftlichen Ressourcen „das Volk", „werktätige Kollektive" oder „gesellschaftliche Organisationen der Bürger". Die Nomenklatura, welche faktisch den volkswirtschaftlichen Prozeß lenkte, handelte nicht aus eigenem Recht, sondern als - wenn auch selbstlegitimierte - Repräsentantin des Volkes. Mit dem Zerbrechen dieser oktroyierten Repräsentation, insbesondere der Beseitigung des verfassungsrechtlich festgeschriebenen Repräsentations- und Herrschaftsmonopols der marxistisch-leninistischen Partei, zerfiel ipso facto die Grundlage des in Anspruch genommenen wirtschaftlichen Bestim-

---

[43] *L. v. Stein* Verwaltungslehre, a.a.O., S. 74.

mungsrechts. Es konnte daher nicht überraschen, daß die Übertragung des volkseigenen Vermögens auf die Treuhandanstalt zum Zwecke seiner Privatisierung[44] auf keinerlei Widerstand stieß. Eigene Rechte an oder auf die gesellschaftlichen Ressourcen hatte die Nomenklatura natürlich niemals geltend machen können, denn diese wären mit den Rechtfertigungen des sozialistischen Systems gänzlich unvereinbar gewesen. So konnten die Eliten des realen Sozialismus nach dem Zusammenbruch ihres Regimes keinerlei rechtliche oder rechtsähnliche Ansprüche, welche eine Respektierung nach Grundsätzen des Schutzes „wohlerworbener Rechte" hätten erheischen können, in die neue Zeit hinüberretten. Die für die 'realsozialistischen' Staaten charakteristische enge Verkoppelung des politischen mit dem wirtschaftlichen System hat dazu geführt, daß alle ökonomischen Besitzstände ganz unmittelbar der Erosion der politischen Macht zum Opfer gefallen sind. Mit dem Problem der Sozialentwährungen sind daher die ohnehin äußerst komplizierten Übergangsprozesse in den postkommunistischen Ländern Ost- und Mitteleuropas nicht belastet.

Das bedeutet jedoch keinesfalls, daß die postkommunistischen Akteure nun bei der Konzeption einer kapitalistischen Marktwirtschaft gänzlich frei von den hemmenden Einflüssen der Vergangenheit agieren könnten. Denn die Privatisierung des in welcher Form auch immer kollektivierten Eigentums an Produktionsmitteln sowie an Grund und Boden bedeutet eine geschichtlich beispiellose Vermögensumverteilung, für die es etablierte Rechtsprinzipien nicht geben kann. Hier bilden die Interessen der *Vergangenheit*, der *Gegenwart* und der *Zukunft* eine schwer durchschaubare Gemengelage. Die *Vergangenheit* meldet sich in Gestalt der Eigentumsansprüche jener, die nach der Etablierung der kommunistischen Regimes und im Zuge ihrer sozialrevolutionären Umgestaltungen ihr Eigentum durch Konfiskation, Kollektivierung, Verstaatlichung, zuweilen aber auch durch eine rechtsstaatlichen Kriterien durchaus genügende Enteignung eingebüßt haben. Die Bevölkerungen der post-kommunistischen Gesellschaften stehen nun vor der Frage, ob der Sturz und die Delegitimierung des kommunistischen Regimes zugleich auch eine Anullierung von vierzig Jahren Geschichte und damit, als unausweichliche Konsequenz, das Wiederaufleben der von diesem Regime beseitigten Rechte bedeutet. Die *Zukunft* fordert ihr Recht in Gestalt von Investoren, die vor allem Gewißheit über die Eigentumsverhältnisse an Unternehmen und Grundstücken verlangen, in die sie investieren sollen. Und schließlich haben sich in bezug so-

---

[44] Vgl. § 1 Abs. 1 S. 1, Abs. 4 TreuhandG [der DDR] v. 17. Juni 1990 (GBl. I Nr. 33, S. 300); nach Art. 25 des Einigungsvertrages gilt das Gesetz mit einigen Änderungen nach dem Beitritt der DDR zur Bundesrepublik fort.

wohl auf Wohngrundstücke und -gebäude wie aber auch auf wirtschaftliche Unternehmen mehr oder minder intensive Beziehungen der *gegenwärtigen Nutzer* aufgebaut und verfestigt, die in einer rechtsstaatlichen Prinzipien verpflichteten Gesellschafts- und Wirtschaftsreform nicht ohne weiteres in das rechtlich unbeachtliche Reich des bloß Faktischen abgeschoben werden können.

Die Reaktion auf diese widerstreitenden Anforderungen hängt wesentlich davon ab, wie die Akteure der Umbrüche von 1989 deren gesellschaftliche Bedeutung begreifen. Zwei diametral entgegengesetzte Deutungen sind möglich: zum einen läßt sich der von den Massen in den Straßen herbeigeführte Sturz der kommunistischen Regierungen als *Revolution* begreifen, d.h. als Grundlage einer souveränen, freien, durch keinerlei Rücksichten als die des eigenen revolutionären Geistes gelenkten und allein der *Zukunft* zugewandten Entscheidung für die kapitalistische Marktwirtschaft. Durch die Revolution hätte dann das Volk sich als *pouvoir constituant* betätigt. Die Errichtung einer kapitalistischen Wirtschaftsordnung wäre dann identisch mit der freien und souveränen Aufstellung von Regeln, nach denen die gesellschaftlichen Ressourcen privat *angeeignet* werden können. Der Begriff der Aneignung bedeutet, daß die Güter noch niemandes Eigentum sind, d.h. noch allen gesamthänderisch gehören, im ursprünglichen Sinne des Wortes also Volkseigentum sind.

Die andere Möglichkeit besteht darin, die Ereignisse, die zum Sturz des kommunistischen Regimes führten, statt als Revolution als Ausübung eines *Widerstandsrechtes* zu deuten, d.h. als Handlungen der Bürger, die einen ihnen unerträglich gewordenen Zustand der Rechtlosigkeit beseitigen und zu einer diesem rechtlosen Zustand vorausliegenden Rechtszustand *zurück*kehren wollen. Die Beseitigung der kommunistischen Regimes wäre dann *Wieder*herstellung eines verletzten Rechts. Folglich befände sich das Volk nicht im Status eines *pouvoir constituant*, der souveräne Entscheidungen treffen könnte, sondern in der Position dessen, der durch vorausliegendes Recht gebunden wäre. Wenn diese Deutung zuträfe, so wäre der auf die Herstellung einer kapitalistischen Marktwirtschaft gerichtete Wille der ost- und mitteleuropäischen Völker dahingehend zu deuten, daß die sozialistische Wirtschaftsform nicht nur als *ineffektiv*, sondern auch als *ungerecht* empfunden wurde. Dies würde dann auch für die im Namen des Sozialismus durchgeführten Eigentumsentziehungen gelten. Daraus folgte dann mit unerbittlicher Konsequenz der selbstauferlegte Zwang, die Eigentumstitel der Alteigentümer als Schranken der eigenen wirtschaftspolitischen Handlungsfreiheit anzuerkennen.

Diese Alternative ist nicht nur theoretischer Natur. Das Schwanken zwischen einem freien Aneignungs- und einem gebundenen Eigentümerkapitalismus bestimmt die Strukturreformpolitik aller postkommunistischen Gesellschaften. In zugespitzter Form drückt sich hierin die Alternative zwischen Effizienz und Gerechtigkeit aus: die Regierungen sehen sich daran gehindert, investitionswilligen Interessenten „volkseigene" Grundstücke und Unternehmen zu übereignen, weil sie die Eigentumsentziehungen der kommunistischen Regimes als illegitim und unwirksam betrachten und mithin die Berechtigung des Fortbestandes der alten Eigentumstitel nicht in Zweifel ziehen. Es entsteht so eine eigenartige Situation: jene, die im Sinne der zweiten Alternative den Sturz des alten Regimes als Wiederherstellung verletzten Rechts betrachten und denen demzufolge die Respektierung der Ansprüche der alten Eigentümer eine selbstverständliche Konsequenz ihrer eigenen Handlungsweise ist, müssen häufig feststellen, daß diese Bindung an alte Rechte den mit dem Umsturz von den Massen erhofften wirtschaftlichen Aufschwung und Fortschritt behindert, da die alten Rechte die Übertragung der wirtschaftlichen Ressourcen an neue und effektiver wirtschaftende Investoren behindert. Die wirtschaftlichen Früchte des Widerstands sind mit anderen Worten magerer als erhofft, und die daraus resultierende Enttäuschung mag am Ende sogar den Übergang zur konstitutionellen Demokratie gefährden.

Diejenigen dagegen, die im Sinne der ersten Alternative einen revolutionären Neubeginn beabsichtigen, können sich der Ansprüche der Alteigentümer und der lähmenden Folgen, die sie für die wirtschaftliche Entwicklung haben, am besten dadurch erwehren, daß sie den Bruch mit der Vergangenheit radikalisieren und nicht nur ihre eigene, die 'realsozialistische' Vergangenheit, sondern zugleich auch die Vergangenheit dieser Vergangenheit annullieren und ihr jeglichen Einfluß auf die Gegenwart verweigern. Das ist indessen nur möglich, indem sie die Wirksamkeit der unter dem 'realen Sozialismus' vorgenommenen Eigentumsentziehungen zumindest implizit für gültig erklären. Um ihre Revolution gegen dieses Regime zu vollenden, müßten sie paradoxerweise jenen sozialistischen „Entwährungen" und dem Regime, das sie durchführte, noch nachträglich eine gewisse Legitimität zusprechen. Nur in dem Maße, in dem sie die historische Unumkehrbarkeit der sozialistischen Eigentumsentziehungen gegenüber den damaligen Eigentümern behaupten und anerkennen, können sie ihrerseits ihrer Revolution zum Siege verhelfen - einer Revolution, die auf die Wiederherstellung des *Eigentums*, nicht aber auf die Wiedereinsetzung der alten *Eigentümer* gerichtet war.

Die Politiken der post-kommunistischen Regierungen schwanken ersichtlich zwischen dem Ziel der Wiedereinsetzung der alten Eigentümer (bzw. deren Erben) und dem Prinzip, es bei den unter dem Kommunismus vorgenommenen Eigentumsentziehungen zu belassen, die alten Eigentümer zu entschädigen und die Privatisierung des Volkseigentums nach Grundsätzen ökonomischer Effizienz voranzutreiben. Als eine dritte Variante spielt auch die Vergabe von Gutscheinen an die alten Eigentümer eine gewisse Rolle, um einerseits dem Gedanken der Restitution zu genügen, ohne dabei auf die Dynamik eines neuen Unternehmertums verzichten zu müssen.[45] In Deutschland hatte sich der Gesetzgeber in § 3 des 'Gesetzes zur Regelung offener Vermögensfragen (VermG)'[46] vom 23. Sept. 1990 mit gewissen Einschränkungen für das Prinzip der Rückübertragung rechtsstaatswidrig entzogenen Eigentums entschieden, mußte dann aber bereits wenige Monate später durch ein 'Gesetz zur Beseitigung von Hemmnissen bei der Privatisierung von Unternehmen und zur Förderung von Investitionen'[47] v. 22. März 1991 erhebliche Einschränkungen zugunsten investitionswilliger Erwerbsinteressenten vornehmen.[48] Vielfach gelten sog. ungeklärte Eigentumsverhältnisse als eine wesentliche Ursache für den schleppenden Fortgang der wirtschaftlichen Gesundung des Gebietes der ehemaligen DDR.[49]

Betrachten wir die beiden Alternativen im Hinblick auf ihre Beziehung zum Rechtsstaat, so scheint keine von ihnen der Idee des Rechtsstaats besonders nahe. Die 'Restitutionsalternative', die auf die *Wieder*herstellung einstiger Rechte gerichtet ist und damit implizit die inzwischen stattgefundene Geschichte mehrerer Jahrzehnten für ungültig erklärt, läßt sich nicht eben als genuin rechtsstaatlich qualifizieren, da sie mit der Sorge um die Bewahrung und Wiederherstellung der Integrität historisch rechtmäßig entstandener Rechte das aus der Positivität des modernen Rechts resultierende dynamische, auf Veränderung, ja Zerstörung wohlerworbener Rechte gerichtete Element des Rechtsstaats ignoriert. Im Zweifel entscheidet sie sich für die vergangenheitsorientierte Rechtswahrung gegen zukunftsorientierte Investitionsförderung. Sie setzt sich dabei sogar

---

[45] Für die Tschechoslowakei beziehe ich mich auf *Vojtech Cepl* Restitution of Property in Post-Communist Czechoslovakia sowie *David Franklin* Party Politics in Post-Revolutionary Czechoslovakia: Rifts and Coalitions; für Ungarn auf *Andras Sajo* Compensation or Reprivatization: Dilemmas of the Hungarian Constitutional Court; diese Papiere wurden der vom 18. bis 20. Okt. 1991 vom 'Center for the Study of Constitutionalism in Eastern Europe - University of Chicago, The Law School' Konferenz 'Constitutional Revolutions in Eastern Europe' vorgelegt.

[46] BGBl. 1990 II S. 885, 1159.

[47] BGBl. 1991 I S. 766; einen Überblick über die Neuerungen gibt *J. Schmidt-Räntsch* Zum sogenannten Enthemmungsgesetz, in: Deutsch-deutsche Rechts-Zeitschrift 1991, S. 169-174.

[48] Vgl. vor allem § 3a VermG (BGBl. 1991 I S. 958).

[49] Krit. zu dieser Auffassung allerdings *G. Fieberg/H. Reichenbach* Offene Vermögensfragen und Investitionen in den neuen Bundesländern, in: Neue Juristische Wochenschrift 1991, S. 1977-1984.

über das rechtsstaatliche Prinzip des Vertrauensschutzes hinweg[50]; denn in den vier Jahrzehnten realsozialistischer Gesellschaft sind natürlich Interessenlagen und Erwartungen entstanden, denen man schwerlich unter Berufung auf die Illegitimität des gesamten Regimes jeglichen rechtlichen Schutz entziehen kann.

Der andere Weg, der gewissermaßen auf die revolutionäre Einführung der Marktwirtschaft und des Privateigentums gerichtet ist, impliziert ein unbefangeneres Verhältnis zu wohlerworbenen Rechten und deren Legitimität und verrät eine deutliche innere Verwandtschaft zu dem dynamischen Charakter des positiven Rechts. Gerade wegen seines revolutionären Bruchs mit der Vergangenheit und der Vorvergangenheit steht er aber andererseits auch wesentlichen Prinzipien des Rechtsstaats fremd gegenüber. Wann immer ein *pouvoir constituant* eine neue Ordnung errichtet, macht er sich frei von vorgängigen Rechtsbindungen und handelt in souveräner Freiheit, und als solcher verkörpert er den intensivsten Gegensatz zum Rechtsstaat, der die souveräne Macht der Regelhaftigkeit, Berechenbarkeit und Kontinuität des Rechts zu unterwerfen sucht. Für diese Alternative gilt offenkundig Carl Schmitts Feststellung, daß die Konstituierung des Rechts (und damit auch des Rechtsstaats) ihrerseits nicht durch und innerhalb des Rechts, sondern nur durch vorrechtliche Ordnungskräfte möglich ist, mit anderen Worten, daß der Rechtsstaat auf nicht-rechtsstaatlichen Voraussetzungen beruht und seinem politischen Ursprung nicht entgehen kann.[51]

Ganz gleich, wie sich die einzelnen Länder Ost- und Mitteleuropas zu dieser Alternative verhalten, sie sind, wie erwähnt, des Problems der Entwährung, d.h. der Anerkennung unter der alten Ordnung entstandener, wohlerworbener Rechte und ihrer Schonung weitgehend enthoben. Dennoch gibt es auch in dieser Hinsicht zwei in allen betroffenen Ländern noch weitgehend ungelöste Problembündel. Zum einen gibt es in bezug auf Grundstücke und Wohnungen Nutzungsverhältnisse, die den sozialen Status einer nicht unerheblichen Zahl von Individuen prägen und nicht selten sowohl mit den Ansprüchen früherer Eigentümer wie mit den Erwartungen neuer Investoren kollidieren. In dieser komplexen Interessenkonstellation bietet die Berufung auf den Rechtsstaat noch keine Lösung - er ist vielmehr Teil des Problems.

Der zweite Problembereich betrifft vermögenswerte Positionen, die zwar nicht den Charakter delegitimierten alten Rechts haben (und damit der Entwährung ausgesetzt wären), aber doch im engsten Zusammenhang mit der Ächtung des alten Regimes stehen. Es handelt sich um illegitimes Eigentum. Die sozialistischen Verfassun-

---

[50] Hierzu *Schmidt-Aßmann* Der Rechtsstaat (Anm. 12), S. 1030 ff., m.w.N.
[51] *C. Schmitt* Politische Theologie. Vier Kapitel zur Lehre von der Souveränität. 3. Aufl. Berlin 1979, S. 19 f.

gen kannten neben verschiedenen Arten des sozialistischen Eigentums auch das Privateigentum, das in wesentlichen Grundzügen mit dem Privateigentum bürgerlicher Verfassungen übereinstimmte und daher auch nach zivilrechtlichen Regeln erworben oder veräußert werden konnte. Da das politische System jedoch keine sehr effektiven Mechanismen der Machtkontrolle hatte, generell die politische und die ökonomische Sphäre nicht zuverlässig gegeneinander ausdifferenziert waren, konnte es auch nicht verhindern, daß sowohl einzelne führende Mitglieder der kommunistischen Partei und ihrer Satellitenorganisationen als auch diese Organisationen selbst sich Vermögenswerte aneigneten, deren Erwerb nicht auf ökonomische Leistungen, sondern auf ihre Machtstellung im politischen System zurückzuführen war.[52] Folgerichtig geriet dieses Eigentum nach dem Zusammenbruch des Regimes ebenfalls in den Strudel der politischen Entlegitimierung. Man kann hier jedoch nicht von Entwährungen sprechen, denn diese setzen die Rechtmäßigkeit von Titeln nach dem Recht der Vergangenheit voraus. Davon wird in den seltensten Fällen die Rede sein können. Denn wenn in den kommunistischen Regimes gewiß kein positiver Zusammenhang zwischen wirtschaftlicher Leistung und Eigentumsrechten institutionalisiert war, so gab es umgekehrt aber auch keinen ausdrücklichen und durch die Rechtsordnung sanktionierten positiven Zusammenhang zwischen politisch-bürokratischer Macht und dem Erwerb von Eigentumstiteln. Die Aneignungen dieser Kategorie waren das Ergebnis der Macht- und Druckempfindlichkeit des Rechts, denn größtenteils erfolgten sie in einem Rechtsvakuum, das durch den machtbedingten Nichtvollzug des formellen Rechts entstanden war. Wenn diese Vermögensrechte strittig sind, so sind sie es in dem ganz konventionellen und alltäglichen Sinne, daß ihr Erwerb nach den eigenen Kriterien der beseitigten Rechtsordnung selbst zweifelhaft ist.[53]

Ziehen wir eine Schlußfolgerung: obwohl in den postkommunistischen Gesellschaften Ost- und Mitteleuropas in beispielloser Weise riesige Vermögensumschichtungen stattfinden, stehen dem keine rechtlichen Titel entgegen, die die Reformer in Gestalt von

---

[52] Durch die §§ 20a und 20b des ParteienG der DDR (GBl. I Nr. 9 S. 66), geänd. durch G. v. 31. Mai 1990 (GBl. I Nr. 30 S. 275), ist das Vermögen der Parteien der DDR und der mit ihnen verbundenen Massenorganisationen unter treuhänderische Verwaltung gestellt worden. Gem. Anl. II Kap. II Sachgeb. A Abschn. III des Einigungsvertrages bleiben diese beiden Vorschriften (mit einigen Modifikationen) in Kraft. Eine der Rechtsaufsicht der Bundesregierung unterliegende Kommission hat zu klären, ob die Parteien ihr Vermögen materiell-rechtsstaatlich erworben haben.

[53] Vgl. zu den Eigentumsrechten der SED-Nachfolgepartei PDS nach den Regelungen des Deutschen Einigungsvertrages *BVerfG* Europäische Grundrechte-Zeitschrift 1991, S. 287-291.

Entschädigungspflichten für unvermeidbare Sozialentwährungen zu respektieren hätten, vorausgesetzt, sie bestünden überhaupt auf der Geltung des Rechtsstaats bereits in der Übergangsphase zur konstitutionellen Demokratie. Im übrigen aber müssen sie sich zwischen dem Prinzip restitutiver Gerechtigkeit im Sinne der Wiederherstellung legitimer Rechte und der revolutionären Unbefangenheit der Neugründung im Interesse wirtschaftlicher Effizienz entscheiden. Das Rechtsstaatsprinzip weist hier der Politik keinen zwingenden Weg.

Marcel Tomášek

Privatisierung, Post-Privatisierung und der Rechtsstaat – Das Beispiel der Tschechischen Republik

Einleitung

Die erfolgreiche Einbeziehung der Staaten Mittel- und Osteuropas in die Europäische Union hängt in einem hohen Maße davon ab, wie der Übergang zu einer mit dem westeuropäischen Modell vergleichbaren freien Marktwirtschaft und einer demokratischen Ordnung gemeistert wird. Mehr als ein Jahrzehnt nach dem Regimewechsel in Mittel- und Osteuropa (MOE) stellen die existierenden Strukturen einen wirtschaftlich-politischen Rahmen besonderen Charakters dar. Es wird im Allgemeinen angenommen, dass diese Formen eine Übergangsphase darstellen. Es hat sich jedoch herausgestellt, dass die „vorübergehende Existenz" dieser strukturellen und funktionellen Formen dauerhafter ist als bisher angenommen. Sie scheinen in gewissem Maße die Form des marktwirtschaftlichen Systems der Region auf längere Zeit zu bestimmen. Da viele dieser Merkmale nicht mit „dem Geist" der marktwirtschaftlich-demokratischen Strukturen westeuropäischen Ursprungs übereinstimmen, verkörpern sie Stolpersteine auf dem Weg in die EU. Die sich ständig verlängernde „vorübergehende Existenz" dieser sozioökonomischen Formen und der damit verbundenen funktionalen Muster resultierte in der von mir hier als „Übergangsordnung" bezeichneten Formation. Der Fortbestand dieser „Übergangsordnung" wurde der Rückkehr der alten kommunistischen Parteien an die Macht zugeschrieben, die in vielen Teilen der Region Mitte der 90er Jahre erfolgte. Andere haben die aufkommenden Probleme mit dem Konflikt zwischen verbliebenen kommunistischen Hinterlassenschaften und der Einführung eines freien Marktes erklärt (so z.B. Crawford/ Lijphart 1997), oder das Problem wurde als unausweichliche Paradoxie komplexer Transformationsaufgaben angesehen (z.B. Jansen/ Miszlivetz 1993).

In diesem Kapitel werde ich jedoch dahingehend argumentieren, dass weder die komplexe Natur der Aufgaben der Reformer, noch kommunistische kulturelle Hinterlassenschaften, noch neokommunistische „Restauration" erklären, warum die „Übergangsordnung" nicht durch „echte" westliche Marktwirtschaft und Demokratie ersetzt wurde. Meine These lautet dagegen, dass im Prozess der Entwicklung marktwirtschaftlicher Institutionen die wirtschaftlichen und politischen Transformationen eine Stufe erreichen können, auf der es das Hauptinteresse dieser Institutionen wird, die Merkmale des sozioökonomischen und politischen Übergangssystems aufrechtzuerhalten. Dies führt in vielen Fällen dazu, dass dieser Übergangsordnung die grundlegenden Elemente des marktwirtschaftlichen Systems entzogen werden. Diese Tendenz zeigt sich am deutlichsten daran, dass rechtliche Maßnahmen zur Aufrechterhaltung und Förderung eines gerechten und gleichzeitig wettbewerbsmäßigen Wirtschaftskontextes, zum Aufbau eines funktionierenden Finanzmarktes, zur Regelung der Auswirkungen von Eigentumskonzentration auf Kleinanleger und zur Bereitstellung von Möglichkeiten einer sauberen Abwicklung von Konkursunternehmen in verzerrter und ineffizienter Weise eingeführt werden. Um den weiterreichenden Charakter der Übergangsordnung zu zeigen, werde ich den Fall der Tschechischen Republik untersuchen. Im Unterschied zu den meisten anderen mittel- und osteuropäischen Ländern haben hier rechtskonservative, ausdrücklich reformorientierte Koalitionen den Verlauf der Transformation bis Mitte 1998 bestimmt. Die Demokratische Bürgerpartei behielt entscheidenden Einfluss auch nachdem die sozialdemokratische Minderheitsregierung eingesetzt worden war. Zur gleichen Zeit haben die Elemente der „Übergangsordnung" in der ökonomischen Sphäre ständig und umfassend fortbestanden. Die tschechische Wirtschaft kämpfte während der 90er Jahre darum, ein positives Wachstum des Bruttoinlandprodukts zu erreichen und aufrechtzuerhalten. Die außergewöhnliche Wachstumsrate, die in der ersten Hälfte der 90er Jahre in Polen und Ungarn ihren Anfang nahm, stellte sich in der Tschechischen Republik als eine „kurze Angelegenheit" mit einer Dauer eher von Monaten als Jahren heraus. Diese eigentümliche Dynamik der tschechischen Wirtschaft spiegelt direkt das Stolpern der Reform und das immer noch hohe Maß indirekter staatlicher Einmischung wider. Da auch einige lateinamerikanische Länder unter ähnlichen Anzeichen von Interessensgegensätzen in Politik und Wirtschaft leiden, die den Reformfortschritt behindern oder anhalten, stellt sich diese Frage in umfassenderer Weise. Die Probleme sozio-ökonomisch-politischen Übergangs gehen über das Erklärungsmodell kommunistischer Hinterlassenschaften hinaus. Die „Verhaltensregeln" für Übergangsprozesse und die Art und Geschwindigkeit, mit das Rechtssystem aufgebaut und aufrechterhalten wird, könnten eher der inneren Logik des Übergangs – in Verbindung mit den bereits neugeordneten Strukturen – entstammen als dem speziellen historischen Hintergrund.[1] Dementsprechend kann es sein, dass dort, wo eine derartige Tendenz zu „vorzeitiger Konsolidierung" vorherrscht, der wirkliche Übergang nur durch einen entscheidenden Eingriff externer Akteure erreicht werden kann. Im Zusammenhang mit den MOE-Ländern kommt dabei der Europäischen Union entscheidende Bedeutung zu.

Übergangsordnung, vorzeitige Konsolidierung und Privatisierung

Die Einführung der Kernbestandteile marktwirtschaftlicher Reformen in den MOE-Ländern folgt nicht in erster Linie aus einer Abbildung des westlichen Modells und seiner Funktionsmuster, sondern eher daraus, dass sich diejenigen Merkmale vervielfältigten, die die Transformation von Politik und Wirtschaft gekennzeichnet haben. Daher haben Beobachter neue Erklärungsmodelle vorgeschlagen: „unvollständige Transformation" im unmittelbaren wirtschaftlichen Zusammenhang (Myant, Fleischer u.a. 1995) und „verfrühte Konsolidierung" oder „Restaurierung" (Richard 1996; Wnuk-Lipinski 1999) für die breitere sozio-institutionelle Perspektive. In manchen Zusammenhängen wurde diese Interpretation sogar die Grundlage für eine Klassifizierung der gegenwärtigen Wirtschaftssysteme als gemischte Wirtschaftssysteme auf der Basis verwobenen Eigentums – insbesondere im Fall der Tschechischen Republik (Chavance/Magnin 1997). Andere legten das selbsterhaltende Potential einer halb transformierten sozioökonomischen und politischen Umwelt sowie der damit verbundenen nutzenmaximierenden Tendenzen offen (z.B. Hellmann 1998).

Die Herrschaft der Geschwindigkeit ersetzt die Herrschaft des Rechts

Privatisierung kommt insofern eine Schlüsselrolle im Transformationszusammenhang zu, als dass sie die Form und das Verhalten der neustrukturierten Wirtschaft und der neugebildeten wirtschaftlichen Akteure in hohem Maße bestimmt. Privatisierung heißt nicht einfach, dass sich die Besitzverhältnisse und die Form der Unternehmen durch die Übergabe an einen neuen Eigentümer verändern. Die wirklich wichtigen Aufgaben sind die Veränderung des langfristigen Charakters der Wirtschaft insgesamt und die grundlegende

---

[1] Eines der Schlüsselthemen in der „Philosophie der Übergangswissenschaft" ist das Dilemma „Akteur vs. Struktur" (Dobry 2000). Dieser Beitrag tendiert zu einem strukturellen Verständnis, ist sich aber der Rolle von Akteursentscheidungen bewusst.

Veränderung des Verwaltungshandelns sowohl der ökonomischen als auch der politischen Elite. Im Fall der Tschechischen Republik wurde offensichtlich die Geschwindigkeit der Privatisierung zur absoluten Priorität erklärt.[2] In der Praxis bedeutete dies die Privatisierung der größtmöglichen Anzahl von Unternehmen in der kürzestmöglichen Zeit. Am Anfang konzentrierte sich die Debatte auf die Priorität privaten Eigentums, die praktischen Probleme rechtlicher Regulierung wurden dagegen vernachlässigt.

Die Methode der Privatisierung, die dieser Prioritätensetzung am angemessensten schien, war die Coupon-Privatisierung. Anfänglich wurden deshalb ausländische Investoren eher auf das Abstellgleis gedrängt. Zu dieser Zeit erwartete Václav Klaus als Finanzminister der tschechoslowakischen Bundesregierung, dass die Privatisierung gegen Ende des Jahres 1990 beginnen und dass der größte Teil der Vermögensmasse durch Coupon-Privatisierung verteilt werden würde. Die Absicht von Klaus und seines damaligen Beraters Ježek war, ausländische Anlagen erst nach dem „Großen Knall" der ersten Privatisierungswelle zu erlauben (Ježek 1994)[3]. Die Zeitbeschränkungen, die Klaus hinnahm, bedeuteten, dass er es als gegeben ansah, dass das Management der meisten privatisierten Firmen von Personen gestellt wurde, die früher Kader der Kommunistischen Partei gewesen waren und in der Zwischenzeit nicht infragegestellt wurden.

Tomáš Ježek war von 1990 bis 1992 Privatisierungsminister in der tschechischen Regierung. Er veränderte seine ursprüngliche Planung, indem er mehr Möglichkeiten für Rückerstattungsansprüche und Privatisierungsvorschläge „von außen" eröffnete. Die ursprünglich vorgesehene Prozedur, wie über Privatisierungsprojekte entschieden und wie die Werte für die Coupon-Privatisierung festgelegt werden sollten, konnte nicht befolgt werden. Nur ein Teil der Privatisierungsprojekte konnte ohne Korrekturen und Veränderungen angenommen werden (Ježek 1994).[4] Die Mischung von Me-

---

[2] Der ursprüngliche Plan für die Wirtschaftsreform stützte sich außerdem auf die Säulen restriktive Währungspolitik (die 1990 eingeführt werden sollte), Liberalisierung der Preise und freier Handel (Januar 1991), die interne Konvertibilität der Krone (1991/1992) und eine Steuerreform (1993).

[3] Eine der wenigen Ausnahmen war die Auto-Skoda-Volkswagen-Vereinbarung.

[4] Die ursprünglich Absicht war, 3% den ursprünglichen Eigentümern zurückzuerstatten und die verbleibenden 97% in der Form von Coupons an die Bevölkerung zu verteilen. Tatsächlich aber wurden 10% der Vermögenswerte zurückerstattet und weniger als die Hälfte der verbliebenen Anteile durch die Coupon-Methode ausgegeben. Der Rest wurde in zahlreichen Formen direkten Verkaufs verteilt, manche Anteile blieben in den Händen des Staatlichen Vermögensfonds, und andere übergab man den Gemeinden.

thoden unter nicht geregelten Umständen führte zur Entstehung eines sehr speziellen Umfeldes. Für regierungsnahe liberale Wirtschaftswissenschaftler, die die Privatisierung nach Maßgabe von Geschwindigkeit und Umfang bewerteten, war der Privatisierungsprozess ein Erfolg. Im Lichte institutioneller Wirtschaftswissenschaft jedoch erscheinen die Ergebnisse dieses Prozesses eher zweifelhaft (Mlčoch 2000). Angesichts der dauernden Überbrückung und Revisionen der ursprünglichen Privatisierungspläne war es zudem nicht überraschend, dass Zweifel aufkamen, es sei bei der Privatisierung nicht gerecht zugegangen. Anfänglich waren die Genehmigungsvorgänge des Privatisierungsprozesses nicht verwaltungsintern und Entscheidungen konnten gerichtlich angegriffen werden. Staatsanwälte hatten noch das Recht, die staatliche Verwaltung zu überwachen und folglich fiel der Zeitplan der Privatisierung in ihre Kompetenz. Der Prozess der Privatisierung erreichte eine neue Stufe nach den Wahlen des Jahres 1992. Die Regierung Václav Klaus versuchte, „marktwirtschaftliche" Kriterien für die Genehmigung von Privatisierungsprojekten zu definieren. Zur gleichen Zeit führte die Regierung zahlreiche Gesetzesänderungen ein, die die Transparenz des Privatisierungsprozesses verringerten.[5] Die Veränderungen in der tschechischen Rechtsordnung verschlechterten die Situation im Bereich der rechtlichen Kontrolle des Privatisierungsprozesses noch weiter. Die Staatsanwälte konnten unter den neuen Bedingungen nur handeln, nachdem eine dritte Partei den formellen Vorwurf einer kriminellen Handlung vorgebracht hatte, und sie verloren die Verantwortung, Inhaber öffentlicher Ämter zu überwachen. Die Macht des „Obersten Überprüfungsamtes" (Nejvyšší kontrolní úrad), das Mitte 1993 wiedergegründet worden war, wurde deutlich begrenzt.[6] Manche drücken es so aus: die Periode der „Vorprivatisierungs-Agonie" und der anfänglichen Stufen der Privatisierung sei dadurch charakterisiert, dass eine Definition dessen fehlte, was

---

[5] Die Änderungen 554/1992 und 210/1993 ermächtigten die Entscheidungsinstanz, die Bedingungen, das Ausmaß und die Methode der Privatisierung in dem jeweiligen Projekt zu ändern. Diese Änderungen schlossen zugleich die Öffentlichkeit und die Gerichte aus dem Entscheidungsprozess aus. Zusätzlich wurde die Haftung des Staatlichen Vermögensfonds praktisch ausgeschaltet, insbesondere nach der Änderung Nr. 225/1994 (Reed 1999: 178-179).

[6] Das Amt konnte nicht mehr selbst entscheiden, in welchen Fällen eine bestätigende Anhörung durchgeführt werden sollte. Im wesentlichen konnte das Amt in seiner neuen Form Überprüfungen nur noch auf Anfrage der Regierung, des Präsidenten oder von Parlamentsmitgliedern durchführen. Auch dann waren solche Überprüfungen nur noch bis zu dem Moment möglich, da ein zu privatisierendes Gut die Hände des Nationalen Privatisierungsfonds verlassen hatte (Reed 1999: 176-182).

in geordneten Rechtssystemen einfach als „Diebstahl" bezeichnet wird (Mlčoch 1999: 22).

Meist fanden die Entscheidungsfindung im Privatisierungsprozess sowie die Möglichkeiten, diesen Entscheidungsprozess zu verfälschen, die größte Aufmerksamkeit.[7] Die eigentliche „technische" Umsetzung war jedoch ebenfalls eine recht problematische Phase. Reeed (1999) entdeckte grundlegende Mängel in der Funktionsweise des Staatlichen Vermögensfonds, die Raum öffneten für „nicht-standardmäßige" Vereinbarungen (um Václav Klaus' „neutrales" Vokabular zu benutzen). Diese Vereinbarungen beinhalteten zunächst die absichtlich verfälschte Einschätzung der Fähigkeiten von Käufern, was die Erfüllung sowohl ihrer finanziellen als auch ihrer weiteren Verpflichtungen im Hinblick auf ein bestimmtes Unternehmen betraf.[8] In gleicher Weise konnte die Praxis des Staatlichen Vermögensfonds die Veränderungen im Verzeichnis der Kapitalanteile absichtlich im Interesse einer der Parteien verfälschen. Ein weiterer recht offensichtlicher Verstoß gegen die Regeln der Privatisierung war die Verbindlichkeit des Staatlichen Vermögensfonds gegenüber der Investmentbank durch ihren Investmentprivatisierungsfond „První investiční".[9]

Quantitativ gesehen, konnte nur eine sehr begrenzte Anzahl an Korruptionsfällen im Privatisierungsprozess bewiesen werden. In qualitativen Maßstäben jedoch spricht die Tatsache, dass Jaroslav Lízner, der Direktor des Zentrums für die Coupon-Privatisierung, der Korruption angeklagt und überführt wurde, für sich selbst. Auf der technischen Seite des Privatisierungsprozesses war Lízner die wichtigste Person.[10]

---

[7] Beispiele hierfür sind die Fälle von Karlovarský Porzellan oder der Staatlichen Buchgroßhandelsgesellschaft.

[8] Zum Beispiel wurden die Stahlwerke Poldi Kladno in die Hände eines Architekten privatisiert, der Poldi Kladno buchstäblich mit dem eigenen Geld des Stahlwerkes bezahlte und erklärte, er werde die Schulden übernehmen. Dieser Handel wurde trotz zahlreicher und durchaus vorteilhafter Angebote von Seiten ausländischer Stahlproduktionsgesellschaften durchgeführt.

[9] První investiční hielt Aktien von Cokoládovny Praha (dem Schokoladen-Fabrikanten, der zu einem Anteil von 43 % Nestlé gehörte) zu einem vorteilhaften Kurs. Der Staatliche Vermögensfonds bezahlte den Bezug seines Hauptquartiers von der Investmentbank mit den verbliebenen Aktien von 25 Unternehmen der ersten Privatisierungswelle. Dies stellte sich als präzedenzlos profitables Geschäft für die Investmentbank heraus (Reed 1999, 186-187).

[10] Lizner wurde beschuldigt, eine Bestechungssumme von 8 Millionen Tschechischen Kronen (Kč) angenommen zu haben, um den Transfer eines Mehrheitsanteils der Klatovy Molkerei an die Gesellschaft Trans World International zu erleichtern. Was die allgemeine Praxis in den

Privatisierung als Quelle der Parteienfinanzierung

Die Häufigkeit „abweichender" Lösungen, die überall in der Privatisierung angewandt wurden, wirft ernsthafte Fragen auf. Dies besonders, wenn wir uns den in Beziehung zur Privatisierung stehenden finanziellen Geschäften der Parteien zuwenden. Die erste (problematische) Quelle der Parteienfinanzierung war der Banksektor. Tschechische Parteien hatten in vielen Fällen Kredite von Banken erhalten, die danach dazu neigten, in Konkurs zu gehen.[11] Umstrittene Kredite für politische Parteien könnten ebenfalls für die Tatsache verantwortlich sein, dass Politiker absichtlich das Fehlmanagement in einer der größten Banken ignorierten. Mitte 2000 geriet die Investment- und Postbank (IPB), die drittgrößte Bank in der Tschechischen Republik mit großem Einfluss auf die Gesamtwirtschaft, in ernsthafte finanzielle Schwierigkeiten. Nachdem Kunden ihr Kapital zurückgezogen hatten, wurde die IPB in die Hände eines Konkursverwalters und von diesem an die Èeska obchodní banka (Tschechische Handelsbank) übergeben, um die Bank zu retten und das „Verschwinden" der Vermögenswerte der Bank und ihres Privatisierungsfonds zu verhindern.

Der Grad an gegenseitiger Verflochtenheit von politischer Sphäre und privatisierter Wirtschaft begann erst kürzlich ans Licht zu kommen. Die Enthüllung einiger Quellen der Finanzen der ODS Ende 1997 führte zu einer Erschütterung der politischen Szene. Es ist schwierig, die Fälle zweifelhafter Privatisierungen aufzulisten, die mit größeren Spenden in die Kassen der regierenden Parteien endeten. Das Ausmaß an privatisierungs-verbundener „Geldbeschaffung" kann aber durch die Stellungnahmen einiger Führer der Demokratischen Bürgerpartei illustriert werden, die Anfang 1998 aus der Par-

---

Reihen der in den Privatisierungsprozess Eingebundenen illustrieren kann, ist die Art und Weise, wie sich Lízner vor Gericht verteidigte. Er betonte, dass der Vorfall, wegen dessen er angeklagt wurde, im Laufe der Privatisierung allgemeine Praxis sei. Er behauptete, dass die 8 Millionen Kč, die buchstäblich unter dem Tisch eines Restaurants übergeben wurden, eigentlich die Vorauszahlung waren, um das Aussteigen von Trans World International aus dem Handel zu vehindern.

[11] Zum Beispiel meldete die Bohemia Bank, nachdem sie mehrere 100 Millionen Kč für die Demokratische Bürgerpartei (ODS), die Demokratische Bürgerallianz (ODA) und die Volkspartei zur Verfügung gestellt hatte, Konkurs an, und dies, nachdem der Bankgesellschafter Antonín Moravec beinahe eine Milliarde Kč abgezogen hatte. Die größte offizielle Spende für die ODS im Jahre 1996 (3 Millionen Kč) kam von der Firma Iceberg, die in den Konkurs einiger kleiner Banken verwickelt war.

tei ausgetreten sind.[12] Die lange Liste der privatisierten Gesellschaften, die eine wahrscheinliche Quelle dieser Millionen Kronen waren, beinhaltete höchstwahrscheinlich Czech Telecom. Die niederländische Fernsehgesellschaft KRO, einer der Eigentümer des Konsortiums, das ein Angebot für einen 27-%-Anteil der Tschechischen Telekommunikationsgesellschaft machte, bestach Politiker und öffentliche Angestellte in mehreren MOE-Ländern, um vorteilhafte Privatisierungsgeschäfte abschließen zu können. Vertreter von ODS und ODA unterstützten die Gebote von KRO. Die Gesellschaft setzte später im Verlauf der Privatisierung der Czech Telecom bezahlte Bestechungsgelder von ihrer niederländischen Steuererklärung ab. Der mit Unterstützung von Karel Dyba, ODS-Wirtschaftsminister von 1993-95, zustande gekommene Abschluss beinhaltete klar „abweichende" Parameter zum Nachteil der tschechischen Seite: Die ausländischen Investoren hatten eine Mehrheitsposition in der Entscheidungsfindung, obwohl sie nur eine Minderheit der Aktien hielten. Außerdem verletzte die Verlängerung des Monopols der Gesellschaft das bereits abgeschlossene Kapitel der Beitrittsverhandlungen mit der EU. Dies führte zu einer offenen Konfrontation mit den EU-Verhandlungspartnern.[13]

Trotz dieser Vorfälle, und obwohl nach den Wahlen im Juli 1998 die ODS geschwächt und die Rechtsparteien gespalten waren, schaffte es die ODS unter Klaus' Führung, auf der politischen und wirtschaftlichen Bühne entscheidenden Einfluss zu behalten. Durch den „Oppositionsvertrag" mit den Sozialdemokraten wurde diesen der Aufbau der Minderheitsregierung ermöglicht, aber sie blieben gleichzeitig in Abhängigkeit von der ODS.

---

[12] Sie behaupteten, die ODS besäße ein Konto bei Credit Swiss mit mindestens einem zweistelligen Millionenbetrag tschechischer Kronen. Spekulationen über dieses Konto lösten den Sturz der Regierung Václav Klaus' im November 1997 aus. Polizeiliche Ermittlungen ergaben, dass 45 Millionen Kč über das Konto von Ludvík Otto, dem Assistenten des früheren stellvertretenden ODS-Vorstandsvorsitzenden Libor Novák gegangen sind. Ottos privates Konto wurde zwischen 1995 und 1997 für Geldtransfers der ODS benutzt.
[13] Charakteristisch für die Wahrnehmung der mit der Privatisierung verbundenen Finanzierung der politischen Parteien sind auch die Vorgänge im Gerichtsverfahren, das sich mit der Privatisierung der Třinecké Stahlwerke beschäftigt. Entgegen aller Erwartung beschäftigt sich der Fall nicht mit der Tatsache, dass der neue Eigentümer, der ehemalige tschechische Tennisstar Šraiber, 14 Millionen Kč an die ODS bezahlt hat. Stattdessen wurde der ODS-Schatzmeister wegen Steuerhinterziehung angeklagt, und dies aufgrund der Tatsache, dass er anonym erhaltenes Bargeld aufteilte, um weniger Steuern zu zahlen. Er hatte das Geld als Spenden zweier frei erfundener ausländischer Personen deklariert.

Derartige Entwicklungen, die die ökonomische und politische Szene durchziehen, sind charakteristisch für die Zeit der Privatisierung und der Post-Privatisierung. Es wäre sicherlich einfach, die direkten Verbindungen zu zeigen, die zwischen den jeweiligen, über den Zeitplan der Privatisierung entscheidenden Parteien (hauptsächlich die Demokratische Bürgerpartei und die Demokratische Bürgerallianz) und der Privatisierung bestimmter Vermögenswerte in der entscheidenden Periode bestanden. Dennoch ist dies nicht mein Hauptargument. Wäre dies der Fall, so hätten wir es mit einem Themenkomplex zu tun, der gewöhnlich als „Korruption" bezeichnet wird. Paradoxerweise ist es jedoch schwierig, das Konzept der Korruption in Übergangszusammenhängen anzuwenden. Korruption wird üblicherweise als eine Abmachung auf individueller Basis definiert, die in irgend einer Weise normale Regeln verletzt.[14] Diese Regeln sind jedoch in Mittel- und Osteuropa kaum vorhanden – im Gegenteil! Sie müssen jetzt erst geschaffen werden. Natürlich existierte das, was normalerweise als Korruption verstanden wird, in weitem Ausmaß. Worauf es mir aber ankommt, ist, dass das grundlegende Problem im Hinblick auf die Schaffung, Ausführung und Vollstreckung der Gesetze – im tschechischen Zusammenhang – deutlich systemische Züge aufwies. Wir haben es hier mit politischen Mechanismen zu tun, die in einem westlichen Zusammenhang als klare und empörende Verletzungen des Rechtsstaats aufgefasst werden würden.[15] In diesem Sinne sind es nicht so sehr die Akteure selbst, die die Art der Übergangsordnung erklären, sondern die entstandenen strukturellen Bedingungen. Sie ermöglichten vorteilhafte Vorgehensweisen in der gegebenen ökonomischen Umwelt auch ohne spezielle finanzielle Verbindungen zu den regierenden Parteien. Es wurde ein Raum für ökonomische Aktivität geöffnet,

---

[14] Kebele (1999: 32-34) zählt vier Kategorien auf: versehentliche, spontan geregelte, organisierte und systemische Korruption. In meinem Verständnis ist die Bezeichnung „systemische Korruption" ein Widerspruch in sich. Korruption existiert nicht mehr als Korruption, wenn sie zur Regel wird; sie ist dann ein System, das in Übereinstimmung mit den jeweiligen Codes und Rationalitäten funktioniert und stellt keine Verzerrung dar. Sie erhält eine systematische Essenz in dem Sinne, dass sie sich systematisch zusammen mit der eigentlichen Rekonstitution der ökonomischen und politischen Sphären entwickelt.

[15] Ein Beispiel muss hier ausreichen: Miroslav Macek, stellvertretender Vorsitzender und eine der führenden Persönlichkeiten der ODS zu jener Zeit, kaufte 1992 die staatliche Buchgroßhandelsgesellschaft zu außergewöhnlich vorteilhaften Bedingungen und brachte wichtige Werte der Gesellschaft trotz des rechtlichen Vorgehens der Gläubiger der Gesellschaft beiseite. Maceks Kommentar dazu war, dass er lediglich getan habe, was jeder tschechische Bürger über 18 Jahre hätte tun können.

der unter den Bedingungen einer unzureichend und chaotisch verregelten Ordnung den regierenden Koalitionen – trotz ihrer inneren Heterogenität – eine breite Unterstützugn verschaffte und ihnen half, von einer derartigen Umwelt zu profitieren.

Probleme der Coupon-Privatisierung und der Investmentprivatisierungsfonds

Zu Beginn der Privatisierung wurden die neugegründeten staatlichen Aktiengesellschaften vom alten Management übernommen. Nachdem diese die Firmen neu aufgebaut hatten, sahen sie sich um, wie man mit ihnen „Geschäfte" machen konnte. Kader aus der Nomenklatura, die vorher in das Spitzenmanagement der sozialistischen Holdings und anderer zentraler wirtschaftlicher und Planungsgremien eingebunden waren, benutzten Insider-Informationen über die Unternehmen zu ihrem persönlichen Vorteil. Noch wichtiger war die Rolle der Investmentprivatisierungsfonds (IPFs) und der staatlich kontrollierten Banken.[16]

Die Investmentprivatisierungsfonds erregten große öffentliche Aufmerksamkeit. Die Werbekampagne von Harvard Capital and Consulting – einem der IPFs – elektrisierte geradezu die Öffentlichkeit. Sie war so erfolgreich, dass die Frist für die Registrierung (eigentlich Ende Dezember 1991) verlängert werden musste. Mehr als 95 % der berechtigten Bevölkerung entschied sich, an der ersten Welle der Coupon-Privatisierung teilzunehmen. Jedoch sammelten sich – für die Planer der Coupon-Privatisierung unerwartet – mehr als 50 % der angebotenen Anteile in den Portfolios der Investmentprivatisierungsfonds. Diese Tendenz erwies sich im Verlauf der zweiten Privatisierungswelle 1994 als noch stärker. Mehr als 70 % der in dieser Welle ausgegebenen Anteile bereicherten die Portfolios der IPFs. Es war nicht vorgesehen, dass die IPFs in der Neustrukturierung der Gesellschaften aktiv werden sollten.[17] Mit Ausnahme des „Harvard-Fonds" gehörten die größten IPFs den wichtigsten Banken. Viele dieser Banken waren immer noch unter „staatlicher Kontrolle", was bedeutete, dass der Staat eine Aktienmehrheit besaß, aber keineswegs Missmanagement oder gar den Verlust dieser Ban-

---

[16] Bis zur Amtsübernahme der jetzigen sozialdemokratischen Regierung hielt der Staat beinahe die Hälfte der Aktien im Finanzsektor.
[17] Das Gesetz über Investmentgesellschaften und Investmentfonds begrenzte den Aktienanteil der IPFs an einer Gesellschaft auf ein Maximum von 20% und diese Grenze wurde 1998 noch reduziert auf 11 %. Sie durften nicht mehr als 10 % ihres Aktienkapitals in eine Gesellschaft investieren. 1996 wandelten sich einige IPFs – mit dem Harvard Fonds als Vorreiter – in Holdinggesellschaften um, um dem Verbot derartiger Umwandlung zuvorzukommen.

ken verhinderte. Dieses „rätselhafte Eigentumsgewirr" (Potùcek 1999: 82-87) beinhaltete eine große Anzahl kleinerer und größerer Unternehmen. Die Banken und die in ihrem Eigentum befindlichen IPFs hatten einen außergewöhnlichen Einfluss auf den Verlauf der Privatisierung. Aufgrund des Gewirrs waren jedoch weder die Banken noch die IPFs in der Lage, die Unternehmen effektiv zu kontrollieren. Stattdessen schienen die Banken ihre IPFs eher dazu zu benutzen, sich über das Schicksal ihrer Kredite auf dem Laufenden zu halten, die sie an Gesellschaften vergeben hatten, die sich im gemeinsamen Besitz mit ihren IPFs befanden. Die Doppelrolle der Banken als Eigentümer und Gläubiger war alles andere als förderlich, um eine Restrukturierung zu beginnen und anzutreiben. Im Gegenteil, einigen großen Gesellschaften gelang es, notwendige Reformen durch die Drohung, sie würden Konkurs anmelden, zu verschieben. Die regierenden Parteien mischten sich in das Management der Banken ein, um Kredite für bestimmte Unternehmen zu unterstützen und verschlimmerten die Lage dadurch noch.

Wieder finden wir Unzulänglichkeiten in der Rechtsordnung: Die Aktivitäten der IPFs wurden nicht ausreichend geregelt, Versuche, die Regulierung später zu verbessern, erwiesen sich als erfolglos, und die Umwandlung der IPFs in Holdinggesellschaften verletzte die Rechte individueller Anleger. Sicherlich erlaubte die lockere Regulierung des tschechischen Kapitalmarktes nach den ersten beiden Privatisierungswellen intensiven Sekundärhandel und beschleunigte die Konzentration von Vermögenswerten. Gleichzeitig führte dies dazu, dass letztlich ausländische Anleger abgeschreckt wurden. Nach jahrelangen Beschwerden, insbesondere von ausländischen Investoren, wurde eine Behörde zur Überwachung der Börse ins Leben gerufen. Diese Institution besitzt jedoch keine ausreichende Macht, um einen entscheidenden Wandel herbeizuführen.

Die Logik der Übergangsordnung: Privatisierung ohne Recht

Viele dieser Entwicklungen wurden seit dem Beginn der Privatisierung kritisiert (Potùcek 1999 und Mlčoch 2000). Üblicherweise wurde diese Kritik jedoch von den Unterstützern der liberalen Reform als ideologisch beeinflusst zurückgewiesen. Seit Mitte der 90er Jahre konnten diese Probleme jedoch nicht mehr geleugnet werden. Sie stellten soziale Fakten dar, die sich im Stolpern der tschechischen „Nummer Eins"-Wirtschaft widerspiegelten.

Hinter dieser Entwicklung, so mein Argument, steht die Tatsache, dass die Codes und Handlungsweisen des tschechischen Wirtschaftslebens, in rechtlicher und in ethischer Hinsicht, nicht den westlichen entsprechen. Unter den Bedingungen einer „normalen" freien Marktwirtschaft würden die angewandten Techniken, Kapital zu erwerben, als unerwünscht, unmoralisch oder sogar illegal angesehen werden. Im tschechischen Kontext löste die durch die Regierung Klaus verhängte „Einführung des freien Marktes" anfänglich das Problem der Privatisierung auch ohne eine ausreichende Menge internen Kapitals, allerdings durch dubiose Mechanismen. Besitzrechte und Managementpositionen mussten auf jeden Fall neu verteilt werden. Wenn man die fragwürdige Art, wie das geschah, unbeachtet lässt, könnte es zunächst erscheinen, als seien die notwendigen Bedingungen für Kapitalismus westlichen Musters geschaffen worden. Anlagekapital wurde „entdeckt" und in das Spiel des freien Marktes geworfen, und so entstanden wirtschaftliche Interessen und Akteure. Eine derartige primitive Ordnung des freien Marktes hat jedoch weitere Merkmale. Das grundlegendste dieser Merkmale betrifft die Tendenz, Anlagerisiken zu verstaatlichen. Kredite wurden von staatlich dominierten Banken ausgegeben, um Unternehmen zu unterstützen, die teilweise eben diesen Banken oder – eigentlich – dem Staat gehörten; Kapital wurde angeeignet durch das unethische Management der Anteile von Kleinanlegern. Dies sind die Merkmale des tschechischen Kapitalismus.

Wie kann unter solchen Bedingungen eine langfristig funktionierende und stabile Marktwirtschaft nach westlichem Modell geschaffen werden? Eine unmittelbare Aufgabe hätte es sein müssen, den von dem realsozialistischen Regime hinterlassenen rechtlichen Rahmen umfassend zu reformieren. Dies hätte jedoch eine enorme Last für die Legislative bedeutet, da eine derartige Reform eine neue Gesetzgebung erforderte, die in der ökonomischen Sphäre alles bis in die kleinsten Details hätte regeln müssen. Diese Situation in der Rechtssphäre kontrastierte scharf mit der Notwendigkeit einer schnellen Restrukturierung der Wirtschaft in Form der Privatisierung. Wie wir gesehen haben, wurde dieses Dilemma in der tschechischen Republik zugunsten der Geschwindigkeit und der Maximierung der Privatisierung gelöst, wobei der rechtliche Aspekt der betriebenen Umwandlung bewusst ausgelassen wurde. Während tschechische Politiker diese Maßnahmen mit hochtönenden Begriffen wie Verantwortungsbewusstsein, ethische Konsistenz, fairer Wettbewerb und Rechtsstaatlichkeit beschrieben, müssen die Charakteristika der ökonomischen Sphäre, die sich aus den Veränderungen in der Tschechischen Republik ergaben, eher als unethisches Verhalten oder sogar als illegale Praktiken beschrieben werden, die innerhalb einer chaotischen Rechtsordnung stattfanden.[18] Stellungnahmen von Tomáš Ježek, der nach seiner Zeit als Privatisierungsminister von 1992 bis 1994 Präsident des staatlichen Vermögensfonds war, veranschaulichen diese Tendenz sehr gut: Er hat wiederholt behauptet, dass die Anwendung des normalen Rechts auf den

---

[18] Zu weiteren Beispielen für die mangelhafte Implementierung von Recht in Mittel- und Osteuropa siehe Palecky (2000: 30-37).

Privatisierungsprozess nicht möglich sei und dass die Privatisierung dazu da sei, um sicherzustellen, dass das übliche Recht erst eingeführt werde, nachdem die Privatisierung vorbei ist (Ježek 1994). Das war wohl ein großer Irrtum: Privatbesitz mag für die Existenz eines Rechtsstaates unverzichtbar sein, aber er ist nicht wichtiger als das Recht selbst (Reed 1999: 161).

Übergangsordnung, Integrationsprozess und die Mission der EU

Die Entwicklungen, die entscheidend zu dem beigetragen haben, was in diesem Beitrag als „Übergangsordnung" bezeichnet wird, - auch wenn diese Anordnung tatsächlich besser in den Kategorien von Unordnung und Chaos beschrieben werden könnte - können folgendermaßen zusammengefasst werden: mangelnde Verfügung über und mangelnder Schutz von Eigentumsrechten, eine Privatisierung ohne ausreichende Menge internen Kapitals, Verstaatlichung von Anlagerisiken und schließlich unethische bis hin zu illegalen Mechanismen des Kapitalerwerbs in allen Bereichen der Wirtschaft. Es wird sichtbar, dass die selbsterhaltenden Tendenzen der Übergangsordnung kaum von internen Faktoren und Akteuren, die in der Tschechischen Republik existieren, rückgängig gemacht werden können. Wahrscheinlich kann dieser Teufelskreis nur durch Einmischung äußerer Kräfte durchbrochen werden: Erstens durch die Anforderungen der EU hinsichtlich der Gesetzgebung der Beitrittsstaaten und andere Voraussetzungen, die im Prozess der EU-Integration erfüllt werden müssen. Zweitens durch eine massive Einbindung westeuropäischer Unternehmen und ausländischer Direktinvestitionen, die Druck auf tschechische Politiker ausüben könnten, Transparenz und Sicherheit in der ökonomischen Sphäre zu gewährleisten.

Um mit dem zweiten Faktor zu beginnen: Es kann argumentiert werden, dass die *spill-over-* Effekte durch Zufluss westeuropäischer Direktinvestitionen vor langer Zeit angefangen haben. In jedem Falle haben sie bis jetzt noch keinen entscheidenden Durchbruch erzielt. Zudem sind die bisherigen Effekte von Investitions-„spill-over" im speziellen mittel- und osteuropäischen Kontext widersprüchlich. Der tschechische Fall zeigt, dass in den 90er Jahren viele ausländische Investoren versuchten, die verworrenen Regeln und Praktiken zu ihrem eigenen Vorteil auszunutzen. Statt zu versuchen, die Regeln zu ändern – was sie offensichtlich nicht konnten – bewegten sich viele ausländische Investoren innerhalb der örtlichen „Regeln", um zu verhindern, aus dem Geschäft geworfen zu werden. Es scheint, dass ein wirklicher „*spill-over*"-Effekt erst dann auftritt, wenn in der gegebenen Wirtschaft die ausländischen Direktinvestitionen einen bestimmten kritische Punkt überschreiten.

Der erste Faktor, die Integration in die Europäische Union, ist einer der zentralen Punkte in den Programmen aller wichtigen Parteien in der Tschechischen Republik und ebenfalls Teil der Erwartungen einer breiten Öffentlichkeit. Die Frage ist jedoch, inwieweit die politischen Parteien, insbesondere diejenigen, die tief in die Übergangsordnung eingebettet sind, diesem Anliegen wirklich verbunden sind. Die Demokratische Bürgerpartei war viele Jahre lang offen euroskeptisch. Sie behauptete, „die Tschechische Republik sollte mit dem Eintritt in die EU warten und sich besser vorbereiten". Jüngst haben Schlüsselfiguren der ODS ihre Meinung revidiert und zu einer stärker „euro-realistischen" Präsentation ihres Programms gewechselt. Die Integration in die EU wird es jedoch nötig machen, die bisherigen Praktiken, die die Parteien mitaufgebaut haben, in Frage zu stellen. Dies wird ein Problem darstellen, da die Akteure im Chaos der tschechischen Privatisierung und Post-Privatisierung nicht fähig sind, von sich aus zu geregelten Modi marktwirtschaftlichen Verhaltens und politischen Wettbewerbs zu wechseln, wie sie in der EU vorherrschen.

Die derzeitige Anordnung der politischen Szene verspricht nicht viel Veränderung. Der „Oppositionsvertrag" zwischen der Demokratischen Bürgerpartei und der Sozialdemokratischen Partei hindert die sozialdemokratischen Partner daran, die Funktionsweise der Wirtschaftsordnung grundlegend zu ändern.[19] Der „Oppositionsvertrag" stellt einen gewissen, für die Tschechische Republik in der ersten Hälfte der 90er Jahre charakteristischen *spill-over* der speziellen Funktionsweisen der ökonomischen Sphäre auf das politische Leben dar. In diesem Sinne verkörpert er eine Pathologie, die die eigentlichen demokratischen Fundamente der politischen Ordnung in Frage stellt. Gleichzeitig trägt er folgerichtig dazu bei, die übergangsartigen Übereinkünfte der ökonomischen Sphäre aufrechtzuerhalten.

Schlussbetrachtung: Übergangsordnung in der Systemkrise?

Der Logik der Theorie der Systemkrise folgend, wie sie von Offe (1984, 1985) dargestellt wurde, argumentiere ich, dass die zwiespältige Art, in

---

[19] Als im Frühjahr 2000 eine Krise in der Investment- und Postbank ausbrach, versuchte die ODS, die sozialdemokratische Regierung daran zu hindern, die Krise der Bank entschieden zu lösen, um das Verschwinden der Vermögenswerte der Bank zu verhindern. Dies zeigte deutlich das Wesen dieser widersprüchlichen Beziehung.

der westeuropäische Regierungen zur Zeit funktionieren, eine Parallele hat in der fragwürdigen Natur des gegenwärtigen Transformationsprozesses in Mittel-und Osteuropa. Mit Hilfe dieser Parallele lassen sich der momentane Stand und die Aussichten der Transformation analysieren. So wie Offe die Systemkrise des westlichen sozio-ökonomischpolitischen Systems und seiner Funktionsweise beschrieben hat, wird klar, dass die Rationalität der Übergangsordnung in ähnlicher Weise verzerrt ist. Wenn die in Offes Erklärungsrahmen mit dem Sozialisationssubsystem verbundenen normativen Rollen für unsere Zwecke mit den normativen Zielen des Übergangs verknüpft werden - denn der Übergangsplan ist ja gerade, die westlichen sozioökonomischen und politischen Strukturen zu kopieren oder zu reanimieren-, dann entdecken wir, dass die Stabilität der Übergangsordnung auf Kosten normativer Konstanten aufrechterhalten wird. Das heißt, dass die westlichen Strukturen und Praktiken nur verzögert und verzerrt eingeführt werden, während gleichzeitig die Notwendigkeit behauptet wird, dass sich marktwirtschaftliche Regeln autonom entwickeln müssten. Der Staat ist im Übergangszusammenhang in einer ähnlich zwiespältigen Situation wie in Offes Rahmen, obwohl der Druck zur Verzerrung umgekehrt ist. Die Aufgabe des Staates ist es, Reformen durchzuführen, aber das ökonomische Subsystem erfährt fragwürdige Impulse und entscheidender Druck geht in die umgekehrte Richtung - hin zur Verstaatlichung von Anlagerisiken und Kapitalerlangung. Die leichteste „Flucht" vor den Widersprüchlichkeiten, die aus dieser prinzipiellen Übereinkunft entspringen, ist, die normativen Ziele des Übergangs zu verändern oder zu verzerren. Dies fällt besonders leicht, da die normativen Ziele, die den Übergangszeitplan beschreiben, der Öffentlichkeit auf der Ebene allgemeiner Verlautbarungen in ungefährlicher Form präsentiert werden können. Gleichzeitig können diese Stellungnahmen auf der Ebene des technischen Diskurses unter Experten völlig anders aussehen: sie befriedigen eher die speziellen politisch-ökonomischen Übereinkünfte und spiegeln die konkreten Interessenkonstellationen wider.

Es wird deutlich, dass die hauptsächlichen Kräfte hinter dieser „Verzerrung" mit denjenigen Akteuren der tschechischen politischen und ökonomischen Landschaft zusammenhängen, die im Chaos der Privatisierung und Post-Privatisierung sowie der halb-restrukturierten Wirtschaft handelten und nun nicht fähig sind, zu den geregelten Modi marktwirtschaftlichen Verhaltens und politischen Wettbewerbs überzugehen. Es sind nicht die kommunistischen Hinterlassenschaften, sondern die Hinterlassenschaften der Übergangsordnung, die das größte Hindernis auf dem Weg zur vollen Einbeziehung der mittel- und osteuropäischen Länder in die EU darstellen werden. Praktisch ausgedrückt bedeutet dies, dass Rechtsstaatlichkeit in Übereinstimmung mit den Bestimmungen der EU etabliert werden muss. So könnten ein durch Fairness und Wettbewerb gekennzeichnetes ökonomisches Umfeld hergestellt und die Systemgrundlage unethischer und ungesetzlicher

Praktiken, wie sie für die Übergangsordnung typisch sind, durchbrochen werden. Die Integration der MOE-Länder in die EU ist der einzig effektive Weg, um die Hinterlassenschaften und die fortbestehende Mentalität der gesetzlosen „Wildost"-Privatisierung zu überwinden.

Bibliographie

Chavance, B.; Mognin, E., 1997: „Emergence of Path-Dependent Mixed Economies in Central Europe", in: Crawford, B., Lijphart, A. (eds.), a.a.O.
Crawford, B., Lipjphart, A. (eds.), *Liberalization and Leninist Legacies; Comparative Perspectives on Democratic Transitions*. Berkeley.
Dobry, M., 2000: „Introduction: When Transitology Meets Simultaneous Transitions", in: Dobry, A. (ed.) *Democratic and Capitalist Transition in Eastern Europe; Lessons for the Social Sciences*; Dordrecht/Boston/London.
Hellman, J., 1998: „Constitutional and Economic Reform in Post-Communist Transition"; *East European Constitutional Review*, Vol. 5/1, 45-57.
Jansen, J., Miszlivetz, E. (eds.), 1993: *Paradoxes of Transition; Studies on European Transition*; Szambatkely.
Ježek, T., 1994: *Budování kapitalismu v Čechách*, Praha.
Kebele, J., Frič, P. 1999: „Korupce jako sociální fenomen", in: Frič, P. (ed.), *Privatizace na český způsob*. Praha.
Linz, J., Stepan, A., 1995: *Problems of Democratic Transition and Consolidation: Southern Europe, South America and Post-communist Europe*. Baltimore/London: Johns Hopkins University Press.
Machonin et al., 1996: *Strategie socialní transformace české společnosti*. Brno.
Mlčoch, L., 1997: *Zastřené vize ekonomické transformace*; Praha.
Mlčoch, L., 1996: *Institucionální ekonomie*. Praha.
Mlčoch, L., 1999: „Jaký model pro český kapitalismus", in: Potuček, M. (ed.) *Česká společnost na konci tisíciletí I*; Praha.
Myant, M., Fleischer, F. et al., 1995: *Successful Transformations?* Brookfield.
Pałecki, K., 2000: „O zjawisku dylutacji mocy obowiązującej prawa", in: Polkowska, G. (ed.), *Prawo i ład społeczny*, Warsaw.
Potuček, M., 1997: *Nejen trh, role trhu, státu a občanského sektoru v prominách české společnosti*. Praha.
Reed, Q. 1999: „Korupce v privatizaci českou cestou", in: Frič, P. (ed), *Privatizace na český způsob*, Praha.
Szacki, J., 1995: *Liberalism after Communism*; Budapest.
Wnuk-Lipinski, E. 1999: „Reform, rewolucja, restauracja - trzy cechy transformacii postkomunistycznej", in: Jasinska-Kania, A.; Slomczynski, K. M. (eds.), *Wladza i struktura społeczna*; IfiS PAN.

Armin Höland

EU-Recht auf dem Weg nach Osten: Rechtssoziologische Fragen

I. Zur Einleitung: Wie wirksam kann Rechtsangleichung sein?

Insgesamt 13 Staaten warten gegenwärtig im Abfertigungsraum vor dem Schalter der Europäischen Union auf das *check-in*. Zehn von ihnen sind Staaten aus Mittel- und Osteuropa (MOE-Staaten). Alle zehn MOE-Staaten sind durch Europa-Abkommen mit der Europäischen Union verbunden.

Nach dem gleichlautenden Wortlaut im Artikel 1 jedes Europa-Abkommens wird zwischen der Gemeinschaft und ihren Mitgliedsstaaten einerseits und (beispielsweise) Polen andererseits eine Assoziation gegründet. Ziel des Abkommens ist es unter anderem, einen geeigneten Rahmen für die schrittweise Integration Polens in die Gemeinschaft zu bieten.

Regelungsthema im Titel V, Kapitel III der Europa-Abkommen ist die gewaltige Aufgabe der „Rechtsangleichung". Nach dem gleichlautenden Wortlaut des Artikels 68 (bzw. Art. 69) erkennen die Vertragsparteien an, „dass die Angleichung der bestehenden und künftigen Rechtsvorschriften Polens an das Gemeinschaftsrecht eine wesentliche Voraussetzung für die wirtschaftliche Integration Polens in die Gemeinschaft darstellt. Polen wird sich nach Kräften darum bemühen, dass die künftigen Rechtsvorschriften mit dem Gemeinschaftsrecht vereinbar sind."

Der Europäische Rat von Nizza wies in den Schlussfolgerungen des Vorsitzes unter dem Stichwort „Erweiterung" auf die historische Bedeutung des Erweiterungsprozesses der Europäischen Union hin und bekräftigte, „dass er dessen Erfolg politische Priorität beimisst. Er begrüßt es, dass die Beitrittsverhandlungen mit den Bewerberländern intensiviert worden sind und dass dabei insbesondere in den letzten Monaten ganz wesentliche Fortschritte erzielt werden konnten."

Im Anschluss daran stellte der Vorsitz des Europäischen Rates von Göteborg vom 15. und 16. Juni 2001 in seinen Schlussfolgerungen (Ziffer 5) fest, dass die konsequenten Bemühungen aller Parteien es ermöglicht haben, „die in Nizza für die erste Jahreshälfte 2001 festgelegten Ziele zu erreichen und zu übertreffen".

Mit den folgenden Überlegungen wollen wir eine vornehmlich rechtssoziologische Perspektive auf Entwicklungen und Ergebnisse des Wandels von Recht und Rechtsbewusstsein in den MOE-Gesellschaften richten. Dass die gegenwärtig und großflächig unternommene Rechtsangleichung in Mittel- und Osteuropa viele *Wirkungen* haben wird, lässt sich nicht bezweifeln. Aber wird sie *wirksam* sein?

Der Zweifel erwächst aus der Beobachtung, dass die Gesellschaften keine Rolle, jedenfalls keine tragende Rolle in der gehaltvollen Inszenierung der Rechtsangleichungsprogramme durch die Europäische Gemeinschaft zu spielen scheinen. Gesellschaften mit ihren vielfältigen Gruppen und Untergruppen von Verbrauchern, Arbeitnehmern, Managern, Betriebsräten, Steuerzahlern, Kraftfahrzeughaltern, Bauern, Eltern, Aktionären und mit ihren nicht weniger vielfältigen Ausprägungen von Rechtsbewusstsein, kulturellen Haltungen gegenüber dem Recht, örtlichen Rechtsgewohnheiten, mit gruppenspezifischer Abwägung von Kosten und Nutzen des Rechtsgehorsams haben in dem großen Transformationsstück der EU keine erkennbaren Spielanweisungen. Die zivilen Gesellschaften bleiben im Vergleich zu den klaren legislatorischen Änderungsanweisungen in den Szenarien der Rechtsangleichung im Dunkel oder jedenfalls im Halbdunkel.

Man muss einräumen, dass das im Hinblick auf die Implementation von Recht aufgeklärte EU-Modell des Rechtstransfers die Notwendigkeit von Begleitmaßnahmen und von „Institutionenaufbau" reflektiert und in nicht geringem Umfang auch finanziert. Dennoch steht von der Gewichtung und vom Konzept her im Vordergrund der Transformationsaufgaben die genau geplante, umgesetzte und kontrollierte Ausrichtung des staatlich verwalteten Rechts der künftigen Mitglieder. Die wichtigsten Zielgruppen der Rechtsangleichung im Rahmen der Europa-Abkommen sind Staaten und staatliche Institutionen, einschließlich der Gerichtsbarkeiten. Dieses Staaten-zentrierte Modell verfehlt wichtige Bedingungen der Rechtsanwendung in modernen Gesellschaften. Zweckgerechte Rechtsumsetzung und Rechtsanwendung sind bedingt durch das Zusammenwirken von vier Handlungsfeldern: der *Rechtsetzung* durch das Parlament, der *Rechtsdurchsetzung* durch staatliche Institutionen oder, in wachsendem Ausmaße, durch damit beauftragte private Agenturen, der *Rechtskontrolle* durch unabhängig arbeitende Einrichtungen und Verfahren des Rechtsstaats und, für die Effektivität des Rechts unerlässlich, der *Akzeptanz des Rechts* durch die Zivilgesellschaft. Das ausgleichende und interagierende Zusammenwirken dieser vier Handlungsfelder entscheidet über die Grade der Implementation von Recht. Was wir gegenwärtig im Rahmen der Umsetzung der Europa-Abkommen beobachten können, ist das akzeptierende Übernehmen des dicken Corpus der Rechtsregeln des *acquis communautaire* durch die Parlamente und Verwaltungen der Beitrittsstaaten. Nicht gut zu erkennen ist hingegen die entsprechende Bildung von Rechtsüberzeugungen in den Gesellschaften dieser Staaten.

Wie soll sich das interaktive Handlungsgefüge von Rechtsetzung, Rechtsdurchsetzung, Rechtskontrolle und Rechtsakzeptanz innerhalb der außerordentlich kurzen Umsetzungsfristen herstellen lassen?

II. Methodologie und Management der Heranführungsstrategie

Für die weitere Analyse ist es hilfreich, sich zumindest im Überblick einen Eindruck von der Vielzahl der Maßnahmen und Techniken zu verschaffen, die im Zuge der Heranführungsstrategie („preaccession strategy") zum Einsatz gebracht werden. Ein bemerkenswertes Kennzeichen der Politik der Umsetzung der Europa-Abkommen ist der reichhaltige und fein abgestimmte Einsatz von Plänen und Zeitplänen, die Anwendung moderner und lernender Methoden der Erfüllung, Überwachung und gegebenenfalls Anpassung der auf die Umsetzung der Abkommen bezogenen Planziele. Das operative Zentrum des Managements der Vorbereitungsstrategie ist auf Seiten der Europäischen Union die Generaldirektion „Erweiterung" geworden. Die Strategie beruht auf den grundlegenden politischen und rechtlichen Beitrittsbedingungen, die in den sogenannten Kopenhagen-Kriterien niedergelegt sind.

1. Die „Kopenhagen-Kriterien"

Der im Jahr 1993 in Kopenhagen versammelte Europäische Rat begrüßte im Grundsatz den Wunsch der assoziierten Staaten Mittel- und Osteuropas, Mitglieder der Europäischen Union zu werden, versäumte jedoch nicht, eine grundlegende Bedingung klarzustellen: „Der Beitritt kann erfolgen, sobald ein assoziiertes Land in der Lage ist, den mit einer Mitgliedschaft verbundenen Verpflichtungen nachzukommen und die erforderlichen wirtschaftlichen und politischen Bedingungen zu erfüllen." Dieses allgemeine Erfordernis wurde in drei Anforderungen an Mitgliedschaft übersetzt. Danach erfordert die Mitgliedschaft, dass der beitrittswillige Staat erreicht haben muss

- institutionelle Stabilität als Garantie für demokratische und rechtsstaatliche Ordnung, für die Wahrung der Menschenrechte sowie die Achtung und den Schutz von Minderheiten. Gemäß Artikel 6 des Vertrages von Amsterdam beruht die Union auch auf den Grundsätzen der Freiheit, der Demokratie, der Achtung der Menschenrechte und Grundfreiheiten sowie der Rechtsstaatlichkeit;

- das Bestehen einer funktionierenden Marktwirtschaft und die Fähigkeit, dem Wettbewerbsdruck und den Marktkräften innerhalb der Union standzuhalten;
- die Fähigkeit, die aus einer Mitgliedschaft erwachsenden Verpflichtungen zu übernehmen und sich auch die Ziele der politischen Union sowie der Wirtschafts- und Währungsunion zu eigen machen zu können.

Darüber hinaus muss der Beitrittskandidat geschaffen haben
- die Voraussetzungen für die Integration durch die Anpassung der Verwaltungsstrukturen, so dass das in das nationale Recht umgesetzte Gemeinschaftsrecht wirksam durch darauf abgestimmte Verwaltungs- und Justizstrukturen durchgeführt werden kann.

Die häufig erwähnten „Kopenhagen-Kriterien" dienen als allgemeine Bezugsordnung für die Ausrichtung der Anforderungen an die EU-Vollmitgliedschaft. Darüber hinaus bilden sie eine knappe Selbstbeschreibung der Europäischen Union.

2. Die Heranführungsstrategie („pre-accession strategy")

Die Heranführungsstrategie wurde im Dezember 1994 vom Europäischen Rat in Essen mit dem Ziel entworfen und angenommen, die assoziierten Staaten auf die Integration in den Binnenmarkt vorzubereiten. Nach der genaueren Ausarbeitung in dem Weißbuch von 1995[1] beruht die Strategie auf zwei Instrumenten, den Europa-Abkommen und der Strukturierten Beziehung zwischen den assoziierten Staaten und den Institutionen der Europäischen Union. In ihrer weiter entwickelten Fassung umfasst die Vor-Beitritts-Strategie eine Kombination aus der Festlegung von Prioritäten verbunden mit finanzieller Unterstützung, den Europa-Abkommen, der Teilnahme an Programmen und Agenturen der Gemeinschaft und der Vorbereitung der Verhandlungen durch die analytische Überprüfung des „acquis".[2]

a) Die Europa-Abkommen

Die Europa-Abkommen sind die am weitesten gehenden Assoziationsabkommen, welche die Europäische Gemeinschaft jemals

---

[1] „Vorbereitung der Assoziierten Staaten Mittel- und Osteuropas auf die Integration in den Binnenmarkt der Union", KOM(95)163.
[2] Siehe das „Strategiepapier zur Erweiterung. Bericht über die Fortschritte jedes Bewerberlandes auf dem Weg zum Beitritt" (Strategiepapier 2000), vom 8. November 2000 http://www.europa.eu.int/comm/ enlargement/report_11_00/index.htm.

geschlossen hat.³ Es sind völkerrechtliche Abkommen, die eine Assoziierung begründen zwischen den Europäischen Gemeinschaften und ihren Mitgliedstaaten auf der einen Seite und den vertragschließenden MOE-Staaten auf der anderen Seite. Die dreiseitige Vertragsstruktur erklärt, warum die Abkommen aus völkerrechtlicher Sicht „gemischte Abkommen" sind, d. h. Abkommen sowohl der Europäischen Union als auch ihrer Mitgliedstaaten.⁴ Alle Europa-Abkommen sind im Internet in drei Amtssprachen verfügbar.⁵

b) Die Strukturierte Beziehung

Auf dem Treffen des Europäischen Rates am 9. und 10. Dezember 1994 in Essen umriss der Vorsitz in seinen Schlussfolgerungen die gegenüber der künftigen Mitgliedschaft der assoziierten Staaten Mittel- und Osteuropas einzunehmende Strategie. Danach sollte die Beitrittsstrategie politisch implementiert werden durch die Schaffung „Strukturierter Beziehungen" zwischen den assoziierten Staaten und den Institutionen der Europäischen Union, die „gegenseitiges Vertrauen fördern und einen Rahmen für die Behandlung von Themen gemeinsamen Interesses schaffen werden".⁶ Die Strukturierte Beziehung bietet seitdem ein Mehrebenen-System für den Dialog zwischen dem Rat der EU und den mit Fragen der Beitrittsvorbereitung befassten Ministerien der Kandidaten-Staaten.⁷

3. Beitrittspartnerschaften

Die Beitrittspartnerschaften sind das „wichtigste Instrument der Heranführungsstrategie".⁸ Gegründet wurden sie 1998 als Teil der intensivierten Heranführungsstrategie (Artikel 1) durch die Verordnung des Rates (EG) Nr. 622/98.⁹ Nach Artikel 1 der Verordnung

---

3   Gerd Tebbe, Die Politik der Europäischen Union zur Assoziierung und Integration der mittel- und osteuropäischen Länder, in: Otto G. Mayer/Hans-Eckart Scharrer (Hrsg.), Osterweiterung der Europäischen Union, Baden-Baden 1997, S. 63-78 (67); Fritz Breuss, EU-Erweiterung: Europas große Chance, Wien 2000.
4   Peter Fischer / Heribert Franz Köck, Europarecht, 3. Auflage, Wien 1997, S. 678.
5   http://europa.eu.int/comm/enlargement/pas/europe_agr.htm.
6   Siehe Treffen des Europäischen Rats am 9. und 10. Dezember in Essen, Schlussfolgerungen des Vorsitzes; http://ue.eu.int/de/Info/eurocouncil/index.htm
7   Vgl. Tebbe, a.a.O., S. 68 ff.
8   Strategiepapier 2000, S. 11.
9   Verordnung des Rates (EG) Nr. 622/98 vom 16. März 1998 über die Hilfe für die beitrittswilligen Staaten im Rahmen der Heranführungsstrategie, insbesondere über die Gründung von Beitrittspartnerschaften, Amtsblatt Nr. L 85/1 vom 20.3.1998.

umfasst jede Beitrittspartnerschaft in einem einheitlichen Rahmen
- die Prioritäten für die Vorbereitung auf den Beitritt, wie sie sich aus der Analyse der Lage in diesen Staaten angesichts der politischen und der wirtschaftlichen Kriterien und aus den mit der Mitgliedschaft in der Europäischen Union verbundenen Verpflichtungen ergeben;
- die finanziellen Mittel für die Unterstützung der einzelnen beitrittswilligen Staaten bei der Umsetzung der während des Zeitraums vor dem Beitritt ermittelten Prioritäten.[10]

Die Beitritts-Partnerschaften werden ergänzt durch Nationale Programme für die Übernahme des *acquis*, die von den MOE-Partnerstaaten aufgelegt werden. Sie legen Einzelheiten der Verpflichtung jedes Landes im Hinblick auf die Erfüllung der Kopenhagen-Kriterien fest, berichten über den Fortschritt bei der Übernahme des *acquis communautaire* und verarbeiten Instrumente wie den Pakt gegen das organisierte Verbrechen, Gemeinsame Wirtschaftliche Beurteilungen, Gemeinsame Beschäftigungspolitik und anderes.[11]

4. Technische Unterstützung

Aus der wohlbegründeten Annahme heraus, dass Rechtsangleichung ohne Rechtsimplementation nicht effektiv gelingen kann, und dass hinreichende Implementation nicht ohne infrastrukturelle Absicherung erreicht werden kann, hat die Europäische Union bereits seit 1989 ihre Vorbereitung auf die Osterweiterung ergänzt um Angebote finanzieller und technischer Unterstützung. Die „Schlussfolgerungen des Vorsitzes" auf dem Treffen des Europäischen Rates in Essen 1994 betonten die Notwendigkeit, die Vorbereitung der MOE-Staaten auf den Binnenmarkt durch eine Vielzahl von Maßnahmen, „die dazu bestimmt sind, die Integration durch Entwicklung der Infrastruktur und der Zusammenarbeit auf Gebieten vor allem mit transeuropäischer Dimension (einschließlich Energie, Umwelt, Verkehr, Wissenschaft und Technik usw.), im Bereich der Gemeinsamen Außen- und Sicherheitspolitik sowie der Justiz und des Inneren zu fördern. Das PHARE-Programm, das entsprechend

---

[10] Einzelheiten zu Themen der Finanzierbarkeit und Mittelausstattung im „Phare Programme. Annual Report 1998", Brussels 31.03.2000, COM(2000)183 final, S. 3.
[11] Einzelheiten in den „Leitlinien für die Umsetzung des PHARE-Programms in den beitrittswilligen Ländern für den Zeitraum 2000-2006 in Anwendung des Artikels 8 der Verordnung 3906/89", S. 2. http://europa.eu.int/comm/enlargement/pas/phare/implementation/guidelines/guidel_2000_de.rtf. Als Beispiel für die Arbeitsweisen und Ergebnisse einer Beitritts-Partnerschaft siehe Generaldirektion Erweiterung, Accession Partnership 1999 „Poland"; vgl. „The Phare Programme. Annual Report 1998" COM(2000)183 final, S. 5.

der beschlossenen Heranführungsstrategie mit angemessenen Mitteln innerhalb eines mehrjährigen Finanzrahmens ausgestattet wird, wird hierzu finanzielle Unterstützung bereitstellen."[12]

Seit dem Jahr 2000 umfasst das Angebot der EU an technischer Unterstützung die folgenden drei Programmstrukturen.[13]

5. Institutionenaufbau

Der vorrangig zu behandelnde Institutionenaufbau wird in den „Leitlinien für die Umsetzung des PHARE-Programms in den beitrittswilligen Ländern für den Zeitraum 2000-2006 in Anwendung des Artikels 8 der Verordnung 3906/89"[14] definiert als „Prozess der Unterstützung des beitrittswilligen Landes bei der Entwicklung der Strukturen, Strategien, Humanressourcen und Managementfähigkeiten, die zur Stärkung ihrer Kapazität im wirtschaftlichen, sozialen, ordnungspolitischen und administrativen Bereich erforderlich sind." Das PHARE-Programm trägt in allen Sektoren zur Finanzierung des Institutionenaufbaus bei und leistet Hilfe zur Unterstützung der Beitrittskandidaten bei
- der Anwendung des Gemeinschaftsrechts und der Vorbereitung auf die Mitwirkung an EU-Politiken, wie etwa dem wirtschaftlichen und sozialen Zusammenhalt;
- der Erfüllung des ersten Kopenhagener Kriteriums: institutionelle Stabilität als Garantie für demokratische und rechtsstaatliche Ordnung, Wahrung der Menschenrechte sowie Achtung und Schutz der Minderheiten. In diesem Bereich können öffentliche Stellen oder nichtstaatliche Organisationen unterstützt werden.

Das wichtigste Instrument bilden die Patenschaften (das sogenannte „twinning"). Zugrunde liegt dem die Idee der Vermittlung praktischer Kenntnisse und Erfahrungen für Mitarbeiter im öffentlichen Dienst und in anderen beitrittsrelevanten Praxisfeldern in den Beitrittsstaaten durch Lernen „on-the-job". Verwirklicht wird dieser Ansatz auf der Grundlage von patenschaftlichen Vereinbarungen zwischen Ministerien, anderen staatlichen Institutionen, berufsständischen Vertretungen (z.B. Richterschaft und Sozialpartner), anderen Organisationen, europäischen und regionalen Vereinigungen, vor allem durch die befristete Abordnung, Abstellung von Beamten aus den Mitgliedstaaten, bei Bedarf durch ergänzende Kurzzeiteinsätze und Ausbildungsmaßnahmen.[15]

---

[12] http://ue.eu.int/de/Info/eurocouncil/index.htm (Dokument 00300/94).
[13] Zur Neufassung der Grundorientierungen siehe SEC(1999) 1596 final.
[14] http://europa.eu.int/comm/enlargement/pas/phare/implementation/guidelines/guidel_2000_de.rtf
[15] Leitlinien S. 5; vgl. Phare 2000 Review 27.10.2000 C(2000)3103/2, S. 5; The Phare Programme. Annual Report 1998 COM(2000)183 final, S. 8 ff.

… EU-Recht auf dem Weg nach Osten: Rechtssoziologie

6. „Screening"

Regelmäßiges analytisches Prüfen des erreichten Standes in der Übernahme des *acquis*, das sogenannte screening, soll helfen, Themen und Probleme zu bestimmen, die zum Gegenstand der Beitritts-Verhandlungen gemacht werden sollen. Ausgeführt wird das screening als permanent beobachtete und kommunizierte Entwicklung der in 31 Kapitel aufgeteilten Entwicklung der Heranführung (siehe die screening-Planung unter http://www.europa.eu.int/comm/enlargement/negotiations/screen_en.htm) durch die Europäische Kommission.

7. *Berichterstattung*

In den „Schlussfolgerungen des Vorsitzes" ersuchte der Europäische Rat auf seinem Treffen im Dezember 1997 in Luxemburg die Europäische Kommission, über den Fortschritt in der Beitrittsvorbereitung jedes Kandidaten-Staates regelmäßig Bericht zu erstatten.[16] Diese hochpolitische Aufforderung hat eine starke und umfassende Berichtstätigkeit in Gang gesetzt, die in „composite papers" zusammengefasst wird.[17] Zu den lobenswerten technischen und

---

[16] http://ue.eu.int/de/Info/eurocouncil/index.htm: „29. Die Kommission wird dem Rat regelmäßig - erstmals Ende 1998 - für jeden mittel- und osteuropäischen Bewerberstaat einen Bericht, der gegebenenfalls Empfehlungen für die Eröffnung bilateraler Regierungskonferenzen enthalten wird, vorlegen, in dem sie untersucht, welche Fortschritte der betreffende Staat auf dem Weg zum Beitritt unter dem Gesichtspunkt der Kopenhagener Kriterien gemacht hat, und insbesondere wie rasch er den Besitzstand der Union übernimmt. Vor der Erstellung dieser Berichte wird zusammen mit jedem der Bewerberstaaten im Rahmen der in den Europa-Abkommen vorgesehenen Gremien der Stand der Umsetzung der Beitrittspartnerschaften und der Übernahme des Besitzstands geprüft. Die Berichte der Kommission dienen als Grundlage für die notwendigen, im Rahmen des Rates zu fassenden Beschlüsse über die Gestaltung der Beitrittsverhandlungen bzw. über ihre Ausdehnung auf weitere Bewerberstaaten. In diesem Zusammenhang wird die Kommission bei der Bewertung die Fähigkeit der Bewerberländer, die wirtschaftlichen Kriterien zu erfüllen und die sich aus dem Beitritt ergebenden Verpflichtungen zu übernehmen, weiterhin nach der in der Agenda 2000 angewandten Methode verfahren. 30. Bei der Bewertung der Fortschritte der Bewerberstaaten, die in den regelmäßigen Berichten der Kommission an den Rat vorgenommen wird, sollte an einem dynamischen Konzept festgehalten werden."

[17] Vgl. das Composite Paper „Reports on Progress towards Accession by each of the Candidate Countries" of November 1998: http://europa.eu.int/comm/enlargement/dwn/report_11_98/en/composite_en.doc und das bereits zitierte Strategiepapier 2000: http://europa.eu.int/comm/enlargement/report_11_00/index.htm.

informationspolitischen Fortschritten auf Gemeinschaftsebene gehört, dass alle diese Berichtspapiere im Internet verfügbar sind. Ebenfalls positiv zu vermerken ist, dass durch die umfassende Bereitstellung von Information für die Europäische Öffentlichkeit die Vorbereitung der EU-Osterweiterung als ein sich teilweise selbst evaluierender und selbst-reflexiver Prozess des Erwartens, Tuns und Lernens und des erneuten Erwartens, Tuns und Lernens abläuft.

Über die Prognosequalität der permanenten Evaluation entscheidet die methodische und inhaltliche Zuverlässigkeit der Berichte. Sie bleibt stets kritisch zu prüfen: Sind die Strategischen Papiere in erster Linie analytische Erkenntnisangebote, die auf unabhängiger Datenauswertung beruhen? Oder bezwecken die Papiere eher politisch ermutigendes *feed-back* für den unterstützungsbedürftigen politischen Prozess der Beitrittsvorbereitung in den MOE-Staaten?

8. Übergangsmaßnahmen und die „Wegskizze" für die Verhandlungen

Nach drei Jahren konkreter Beitrittsverhandlungen ist die Europäische Kommission zu der Auffassung gelangt, dass die Zeit gekommen sei, eine Strategie auszuarbeiten, um die Verhandlungen in eine stärker substantielle Phase überzuleiten. Die Kommission hat daher eine Strategie für die Endphase des Verhandlungsprozesses entworfen, die den MOE-Staaten die Möglichkeit eröffnet, sogenannte Übergangsmaßnahmen zu verlangen. Übergangsmaßnahmen heißt: befristeter Aufschub für die Anwendung bestimmter Teile des *acquis*. Solche Übergangsmaßnahmen sollen hinsichtlich Dauer und Tragweite genau abgegrenzt und mit einem Plan mit eindeutig festgelegten Stufen für die Anwendung des Besitzstandes verbunden sein.[18]

Nach Prüfung eines Aufschubverlangens eines assoziierten Staates wird die Kommission, entsprechend dem von ihr selbst ausgearbeiteten Schema für die Entscheidungsfindung, zwischen annehmbaren, verhandlungsfähigen und unannehmbaren Forderungen unterscheiden.[19] Vom rechtssoziologischen Forschungsgesichtspunkt aus ist dieses Wechselspiel zwischen Verlangen eines Aufschubs in der Rechtsanwendung und ausnahmsweiser Gewährung eines solchen Aufschubs außerordentlich interessant. Denn mit dem Verlangen einer Übergangsmaßnahme wird eine von starken Interessen bestimmte Verhandlungsarena zwischen EU-Kommission und MOE-Staaten eröffnet. Und zugleich wird eine Forschungsagenda eröffnet: Wer verlangt aus welchen Gründen welche Übergangsmaßnahmen? Aus welchen Gründen und auf der Grundlage welcher Einschätzungen klassifiziert die Kommission bestimmte An-

---

[18] Strategiepapier 2000, S. 31.
[19] Ebenda, S. 31 f.

fragen als annehmbar, andere als verhandelbar oder als nicht annehmbar? In welcher Hinsicht haben Entscheidungen der Kommission zu Übergangsmaßnahmen, ungeachtet des Grundsatzes der Differenzierung, Einfluss auf die Verhandlungen mit anderen MOE-Staaten? Welche Rückwirkung entfalten Übergangsmaßnahmen auf Rechtsentwicklung und Rechtsbeachtung in den Mitgliedstaaten der heutigen Europäischen Union?

Zur Vervollständigung ihres Vorbereitungs-Fahrplans schlägt die Kommission in ihrem Strategie-Papier vom November 2000 eine „Wegskizze" (*road map*) in Form der sukzessiven Ansteuerung der einzelnen Verhandlungskapitel vor, „um die Verhandlungen auf der Grundlage der bestehenden Prinzipien und unter Anwendung des vorstehend beschriebenen Verfahrens in bezug auf Übergangsmaßnahmen voranzubringen".[20]

9. Zusammenfassung

Die Heranführungsstrategie ist ein umsichtig orchestrierter und gut überwachter Prozess der Vorbereitung der Staaten Mittel- und Osteuropas auf die Vollmitgliedschaft in der Europäischen Union. Als Moderationsagentur versucht die Europäische Kommission (Generaldirektion Erweiterung) unter Einsatz eines umfangreichen Instrumentariums von Anreizen und Sanktionen, von Angleichungsdruck und Verhandlungsangeboten, von Recht und Geld, die rechtliche und wirtschaftliche Ordnung der Staaten Mittel- und Osteuropas in Einklang mit den Aufnahmebedingungen und damit mit den politischen, wirtschaftlichen und rechtlichen Errungenschaften der Europäischen Union zu bringen. Die Frage bleibt allerdings, ob der hierfür erforderliche Umbau von Rechtskulturen, nämlich der auf Recht bezogenen Einstellungen, Traditionen, Werte und Praktiken in den Gesellschaften, Verwaltungen und Justizsystemen in Mittel- und Osteuropa so rasch und so gründlich gelingen kann, dass die transformierten Rechtsordnungen in das Rechts- und Institutionengefüge der Europäischen Union passen, ohne die Kohärenz der Gesamtunion zu gefährden.

III. Wesensmerkmale des Rechtstransfers zwischen EU und MOE

Um analytisch brauchbare Anhaltspunkte für die Untersuchung der Besonderheiten des gegenwärtigen großflächigen Rechtstransfers von West nach Ost zu gewinnen, wollen wir in einem knappen Überblick Typen von Rechtstransport in den Blick nehmen, die von

---

[20] Ebenda, S. 32.

Rechtsgeschichte, Rechtsanthropologie und Rechtssoziologie auf der einen Seite, von politikwissenschaftlichen Ansätzen der „Internationalen Sozialisation" auf der anderen Seite untersucht worden sind.

1. Typen des Rechtstransfers – rechtssoziologische Forschungserkenntnisse

a) Rechtsanpassung an den Binnenmarkt und Akzeptanz des *„acquis communautaire"*

Das Weißbuch der Europäischen Kommission von 1995 zur „Vorbereitung der Assoziierten Staaten Mittel- und Osteuropas auf den Beitritt zum Binnenmarkt der Union", das sich, seinem Titel entsprechend, auf die besonderen Anforderungen des Binnenmarktes beschränkt, trifft eine interessante terminologische Unterscheidung zwischen „Rechtsanpassung an den Binnenmarkt" und Akzeptanz des *acquis communautaire*. Der Begriff der Rechtsanpassung ist eindeutig. Er lässt nicht den Eindruck entstehen, als ob es viele Freiheitsgrade für andere Entscheidungen gäbe. Im Unterschied hierzu legt der Begriff der Akzeptanz ein Verständnis nahe, das mehr Selbstbestimmung hinsichtlich Bedingungen, Reichweite und Zeitdauer für die Verwirklichung der Rechtsangleichung ermöglicht. Das eher auf Bemühung als auf Vollzug gerichtete Verständnis bestimmt auch den diplomatischen Wortgebrauch der Europa-Abkommen – beispielsweise: „Die Slowakische Republik wird sich bemühen sicherzustellen, dass ihr Recht schrittweise in Einklang mit demjenigen der Gemeinschaft gebracht wird." (Artikel 67).

Der im Weißbuch und in zahlreichen zusammenfassenden Papieren gebrauchte Begriff der Rechtsanpassung („alignment") könnte sich als eine für die Rechtsangleichung insgesamt zuverlässigere Wirklichkeitsbeschreibung erweisen als die diplomatischen und völkerrechtlichen Bemühensformeln. Wenn wir den Begriff als einen Schlüsselbegriff für die Beschreibung der Erwartungen der Europäischen Union gegenüber Gesetzgebern und Ministerien in den MOE-Staaten nehmen, erhebt sich die Frage, ob das ganze Großprojekt der Rechtsangleichung nicht mehr Ähnlichkeit mit Erscheinungsformen der Aufzwingung von Recht („imposition of law") als mit vertraglich vereinbarter und damit freiwilliger Modernisierung von Recht hat.

b) Aufgezwungenes Recht („Imposed law")?

Rechtssoziologie, Rechtsanthropologie und Rechtsvergleichung eröffnen den Zugang zu einem reichhaltigen Forschungs- und Theorienfeld zu den Wirkungen der Aufzwingung von Recht auf einheimische Rechtskulturen.

Ist der *acquis communautaire* in diesem Sinne für Mittel- und Osteuropa aufgezwungenes Recht? Oder knüpft er an vorhandene, wenn auch über längere Zeit hinweg ruhende Traditionen mitteleuropäischer Rechtsstaaten in den 20 Jahren der Zwischenkriegszeit an? Nach üblichem Verständnis bedeutet Aufzwingung von Recht verminderte oder beseitigte Selbstbestimmung und Unterwerfung unter fremde Regeln. Zwingt die politische Zielsetzung der Rechtsangleichung die Staaten Mittel- und Osteuropas, sich fünf Jahrzehnten erheblich anders verlaufender Rechtsentwicklung innerhalb der Europäischen Integration zu unterwerfen? Mit dem Ziel, die Merkmale der Transferwirkungen der Europa-Abkommen auf das nationale Recht der MOE-Staaten zu kennzeichnen, wollen wir im folgenden versuchsweise Beschreibungs- und Erklärungsansätze skizzieren.

aa) Kolonialrecht

Das wissenschaftliche Interesse an den Wirkungen von Kolonialrecht auf einheimische Rechts- und Sozialordnungen ist ungebrochen.[21] Zu den interessanten Fragestellungen für eine rechtssoziologische Betrachtung von Kolonialrechtsverhältnissen gehört, was *Paul Bohannan* 1965 unter dem Befund des „systematischen Miss-

---

[21] Eine willkürliche Auswahl neuerer Veröffentlichungen hierzu: Ronen Shamir, The colonies of law : colonialism, zionism, and law in early mandate Palestine, Cambridge [u.a.] 2000; Antony Anghie, Finding the peripheries : sovereignty and colonialism in nineteenth-century international law, in: Harvard international law journal, Bd. 40 (1999), 1, S. 1-80; Sudhir Chandra, Enslaved daughters : colonialism, law and women's rights , Delhi [u.a.] 1998; John R. Wunder (ed.), Native American law and colonialism, before 1776 to 1903, New York [u.a.] 1996; U. Oji Umozurike, International law and colonialism in Africa, Enugu 1979; Joshua Castellino, International law and self-determination : the interplay of the politics of territorial possession with formulations of post-colonial „national" identity, The Hague [u.a.] 2000; Tay-sheng Wang, Legal reform in Taiwan under Japanese colonial rule, 1895 - 1945: The reception of western law, Seattle [u.a.] 2000; Tiyanjana Maluwa, International law in post-colonial Africa, The Hague [u.a.] 1999; Brun-Otto Bryde, North and south in comparative constitutional law: from colonial imposition towards a transnational constitutionalist dialogue, in: Development and developing international and European law: essays in honour of Konrad Ginther on the occasion of his 65th birthday, Frankfurt am Main [u.a.] 1999, S. 697-705; Indrani Chatterjee, Gender, slavery, and law in colonial India, New Delhi [u.a.] 1999; Robert H. Jackson, Race, caste, and status: Indians in colonial Spanish America, 1. ed., Albuquerque (University of New Mexico Press) 1999; Peter Charles Hoffer, Law and people in colonial America, Rev. ed., Baltimore / London 1998.

verständnisses zwischen zwei Rechtskulturen innerhalb einer Rechtsordnung" zusammenfasste.[22] Darüber hinaus hat sich empirische und theoretische Rechtsforschung mit Interesse und beachtlichem Erkenntnisgewinn der amalgamierenden Wirkung der Überlagerung einheimischer Rechts- und Sozialordnung durch das Recht der herrschenden Kolonialmacht gewidmet.

Hat die EU-Osterweiterung irgend etwas mit Kolonialismus zu tun? Die Antwort ist klar verneinend, wenn man die politischen und kulturellen Ausgangsbedingungen der Europa-Abkommen bedenkt. Es gibt offensichtlich keine Spur von Kolonialismus oder Neo-Kolonialismus in der Erstreckung von Gemeinschaftsrecht von West nach Ost. Jede Behauptung des Gegenteils käme politischer Satire gleich. Man muss nur berücksichtigen, dass die Initiative für den Beitrittsprozess von den daran in starkem Maße interessierten Staaten Mittel- und Osteuropas ergriffen wurde. Spätestens seit 1989/90 haben sie ihr vitales Interesse an Assoziation und künftiger Mitgliedschaft erklärt und verfolgt.

Weniger klar ist die Antwort auf die Frage nach kolonialen *Effekten*, wenn man die Möglichkeit nicht beabsichtigter Synthesen von Rechtskonzepten einbezieht. Solche Wirkungen erscheinen möglich und sollten jedenfalls auf die Agenda künftiger Forschung zur Rechtsanwendung in den Beitrittsstaaten Mittel- und Osteuropas gesetzt werden.

bb) Besatzungsmächte und Recht

Die vermutlich gröbste Form des Aufzwingens von Recht ist diejenige, die von Siegermächten bei und durch die Besetzung von Territorien ausgeübt wird. Diese Situation ist nicht immer klar zu trennen von beginnendem Kolonialismus. In der Zeit der Wiederherstellung staatlicher Ordnung und des Wiederaufbaus nach Kriegen spiegeln die von der jeweiligen Besatzungsmacht eingeführten Gesetze bzw. Gesetzeshandhabungen deren kulturelle und wirtschaftliche Präferenzen. Auch hieraus kann eine interessante Amalgamierung von einheimischer Rechts- und Verwaltungsordnung mit dem fremden Rechtskonzept der Besatzungsmacht folgen. In der an Besatzungsregimen reichen Geschichte des 20. Jahrhunderts hatten Rechtssoziologie, Rechtsanthropologie und Rechtsgeschichte in

---

[22] Paul Bohannan, The differing realms of the law, in: Laura Nader (ed.), The ethnography of law, American anthropologist. Special publication 1965, S. 33-42 (39). Interessante neue Belege für die These vom systematischen Missverständnis liefert die vor kurzem veröffentlichte rechtsvergleichende Studie von Helmut Janssen, Die Übertragung von Rechtsvorstellungen auf fremde Kulturen am Beispiel des englischen Kolonialrechts, Tübingen 2000.

Europa und anderswo in der Welt viele Gelegenheiten zur Erforschung der kurz- und längerfristigen Wirkungen des Aufeinandertreffens von Rechtsordnungen unter den unfreiwilligen Rahmenbedingungen von machtvoller Besatzung.[23]

Auch für diesen Betrachtungswinkel gilt: Die Rahmenbedingungen des gegenwärtigen Rechtstransfers von West nach Ost im Rahmen der Beitrittsvorbereitung haben mit Aufzwingung von Recht durch eine Besatzungsmacht nichts zu tun. Doch abgesehen von dem grundverschiedenen politische Kontext könnte sich für die Analyse der Wirkungen der Neuordnung von Recht in den MOE-Staaten unter den Anforderungen der Angleichung an Gemeinschaftsrecht die Auswertung der Forschungsergebnisse zu „Besatzungsrecht", bei Beachtung der unterschiedlichen Wirkungsbedingungen, als methodisch und theoretisch hilfreich erweisen.

c) Gibt es ein neues „ Law and Development Movement"?

Carol Rose hat in einer Feldstudie zu Nordvietnam das nach 1990 in den neu nach „Westen" hin ausgerichteten Staaten erwachte Interesse an ausländischer Rechts- und Institutionenberatung beschrieben und dabei einen ausdrücklichen Bezug zu der über vier Jahrzehnte alten Debatte über „law and development" hergestellt.[24] Um den hierdurch evozierten Zusammenhang zu verstehen, muss man sich Entstehungsbedingungen und Verlauf einer der einflussreichsten rechtssoziologischen Debatten vergegenwärtigen. In einer komplizierten Weltlage in den späten 1950er und frühen 1960er Jahren,

---

[23] Vgl. Thomas Stahl, Polizei- und Feuerwehrgesetzgebung in Nordrhein-Westfalen unter britischer Besatzung 1946 – 1953, Frankfurt am Main 2000; Bernhard Diestelkamp (Hrsg.), Zwischen Kontinuität und Fremdbestimmung: zum Einfluß der Besatzungsmächte auf die deutsche und japanische Rechtsordnung 1945 bis 1950 ; Deutsch-japanisches Symposion in Tokio vom 6. bis 9. April 1994, Tübingen 1996; Karma Nabulsi, Traditions of war: occupation, resistance, and the law, Oxford 1999; Raja Shehadeh, From occupation to interim accords: Israel and the Palestinian territories, London [u.a.] 1997; Richard H. Weisberg, Vichy law and the Holocaust in France, Amsterdam 1996; Nisuke Ando, Surrender, occupation, and private property in international law : an evaluation of US practice in Japan, Oxford [u.a.] 1996 (= 1991); Walter Kälin [Hrsg.], Human rights in times of occupation: the case of Kuwait, Bern 1994; Raja Shehadeh, The law of the land: settlement and land issues under Israeli military occupation, (Palestine Academic Society for the Study of International Affairs) Jerusalem, 1993; Matthias Etzel, Die Aufhebung von nationalsozialistischen Gesetzen durch den Alliierten Kontrollrat (1945-1948), Tübingen: 1992.

[24] Carol V. Rose, The „New" Law and Development Movement in the Post-Cold War Era: A Vietnam Case Study, Law & Society Review 32 (1998), pp. 93-140.

die durch De-Kolonisierung, heißen „kalten" Krieg, heftigen internationalen Regimewettbewerb und wachsenden Einfluss regionaler kommunistischer Bewegungen in Entwicklungsländern bestimmt war, hatten sich Teile der US-amerikanischen Rechtslehre sozusagen exportorientiert neu positioniert und begonnen, an der Übertragung des amerikanischen Rechtsmodells auf Entwicklungsländer, insbesondere in Lateinamerika und Afrika, mitzuwirken. Befördert durch erhebliche finanzielle Unterstützung und die Tatsache, dass diese Art von Rechtsexport dieselbe Wellenlänge hatte wie die politischen Konzepte des US-Außenministeriums gegenüber post-kolonialen und sich entwickelnden Ländern,[25] flossen die zunächst vereinzelten akademischen Bemühungen rasch in der später so genannten Bewegung „law and development" zusammen. Die Vordenker dieser Bewegung fanden sich in der Überzeugung geeint, dass die Übertragung amerikanischer Rechtsdoktrinen, Rechtspraxis und Rechtsinstitutionen den Entwicklungsländern am ehesten zu wirtschaftlichem und politischem Fortschritt verhelfen könne.[26]

Nach rund 15 Jahren von „transnationalem Aktivismus" löste sich die Bewegung „law and development" selbst auf, und zwar, ein in der akademischen Welt höchst ungewöhnlicher Vorgang, infolge leidenschaftlicher Selbstkritik ihrer Meinungs- und Theorieführer. Einer der schärfsten Kritiker dieser Bewegung, *John Henry Merryman*, bewertete das amerikanische „law and development movement" als „provinziellen Ausdruck des amerikanischen Rechtsstils"[27], der gekennzeichnet sei durch fehlende Vertrautheit mit Kultur und Gesellschaft der angezielten Länder (einschließlich ihres Rechtssystems), theoretischer Unbedarftheit, einem künstlich privilegierten Zugang zur eigenen politischen Macht und relativer Unempfindlichkeit in bezug auf die Folgen des Rechtsexports für die Gesellschaften der Dritten Welt.[28]

---

[25] Vgl. Brian E. Butler, Title IX of the Foreign Assistance Act. Foreign Aid and Political Development, Law & Society Review III/1, 1968, 115-151.
[26] Rose a.a.O. S. 121, Zitat von Justice William O. Douglas.
[27] „A parochial expression of the American legal style".
[28] John Henry Merryman, Comparative Law and Social Change: On the Origins, Style, Decline & Revival of the Law and Development Movement, The American Journal of comparative Law, Vol. 25, 1977, 457-491 (479 et seq.); cf. Elliot M. Burg, Law and Development: A Review of the Literature & a Critique of „Scholars in Self-Estrangement", The American Journal of Comparative Law, Vol. 25, 1977, 492-530; Francis G. Snyder, Law and development in the light of dependency theory, Law and Society 14, 1980, 723-804; James A. Gardner, Legal Imperialism: American Lawyers and Foreign Aid in Latin America, Madison 1980; Brun-Otto Bryde, Die Rolle des Rechts im Entwicklungsprozeß, in: Bryde/Kübler (Hrsg.), Die Rolle des Rechts im Entwick-

Es gibt unübersehbare Anzeichen für eine Neubelebung der Ansätze internationaler Rechtshilfe auch in den MOE-Staaten. Sogleich nach dem Fall von Berliner Mauer und Eisernem Vorhang 1989 begannen amerikanische und westeuropäische Rechtsprofessoren und Rechtsanwälte in die Rechtsstaats-bedürftigen Regionen Mittel- und Osteuropas auszuschwärmen, mit Kollektionen von marktwirtschaftlich geprüftem, manchmal auch nur von ideologisch geprüftem Westrecht im Gepäck. Auch das Grundproblem des „law and development movement" ist wieder erkennbar: das um rasche Übertragung von Rechtskonzepten bemühte, vorwiegend instrumentelle und technokratische Verständnis von rechtlicher Entwicklung, das das Beharrungsvermögen einheimischer Rechts- und Sozialordnungen übersieht oder gering schätzt.[29]

2. Der theoretische Ansatz der „Internationalen Sozialisation" im Hinblick auf das „Neue Europa"

Eine interessante Bereicherung der Erklärungsansätze zur Neuorientierung der Staaten Mittel- und Osteuropas bietet die Theorie der Internationalen Sozialisation. Ausgangspunkt ist auch für sie die Annahme einer strukturellen Asymmetrie zwischen der internationalen Staatengemeinschaft und bestimmten, noch außenstehenden Staaten. Warum und auf welche Weise internalisiert ein „Außen-Staat" die grundlegenden Werte, Überzeugungen und Praktiken seiner internationalen „Umwelt"? Das wichtigste Motiv für die Auslösung des Prozesses der Internalisierung ist das rationale Eigeninteresse des Staates, die in der internationalen Umwelt vorherrschenden Anforderungen an Legitimität staatlichen Handelns und staatlicher Organisation zu erfüllen.[30] Durch die Anpassung an Legitimitätsanforderungen der internationalen Umwelt lernen Staaten Bestrafung zu vermeiden (Bestrafung im Sinne von wirtschaftlichen Sanktionen, Rufbeeinträchtigung, Ausschluss von Förder-

---

lungsprozeß, Frankfurt am Main 1986, 9-36; David M. Trubek / Marc Galanter, Scholars in Self-Estrangement: Some Reflections on the Crisis in Law and Development Studies in the United States, Wisconsin Law Review 1974, 1062-1102.

[29] Armin Höland, Evolution du droit en Europe centrale et orientale: assiste-t-on à une renaissance du „Law and Development"?, Droit et Société 25 (1993), pp. 467-488.

[30] Wir übernehmen hier, stark zusammengefasst, Definitionen und Erwägungen von Frank Schimmelfennig, International Socialization in the New Europe: Rational Action in an Institutional Environment, European Journal of International Relations, vol. 6 (1), 2000, S. 109-139; vgl. Thomas Risse, International Norms and Domestic Change: Arguing and Communicative Behavior in the Human Rights Area, Politics and Society vol. 29/4 (1999), S. 529-559.

programmen u.ä.) und Vergünstigungen zu sichern (Vergünstigungen im Sinne von internationaler Anerkennung, finanzieller Beihilfe, Aufnahme in internationale Gremien u.ä.).

Das internationale System Europa, das aus der Europäischen Union, der Nato und dem Europarat besteht, ist im oben umrissenen Sinne internationale Umwelt für die Staaten Mittel- und Osteuropas. Das System Europa beruht auf liberalen politischen Werten und Normen (Rechtsstaat, Demokratie, Menschenrechte, Privateigentum, Marktwirtschaft). Für *Schimmelfennig*, einen Vertreter dieses theoretischen Ansatzes, ist die Internationale Sozialisation im Neuen Europa ein Folgeprozess des öst-westlichen Systemkonflikts.[31] Der Sieg des Westens in diesem System- und Wertewettbewerb hatte nach seiner Auffassung eine starke geistige und materielle Asymmetrie zu Gunsten des Westens zur Folge. Die strukturelle Asymmetrie war Voraussetzung für den sich verstärkenden „Prozess des Lehrens und Lernens, der das grundlegende Merkmal der Internationalen Sozialisation im Neuen Europa" ist.

Auch wenn wir hier auf Einzelheiten der Sozialisationstheorie nicht eingehen können, meinen wir, interessante Angebote zur Ergänzung und Vertiefung rechtssoziologischer Analyse auf der einen Seite, gewisse Schwächen dieses theoretischen Ansatzes auf der anderen Seite ausmachen zu können.

Rechtssoziologische Forschung könnte zumindest unter drei Gesichtspunkten von der wissenschaftlichen Ankoppelung an die Sozialisationstheorie Nutzen ziehen. Bereicherung verspricht zum ersten der stärker kontextuierende Ansatz, der Wechselwirkungen mit dem „militärischen" Beitritt zur NATO und dem „menschenrechtlichen" Beitritt zum Europarat aufnehmen und verarbeiten kann.[32] Ein zweiter Vorteil liegt in dem Verständnis des Beitritts als eines sich verstärkenden Lernprozesses. Ein drittes, möglicherweise gerade für rechtssoziologische Analyse gehaltvolles Thema ist die Manipulierung von Gemeinschaftsnormen durch die Sozialisationsagenturen ebenso wie durch die auf Kostensenkung erpichten MOE-Staaten.

Eine gewisse Schwäche liegt in unseren Augen in der Unterschätzung der Autonomie von rechtlichen Verfahren und Entscheidungen und insbesondere der Autonomie der Justiz, des Europäischen Gerichtshofes (EuGH) ebenso wie der Verfassungs- und Obergerichte in den Staaten Mittel- und Osteuropas. Der institutionalisierte juridische Eigensinn dürfte theoretisch vorhandene Möglichkeiten der Normmanipulation erheblich einschränken und möglicherweise insgesamt den Sozialisationsprozess verlangsamen.

---

[31] Schimmelfennig, a.a.O., S. 123.
[32] Näher zur Sozialisation, die auf moralischer Bewusstwerdung, auf moralischen Diskursen, Dialog und Überzeugung beruht, Risse, a.a.O., S. 530.

Im Ergebnis jedenfalls kann die wechselseitige Erschließung der Theorieangebote rechtssoziologischer Untersuchungen von Rechtstransfer und politikwissenschaftlicher Analyse von Internationaler Sozialisation den Stand der Forschung und die Anpassung von Forschungsdesigns an Wirklichkeit erheblich verbessern.

3. Besonderheiten des gegenwärtigen Rechtstransfers EU-MOE

Aus der Bezugnahme auf die Erforschung von Typen aufgezwungenen Rechts (Kolonialismus, Besatzung, „law and development"), die von ihrem Sachgehalt her alle nicht passen, aber möglicherweise weiterführende Erkenntnisse liefern können, lassen sich möglicherweise Besonderheiten der gegenwärtigen Heranführungsstrategie herausarbeiten.

a) Besonderheiten im Vergleich zu Typen von aufgezwungenem Recht

Für eine auch historisch vergleichende Perspektive treten fünf besondere Umstände hervor, die den zwischen Europäischer Union und den Beitrittskandidaten Mittel- und Osteuropas betriebenen Rechtstransfer kennzeichnen.

Von grundlegender Bedeutung ist gleich der erste Gesichtspunkt: Die Initiative zur Vorbereitung des Beitritts zur Europäischen Gemeinschaft ist von den künftigen Mitgliedstaaten ausgegangen. Fast die gesamte politische Region Mitteleuropa und Teile Osteuropas haben sich unverzüglich nach dem Aufziehen des Eisernen Vorhangs bei der Europäischen Kommission in Brüssel mit dem Wunsch nach Mitgliedschaft in der EU gemeldet. Hierin liegt selbstredend ein großer Unterschied zu allen bisherigen Erscheinungsformen aufgezwungenen Rechts. Die Übernahme der für Mittel- und Osteuropa teilweise fremden Gesetzgebung und Rechtskonzepte, kurz des Gewinnermodells von Marktwirtschaft und Rechtsstaat, ist daher ein völlig freiwilliger, mehr noch: politisch stark nachgesuchter Paradigmenwechsel in den neu formierten MOE-Staaten. Das eifrige Anstreben rascher und umfassender Rechtsangleichung liegt im rationalen Selbstinteresse der Beitrittskandidaten Mittel- und Osteuropas. Zugleich liegt hierin eine Ursache für den, im Vergleich zu vielen anderen völkerrechtlichen Entwicklungsprozessen außerordentlich dynamisch verlaufenden Vorgang der Rechts- und Politikangleichung. Zögern und Skrupel lassen sich eher in den politischen Entscheidungsprozessen der bestehenden EU-Mitgliedstaaten als in den um Aufnahme ersuchenden MOE-Staaten registrieren.

Wenn wir gleichwohl aus rechtssoziologischer Sicht Hinweise auf ein Auferlegen von fremdem (EU-)Recht auf einheimische Rechtsstrukturen in Mittel- und Osteuropa zu erkennen glauben, dann spricht vieles dafür, dass es sich um die historisch neuartige Wirkung der *politisch gewünschten Auferlegung von Recht* handelt.

Ein zweites Merkmal: Die Übertragung von Gemeinschaftsrecht im Zuge der Rechtsangleichung ist vertraglich gefasst und wird vertragsförmig vollzogen. Es gibt keine Hinweise auf einseitiges, machtvolles Durchsetzen von Recht. Die umfassenden Europa-Abkommen mit mittlerweile zehn Staaten aus Mittel- und Osteuropa (sowie Malta, Zypern und Türkei) enthalten fein abgestimmte Zielsetzungen, Regeln, Verfahren, Fristen und Überwachungsabreden. Der Transfer von Recht erscheint in diesem Licht als ein großes und ausgewogenes Projekt zwischen dem Anschein nach gleichstarken Partnern und Interessen.

Die dritte Beobachtung: Rechtsangleichung in Mittel- und Osteuropa ist mehr als Angleichung von Recht. Sie ist umfassender Modelltransfer. Im Unterschied zu den Erfahrungen in Europäischen Kolonien oder in besetzten Staaten wie Deutschland oder Japan nach dem Zweiten Weltkrieg werden in den MOE-Staaten nicht einzelne Regelungen oder Gesetze eingeführt. Es geht, woran das Weißbuch von 1995 keinen Zweifel lässt, nicht um punktuelle Anpassungen, sondern um die Übernahme des gesamten *acquis communautaire*. Dessen gleichsam flächendeckender Import ist Voraussetzung für die politische Erweiterung der Europäischen Union.

Das Angebot der Europäischen Gemeinschaft ist das unter westlichen Bedingungen erprobte Programm einer liberalisierten, vorzugsweise autonom funktionierenden Marktwirtschaft mit dünn gewordenen staatlichen Strukturen und dezentral handelnden wirtschaftlichen und sozialen Akteuren. Zur Funktionsweise dieses nach Osten transportierten Modells von Regelungen und Institutionen gehören vielfältige Verfahrens- und Arenenangebote für das öffentliche Benennen und Behandeln von korporatistischen Interessen, für Verhandlungen, Kompromissfindung und Rechtsetzung durch selbstbewusste gesellschaftliche Gruppen bei nur hilfsweiser Intervention des Staates.

Die Besonderheiten lassen sich folgendermaßen zusammenfassen: Der Prozess der Rechtsangleichung im Rahmen der Europa-Abkommen zwischen der Europäischen Union und den Staaten Mittel- und Osteuropas

- ist auf Initiative der beitrittswilligen Staaten in Gang gesetzt worden;
- beruht auf Verträgen und ist in jeder Hinsicht vertragsförmig gefasst;
- besteht aus einem umfassenden Modelltransfer und nicht nur aus der Übertragung einzelner Regelungen oder Gesetze;
- wird ergänzt durch stabilisierende Rahmenbedingungen (PHARE u. a.);
- wird ständig beobachtet, evaluiert und gegebenenfalls revidiert,

und
- vollzieht sich deshalb in erheblichem Umfang in der Form selbstreflexiver Verfahren unter voller Beobachtung durch die europäische politische und allgemeine Öffentlichkeit.

b) Fragen

Es gibt auf der anderen Seite eine Reihe von kritischen Punkten und Schwächen in der Architektur der Europa-Abkommen und insbesondere in der Art und Weise ihrer Umsetzung. Als wesentliche lassen sich zusammenfassen:
- Das Konzept der Rechtsangleichung folgt im wesentlichen einer von oben nach unten gerichteten Dynamik. Zwar können die begleitenden Maßnahmen finanzieller und technischer Unterstützung und des Institutionenaufbaus die Staatsbezogenheit des Ansatzes abmildern. Sie vermögen jedoch nicht in ausreichendem Umfang und mit der erforderlichen Intensität die Zivilgesellschaft als dritten Akteur in das für wirksame Rechtsangleichung erforderliche Interaktionsverhältnis einzubeziehen.
- Das politisch vorherrschende Verständnis von Implementation von Recht ist unzulänglich. Es überwiegt, ungeachtet der gleichsam wissenschaftlichen Hinweise im Weißbuch von 1995 auf die erforderliche Einbeziehung von Institutionen und Organisationen, ein auf die legislatorische Umsetzung des *acquis* in die Gesetzgebung der MOE-Staaten und auf staatliche Folgeverantwortung ausgerichtetes Verständnis.[33] Wirksame Rechtsumsetzung erfordert jedoch viel mehr als die Ausrichtung der Gesetzgebung an den vertraglich festgelegten Erfordernissen und auch mehr als das die Rechtsangleichung unterstützende Tätigwerden von Verwaltungen und Justiz. Es ist die gesamte Rechtsdurchsetzungs- bzw. Rechtsanwendungskette hinunter zu den sozialen Nutzer- und Gestaltergruppen des Rechts, die auf die

---

[33] Das Weißbuch von 1995 nimmt demgegenüber eine rechtssoziologisch überzeugende Haltung ein, wenn es die tatsächlichen Bedingungen der Rechtsanwendung betont: „The main challenge for the associated countries in taking over internal market legislation lies not in the approximation of their legal texts, but in adapting their administrative machinery and their societies to the conditions necessary to make the legislation work. This is a complex process requiring the creation or adaptation of the necessary institutions and structures, involving fundamental changes in the responsibilities of both the national administrative and judicial systems and the emerging private sector." [COM (95) 163, 325].

Anwendung des neuen Rechts und, allgemeiner, auf die *neue Anwendung von Recht* vorbereitet werden muss.[34]
- Auch wenn man der Vielzahl von die Rechtsumsetzung unterstützenden Maßnahmen Respekt zollen muss, wird die förmliche Rechtsangleichung in den MOE-Staaten viel rascher erreicht sein als die gesellschaftliche Wirklichkeit umgestaltende Anwendung von Recht. Hieraus könnte eine, nicht zuletzt wegen ihrer öffentlichen Erkennbarkeit, problematische Wirksamkeitslücke entstehen. Bereits in ihrem Weißbuch von 1995 zur Vorbereitung der Assoziierten Staaten Mittel- und Osteuropas auf die Integration in den Binnenmarkt warnte die Kommission davor, dass der Prozess der Einrichtung, Besetzung und Inbetriebnahme der Verwaltungsstrukturen hinter dem Gesetzgebungsprozess hinterherhinke.
- Die Frage, ob und wie die Wirksamkeitslücke geschlossen werden kann, führt zur Frage des Zeitplans. Der Zeitplan für den Vollzug der Europa-Abkommen ist eng, vermutlich zu eng. In ihrem Strategiepapier vom November 2000 vertritt die Kommission ein fragwürdiges Gebot der Beschleunigung: „Auch wenn für den Abschluss des Prozesses noch kein festes Datum festgelegt wird, drängt die Zeit. Wir dürfen uns nicht der Illusion hingeben, die EU hätte für das Projekt Erweiterung unbegrenzte Zeit zur Verfügung. Vielmehr gibt es ein offenes Fenster der Gelegenheit. Diese muss ergriffen werden."[35] Was ist die substantielle Begründung für diese Metapher vom offenen Fenster der Gelegenheit? Wer definiert die Grade und die Dauer der Offenheit dieses Fensters? Ist das nicht eher der selbsterzeugte Zeitdruck der politischen Akteure, die stets in Sorge davor sind, das Interesse der Medien und der Wähler zu verlieren? Es gibt hier offenkundig eine Diskrepanz zwischen der nicht zu vernachlässigenden Beschleunigung des politischen Beitrittsprozesses und dem dadurch unausweichlich erzeugten Hinterherhinken der Implementierungsqualität. Die Art und Weise, wie dieses Problem gelöst wird, wird Einfluss auf die Grade der „Aufzwingung"

---

[34] Genau in diesem Sinne allerdings führt das „Strategiepapier 2000" auf S. 54 zum Beispiel Polen aus: „Polen hat bei der weiteren Angleichung seiner Gesetzgebung bemerkenswerte Fortschritte gemacht, muss aber auch bei der Anpassung und Stärkung der im Hinblick auf den Beitritt erforderlichen Strukturen entsprechend vorankommen. Dies gilt nicht nur für die Verwaltungskapazität auf zentralstaatlicher und regionaler Ebene, obwohl diese natürlich an vorderster Stelle steht, sondern auch für die anderen Akteure wie Unternehmer, NRO und sogar die breite Öffentlichkeit, die alle an der Umsetzung des gemeinschaftlichen Besitzstandes im weitesten Sinne mitwirken."

[35] Strategiepapier 2000, S. 6.

von Gemeinschaftsrecht auf die Rechtskulturen in Mittel- und Osteuropa haben. Eine wichtige Lehre, die aus dem politischen und rechtlichen Mega-Experiment der deutschen Einigung gezogen werden kann, ist die, dass das Ersparen „politischer Zeit" zumindest in Teilen bezahlt werden muss durch erhöhte Kosten nachfolgender Anpassung und Implementierung, gegebenenfalls aber auch durch Folgekosten in Form des Verlustes an sozialer Kohärenz der sich transformierenden Gesellschaften.

IV. Schlussfolgerungen: Mögliche Entwicklungsverläufe

Angesichts der Offenheit des Prozesses, der vielen Fragen und der wenigen Forschungsbefunde sind die Schlussfolgerungen eher Anfangsbemerkungen.

Möglicherweise lässt sich die dringend und zu verschiedenen Themen benötigte Forschung und Theoriebildung im Bereich der Transformation in Mittel- und Osteuropa (und vielleicht rückwirkender Transformation in der EU?) unter zwei so simplen wie groben Entwicklungsannahmen ordnen. Nimmt man die beiden aus politischen wie empirischen Gründen unwahrscheinlichen Idealzustände voller Angleichung und Implementierung von Recht einerseits, vollständigen Scheiterns des Heranführungsprojektes andererseits aus den weiteren Überlegungen aus,[36] dann bleibt das realistische weite Feld von „mehr oder weniger". Mehr oder weniger ist auf die Grade der Erfüllung von Rechtsangleichungsforderungen und, wie man mit Blick auf das rechtssoziologische Verständnis von Implementierung ergänzen muss, der Sicherung angemessener Anwendungserfolge zu beziehen. Möglicherweise hilft eine erste krude Zweiteilung in Entwicklungsszenarien. Das eine wäre das „Aufwärts"-Szenario, also die begründete Erwartung einer irgendwann erfolgreichen Rechts- und Modellangleichung. „Aufwärts" soll heißen: Auch nachdem sie Mitglieder der Europäischen Union geworden sind, werden die MOE-Staaten noch für viele Jahre eine Übergangssituation zu bewältigen haben, während der die Implementierung von Recht und rechtlichen Institutionen und die Internalisierung liberaler Markt- und demokratischer Politikordnung in Teilen erheblich hinter den durchschnittlichen Gewohnheiten der EU herhinken können. Viele Übergangsprobleme werden politisch bear-

---

[36] Gegen vollständiges und zeitgerechtes Gelingen der Rechtsangleichung spricht bereits die gestiegene Zahl von Anträgen auf Gewährung von Übergangsmaßnahmen, Strategiepapier 2000, S. 31 f. Gegen das Scheitern spricht der proklamierte politische Wille, zuletzt in den Schlussfolgerungen des Vorsitzes von Göteborg vom 15./16. Juni 2001: „Der Erweiterungsprozess ist nicht mehr rückgängig zu machen." (Ziffer 9).

beitet und gelöst werden müssen, seien sie nun offiziell als solche angemeldet oder nicht. Der Aufbau von Institutionen wird sich als viel mühsamer und störungsanfälliger erweisen, als es während der aus PHARE-Mitteln geförderten Experimentierzeit den Anschein hatte. Die Stärkung der Unabhängigkeit der Justiz wird ganz sicher erheblich mehr Zeit in Anspruch nehmen, als in den Evaluierungsberichten der Kommission suggeriert. Die Ausgaben der erweiterten Union für technische Unterstützung, infrastrukturelle Anschubfinanzierung und Sicherung wirtschaftlicher und sozialer Kohäsion könnten über die gegenwärtigen Plandaten erheblich hinausgehen. Dennoch: Im Ergebnis werden Rechtsangleichung und Sozialisation gelingen. Die MOE-Staaten werden eines Tages auch inhaltlich den Status voller Mitgliedschaft innerhalb der Union erreicht haben, ohne die Funktions- und Finanzierungsfähigkeit des bestehenden Institutionengefüges und des europäischen Gesellschaftsmodells zu gefährden.

Weniger optimistisch ist die „Abwärts"-Hypothese. Sie will die Gesamtwirkung einer dauerhaften Einschränkung des *acquis communautaire* und eine Verschlechterung der Leistungsdaten der Institutionen und Verfahren der EU umschreiben. Die Übergangsmaßnahmen werden zahlreich sein und sich zu dauerhaften Dispensen von den Mindestanforderungen an die wirtschaftliche, politische und rechtliche Leistungsfähigkeit von Mitgliedstaaten der Europäischen Union entwickeln. Der Sozialisationsprozess stellt sich als ernsthaft behindert heraus, weil die Beharrungskraft EG-widriger einheimischer Rechtstraditionen oder das Störungspotential bewusster Manipulation von EG-Normen gegenüber den Wirkungen der Sozialisation größer sind. Der Qualitätsverlust kann sich im übrigen kraft Rückwirkung und des Charmes schlechter Beispiele auf die „alten" Mitgliedstaaten der EU übertragen. Die Rechtsbeachtungsrate in bezug auf Gemeinschaftsrecht könnte sich rückbilden bzw. nicht angemessen fortbilden. Politische Spannungen zwischen den an Zahl erheblich gewachsenen Mitgliedstaaten werden sich verschärfen (Nizza könnte im Rückblick einen Vorgeschmack hierauf gegeben haben), und diese Spannungen lassen sich möglicherweise nicht mit der bewährten Methode kompensierender Auszahlungen aus Strukturfonds abmildern. Die Verschiedenartigkeit der selbstbewussten Rechtsordnungen von bald 21 Mitgliedstaaten könnte sogar die Methodenfertigkeit und die juridische Autorität des EuGH überfordern. Vielleicht kann die Europäische Union als Gesamtsystem eine solche Epoche „auswittern". Sie muss hierfür jedenfalls mit hohen Kosten in Form des Verlustes an politischer Kohärenz und an rechtlicher Konsistenz bezahlen. Die Sozialisation kann sich im Ergebnis zumindest in Teilen den subversiven Eigeninteressen der zu sozialisierenden neuen Staaten ausgeliefert sehen und daran Schaden nehmen oder scheitern. In einem solchen Falle wäre das Recht der Europäischen Gemeinschaft zwar nach Osten gewandert, aber - auch ohne Wegkarte – in geschrumpfter Form in den Westen zurückgekehrt. Das Kosten-Nutzen-Verhältnis dieses Szenarios wäre, auch unter Berücksichtigung regionaler Stabilität, negativ.

Auf Spekulationen gibt es naturgemäß keine Antworten. Aber vielleicht können gerade sie die Überzeugung stärken helfen, dass viel mehr Forschung zu den Wirkungen rechtlicher Transformation in Mittel- und Osteuropa (vielleicht auch in Westeuropa) unternommen werden muss.

Wolfgang Gaul

Sinn und Unsinn internationaler Rechtsberatung[1]

1. Einleitung: Die fehlende Evaluierung von internationaler Rechtsberatung

Internationale Rechtsberatung ist eine Form der Entwicklungszusammenarbeit oder genauer der technischen Zusammenarbeit, die in den letzten Jahren[2] mehr und mehr an Kontur und Volumen[3] gewonnen hat. Die OECD definiert dabei die technische Zusammenarbeit wie folgt:

„Technical Co-operation (TC) encompasses the whole range of assistance activities designed to develop human resources through improvement in the level of skills, knowledge, technical know-how and productive attitudes of the population in a developing country. A particularly important objective of technical co-operation is institutional development based on human resources development, that is to contribute to the strengthening and improved functioning of the effective management and operation of an economy and of society more generally, form government ministries, local administrative structures, over hospitals and schools to private enterprises. Human resources development is a prerequisite for institution-building. Capacity building for improved policy analysis and development management by the core government institutions is of special importance."[4]

Jährlich werden über verschiedene Geberorganisationen - allen vorweg die Europäische Union (EU) mit ihren Projekten PHARE[5]

---

[1] Dieser Beitrag ist ein modifizierter Auszug aus der Studie des Autors, die er über die georgische Verfassungsgebung anhand von Interviews zwischen 1996 und 2000 erstellt hat; erschienen als „Verfassungsgebung in Georgien. Ergebnisse internationaler rechtlicher Beratung in einem Transformationsstaat", Berlin-Verlag Arno Spitz 2001.
[2] Stockmayer, S. 148, spricht noch 1994 von einem bisherigen „Schattendasein" der Rechtsberatung.
[3] Knieper, Rechtsberatung, S. 70, spricht von „jahrzehntelanger Unterrepräsentanz".
[4] OECD, S. 1.
[5] Pologne, Hungary, Aide à la Reconstruction Economique.

und TACIS[6], aber auch die European Bank for Reconstruction and Development (EBRD), die Weltbank, die Asian Development Bank (ADB), die United States Agency for international Development (USAID)[7] oder von deutscher Seite etwa die Gesellschaft für Technische Zusammenarbeit (GTZ), die Deutsche Stiftung für internationale rechtliche Zusammenarbeit (IRZ) oder die Kreditanstalt für Wiederaufbau (KfW) – dreistellige Millionenbeträge[8] für den Aufbau der Rechtssysteme, vor allem in Osteuropa und der ehemaligen Sowjetunion, zur Verfügung gestellt.[9] Dabei ist der Anteil der Rechtsberatung an der gesamten Demokratieförderung ganz unterschiedlich, nämlich zwischen 5% der Projektmittel in Schweden (1994/95) und der gesamten EU (1993), 11,93% in Kanada (1993-95) und 22,8% bzw. 15,4% bei USAID (1991-93, 1994).[10] Das Tätigkeitsfeld der Geberorganisationen ist dabei facettenreich und oft ganz unterschiedlich ausgerichtet.[11] Sie reichen von simplen organisatorischen Maßnahmen wie dem Aufbau einer Rechtsbibliothek über fachspezifische Weiterbildung wie Richterschulungen bis hin zu Programmen der Stärkung des Rechtsempfindens des Volkes durch Fernsehsendungen.[12]

Eine Auswertung dieser Tätigkeiten der internationalen rechtlichen Beratung findet allerdings, wenn überhaupt, nur innerhalb der Organisationen statt. So ist auch ihre Bewertung zum Teil „schwierig und unsicher, weil BMZ/GTZ und politische Stiftungen ihre Evaluierungsberichte vertraulich behandeln."[13] Dass über die Ergebnisse der internationalen rechtlichen Beratung keine Fachdiskussion geführt wird, verwundert zum einen, da viele Entwicklungsprojekte grundsätzlich nicht den erwünschten Erfolg bringen und deshalb eine Fehleranalyse für zukünftige Planungen hilfreich und

---

[6] Technical Assistance to the Commonwealth of Independent States.
[7] In den USA sind beispielsweise 26 Einheiten innerhalb der Regierung (z.B. dem US Custom Service), insbesondere jedoch die USAID mit der Verwaltung von internationalen rechtlichen Entwicklungsprojekten befasst. Dazu kommen private Stiftungen wie Rockefeller, Ford, MacArthur, Soros, and Eurasia; Holmes, 1999, S. 68.
[8] Messick spricht z.B. von der Bewilligung von ca. USD 500 Millionen zwischen 1994 und 1998 aus Mitteln der Weltbank, der ADB oder der Inter-Amerikanischen Development Bank für Rechtsreformprojekte; USAID habe etwa USD 200 Millionen in der vergangenen Dekade ausgegeben.
[9] Einen guten Überblick über die Tätigkeit der einzelnen Organisationen in der Zivilrechtsreform enthält Boguslawskij/Knieper, 1998, S. 251-311.
[10] Heinz, S. 77.
[11] Vgl. auch Stockmayer, S. 151ff.
[12] Vgl. auch Holmes, S. 68.
[13] Heinz, S. 79.

notwendig wäre. So leisteten von den 1.689 Weltbankprojekten, die zwischen 1971 und 1991 mit dem Ziel der Förderung einer institutionellen Entwicklung genehmigt wurden, nur 29% einen substanziellen Beitrag zum Projektziel.[14] Weiterhin verwundert dies angesichts der Tatsache, dass die Evaluierung, die in der Entwicklungszusammenarbeit lange ein Schattendasein gefristet hat, in den vergangenen Jahren bei eigentlich allen Geberorganisationen nicht mehr wegzudenken ist.[15] Betrachtet man letztlich das enorme finanzielle Volumen, mit welchem verschiedene Geberorganisationen - allen voran die EU - in den vergangenen Jahren rechtliche Beratung bei der Normsetzung in den Transformationsstaaten geleistet haben, so ist eine Auswertung bereits deshalb notwendig, damit diese von Rechnungshöfen und anderen öffentlichen Kontrollorganen bei ihrer Überprüfung genutzt werden kann. Oftmals haben die um die Aufträge konkurrierenden Organisationen selbst jedoch kein Interesse an einer systematischen Evaluierung. Ein konstruktives Feedback schmälert unter Umständen nämlich ihre Chancen, den nächsten Auftrag an Land zu ziehen.[16] Zudem ist die Evaluierung juristischer Tätigkeit außerhalb der Justiz bislang eher unüblich. Der Tradition zufolge sind es schließlich Juristen, die urteilen sollen. Indem sie sich Urteilen anderer unterwerfen müssen, untergraben sie jedoch das Vertrauen in ihre Entscheidungen. Eine Fehleranalyse der juristischen Tätigkeiten birgt die Gefahr, dass das Vertrauen in den Rechtsstaat erschüttert wird.

Ohne hier eine Grundsatzdiskussion über Entwicklungshilfezusammenarbeit führen zu wollen, versucht dieser Beitrag, an internationale rechtliche Beratungsleistungen allgemeine Maßstäbe der Entwicklungszusammenarbeit anzulegen. Dabei wurden die Eigenheiten der rechtlichen Komponenten der technischen Zusammenarbeit besonders berücksichtigt. Nach theoretischen Überlegungen zur Übertragbarkeit von Recht wird auf die Praxis der Rechtsberatung vor Ort eingegangen, wobei insbesondere die Problematik von ausländischen „Rechtsberatern", eurozentristischer Beratung und der Konkurrenz unter den Geberländern besprochen werden wird. Dieser Beitrag argumentiert, dass auch in der internationalen rechtlichen Beratung eine systematische Evaluierung erfolgen muss, denn einzig durch diese kann die Nachhaltigkeit des einzelnen Projektes gesichert werden.[17]

---

[14] So die Evaluierungsabteilung der Weltbank, World Bank, S. 4.
[15] Vgl. Brüne, S. 2ff.
[16] Vgl. auch Holmes, S. 71.
[17] So auch: Seidman/Seidman, S. 24.

2. Die Übertragbarkeit von Recht

Mitte der 60er Jahre begann unter dem Titel „law and development" eine Offensive des Rechtstransfers mit Schwerpunkt in den USA. Erkenntnisse aus diesem Unterfangen können auch heute noch als Orientierungspunkte bei der Einschätzung von internationaler rechtlicher Beratung dienen. Mit idealistischem Sendungsbewusstsein erhoffte man sich vor allem in den USA positive Effekte vom Export der eigenen Rechtskultur primär in die Entwicklungsländer Lateinamerikas und Afrikas. Den Wert der Rezeption europäischen und US-amerikanischen Rechts durch Länder der dritten Welt sah man aus einem modernisierungstheoretischen Blickwinkel: „Durch den Transfer ‚moderner' Institutionen sollten die ‚traditionellen' Gesellschaften entwickelt werden."[18]

Dachte man mit der Modernisierungstheorie also ursprünglich, dass die „unterentwickelten Gesellschaften von heute als ‚traditionelle' Gesellschaften die europäische Entwicklung nachholen müssten..."[19], so offenbarte die Kritik an der „law and development" Bewegung, dass dieser Ansatz politisch naiv und die Vorgehensweise ethnozentristisch geprägt war. Denn während der Etappe wurden in der US-amerikanischen „law and development"-Literatur beispielsweise lateinamerikanische Konzepte als „rückständig" eingestuft, ohne dass man erkannte, dass diese Konzepte gar nicht den dortigen Rechtskulturen entsprangen, sondern der kontinentaleuropäischen Rechtskultur entliehen waren. Wie Bryde argumentiert, war es „naiv und auch selbstüberheblich", die traditionsbewusste juristische Kultur Lateinamerikas mit Hilfe von Entwicklungsprojekten z. B. auf die Reform der Juristenausbildung festzulegen.[20]

Die Rezeption westlichen Rechts war indes kein einseitiger Akt. Die Modernisierungstheorie impliziert nämlich auch, dass die Überlegenheit des Westens vom Empfängerstaat in wirtschaftlicher, technischer und juristischer Hinsicht akzeptiert wird und der eigenen Rückständigkeit gegenübergestellt wird. Als Lösung galt, vom Westen soviel wie möglich zu übernehmen,[21] ohne dass darauf geachtet wurde, ob möglicherweise eigene funktionierende Modelle geopfert wurden.

Angesichts des Scheiterns der US-amerikanischen „law and development"-Bewegung stellt sich also in Hinblick auf die gewal-

---

[18] Vgl. Bryde, 1986, S. 12 und Gardner, S. 37 ff, Stockmayer, S. 154, Bryde, 1977, S. 117.
[19] Bryde, 1977, S. 121.
[20] Vgl. Bryde, 1986, S. 34 siehe auch Trubek/Galanter, S. 1062-1102ff.
[21] Vgl. Bryde, 1986, S. 19.

tigen Beratungsaufgaben bei der Kodifizierung neuen Rechts in den ehemals sozialistischen Ländern der internationalen rechtlichen Beratung folgende Kernfrage: Ist der Export von Rechtsnormen überhaupt sinnvoll? Einerseits wird nämlich die komplette Implementierung eines ausländischen Gesetzes, andererseits die der Untransferierbarkeit des Rechts propagiert. Die meisten Autoren vertreten hierzu modifizierte Standpunkte.[22]

Selbstverständlich sind die „Kosten geringer, wenn man bekannte Modelle und erprobte Problemlösungsstrategien übernimmt und dafür einen gewissen westlichen Einfluss in Kauf nimmt, als wenn man autonom die Rechtsentwicklung vorantreibt und dabei das Risiko von Fehlentwicklungen aus Unerfahrenheit sehr viel größer ist."[23] Argumentiert wird, dass die Rechtsnormen ja im Westen bereits getestet wurden, und sich gerade deshalb für einen Rechtstransfer und den Aufbau einer modernen Rechtskultur in Ostmitteleuropa eignen: Das Rad muss nicht ein zweites, drittes oder viertes Mal erfunden werden.[24]

Dabei wird allerdings oft übersehen, dass es – vor allem bei der Wirtschaftsgesetzgebung – entscheidend darauf ankommt, in welchem Stadium sich die Gesellschaft des Empfängerstaates befindet: So können westeuropäische und nordamerikanische Unternehmensgesetze z. B. in einer Umgebung mit schwachen Institutionen deplaziert sein.[25] „Es reicht nicht, Gesetze zu importieren, die sich in traditionellen Marktwirtschaften bewährt haben, um Marktgesellschaften zu produzieren."[26] Grundvoraussetzung von rechtspolitischen Überlegungen zum Wert von Rechtstransfer muss also die „Soziologie pluralistischer Rechtssysteme"[27] sein, also die Berücksichtigung der Normen, die tatsächlich in dem jeweiligen Gebiet vorherrschen – unabhängig davon, ob sie in der offiziellen Rechtssetzung ausreichend kodifiziert sind. Insbesondere besteht bei der Übernahme eines anderen Normensystems nämlich die Schwierigkeit, dass alte Normen zum Teil nicht außer Kraft gesetzt werden,

---

[22] Seidman/Seidman, S. 2ff. Das „Gesetz der Untransferierbarkeit des Rechts" (vgl. Seidman/Seidman, S. 12.ff) basiert auf der These, dass sich das Verhalten der Bürger jedes Landes nach kulturellen Eigenheiten und dem geschichtlich geprägten Verhalten ihrer sozialen Umwelt richtet, die nicht aus dem kodifizierten Recht erkennbar sind. Ein Gesetz sei eben nur dann transferierbar, wenn alle relevanten sozialen Faktoren des transferierenden Landes mit dem Empfängerland übereinstimmen. Das ist selbstverständlich angesichts der kulturellen Vielfalt der Staaten niemals der Fall.
[23] Küpper, S. 352.
[24] Darauf weist Lagemann hin, S. 27f.
[25] Vgl. Black, S. 1ff.
[26] Boguslawskij/Knieper, 1995, S. 16.
[27] Vgl. Bryde, 1986, S. 20ff.

sondern unter der Hand weitergelten: Europäische Vorbilder bestimmen zwar heute in fast allen Staaten in Folge weltweiter Kolonialherrschaft oder einer freiwilligen Rezeption das „offizielle" Recht,[28] keinesfalls aber das „inoffizielle" Recht. Probleme entstehen nicht nur dann, wenn das transferierte westliche Recht gänzlich ineffektiv, sondern bereits nur teileffektiv ist.[29] Das ist z. B. der Fall, wenn dem Bürger bekannt ist, dass er sich gegen Willkürakte des Staates gerichtlich zur Wehr setzen kann, er dieses Recht jedoch (z. B. aus Skepsis gegenüber der Funktionstüchtigkeit oder der Objektivität der Gerichte) nicht in Anspruch nimmt. In den meisten Staaten, so auch den Transformationsländern der Sowjetunion, bestand jedoch bereits vor dem Transfer des westlichen Rechts in den 90er-Jahren ein teileffektives Recht, da das Recht nicht in toto von der Bevölkerung angenommen wurde.[30] Gerade für Staaten, die von Fremdherrschaft geprägt waren, besteht dabei oft eine Mischung von Rechtssystemen, wobei sich im Laufe der Jahre oft nicht nur ein duales, sondern ein pluralistisches Rechtssystem gebildet hat.[31] Das endogene Recht erweist sich in diesem Pluralismus unter Umständen als besonders widerstandsfähig.[32]

Der theoretische Königsweg für die Modernisierung der Rechtsordnungen der Transformationsstaaten ist somit der Erlass gänzlich neuer Rechtsvorschriften unter Ausschöpfung aller bisher in anderen Staaten erprobten Modelle bei enger Zusammenarbeit inländischer und ausländischer Experten. Ein Technologietransfer auch im Rechtsbereich ist jedenfalls dann empfehlenswert, wenn eine fundierte inhaltliche Auseinandersetzung darüber stattgefunden hat, welche Elemente ausländischer Rechtskultur erfolgreich in einem institutionellen Milieu greifen, in dem die Rechtsausübenden andere Denkschemata und andere Lösungsmechanismen gewohnt sind. Dies aber abschätzen zu können, ist nur mit Hilfe inländischer Experten möglich – denen gegebenenfalls sogar ein Vetorecht zugestanden werden sollte.[33] Einen solchen Ansatz verfolgt theoretisch auch die Europäische Union in ihren Programmen TACIS und PHARE. Das erste ihrer „Law reform assistance principals" lautet: „joint collaboration with Independent States in initiating, developing, and executing assistance projects, preferably through the formation of joint teams of experts from the recipient States and the EC."[34]

---

[28] Ebenda, S. 17.
[29] Ebenda, S. 23.
[30] Vgl. Blankenagel, S. 28.
[31] Vgl. Bryde, 1986, S. 18.
[32] Ebenda, S. 17.
[33] Holmes, S. 71 und Posner, S. 6.
[34] European Commission, S. 4. Anfang der 1990er Jahre wurde dieser theoretische Ansatz zum Beispiel in einem von der UNDP finanzierten und vom chinesischen Bureau of Legislative Affairs durchgeführten

So vorbildlich dieses Projekt auch ist, so unrealistisch erscheint es aber in Bezug auf die Rechtsreformen in den Staaten Osteuropas und der GUS. Um nicht im Stillstand eines rechtslosen Vakuums zu verharren, müssen die Reformen so schnell wie möglich vollzogen werden.[35] Der oben genannte theoretische Königsweg ist mit einem enormen Arbeitsaufwand verbunden. Welcher inländische Experte hat die Zeit, sich erst einer groß angelegten Schulung zu unterziehen, wenn es sich bei ihnen um Persönlichkeiten handelt, die in ihren Positionen als (stellvertretende) Justizminister oder Parlamentarier von Arbeit überhäuft sind? Wer kann sich unter widrigen Umständen ohne Computer[36] oder ohne Heizung einen Projektzeitraum von fünf Jahren leisten? Und - vor allem - wer hat die Zeit, sich durch zehn Konzepte anderer Staaten zu kämpfen, diese in ihren Details zu verstehen und zu einem neuen, einheitlichen und sinnvollen Ganzen zusammenzufügen?

Als Fazit muss deshalb gelten, dass der oben genannte Königsweg das theoretische Ziel bleibt, Abstriche jedoch auf Grund von Zeit und Kostenfaktoren zu Gunsten einer einigermaßen praktikablen Lösung gemacht werden müssen. Es ist also die Kunst jedes Rechtsberatungsprojektes, mit den vorhandenen Mitteln in Anlehnung an die Grundsätze von Eigenständigkeit der nationalen Experten und dem Einbringen möglichst (weniger, aber) passender westlicher Modelle ein funktionsfähiges Ergebnis zu erzielen. Im Extremfall kann dabei auch die komplette Übernahme eines bereits anderswo erprobten Konzeptes stehen – jedenfalls dann, wenn dieses richtig verstanden und umgesetzt wird.

3. Die Praxis ausländischer Rechtsberatung: Missionierung oder Hilfe zur Selbsthilfe?

Aus der Diskussion um die Transferierbarkeit des Rechts wurde bereits deutlich, dass die Anforderungen an die internationale Rechts-

---

fünfjährigen Rechtsreformprojekt in China praktiziert. Um 22 chinesische Gesetzesvorhaben zu entwerfen, wurden die chinesischen Juristen zuerst mit den Techniken beim Entwurf von Gesetzgebungsvorhaben vertraut gemacht. Erst danach entwarfen sie eigenständig die 22 Gesetze, wobei Ihnen Erfahrungen aus anderen Ländern zur Verfügung standen. Die ausländischen Experten begleiteten und unterstützten diesen Prozess nur, griffen selbst jedoch nicht in den Formulierungsprozess ein. Durch diese Eigenständigkeit konnte vor allem auch der Einfluss nationaler Interessengruppen erheblich reduziert werden.

[35] In vielen Staaten stehen Reformprojekte auf Grund politische Umstände unter zeitlichem Druck. Vgl. Lohse in Bezug auf die Verfassungsreform im Niger, S. 179.

[36] Vgl. Herrnfeld, 1997, S. 102.

beratung und somit auch für die internationalen Rechtsberater außerordentlich komplex sind. „The magnitude of the challenge facing legal reformers can be expressed simply by recognizing that legal reform is a branch of state building."[37] Um eine optimale Rechtsberatung zu gewährleisten und den Vorwurf zu entkräften, man handele nur im Eigeninteresse, sind hohe Ansprüche an den ausländischen Berater zu stellen: Zumindest auf seinem Spezialgebiet[38] sollte der ideale Rechtsberater bzw. die ideale Rechtsberaterin sechs Anforderungen erfüllen: Er oder sie sollte
- ein Experte der Thematik im Recht seines Heimatlandes sein,
- die verschiedenen, im Empfängerland erarbeiteten Entwürfe genau studiert haben,
- die rechtliche Konzeption seines Heimatlandes in einen internationalen Zusammenhang einordnen können, also wissen, mit welchen Modellen diese Rechtsfragen in anderen Ländern gelöst werden,
- sich weiterhin mit der bestehenden Gesetzgebung im Empfängerstaat vertraut gemacht haben, allein schon, um kontradiktorische Regelungen zu vermeiden,
- sich mit den in der Vergangenheit im Empfängerland vorherrschenden rechtlichen Konzeptionen beschäftigt haben. Nur dann kann er erkennen, welche Elemente in die aktuelle Normsetzung des Empfängerlandes mit eingeflossen sind und warum dieses geschah,
- die politischen, sozialen, ökonomischen und kulturellen Eigenheiten des Empfängerstaates kennen und möglichst die Landessprache sprechen.

Die Realität sieht anders aus: Die rechtliche Ausbildung an den Universitäten ist fast ausschließlich auf das nationale Recht fixiert.[39] Daher entsprechen die ausländischen Berater leider oftmals nur den ersten beiden Komponenten der obigen Liste. Die Kriterien des Anforderungskataloges werden grundsätzlich mit abfallender Tendenz erfüllt. Insbesondere mit den Eigenheiten und dem Alltag des sozialistischen Blocks hatten sich nur wenige Rechtswissenschaftler und Ökonomen beschäftigt. Über Nacht wurden mit dem Fall der Mauer und der Annäherung der Staaten an die Europäische Union

---

[37] Holmes, S. 69.
[38] Eigentlich reicht die Kenntnis des Spezialgebietes allein nicht aus, denn Gesetzgebung ist immer miteinander verwoben. Ein Fall des täglichen Lebens ist oft sowohl nach zivilrechtlichen als auch öffentlich-rechtlichen, unter Umständen auch strafrechtlichen Aspekten zu betrachten. In der Verfassungsgebung ist dies besonders offensichtlich, da sie zu allen Grundfragen des Staates Stellung beziehen muss.
[39] Angesichts der zunehmenden Verwobenheit sowohl von internationalen Organisationen als auch des internationalen Wirtschaftsrechts, darf der nationale Ansatz inzwischen als rückständig bezeichnet werden.

Tausende Experten benötigt, die nicht ausreichend qualifiziert waren.

Fast pikant erscheint dabei die Diskussion über die Qualifikationen von „Ostrechtlern" und „Westrechtlern". So werden dem „Ostrechtler" vier Vorteile gegenüber dem „Westrechtler" attestiert[40], „nämlich Sprachenkenntnis, allgemeine Länderkunde, eine genaue Kenntnis der kommunistischen Rechtsperiode und schließlich ein an der Kenntnis beider rechtskulturellen Realitäten geschultes Judiz über die Chancen der Rechts-Transplantation".[41] Dass der Ostrechtler besser qualifiziert sei, wird jedoch angezweifelt: Jeder habe seine „spezifischen positiven Kompetenzen, Begrenzungen und seine Betriebsblindheiten, die insgesamt durch Lebens- und Berufserfahrung mitbegründet sind. Der ‚Westrechtler' mag den historisch zufälligen Details des Rechts seines ‚Ländchens' zu sehr verhaftet sein, dem Juristen der ehemaligen Sowjetunion mag es an der Anschauung der Marktwirtschaft fehlen, der (ältere) Ostrechtler mag den Zusammenbruch des Gegenstandes seines wissenschaftlichen Lebens - der Sowjetunion - nicht vollständig verarbeitet haben."[42]

Der „Westrechtler" Knieper, der vor seiner Tätigkeit in der GUS selbst lange in der Zentralafrikanischen Republik beraten hat, möchte diese verschiedenen Kompetenzen und Beschränkungen „nicht als besser oder schlechter" bewerten; die Qualifikation der einen oder anderen sei „nicht höher oder niedriger – sie ist anders".[43] Dabei relativiert er auch die entsprechenden Sprachkenntnisse zu Gunsten einer fundierteren Qualifikation in den anderen oben genannten Anforderungen an den idealen Rechtsberater.[44] Diese Einschätzung wird allerdings von den wenigsten geteilt, da die Sprache einen direkteren Zugang zum Land und zu den Projektpartnern gewährt.[45] So stellt auch die Europäische Kommission fest: „Advice of quality with respect to the drafting and revision of legislation can only be offered when the European specialists themselves are fully conversant with Russian legal terminology and/or, ideally, with the legal language are capable of participating in drafting sessions in the respective languages."[46]

Unabhängig von den sprachlichen Voraussetzungen ist der Markt für entwicklungspolitische Dienstleistungen „klein und durch subjektiv-diskretionäre Entscheidungsspielräume und kameralistische

---

[40] Luchterhandt, S. 167.
[41] Knieper, 1998, S. 359f. und Luchterhandt, S. 167.
[42] Knieper, 1998, S. 362f.
[43] Ebenda.
[44] Boguslawskij/Knieper, 1985, S. 55.
[45] Da Knieper mittlerweile gut Russisch spricht, teilt er diese Auffassung wohl auch.
[46] European Commission, S. 4.

Leistungsausweise geprägt."[47] Gemeint ist damit, dass die Geberorganisationen immer wieder mit denselben Experten zusammenarbeiten. Dabei können qualitative Auswahlkriterien auf der Strecke bleiben. Ein „Geist der Harmonie, der branchentypisch sei" führt dazu, „dass Landes- und Sprachkenntnisse, Berufserfahrung und professionelle Standards bei der Gutachtersuche häufig lediglich sekundäre Auswahlkriterien seien". [48]

Nach anfänglicher Euphorie sind Kritikpunkte an den ausländischen Beratern mittlerweile mannigfaltig vorhanden. Der ungarische Rechtssoziologe Andras Sajó hat ausländische Rechtsberatung mit der Missionierung früherer Zeiten verglichen. Eine Schwierigkeit bestünde darin, dass die Gesprächspartner der Berater hochrangige Persönlichkeiten darstellen. Hochrangige Persönlichkeiten aus dem „Westen" seien jedoch oft zu eingebunden, um für einen langfristigen Rechtsberatungsauftrag im Osten gewonnen werden zu können. So erfüllen nach Sajó „die Missionare die Erwartungen an Etikette und Protokoll der Einheimischen oft nicht. Entweder sind sie zu jung oder ihr Rang in der realen oder eingebildeten Hierarchie ist nicht hoch genug".[49] Besonders peinlich wird es, wenn sich diese Berater bisweilen noch mit westlicher Überheblichkeit gebärden. „Ausländische Berater leben außerdem unter obszön-luxuriösen Bedingungen, die die Erwartungen der Einheimischen an ihre Fähigkeiten in die Höhe treiben."[50] Manche Autoren sehen hierbei sogar wieder Vorbehalte aus der Zeit des kalten Krieges aufkommen. „Alte Ressentiments gegenüber dem kapitalistischen Westen sind noch immer nicht ganz ausgeräumt, demgegenüber muss jedoch auch von der Gefahr eines überheblichen Auftretens der westlichen Experten in ‚Wessi-Manier' gesprochen werden". [51]

Grundsätzlich treten immer dann Probleme auf, wenn den Kriterien im oben aufgestellten Anforderungskatalog nicht entsprochen wird. So ist es notwendig, dass nicht nur die westlichen Rechtssysteme, sondern auch das Rechtssystem des Empfängerlandes weitgehend bekannt sind. Insbesondere der Unterschied zwischen kontinentaleuropäischem Civil Law und angloamerikanischem Common Law führt zu mannigfaltigen Missverständnissen. Manche gehen sogar so weit zu sagen, dass US-Amerikaner „besonders schlecht als Missionare geeignet [sind], weil die osteuropäischen Systeme dem deutschen und anderen kontinentalen Rechtssystemen näher

---

[47] Brüne, S. 21.
[48] Kadura, S. 12.
[49] Sajó, S. 500.
[50] Ebenda.
[51] Gerner, S. 196, siehe auch Holmes, S. 72.

sind". ⁵² Für die Praxis bestätigt dies auch Bronheim: „Our judges and professors were functioning a system that differed substantially from the Continental system. They knew little about Russian law, and less about the new Russian laws that were being written." ⁵³

Entscheidend ist auch, dass ein bloßes Verharren am juristischen Tellerrand nicht genügt, um die angesprochenen politischen, sozialen, ökonomischen und kulturellen Eigenheiten des Empfängerstaates zu kennen: Insbesondere solche Juristen scheinen dafür nicht prädestiniert, die im Alltag lediglich damit befasst sind, Routineprobleme mit Routineprozeduren zu lösen, Offenheit gegenüber kreativen Lösungen in einem anderen Rechtskreis aber oft vermissen lassen.⁵⁴ Auch die fehlende Nachhaltigkeit kann zum Problem werden, insbesondere, wenn Berater „einmalige Auftritte in der Region [geben], ohne ihre Gesprächspartner mit einem nützlichen Feed-back zu versorgen und ohne eine dauerhafte Partnerschaft zu etablieren". ⁵⁵ So formuliert Sajó pointiert: „Wohlmeinende Universitätsabgänger, die direkt von ihren Examensfeiern kommen, und erfahrene Anwälte, gerade im Ruhestand nach schmutzigem, langweiligem Geldmachen, bieten mechanisch ihre fertig verpackten ‚westlichen' Lösungsvorschläge für inexistente oder triviale Probleme an, während sie keinerlei Anstrengung unternehmen, sich mit dem dringenden Bedürfnis nach einer grundlegenden Reform auseinanderzusetzen." ⁵⁶

Vielfach wird zudem kritisiert, dass eine theoretische Auseinandersetzung zu wenig stattfände und der wissenschaftliche Unterbau kaum vorhanden sei. Es fehlt ein umfassender und systematischer Überblick über die Rechtssysteme, sodass Rechtsreformprogramme oftmals in einem wissenschaftlichen Vakuum stattfinden.⁵⁷ Fehlt ein entsprechender theoretischer Hintergrund und eine abgestimmte Strategie, so besteht die Gefahr, dass bei der Zielsetzung der technischen Zusammenarbeit nicht das Bedürfnis des Empfängers entscheidend ist, sondern das gerade vorhandene Leistungspotenzial des Experten. Das gilt insbesondere im juristischen Sektor, der enorm umfangreich ist. So reicht die Qualifikation eines Juristen oft nicht, um spezielle Probleme des Projektes abzudecken. Zum Beispiel sind die wenigsten Spezialisten für öffentliches Recht auch Experten für das Parteiengesetz. Der US-Amerikaner David Bronheim, der lan-

---

[52] Sajó, S. 500, Picker/Picker, sieht zwar die Unterschiedlichkeit der juristischen Ausbildung, S. 49, trotzdem aber die Notwendigkeit einer Weiterbildung durch US legal trainers, S. 51ff.
[53] Bronheim, S. 300.
[54] Holmes, S. 71.
[55] Sajó, S. 500.
[56] Ebenda.
[57] Vgl. Sajó, S. 503, und Höland, S. 484.

ge beratend in Georgien tätig war, gab seine Eindrücke wie folgt wieder: „Many times of my live I have been tempted to conclude that countries and their experts tend to keep doing what they are good at without regard to whether it is what the beneficiaries really request and require."[58]

Die EU-Kommission stellt in ihren „law reform assistance principals" die Empfängerstaaten in den Vordergrund und fordert „responsiveness of law reform assistance to the needs and priorities of recipient States".[59] Aber selbst Berichterstatter des Europäischen Parlaments für TACIS monierten die Selbstbedienungsmentalität der westlichen Berater. So stünde die Vorbereitung einer Marktdurchdringung zu Gunsten westlicher Firmen im Vordergrund. Bedingt durch die schematischen Beratungsstrukturen existiere kein Konzept der Hilfe zur Selbsthilfe, sondern eher eine gewisse Orientierung zur Hilfe zur Selbsthilfe für westliche Beratungsfirmen.[60] Danach sieht sich die internationale Rechtsberatung mit einem alten Vorwurf der Entwicklungshilfe konfrontiert: Entwicklungshilfe sei „donor-driven".[61] Wie Gerner feststellt „dienen manche Projekte erst in zweiter Linie der Unterstützung des Transformationsprozesses. In vornehmlicher Hinsicht sind sie Finanzierungsinstrument des einen oder anderen westlichen Beraters".[62] Somit verbreitete sich im Verlauf der Rechtsberatung im Osten zu oft der Eindruck, dass primär die Experten des Geberlandes von der technischen Zusammenarbeit profitieren. Das ist besonders bedenklich, wenn technische Zusammenarbeit wie so oft als bilateraler Kredit ausgeschüttet wird und das Empfängerland letztlich die Rechnung der ausländischen Experten begleichen muss. Auf diesem Weg kann die technische Zusammenarbeit schnell in Verruf kommen.

Ein weiteres Problem der technischen Zusammenarbeit ist, dass oftmals das national vorhandene Know-how nicht ausgenutzt wird. Der ausländische Berater mag Spezialwissen hinsichtlich des Projektzieles besitzen; selten besitzt er jedoch umfassende Kenntnis über die lokalen Gegebenheiten. Genau umgekehrt verhält es sich mit dem nationalen Experten. Nur in der gemeinschaftlichen Zusammenarbeit können deshalb optimale Ergebnisse erzielt werden. Das gilt besonders im rechtlichen Bereich, wo auf Seiten des Empfängerlandes hochrangige Vertreter mitwirken, die oftmals staatlichen Organen vorstehen. Ein partnerschaftliches Lösen der anstehenden Projekte misslingt dann auch, weil sich die nationalen Experten bevormundet und zurückgesetzt fühlen. So wird das partizipative Element in vielen Fällen vernachlässigt.

---

[58] Bronheim, S. 297.
[59] European Commission, S. 4.
[60] Randzio-Plath, S. 191ff., Gerner, S. 192.
[61] Zum Begriff „donor driven" vgl. auch Klingebiel, S. 122.
[62] Gerner, S. 194.

Shamil Asyanov, der Justizminister Usbekistans fordert, dass „die Vertreter dieser internationalen Organisationen ihr Herangehen revidieren und die einheimischen Berater unterstützen."[63] Im Blickpunkt sollten dabei dauerhafte Lösungen stehen, die eine Fortsetzung der erarbeiteten Strategien beinhalten. „Und wenn der Experte anreist, erhält er sein Geld und reist wieder ab, wir aber arbeiten, wie wir gearbeitet haben, schreiben, wie wir geschrieben haben. Ich möchte erklären, dass eine gleichberechtigte Zusammenarbeit notwendig ist." [64]

Sajó kritisiert: „Es wird behauptet, dass ganze Flugzeugladungen voll mit frustrierten Jura-Professoren aus dem Westen in Osteuropa landeten. Im Gepäck hatten sie ihre gehätschelten privaten Gesetzesentwürfe, für die sie zuhause lächerlich gemacht worden wären. Diese wurden den neuen demokratischen Regimen als unverzichtbar verkauft." [65]

Die Kritik erstreckt sich dabei nicht nur auf die Sache, sondern richtet sich auch gegen Personen. Es bestehen bisweilen erhebliche Vorurteile gegenüber den lokalen Experten. So karikiert Sajó die Voreingenommenheit eines westlichen Beraters wie folgt: „Wenn sie älter als fünfunddreißig Jahre sind, sind die einheimischen ‚Juristen' überhaupt nicht mehr zu gebrauchen. Sie benutzen die Subventionsgelder für private Zwecke (eine Art Diebstahl) und bleiben fast immer hinter den in sie gesetzten Erwartungen zurück."[66] Insgesamt mag dieses Verhalten verwundern, da die Berater es überwiegend mit hochklassigen und politisch hoch gestellten Persönlichkeiten zu tun haben. In der technischen Zusammenarbeit gilt die Zielgruppenbeteiligung als inzwischen unbestritten als „absolutes Muss".[67] So gilt es als „professioneller Standard, die Dienstleistungen der TZ in der Interaktion mit den Empfängern, den Zielgruppen und Durchführungsorganisationen zu entwickeln und zu definieren".[68] Denn gerade bei der Rechtstransformation kommt es auf Gegebenheiten des Empfängerlandes an, die so komplex sind, dass sie vollumfänglich für den Berater kaum zu durchdringen sind. Das hat auch die OECD-DAC „Working Group on Participatory Development and Good Governance" erkannt, die erste Klärungen zum Verhältnis zwischen Geberschaft und Partnerländern erarbeitet. „From participation to partnership", lautet eine Schlussfolgerung.[69] Letztlich wird man eben feststellen müssen, dass der Löwenanteil

---

[63] Ausführungen Asyanovs in Boguslawskij/Knieper, 1998, S. 326.
[64] Ebenda.
[65] Sajó, S. 497.
[66] Ebenda, S. 500.
[67] Diaby-Pentzlin, S. 94.
[68] Ebenda.
[69] Ebenda, S. 101.

der Reform immer beim Empfängerland verbleibt.[70] Als Zielsetzung der partnerschaftlichen Zusammenarbeit kann deshalb nur ein System stehen, dass auch nach Beendigung des Projektes funktioniert: „Foreign consultants in the drafting enterprise can best contribute to this process by bringing, not a treasure chest of foreign laws to copy, but a tool box of theories and methodologies, and information about foreign law and experience."[71] Rechtsreformprojekte müssen wie andere Entwicklungsprojekte auch in aller Konsequenz als Selbsthilfeprojekte konzipiert sein.[72]

Die Lösung kann deshalb nicht im Einfliegen einiger „golden boys"[73] liegen, sondern in langfristiger Unterstützung bei der Hilfe zur Selbsthilfe.[74] Bei einer Gesetzesnovelle des gemeinsam konzipierten Gesetzes z.B. muss der Counterpart später selbstständig in der Lage sein, das Gesetz zu reformieren. Andernfalls wird immer eine unheilvolle Abhängigkeit zum Geber bestehen bleiben.

Dass eurozentristische Beratungspraxis bis zur völligen Ignoranz der kulturellen Identität des Empfängerlandes gehen kann, erläutert der Professor am Kasachischen Nationalen Juristischen Institut, M. K. Sulejmenov, in Bezug auf den Entwurf einer im kasachischen Wirtschaftsrecht beratenden US-amerikanischen Kanzlei: „Die Juristen der Firma hatten nicht die geringste Vorstellung von der Gesetzgebung Kasachstans und dachten auch nicht daran, sie zu studieren. Man hatte den Eindruck, sie kamen nach Kasachstan als handle es sich um eine Wüste. Die Sache endete damit, dass man den Entwurf völlig verwarf."[75]

Rechtsnormen unterteilen sich in einen sichtbaren, allgemein zugänglichen Teil und in einen weitgehend unsichtbaren. Vernachlässigt man das sozio-kulturelle Rechtsempfinden, so schlägt es sich in einer meist sehr mangelhaften Durchsetzungsfähigkeit einmal erlassener Rechtsnormen nieder.[76] Im Falle vieler Staaten ist dieses beispielsweise der Faktor Korruption, der eine Anwendung des geltenden Rechts in weiten Teilen vereitelt. Jenseits des offiziellen

---

[70] Holmes, S. 72f.
[71] Seidman/Seidman, S. 41.
[72] Vgl. Seidman/Seidman, S. 41: „Pedagogically, drafters can best learn to draft legislation in the context of actually drafting bills."
[73] Herrnfeld, 1995, S. 157.
[74] Randzio-Plath/Freudmann, S. 191ff. und Herrnfeld, 1995, S. 157, so auch wohl der Geschäftsführer der IRZ, Fadé, S. 320, der den Terminus Hilfe zur Selbsthilfe zwar nicht benutzt, aber dem missionarischen deutschen „Rechtsexport" eine deutliche Absage erteilt, vgl. auch Fadé, 1998, S. 264; der damalige Justizminister Kinkel, S. 3f., scheint den Schwerpunkt dagegen mehr auf die „massiv" berührten Eigeninteressen zu legen.
[75] Ausführungen Sulejmenovs in Boguslawskij/Knieper, 1998, S. 324.
[76] Vgl. Weilenmann, S. 108.

Rechts besteht also kein rechtsfreier Raum. Vielmehr lassen sich die Menschen von einem anderen kulturell verwurzelten Rechtsempfinden leiten, das von den offiziellen Wertmaßstäben abweicht. Dieser verdeckte Rechtspluralismus erstreckt sich vom Bauern bis zum Bürokraten, erzeugt rechtliche Konkurrenzsituationen und untergräbt laufend die Legitimation staatlich erlassener Rechtsnormen.[77] Bei Transformationsstaaten besteht zudem die Schwierigkeit, dass bestehende Werte schwinden und andere hinzutreten. Das berührt auch die oben angesprochene kulturelle Dimension, die darin besteht, dass die neue Verfassung einen Wertewandel durch die Integration in die Weltgemeinschaft deutlich hervortreten lässt, was mit einem Gefühl des Verlustes besonderer nationaler oder regionaler Traditionen einhergeht.[78]

4. Fehlende Abstimmung oder Konkurrenz unter den Geberländern?

Eine der wesentlichen Kritiken an der rechtlichen Zusammenarbeit ist die fehlende Abstimmung unter den Gebern. In der internationalen rechtlichen Entwicklungszusammenarbeit tummeln sich die Geberorganisationen und mit ihnen die durchführenden Organisationen. Die Empfängerländer sind zum Teil überschwemmt mit unkoordinierter westlicher Unterstützung. Keine der großen Geberorganisationen übernimmt erkennbar eine Koordinierungsfunktion bis hin zur Schlichterrolle von untereinander konkurrierenden Organisationen oder Rechtssystemen.[79] Gerade in der Anfangszeit der internationalen Rechtsberatung im Osten fehlte es völlig an einer Koordination. Auf bilateraler Ebene wurden im Empfängerland Zusicherungen umgesetzt, ohne nach rechts oder nach links zu gukken. Gesetzesentwürfe wurden für Rechtsgebiete ausgearbeitet, in denen andere Geber bereits einen Vorschlag erbracht hatten, der längst in den Parlamentsausschüssen diskutiert wurde. Wochenlang wurde unter hohem personellem und finanziellem Aufwand an Übersetzungen größerer Gesetzeskodizes ins Englische gearbeitet, während die Nachbarorganisation diese Übersetzungen schon vorliegen hatte. Der Rubel rollte dennoch, da die entsprechenden Programme schon bewilligt waren. Durch die lange Vorlaufzeit bei der Programmabwicklung kam es oft zu Überschneidungen von Tätigkeiten verschiedener Geber.[80]

---

[77] Ebenda.
[78] Siehe auch Boguslawskij/Knieper, 1995, S. 30.
[79] Ebenda, S. 53.
[80] Makovsky, S. 341f., zeigt weitere Beispiele auf und erinnert angesichts des „herausgeworfenen Geldes" an den Steuerzahler.

Die Koordination steckt trotz aller Appelle und Bekenntnisse noch in den Kinderschuhen.[81] Das mag zum einen an Eigeninteressen der Geberorganisationen und mangelnder Organisation vor Ort liegen. Andererseits fehlt es auch an einem internationalen wissenschaftlichen und operativen Koordinierungszentrum, welches Aufsichtsaufgaben wahrnehmen sollte. Die Empfängerländer vermochten hier kaum Koordinationsarbeit zu leisten. In den ersten Jahren der internationalen rechtlichen Zusammenarbeit im Osten gab es aber auch kaum eine Konferenz der Geberländer, in der ein gemeinsames Vorgehen abgestimmt wurde. Oft beruhte eine Abstimmung auf zufälligen, persönlichen Kontakten oder den Bestrebungen einiger weniger.[82] Kritik ist hier vornehmlich an die Weltbank zu richten. Sie hätte als Organisation der Vereinten Nationen den unabhängigen Status und die notwendigen personellen und finanziellen Ressourcen gehabt, um eine Koordination zu gewährleisten. Leider sind von ihr keine Anstrengungen in dieser Hinsicht erkennbar gewesen.

5. Korruption und Bürokratismus

Korruption in der Entwicklungszusammenarbeit ist ein komplexes und tabuisiertes Thema.[83] Dennoch soll es hier angesprochen werden, weil Korruption der Umsetzung von Rechtsnormen in Rechtswirklichkeit entgegensteht und deshalb gerade bei Rechtsberatungsprojekten zu einem lähmenden Faktor werden kann. Korruption wird allerdings zum Teil noch durch mangelnde interne Organisation der Geber begünstigt.

Die Mechanismen der Korruption funktionieren dabei bei der Entwicklungszusammenarbeit ähnlich wie im innerstaatlichen Verhältnis vom Bürger zum Staat: Ein oft aus Gründen anderweitiger Erwerbslosigkeit aufgeblähter und unterbezahlter Beamtenapparat erzielt extralegale kompensierende Einnahmen aus Bestechungskontrakten und Unterschlagung. Erleichtert wird dies durch staatliche Kontrollen oder Genehmigungsvorbehalte, die oftmals in schleppender Arbeitsweise der Bürokratie als Interesse an Zusatzver-

---

[81] Vgl. Betz, 1996, S. 225, und Heinz, S. 86.
[82] Vgl. dazu das Konzept der Konferenzen in Boguslawskij/Knieper, 1998, S. 5ff. oder Holmes, 1999, S. 71: „The EU and the US should jointly create and fund a Legal Reform Strategy Center, to be located at a prominent law school or a major public-policy school with a strong international program." Auch das Development Assistance Committee (DAC) der OECD hat für die Zukunft die Forderung nach einer deutlich besseren Abstimmung der EZ-Ziele und Strategien vor Ort erhoben. Heinz, S. 86.
[83] Cremer, S. 6.

diensten ausarten.[84] Die Korruption basiert dabei häufig auf administrationsinternen vertikalen Verteilungsstrukturen. Dabei werden auch die nationalen Kontrollinstitute an den extralegalen Einnahmen beteiligt, indem ein Teil des Unterschlagungsgewinns bzw. des „kick-back" aus fingierten Rechnungen „hinaufgereicht" wird.[85] Den Gebern sind hier oft die Hände gebunden: In dem Moment, wo innerstaatlich eine unabhängige Institution fehlt, die auf Grund des Sonderstatus' eines Ausländers Sanktionen ergreift, ist „der Projektverantwortliche in einer Situation des pay it or leave it."[86] Allerdings verfügen die Geber über Mittel, durch die Wahl von Förderkriterien, Korruption und fehlende Transparenz bei ihren Partnern zu sanktionieren.[87] Korruption kann sicherlich nicht allein mit einem Instrumentarium schärferer gesetzlicher Bestimmungen bekämpft werden – jedoch können transparente Regularien und deren konsequente Umsetzung zur Verbesserung beitragen.[88]

Oftmals begünstigen eigene interne Organisationsmängel der Geber zusätzlich die Korruptionsanfälligkeit des Empfängerlandes: Am 14. Juli 1993 fror das EP einen Teil der Haushaltsmittel des Jahres 1994 in Höhe von 480 Millionen ECU (Gesamtsumme 510 Mio. ECU 1994) für TACIS ein. Eine Freigabe wurde von Verbesserungen im Mittelabfluss sowie einer besseren parlamentarischen Kontrolle abhängig gemacht.[89] Hintergrund dieser Maßnahme waren nicht die Probleme vor Ort, sondern größtenteils interne Schwierigkeiten. Dabei haben organisatorische Probleme bei den Geberorganisationen oftmals direkte Auswirkungen auf den Counterpart: Wird z. B. die Problematik des „Mittelabflusszwangs" publik, also einer Verausgabungsfrist von Projektmitteln, oftmals noch gekoppelt mit regional oder sektoral definierten Zweckbindungen, so wählen Entscheidungsträger Projekte im Zweifel weniger sorgfältig aus, also ohne diesen Druck.[90] Sind die sachlichen Förderkriterien nicht die einzigen Kriterien bei der Projektvergabe, senkt das auf der Empfängerseite die Hemmschwelle einer unlauteren Einflussnahme. Insbesondere bei zu bürokratisch organisierten Gebern mit extensivem Kontrollmechanismus entstehen auf Grund der sich schnell verändernden Projektaufgaben bei den Transformationsstaaten Schwierigkeiten.[91]

---

[84] Ebenda, S. 8.
[85] Ebenda, S. 7f.
[86] Ebenda, S. 10.
[87] Ebenda, S. 22.
[88] Vgl. auch Jakobeit, S. 370.
[89] Vgl. Gerner, S. 183.
[90] Vgl. Cremer, S. 19.
[91] Gerner, S. 185, für die TACIS-Projekte der Europäischen Kommission.

Wie negativ sich die Dauer zwischen Projektantrag und realem Vorhabenstart auch für den russischen Empfänger auswirkt, zeigt die Kritik des Europäischen Rechnungshofes für das Haushaltsjahr 1994. Die Prüfer des Rechnungshofes bemängelten: „In zahlreichen Fällen war der bei der Auflegung des Programms ausgewählte Empfänger unauffindbar oder nicht mehr in der Lage, seine Verpflichtungen zu erfüllen, wenn die tatsächliche Durchführung des Vorhabens anstand"[92], und mahnten eine raschere Durchführung der Programme sowie die verstärkte Einbeziehung der Empfänger bei der Festlegung der Vertragsbedingungen an.[93] Aus einer Expertenbefragung unter TACIS-Projektteilnehmern ergibt sich, dass das Verfahren bei TACIS oft noch als „zu intransparent, bürokratisch und langwierig" gebrandmarkt wird.[94]

6. Zusammenfassung und Ausblick: Fehlende Nachhaltigkeit der rechtlichen Zusammenarbeit

Internationale rechtliche Zusammenarbeit verheißt also nur dann dauerhaften Erfolg, wenn sie in Abstimmung von lokalem Partner und qualifiziertem Rechtsreformexperten im Kontext eines Gesamtkonzeptes mit der Zielrichtung auf Hilfe zur Selbsthilfe durchgeführt wird. Leider hat sich diese Einsicht erst spät unter den Geberländern durchgesetzt. Die bei der „law and development"-Bewegung in den USA gewonnenen Erfahrungen wurden von den westlichen Ländern bei der Rechtsreform in den ehemaligen sozialistischen Staaten im Wesentlichen nicht genutzt.[95] Dieses Fehlverhalten resultiert auch daraus, dass „europäisches Recht weithin als Wert an sich gesehen wird, als Instrument der Entwicklung, das es, ohne Rücksicht auf eigene Traditionen, durchzusetzen gilt".[96] Dabei wiederholt man jedoch Fehler der Vergangenheit, denn „ohne Zweifel gibt es kulturelle und traditionelle Besonderheiten, die sich im Recht niederschlagen und deren Legitimität nicht in Zweifel zu ziehen ist."[97] Entscheidend ist aber, dass man Rücksicht auf die lokalen Empfindsamkeiten „unabhängig von ihrem Wert oder Unwert"[98]

---

[92] Amtsblatt der Europäischen Gemeinschaften 14.11.1995; S. 213.
[93] Gerner, S. 187.
[94] Ebenda, S. 185.
[95] Zu diesem Schluss kommt auch Höland, S. 482.
[96] Bryde, 1977, S. 126.
[97] Boguslawskij/Knieper, 1995, S. 22. Ajani führt aus, dass dieses auch für das Verfassungsrecht gilt, S. 100.
[98] Sajó, S. 501. Selbstverständlich gibt es auch Grenzen für die Rücksichtnahme auf Belange des Empfängerstaates. Diese sind dann erreicht, wenn allgemeine Grundsätze des Völkerrechts missachtet werden. „Das bedeutet nicht, dass die Verteidiger der Menschenrechte im Namen eines

nehmen muss. Die Kultur des Empfängerlandes ist dahingehend nicht als rückständig oder falsch, sondern als „anders" anzuerkennen und zu achten. Ein Unverständnis über diese Rechtskultur darf jedoch nicht zur bloßen Umsetzung von technisch formalem Recht führen.[99] Mit Rechtsformalismus erreicht die Beratung gerade keine Akzeptanz der geplanten Reform.[100] Internationale Rechtsberatung sollte also „nur mit größter Vorsicht und hier tatsächlich im Aufzeigen der unterschiedlichen Konsequenzen unterschiedlicher Regelungsprogramme als Moderator in derartige Bereiche eindringen",[101] und dem Empfängerland selbst die Auswahl der Alternativen überlassen.

Eine funktionale Zielsetzung der technischen Zusammenarbeit sollte daher der langfristige Aufbau und Ausbau von Strukturen sein. Im Vordergrund stehen also nicht nur kurzfristig vorzeigbare Erfolge, sondern auch deren andauernder Bestand. Dabei muss die technische Zusammenarbeit auf der Empfängerseite einen hohen Grad an Eigenverantwortlichkeit erzeugen, um die Nachhaltigkeit der Maßnahmen zu sichern. Denn der Erfolg des Projektes besteht gerade darin, dass das Empfängerland durch die gewährleistete Beratung das Erreichte auch in Zukunft eigenständig und kompetent ohne eine fortdauernde Abhängigkeit vom Geber fortsetzen kann.

Andererseits ist ein Monitoring erforderlich, um die Entwicklungen des Projektes zu begleiten und gegebenenfalls unterstützend einzugreifen, wenn Erfolge gefährdet sind. Ein entsprechendes „law reform assistance principal" der Europäischen Kommission lautet „continuity of assistance in legislative projects from the initial drafting throughout the parliamentary process to and through the implementation stage".[102]

Die Rechtsberatung muss dabei den Weg an die Öffentlichkeit suchen und erreichen, „dass ausländische und heimische Experten ein partnerschaftliches und von interkulturellem Verständnis geprägtes Verhältnis aufbauen, um breite, öffentliche Diskussionen von Gesetzesentwürfen und anderen Rechtsfragen organisieren zu können. Jedoch sollte die Diskussion über die reine Fachöffentlichkeit hinausgetragen werden, wozu sich heute die Massenmedien in fast allen Transformationsländern bereitwillig zur Verfügung stellen".[103]

Aber auch andere Wege sind denkbar. So können Arbeitstagungen „Elemente für eine stärkere Vernetzung des Rechtsreform-Prozesses sein. Der Informationsfluss und Gedankenaustausch könn-

,Multikulturalismus' Gesellschaften respektieren sollen, in denen die Grundrechte mit den Füßen getreten werden.", ebd.
[99] Diaby-Pentzlin, 1998, S. 98.
[100] Vgl. Fortman/Mihyo, S. 141.
[101] Boguslawskij/Knieper, 1995, S. 22.
[102] European Commission , S. 4.
[103] Boguslawskij/Knieper, 1995, S. 55.

ten systematisiert und über nationale Arbeitsgruppen gebündelt werden".[104] Manchmal ist der richtige Adressat auch die Fachöffentlichkeit, die durch öffentliche Anhörungen von Gesetzesentwürfen, durch Einladungen zu Stellungnahmen oder Einbringen von Alternativentwürfen konstruktiv eingebunden werden kann.[105] Die theoretische Ausbildung und ein Training on the Job von Multiplikatoren bringt ebenso erwünschte Langzeiteffekte.[106] Eine Einbeziehung von Zielgruppen braucht dabei eine Perspektive, die oft weit über die Projektlaufzeit hinausgeht. Alle diese Maßnahmen sind Voraussetzung für eine erfolgreiche Umsetzung der geleisteten rechtlichen Beratung. Ansonsten verbleiben nur „Papiertiger",[107] die weder von der Verwaltung noch von der Bevölkerung akzeptiert werden. Nach stümperhaftem Beginn hat die internationale rechtliche Beratung inzwischen an Format gewonnen. Das Recht in den Nachfolgestaaten der Sowjetunion ist aus theoretischer Sicht heute oftmals moderner als ihre westlichen Vorbilder. Der Weg zu einer weitgehend reibungslosen Umsetzung dieses neuen Rechts ist jedoch noch ebenso weit wie die Anerkennung der neuen Rechtskultur unter den westlichen Rechtswissenschaftlern und Politikern. Dabei könnte sich schon heute mancher etablierte Staat bei der Reform seiner überalterten Rechtsvorschriften an den modernen Gesetzbüchern des Ostens orientieren.

Literatur

Ajani, Gianmaria, By Chance and Prestige: Legal Transplants in Russia and Eastern Europe, in: The American Journal of Comparative Law, Vol. 43, 1995, S. 93-117.

Alijev, Shahin, Das Problem der Vereinheitlichung der Gesetzgebung der GUS-Länder und die Vorbereitung des Zivilgesetzbuches Aserbaidschans, in: Boguslawskij/Knieper (Hrsg.), Wege zu neuem Recht, Materialien internationaler Konferenzen in Sankt Petersburg und Bremen, Berlin, 1998, S. 21f.

Betz, Joachim, Demokratieexportpolitik der Bundesrepublik Deutschland, in: Hanisch, Rolf (Hrsg.), Demokratieexport in die Länder des Südens?, Hamburg, 1996.

Betz, Joachim, Der Prozeß der Verfassungsgebung und die Grenzen von Verfassungen in Ländern der Dritten Welt, in: Betz, Joa-

---

[104] Ebenda, S. 57.
[105] Ausführlich dazu Knieper, 1998, S. 364f.
[106] Vgl. auch Knieper, 1994, S. 78.
[107] Die Problematik der Umsetzung thematisieren viele Autoren. Statt aller: Seidman/Seidman, S. 23f.

chim (Hrsg.), Verfassungsgebung in der Dritten Welt, Hamburg, 1997, S. 9-31.

Black, Bernard u.a., Corporate Law from Scratch", in: Roman Frydman (Hrsg.), Corporate Governance in Central Europe and Russia, Vol. 2, 1996.

Blankenagel, Alexander, Alles zugleich kann man nicht ändern; Neues Denken auf alten Selbstverständlichkeiten in der UdSSR, in: Kritische Justiz, Bd. 22, 1989, 19ff.

Boguslawskij, M.M./Knieper, Rolf, Konzepte für Rechtsberatung in Transformationsstaaten, Eschborn, 1995.

Boguslawskij, M.M./Knieper, Rolf (Hrsg.), Wege zu neuem Recht, Materialien internationaler Konferenzen, Sankt Petersburg und Bremen, Berlin, 1998.

Bronheim, David, Legal Reform – an U.S. Perspective, in: Boguslawskij/Knieper (Hrsg.), Wege zu neuem Recht, Materialien internationaler Konferenzen in Sankt Petersburg und Bremen, Berlin, 1998, S. 297-303.

Brüne, Stefan, Evaluierung als öffentliche Kommunikation, in: Ders. (Hrsg.), Erfolgskontrolle in der entwicklungspolitischen Zusammenarbeit, Hamburg, 1998, S. 1-26.

Bryde, Brun-Otto, Die Rolle des Rechts im Entwicklungsprozess, in: Ders. (Hrsg.), Arbeiten zur Rechtsvergleichung, Schriftenreihe der Gesellschaft für Rechtsvergleichung, Frankfurt a. M., 1986, S. 9-36.

Bryde, Brun-Otto, Rezeption europäischen Rechts und autozentrierte Rechtsentwicklung in Afrika, in: Afrika Spektrum, 1977, 2, S. 117-130.

Bundesministerium für wirtschaftliche Zusammenarbeit, Referat 310, Evaluierungsraster, Bonn, Februar 1998.

Cremer, Georg, Korruption und Korruptionskontrolle in der Entwicklungszusammenarbeit, in: Verfassung und Recht in Übersee, Bd. 31, 1998, 1, S. 6-23.

Diaby-Pentzlin, Friederike, Förderung von Rechtsstaatlichkeit mit den Mitteln der Entwicklungszusammenarbeit – ein Hindernislauf?, in: Nord-Süd aktuell, 1998, 1, S. 91-104.

Diaby-Pentzlin, Friederike, Rechtsprojekte auf dem Weg zur Endogenisierung, in: Entwicklung und Zusammenarbeit, Bd. 37, 1996, 11, S. 310-311.

European Commission (EC/IS Joint Task Force on Law Reform in the Independent States), European Economy. Shaping a market-economy legal system, Brüssel, 1993, 2.

Fadé, Lujo, Impulse einer europäischen Rechtspolitik für Osteuropa?, in: DRiZ, 1996, S. 315-321.

Fortman, Bas de/ Mihyo, Paschal, A False Start – Law and Development in the Context of a Colonial Legacy, in: Verfassung und Recht in Übersee, Bd. 26, H. 2, S. 136-161, 1993.

Gerber, Jürgen, Georgien: Nationale Opposition und kommunistische Herrschaft seit 1956, Baden-Baden, 1996.

Gerner, Yvette, Die Europäische Union und Rußland, Frankfurt, 1997.

Heinz, Wolfgang S., Rechtsberatungsprogramme in der Entwicklungszusammenarbeit. Erfahrungen im internationalen Vergleich, in: Nord-Süd aktuell, 1998, 1, S. 75-90.

Herrnfeld, Hans-Holger, Recht europäisch. Rechtsreform und Rechtsangleichung in den Visegrád-Staaten, Gütersloh, 1995.

Herrnfeld, Hans-Holger, Die Zivilrechts- und Unternehmensgesetzgebung in der Ukraine, in: Schroeder, Friedrich-Christian, Die neuen Kodifikationen in Rußland, Berlin, 1997, S. 91-130.

Höland, Armin, The Evolution of Law in Central and Eastern Europe: Are we Witnessing a Renaissance of 'Law and Development'?, in: Volkmar Gessner, Armin Höland, Csaba Varga (Hrsg.), European Legal Cultures. Aldershot, 1996, S. 482-484.

Holmes, Stephen, Can Foreign Aid Promote the Rule of Law?, in: East European Constitutional Review, Vol. 8, 1999, 4, S. 68-74.

Jakobeit, Cord, Wirksamkeit in der internationalen Umweltpolitik, in: Zeitschrift für Internationale Beziehungen, 1998, 2, S. 345-366.

Kadura, Bernd, Wie frei ist ein freier Gutachter? in: Brüne, Stefan, Erfolgskontrolle in der entwicklungspolitischen Zusammenarbeit. Thesen und Materialien zur Tagung des Deutschen Übersee-Instituts, Hamburg, 27. und 28. Februar 1995.

Kinkel, Klaus, Juristischer Know-how-Transfer in die Staaten Mittel- und Osteuropas, in: Wirtschaft und Recht in Osteuropa, 1992, S. 2-4.

Klingebiel, Stephan, Neue entwicklungspolitische Debatte über die Rolle der technischen Zusammenarbeit, Nord-Süd aktuell, 1998, 1, S. 119-134.

Knieper, Rolf, Rechtsberatung in Afrika als Technische Zusammenarbeit: Beispiele und Schlussfolgerungen, in: Jahrbuch für afrikanisches Recht, Bd. 8, 1994, S. 69-82.

Knieper, Rolf, Probleme der juristischen Zusammenarbeit in Transformationsstaaten, in: Heldrich, Schlechtriem, Schmidt (Hrsg.), Festschrift für Helmut Heinrichs, München 1998, S. 355-365.

Küpper, Herbert, Rechtskultur und Modernisierung in Ostmitteleuropa, in: Osteuropa, 1999, S. 337–354.

Lageman, Bernhard, Die Osterweiterung der EU. Testfall für die „Strukturreife" der Beitrittskandidaten, Berichte des Bundesinstituts für ostwissenschaftliche und internationale Studien, 1998, 38, Köln 1998.

Lohse, Volker, Niger. Die neue Verfassung der III. Republik, in: Verfassung und Recht in Übersee, Bd. 26, 1993, 2, S. 162-180,.

Luchterhandt, Otto, Künftige Aufgaben der Ostrechtsforschung, in: WGO Monatshefte für Osteuropäisches Recht, 1996, S. 159-167.

Makovsky, A.L., Einige Einschätzungen der Hilfe bei der Ausarbeitung der Gesetzgebung und des Standes der internationalen Zusammenarbeit, in: Boguslawskij/Knieper (Hrsg.), Wege zu neuem Recht, Materialien internationaler Konferenzen in Sankt Petersburg und Bremen, Berlin, 1998, S. 337 - 349.

Messick, Richard E., Judicial Reform and Economic Development, in: World Bank Research Observer, Vol. 14, 1999, 1, S. 117-136.

Moeckli, Silvano, Wahlen in Krisengebieten. Träger, Typen und Funktionen internationaler Unterstützung, in: Zeitschrift für Politikwissenschaft, 10. Jg., 2000, 1, S. 65 - 99.

Münch, Ingo von, Rechtsexport und Rechtsimport, in: Neue Juristische Wochenschrift, 1994, S. 3145ff.

OECD, Principles for New Orientation in Technical Co-operation, in: The International Journal of Technical Cooperation, Bd. 1, 1995, S. 1-17.

Picker, Jane M./ Picker, Sidney Jr., Educating Russia's Future Lawyers – Any Role for the United States?, in: Vanderbilt Journal of Transnational Law, Vol. 33, 2000, 17, S. 17-77.

Posner, Richard A., Creating a Legal Framework for Economic Development, in: World Bank Research Observer, Bd. 13, 1998, 1, S. 1-11.

Randzio-Plath, Christa, Unternehmen Osteuropa – eine Herausforderung für die Europäische Gemeinschaft. Zur Notwendigkeit eine EG-Ostpolitik, Baden-Baden, 1994.

Sajó, András, Was macht der Westen falsch bei der Unterstützung der Rechtsreformen in Osteuropa, in: Kritische Justiz, Bd. 30, 1997, S. 495-503.

Seidman, Ann/Seidman, Robert B., Drafting Legislation for Development: Lessons from a Chinese Project, in: The American Journal of Comparative Law, Vol. 44, 1996, S. 1-44.

Stockmayer, Albrecht, Programmatische Überlegungen zur Rechtsberatung als Bestandteil der Technischen Zusammenarbeit, in: Jahrbuch für afrikanisches Recht, Bd. 8, 1994, S. 147-164.

Weilenmann, Markus, Recht als Interventionsfeld von Entwicklungspolitik in Afrika: Eine „Inclusive Arena", in: Nord-Süd aktuell, 1998, 1, S. 105-118.

World Bank, Technical Assistance, (Operations Evaluations Department, Lessons & Practices, No. 7), Washington, D.C. 1996.

Gert Pickel und Jörg Jacobs

„Subjektive Legitimität",
Rechtsstaat und Konsolidierung

Die Sicht der Bevölkerung der osteuropäischen Transformationsstaaten auf grundlegende Aspekte des Rechtsstaates zehn Jahre nach dem Umbruch

1. Einleitung

Das Jahr 1989 hat eine zusätzliche Perspektive in die neuere europäische Politikwissenschaft gebracht. So ist die Entwicklung demokratischer und marktwirtschaftlicher Strukturen im Rahmen der seit 1989 vorherrschenden Transformationsbestrebungen in Ostmittel- und Südosteuropa als relativ dauerhafter Gegenstand politischer und wissenschaftlicher Diskussionen zu den bislang verhandelten Problemen des Fachbereichs getreten. Im Zentrum dieser Überlegungen, welche oft unter den weiten Begriffen Transitions- oder Transformationsforschung auftreten, steht vor allem die Demokratisierung und Konsolidierung der noch jungen politischen Systeme.[1] Im allgemeinen wird davon ausgegangen, dass die Phasen der Ausbildung einer Demokratie in Osteuropa mittlerweile hinter sich gelassen wurden und mehr und mehr die zukünftige Verfestigung und Stabilisierung der Demokratie in den verschiedenen osteuropäischen Staaten in den Vordergrund rückt (Merkel 1999; Schedler u.a. 1999). Hier setzt die begrifflich als *Konsolidierung* gefasste Phase der Transformation an.

Die Konsolidierung der Demokratie in Osteuropa benötigt dabei nicht nur die Einrichtung demokratischer politischer Institutionen und die Schaffung eines demokratischen Verfassungsstaates, sondern ist ganz erheblich auf die Etablierung demokratischer Verhaltensweisen (Linz/Stepan 1996; Merkel 1999) und die Schaffung von *Legitimität* für die politischen Ordnung bei den Bürgern angewiesen. Einzig eine sich verfestigende Legitimität der politischen Herrschaftsträger und des politischen Systems kann ihre Konsoli-

---

[1] Transformation wird im folgenden als übergreifender Begriff der verschiedenen Stufen dieses Übergangs zur Demokratie verwendet (Merkel 1999: 74-75).

dierung und Stabilität mittel- bis langfristig absichern. Die Herstellung einer solchen Legitimität beinhaltet neben der Verbreitung einer demokratischen politischen Kultur, die vor allem die Legitimität und Effektivität des politischen Systems und der Wirtschaft als Zielobjekte besitzt, auch die Akzeptanz und Verinnerlichung rechtsstaatlicher Verfahrensweisen als legitime Wege der Konfliktbewältigung und Konfliktregelung (Przeworski 1991). Basis dieser Legitimität ist ein gewisses Vertrauen in der Bevölkerung in die Rechtmäßigkeit staatlichen Handelns und die Gewährleistung fundamentaler Freiheits- und Bürgerrechte durch den Staat (O'Donnell 1999, 2000).[2]

Der Implementation von bürgerlichen Rechten und individuellen Freiheiten und ihre Festschreibung in der Verfassung wird generell eine große Bedeutung für die Konstituierung eines demokratischen Systems zugewiesen. Ihr Vorhandensein gilt als Basisvoraussetzung einer Demokratie. Gerade aber der Verankerung dieser Komponenten im Bewusstsein der Bürger – also ihrer Legitimität in der Bevölkerung – wurde bislang noch keine größere Aufmerksamkeit von Seiten der Politikwissenschaft geschenkt, was in einem sichtbaren Gegensatz zu der regelmäßigen Feststellung der Verankerung von Freiheits- und Partizipationsrechten durch landesexterne Expertenbeurteilungen, wie z.B. des Freedom House steht.[3] Man geht in der Regel davon aus, dass eine Einführung rechtsstaatlicher Verfahrensweisen per se von der Bevölkerung als positiv empfunden und folglich akzeptiert wird. Dem geht die Annahme voraus, dass die Implementation von formalen Organen der Rechtsstaatlichkeit von den Bürgern auch als Sicherungsfaktor für Bürgerechte und individuelle Freiheiten wahrgenommen wird. Beide Voraussetzungen implizieren aber subjektive Transferleistungen, die für Bürger junger, sich wandelnder Staaten nicht unbedingt als selbstverständlich angenommen werden können. Warum sollte z.B. eine Bevölkerung bestimmte rechtsstaatliche Prämissen ohne Erfahrungen mit ihnen zu haben einfach für sich als gut akzeptieren? Im Gegenteil, es ist oft nicht weniger einsichtig, wenn Bürger ehemals autoritärer politischer Systeme den Gesetzen der „neuen Herrscherelite" misstrauisch gegenüberstehen (Kassymbekova 2001: 47). Eine formelle Gesetzeslegalität muss noch keine Legitimität in der Bevölkerung

---

[2] Die Gedanken zur Legitimität eines politischen Systems finden sich in der Konzeption der politischen Kultur (Almond/Verba 1963; Diamond 1999). Kernpunkt dieser Überlegungen ist die Beurteilung der *Stabilität* des entsprechenden politischen Systems im Sinne der Evaluation seiner Güte (Pickel 2001: 307-309).

[3] In den Reports von Freedom House werden Länder anhand verschiedener bereits angesprochener Kriterien zu Bürger- und Freiheitsrechten kategorisiert und hinsichtlich ihres Qualitätsgrades als Demokratie klassifiziert (zusammenfassend Lauth u.a. 2000).

nach sich ziehen (Beetham 1991: 5-9; Mögelin 2001: 3-4). Entsprechend solcher Überlegungen scheint es sinnvoll, die subjektive Bewertung der Implementation von Rechtsstaatlichkeit und ihre persönliche Relevanz für den einzelnen Bürger, sowie die implizit oft angenommene Beziehung zwischen (empfundener) Rechtsstaatlichkeit und der Legitimität des politischen, demokratischen Systems einer empirischen Betrachtung zu unterziehen.

Gerade der Zeitpunkt der Etablierung demokratischer Rechte im Rahmen der Konsolidierung scheint besonders gut geeignet, die Wirkungsweise und die Entstehung der Legitimität einer (liberalen) rechtstaatlichen Ordnung für Osteuropa zu untersuchen, da die Transformationsstaaten zu diesem frühen Zeitpunkt noch nicht auf großen Rückhalt auf der Ebene der politischen und wirtschaftlichen Effektivität der Konsolidierung zurückgreifen können. Da es sich bei der „subjektiven Legitimität" um Einstellungsmuster von Individuen handelt, werden in der empirischen Analyse Umfragedaten verwendet. Sie lassen den Vergleich differenzierter Einstellungen zur Gewährleistung rechtsstaatlicher Prinzipien zwischen ausgewählten osteuropäischen Staaten zu. Ein solches Vorgehen gibt nicht nur Auskunft über die *Stärke der Legitimitätszuweisung* seitens der Bevölkerung, sondern ermöglicht zudem an einigen Stellen den interkulturellen Vergleich des Zusammenspiels zwischen Rechtsstaatlichkeit und der Beurteilung der Demokratie in Osteuropa.

Als Datengrundlage für die Untersuchung der skizzierten Fragestellung dienen neuere Daten aus dem Projekt „Political Culture in Central and Eastern Europe".[4] Bezugspunkt der Erhebung ist September 2000. Die Länderauswahl beruht im Falle der „PCE"-Studie auf der Kombination eines „Most Different System Designs" und eines „Most Similar System Designs" (Dogan/Kazancigil 1994; Landmann 2000: 27-30) für die jungen Demokratien Osteuropas. Für analytische Zwecke erwies es sich als sinnvoll, auch Transitionsstaaten einzubeziehen, deren Definition als Demokratien nicht grundsätzlich gesichert gilt, wie dies zum Beispiel in den Fällen von Russland und Albanien der Fall ist (Jacobs u.a. 2000). Bei einer klaren Vorgabe der zu bewertenden Bezugspunkte lassen die gemessenen Einstellungen doch Aussagen über die Potentiale für demokratische Legitimität in den Ländern zu.

---

[4] Dieses Projekt ist ein 11-Länder Projektverbund, der von der gleichnamigen Forschergruppe in Frankfurt(Oder) betreut wird (Detlef Pollack, Jörg Jacobs, Olaf Müller, Gert Pickel).

2. Legitimität als zentraler Begriff der Etablierung einer Demokratie – Zielpunkte und Ebenen der Legitimität

Rückt man die Einstellungen der Bürger zum Rechtsstaat ins Zentrum der Analyse, so ist es notwendig, eine kurze Zielbestimmung des verwendeten Rechtsstaatbegriffes zu geben. Ausgehend von drei grundsätzlichen Konzepten von Rechtssystemen: Verfassungsstaat (constitutionalism), rule of law und dem aus der deutschen Verfassungstradition heraus gewachsenen Begriff Rechtsstaat (Lauth 2001: 21ff), wird eine prozedural geprägte (westliche) Anschauung vom formalen Rechtsstaat zu Grunde gelegt. Mit Bezug auf das Gewaltmonopol des Staates können verschiedene Prinzipien eines formalen – de facto liberalen – Rechtsstaates bestimmt werden (Lauth 2001: 33). Für die Sicht auf die Einstellungen der Bürger erscheint eine Konzentration auf die Beurteilung der Verfassung, als zentrale formale Verankerung von Recht, und auf die Implementationsbewertung von demokratisch konstitutiven Bürger- und Freiheitsrechten sinnvoll. Mit den Bürger- und Freiheitsrechten erfolgt auch der Anschluss an Überlegungen normativer Rechtsstaatsdefinitionen (Mögelin 2001: 2), die Freiheit und Sicherheit als Zieloptionen betonen.

Die Legitimität bezieht sich nun auf die Verankerung dieser Prinzipien in den Transitionsländern. Ausgehend von Grundgedanken der Demokratieforschung (Dahl 1989) – welche den Grundprämissen der Freiheit und Gerechtigkeit Beachtung zollen – kann man die Legitimität einer Demokratie als auf drei Prinzipien aufbauend ansehen:[5] Freiheit der *Partizipation* einzelner Bürger an Politik und Ökonomie, Freiheit der Organisation politischen und ökonomischen *Wettbewerbs,* Gewährleistung von *Gerechtigkeit* in juristischem und sozialem Sinne. Diese Konzeptionalisierungen lassen sich in verschiedenen Ansätzen der modernen Demokratietheorie in unterschiedlicher Weise wiederfinden.[6] Insbesondere Robert A. Dahl hat sie in seinen Werken mehrfach thematisiert (Dahl 1971, 1989, 1998). Sie blieben nicht ohne Wirkung auf die empirische Betrachtung von Demokratie(n) und fanden in späteren Konzepten der Messung von Demokratie (siehe zusammenfassend Schmidt 2000; Lauth u.a. 2000) ihren Niederschlag. Die Antizipation der Erfüllung dieser Prinzipien durch die Bürger ist nun die Basis für die Schaffung von Legitimität in einem Land. Nach Schmidt (1995) haben sich drei Defini-

---

[5] Hans-Joachim Lauth (1997: 44ff) diskutiert diese Aufteilung unter den Begriffen: Rechtsstaat, Zivilgesellschaft und Markt als grundlegende Kennzeichen einer Demokratie.
[6] Wobei überwiegend von an westlichen Maßstäben orientierten Konzepten der Definition von Demokratie ausgegangen wird.

tionen des Legitimitätsbegriffes in den Politikwissenschaften etabliert:

A: Die Rechtmäßigkeit einer Herrschaftsordnung im Sinne der Bindung staatlichen und individuellen Handelns an *Gesetz und Verfassung* (Legalität). Sie reflektiert eindrücklich auf Prinzip und Verfahren der Verfassungsstaatlichkeit.

B: Die Rechtmäßigkeit einer Herrschaftsordnung im Sinne ihrer durch allgemeinverbindliche Prinzipien begründete *Anerkennungswürdigkeit* (normative Legitimität).

C: Die *Anerkennung* einer Herrschaftsordnung als rechtmäßig und verbindlich seitens der Herrschaftsunterworfenen (empirische Legitimität oder konkrete Anerkennung). Sie beruht auf einer subjektiven Anerkennung der Herrschaft durch die Bürger selbst. (Schmidt 1995: 555-556).

Bei der Betrachtung der drei alternativen Legitimitätskonzepte zeigt sich a) eine starke Verbindung zwischen Rechtsstaat und Demokratie und eine, für die Beurteilung der Transitionsländer bedeutsame, Widersprüchlichkeit zwischen formaler Implementation und subjektiver Anerkennung. Die Legitimität verbindet über den Aspekt der „Rechtmäßigkeit" die Demokratie mit einer regelhaften, rechtlichen Verankerung. Deutlich wird auch, dass eine einfache Existenz von politischen, rechtlichen und ökonomischen Institutionen und Verfahrensweisen noch nicht unbedingt die Demokratietauglichkeit eines Landes garantiert. Dies lässt sich besonders gut am Beispiel des Rechtssystems demonstrieren. So ist den osteuropäischen Staaten zu Zeiten des Sozialismus eine legale Form der Rechtssprechung nicht per se abzusprechen. Der Unterschied zu dem rechtsstaatlichen Ideal der Demokratie liegt in der Umsetzung dieser Verfahren in die Verfassungsrealität und die Berücksichtigung verschiedener Prinzipien demokratischer Herrschaft (Mögelin 1999: 5-11). D.h. von einem formal legalen Vorgehen ist nicht unbedingt auf demokratische Legitimität zu schließen, wie sie bei der Bewertung der Demokratiequalität in der Demokratieforschung vorausgesetzt wird (Schmidt 2000; Lauth u.a. 2000). Legitimität aus Legalität kann nicht ohne weiteres als Evaluationsmerkmal der neuen Demokratien benutzt werden. Ähnliches gilt für eine normative Legitimität, welche im Rahmen der Transformation aufgrund fehlender Vorbilder kaum von Bedeutung sein kann.

Vor allem die dritte Definition von Legitimität, ihre Anerkennungswürdigkeit durch die Herrschaftsuntergebenen, ist ein interessanter Ansatzpunkt empirischer Untersuchungen.[7] Dieser, an der affektiven Unterstützung durch die Herrschaftsuntergebenen aus-

---

[7] Dies gilt in großem Maße auch für das „Rule of Law", welches eine prinzipielle Anerkennung – und dies auch ggf. im Kontrast zum Staat – beansprucht (O´Donnell 2000: 28).

gerichteten, Legitimitätsbegründung einer Demokratie wurde bereits in der *politischen Kulturforschung* Aufmerksamkeit geschenkt (Lipset 1981; Easton 1975). Die Legitimität einer Demokratie ist nach diesen Überlegungen (Almond/Verba 1963; Diamond 1999) nicht nur für die Stabilität eines politischen (demokratischen) Systems von entscheidender Bedeutung, sondern sie stellt auch eine unabdingbare Basis für die widerstandsfreie Umsetzung demokratischer Verfahren in der Gesellschaft dar. Wird einem politischen System oder seinen demokratischen Institutionen keine oder nur eine geringe politische Legitimität zugewiesen, so ist es der politischen Kulturforschung nach wahrscheinlich, dass die eingeführten demokratischen Institutionen und Verfahrensweisen auf Dauer ihre Funktionsfähigkeit verlieren. Einerseits kann es zu einem Verlust der Geltungskraft demokratischer Normenvorgaben für die Bürger, mit anomischen oder revolutionären Zuständen in der Folge, kommen, die sich in Verstößen gegen demokratische Prinzipien durch einzelne Individuen oder kollektive Akteure äußern. Andererseits besteht die Möglichkeit – da sich keine Bindung zwischen der Bevölkerung und den Institutionen entwickelt hat – einer Abkopplung politischer Entscheidungsprozesse auf der Ebene der politischen Eliten von der Gesellschaft, die im Extremfall in „quasi-diktatorische" Muster münden kann.

Die Legitimität der politischen Institutionen ist nicht immer vollständig von ihrer Effektivität, also dem positiven Output der Institutionen oder ihrer Verwalter, zu trennen. Man muss bei der Evaluation dieser Komponenten von verschiedenen Ebenen der Zuweisung von positiven Einstellungen seitens der Bürger ausgehen. In diese Richtung zielen die Überlegungen zur Unterstützung politischer Systeme (Easton 1975; Fuchs 1996, 1999; Westle 1999). Legitimität speist sich aus langfristig ausgerichteten (positiven) Erfahrungen mit der Umwelt, die sich zwar hauptsächlich auf die Ebene der Effektivität eines Systems beziehen, aber in ihrer Interpretation über diese temporäre Beurteilung verallgemeinernd hinausgehen.[8]

3. Bevölkerungslegitimität von Demokratie in Osteuropa

Werfen wir zuerst einen Blick auf die generelle Bewertung und Akzeptanz des demokratischen Systems. Sie kann als Ausgangspunkt weiterer Betrachtungen genutzt werden, da sie eine aussagekräftige Beurteilung des demokratischen Systems und dessen generellen

---

[8] In Anlehnung an Almond/Verba (1963) ist die Bewertung des „Outputs" aber auch die Berücksichtigung des „Inputs" in das politische System von Bedeutung. Beide Beziehungen kennzeichnen den Austausch zwischen dem „EGO" und dem „System".

Tab. 1: Bewertung der Demokratie und antidemokratischer Systemalternativen 2000

	Demokratiebewertung 2000			Unterstützung für antidemokratische Systemalternativen 2000		
	Demoperfo.	Demostruktur	Demoidee	Sozi	Führer	Diktatur
Ostdeutschland	49	92	94	17	11	13
Polen	21	88	76	18	29	24
Ungarn	31	88	71	20	20	9
Tschechische Republik	44	89	88	10	12	12
Slowakei	20	85	78	24	11	13
Slowenien	25	86	80	16	18	13
Estland	44	87	73	8	29	15
Bulgarien	19	75	63	33	44	35
Rumänien	11	87	81	21	36	25
Albanien	35	92	91	4	16	33
Russland	21	71	53	33	54	43

Quelle: Eigene Berechnungen auf Basis „Political Culture in Central and Eastern Europe" Herbst 2000; zustimmende Werte auf einer Skala von 4-Punkten in Prozent; Fallzahlen durchschnittlich 1000 Befragte; Demoperfo = "Die Demokratie, wie sie sich aktuell präsentiert, funktioniert gut"; Demostruktur = "Die Demokratie ist die angemessenste Regierungsform"; Demoidee = " Die Idee der Demokratie ist auf jeden Fall gut". Befürwortung antidemokratischer Systemalternativen in Prozent (siehe auch Rose 2001: 99); Sozi. = „Wir sollten zur sozialistischen Ordnung zurückkehren"; Führer = „Es ist das beste, das Parlament loszuwerden und einen starken Führer zu haben, der Dinge schnell entscheiden kann"; Diktatur = „Unter bestimmten Umständen ist eine Diktatur die beste Regierungsform".

Legitimitätsstandes in einzelnen Ländern Osteuropas zulässt. Für die Abbildung dieser Akzeptanz hat sich die Nutzung des Indikators „Zufriedenheit mit der Demokratie" eingebürgert (Gabriel 2000). Im Rahmen einer weit reichenden methodischen Diskussion wurde deutlich, dass zwischen der Ebene der Demokratieperformanz (überwiegend Bewertung der Effektivität und Leistungsfähigkeit der Demokratie) und der Ebene der Demokratielegitimität zu unterscheiden ist. Obwohl in dem vorliegenden Aufsatz die Ebene der Legitimität im Zentrum des Interesses steht, scheint ein Blick auf die demokratische Performanz in den neuen Demokratien angebracht, verbindet sie doch Elemente der demokratischen Legitimität mit konkreten Leistungsbewertungen und hilft bei der Klassifikation des Demokratiebildes der Bevölkerung eines politischen Regimes.

Im Herbst 2000 sind nur wenige Bürger der untersuchten Staaten Osteuropas mit der Performanz ihres (aktuellen) demokratischen Systems voll und ganz zufrieden (Jacobs u.a. 2000; Pickel/Pickel 1999: 243). Dies ist nicht grundsätzlich überraschend. Bereits 1996 forderten in Lettland, der Tschechischen Republik, Bulgarien und Slowenien, mindestens die Hälfte der Bevölkerungen *starke Veränderungen* in der jeweiligen politischen Ordnung. Noch stärker war dieser Wunsch nach Korrekturen des Transformationsprozesses in Ungarn und Russland[9], während in Ostdeutschland und Polen, wo knapp 60% der Bürger nur kleinere Veränderungen begrüßten, diese Einstellungen in der Bevölkerung etwas günstiger ausfielen.

Die skizzierten Konturen bestätigen sich überwiegend auch im Herbst 2000 (vgl. Tabelle 1). Wiederum Ostdeutschland, dann aber die Tschechische Republik, welche ihre wirtschaftlichen Probleme wieder etwas in den Griff bekommen zu haben scheint, und Estland weisen die günstigsten Beurteilungen der „Demokratie, wie sie sich aktuell präsentiert" auf. Schlusslicht der aktuellen Demokratiebewertung ist mittlerweile Rumänien, gefolgt von Bulgarien und Russland. Bemerkenswert ist, dass keines der elf untersuchten Länder einen Überhang an zufriedenen Bürgern aufweist. 2000, wie

---

[9] Nachhaltige Korruption der politischen Eliten, politische Einflusslosigkeit der Bürger und massive wirtschaftliche Probleme der aktuellen Demokratie bescherten Russland in den letzten Jahren eine politische Dauerkrise, welche sich ungünstig auf das Bild der Demokratie bei den russischen Bürgern auswirkte. Dies gilt in fast gleicher Weise für die anderen Nachfolgestaaten der UdSSR (z.B. Weißrussland, Ukraine, Georgien) – abgesehen von den drei baltischen Nationen Litauen, Lettland und Estland. Nicht zuletzt diese Ergebnisse regten immer wieder die Diskussion an, inwieweit die genannten Staaten überhaupt als demokratisch eingeschätzt werden können (Jacobs u.a. 2000).

schon 1996, ist man mit der aktuellen Performanz der Demokratie in Osteuropa eher unzufrieden.[10]

Es ist davon auszugehen, dass diese ungünstigen Bewertungen der aktuellen Demokratie aus einer Verbindung der Performanz des politischen Systems mit wirtschaftlichen Aspekten resultieren. Da die wirtschaftlichen Bewertungen zur Zeit eher negativ ausfallen (Plasser/Ulram 1999) wirken sie sich überwiegend ungünstig auf die Beurteilung der Demokratie in den osteuropäischen Bevölkerungen aus.[11] In vielen Fällen, so wie in der Tschechischen Republik, Ungarn und Russland, kommen temporär politische Skandale und Korruptionsaffären hinzu. Sie erzeugen in Verbindung mit ihrer Medienpräsenz erhebliche Frustrationen in der Bevölkerung und führen zu einer starken Skepsis der Bürger gegenüber Politikern und Parteien, die sich nicht unmaßgeblich auf die Beurteilung der Demokratieperformanz auswirkt (Jacobs u.a. 2000).[12]

Ein Blick auf verschiedene Ebenen der Demokratiebewertung zeigt nun aber, dass diese Performanzbewertung nicht eine Ablehnung der Demokratie an sich bedeutet. Die Daten für Herbst 2000 belegen eine durchwegs gute Beurteilung der Grundprinzipien der Demokratie, also ihrer Wertebasis und ihrer allgemeinen Akzeptanz als angemessener Regierungsform (Fuchs 1996 1999b; Fuchs/Klingemann 1998; Klingemann 2000; Welzel 2000; Welzel/Inglehart 1999). Nahezu alle Bürger der jungen Transformationsstaaten emp-

---

[10] Nicht nur in Osteuropa sind Unterschiede in den Bewertungen der Funktionsweise der Demokratie festzustellen. Auch in *Westeuropa* findet sich in einigen Ländern eine erhebliche Bereitschaft zu einem fundamentalen politischen Wandel. So würden 70% der italienischen Bürger und immerhin 40% der Schweden und Spanier einen rapiden Wandel bevorzugen. Insbesondere die Frustration in Italien ist aufgrund der Geschehnisse der letzten Jahre (Skandale, Korruption, usw.) kaum überraschend (Putnam 1996). Alle anderen westeuropäischen Länder weisen allerdings deutlich positivere Bewertungen der Demokratie auf.

[11] Dies belegen verschiedene Korrelationsanalysen zwischen der Einschätzung der ökonomischen Situation und der Demokratiezufriedenheit in den Central and Eastern Eurobarometern zwischen 1991 und 1997 (Pikkel/Pickel 1999).

[12] Mit alternativen Daten lassen sich für die Entwicklung der Demokratiezufriedenheit in Osteuropa unterschiedliche Prozessverläufe aufzeigen (Pickel 1997; Jacobs u.a. 2000). Es existieren Länder, die im Laufe der Zeit eine langsame Verbesserung oder eine Stagnation der Demokratiezufriedenheit aufweisen (z.B. Slowakei, Slowenien und die baltischen Staaten). Eine Stagnation auf sehr niedrigem Niveau ist in der russischen Region der ehemaligen UDSSR (Russland, Ukraine, Georgien, Weißrussland) festzustellen. Daneben finden sich Länder mit wechselhaften Entwicklungen (Bulgarien, Tschechische Republik) erkennbar. Bemerkenswerten Aufschwung erfuhr die Bewertung der Demokratie in Albanien und seit 1996 in Polen.

finden die Grundelemente der Demokratie als prinzipiell gut und unterstützenswert – also als legitim. Maßgebliche Alternativen zur Demokratie werden von nur sehr wenigen Bürgern als wünschenswerte politische Ordnungsformen angesehen (Rose 2001).

Nur die Bevölkerungen in Russland und eingeschränkt Bulgariens, weisen ungünstigere Werte in den Einstellungen zur Demokratieidee und Demokratie als Regierungsform auf. Vor allem die Globalakzeptanz der Idee der Demokratie hat in diesen Ländern in den letzten Jahren etwas stärker gelitten. Dies manifestiert sich in der Präferenz für Alternativen zum demokratischen System. Nicht ganz überraschend ist der Ruf nach einem starken Mann in den beiden genannten Ländern am lautesten ausgeprägt. Insbesondere in Russland genießen verschiedene Systemalternativen doch eine nennenswerte Zustimmung. Bestehen Einschränkungen der demokratischen Legitimität, so wird eher auf eine „starke Hand" und in eine zentrale Führung des Landes stärkere Hoffnung gesetzt, als auf eine Rückkehr des vorangegangenen sozialistischen Regimes. In der Regel sind es aber Minderheiten, welche diese Herrschaftsformen für akzeptabel halten.

Es ist weniger eine grundsätzliche ideologische Distanz zur Demokratie als eine dauerhafte konkrete Unzufriedenheit mit der Performanz des aktuellen Systems, welches auf längere Sicht die Legitimität in einem Land untergraben kann. Das geringere Niveau in der Beurteilung der Demokratieperformanz ist damit zentral durch die aktuell mit der Demokratierealität verbundenen Ereignisse ausgelöst. Deren ungünstige Beurteilung repräsentiert die negative Seite in einem Mischverhältnis der Einflüsse von Demokratielegitimität und generalisierter politischer Effektivitätsbeurteilung (Pickel 2001).[13] Bemerkenswert ist die Tatsache, dass trotz der Performanzdefizite Demokratie für sich positiv gesehen wird. Eine demokratische Ordnung ist in fast allen Staaten Osteuropas relativ deutlich in der Bevölkerung legitimiert. Geht man in der westeuropäischen Entwicklung politischer Kulturen von einer Umsetzung positiver Performanzerfahrungen in Legitimität aus, kann dies für Osteuropa nicht angewendet werden.

Woher kommt aber nun die scheinbar bestehende demokratische Legitimität? Resultiert sie aus der Überzeugung, dass Demokratie grundsätzlich legitim ist – nicht umsonst bezeichnen sich damals wie heute nicht wenige autoritäre Systeme als Demokratien. Oder

---

[13] Die besseren Werte der Beurteilung der Demokratiestruktur sind wahrscheinlich auf die restriktivere Fragestellung der Beurteilung der Demokratieidee als „auf jeden Fall gut" zurückzuführen. Üblicherweise sollten diese Beurteilungen in ihren positiven Urteilen noch über denen der Demokratie als Regierungsform liegen, die nur die angemessenste sein soll.

„Subjektive Legitimität", Rechtsstaat und Konsolidierung 135

gibt es konkrete Einstellungen – z.B. die rechtsstaatliche Fundierung der Demokratie – welche demokratische Legitimität stützen?

4. Implementierung und subjektive Verankerung von Rechtsstaatlichkeit in Osteuropa

Eine Grundlage für die Betrachtung rechtsstaatlicher Legitimität gibt die Beantwortung der Frage, inwieweit die Implementation einer Verfassung oder die Grade der Gewährleistung rechtsstaatlicher Prinzipien, im Sinne von Bürger-, Partizipations- und Menschenrechten, zur subjektiven Seite der Konsolidierung von Demokratien beitragen (Merkel 1999). Ohne Zweifel ist die Verfassung ein zentraler Bestandteil des Rechtsstaates. Wie wird nun der Wert der Verfassung seitens der einzelnen Bürger in den jungen Demokratien Osteuropas eingeschätzt?

Es zeigt sich ein bemerkenswertes Ergebnis (Tab. 2): Auf der einen Seite wird die Verfassung fast durchweg als eine zentrale Grundlage der bestehenden Gesellschaft und Schutzfaktor der Bürgerrechte angesehen. Ist die erste Aussage (Verfassung ist Basis der Gesellschaft) eine normative Äußerung, der in der Regel (mit der Ausnahme Bulgariens) über vier Fünftel der Bürger zustimmen, handelt es sich bei der zweiten Aussage (Verfassung schützt Bürgerrechte) um eine stärker an der Realität orientierte Feststellung. Ausgenommen die Bürger Bulgariens und Russlands sehen auch deutliche Mehrheiten den Schutz der Bürgerrechte durch die Verfassung als gewährleistet an. Auf der anderen Seite findet sich eine gar nicht so kleine Zahl an Personen, welche gleichzeitig die Verfassung nur als ein „Stück Papier" betrachtet bzw. ihr ausschließlich eine Verbindlichkeit für die politische Klasse zugesteht. Allem Anschein nach ist die Einschätzung der Verfassung in sich nicht durchweg konsistent und unterliegt Widersprüchen in der Beurteilung durch die Bevölkerung. Dies lässt sich übergreifend in fast allen untersuchten Ländern feststellen.

Dabei gibt es – wenig überraschend – einige Unterschiede zwischen den osteuropäischen Transformationsstaaten. Insbesondere die extrem pessimistische Haltung in Russland fällt auf. Immerhin 70% der befragten Bürger empfinden dort die Verfassung nur als ein Stück Papier und ein Drittel der russischen Bürger glauben, dass die Verfassung nicht in der Lage ist ihre Bürgerrechte zu schützen. In Russland scheint die Wirksamkeit der Verfassung für das reale politische Leben als begrenzt angesehen zu werden. Etwas stärkere Bedenken hinsichtlich der Relevanz der Verfassung finden sich auch in Slowenien, sie führen aber nicht unbedingt zu einer ungünstigeren Beurteilung des Bürgerrechtsschutzes. In diesem Punkt, des Schutzes der Bürgerrechte, hegen die bulgarischen Staatsbürger et-

Tab. 2: Die Sicht auf die Verfassung in Osteuropa

	Stück Papier	Nur für Politiker	Basis der Gesellschaft	Verfassung schützt Bürgerrechte
Ostdeutschland	38 (32)	24 (43)	79 (4)	72 (6)
Polen	33 (45)	41 (32)	85 (4)	78 (7)
Ungarn	22 (46)	27 (44)	86 (2)	69 (7)
Tschechische Republik	29 (40)	40 (33)	85 (3)	69 (10)
Slowakei	31 (43)	37 (37)	88 (2)	74 (8)
Slowenien	54 (22)	38 (38)	84 (3)	80 (6)
Estland	38 (32)	43 (40)	84 (3)	70 (12)
Bulgarien	44 (24)	40 (27)	71 (5)	53 (16)
Rumänien	43 (34)	24 (47)	89 (2)	74 (8)
Albanien	40 (43)	59 (24)	86 (4)	75 (8)
Russland	70 (10)	42 (32)	82 (6)	39 (34)

Quelle: Eigene Berechnungen auf Basis „Political Culture in Central and Eastern Europe" Herbst 2000; zustimmende Werte; Fallzahlen durchschnittlich 1000 Befragte; Erster Wert = Zustimmung in Prozent (stimme stark zu, stimme eher zu; Wert in Klammern = Ablehnung in Prozent (lehne eher ab, lehne stark ab); restliche Werte = weder noch, weiß nicht.
Stück Papier = „Unsere Verfassung ist nur ein Stück Papier, niemand kümmert sich darum"; Nur für Politiker = „Politiker müssen sich nach der Verfassung richten, aber für mich besitzt sie keine Bedeutung"; Basis der Gesellschaft = „Unsere Verfassung ist die Basis der Gesellschaft. Jeder muss ihre Regeln befolgen"; Verfassung schützt Bürgerrechte = „Die Verfassung schützt meine Bürgerrechte".

was größere Zweifel. Nur knapp über die Hälfte der Bulgaren stimmen der entsprechenden Aussage zu.

Alles in allem aber wird die Verfassung in den Transformationsländern als ein nicht unmaßgeblicher Garant bürgerlicher Rechte angesehen. Das Bestehen eines Verfassungsstaates erweist sich so als Grundlage einer demokratischen Gesellschaft. Die teilweise feststellbare Widersprüchlichkeit in der Bewertung der Verfassung wirft die Frage auf, inwieweit Bürger- und Freiheitsrechte in den einzelnen Ländern als gewährleistet und etabliert angesehen werden. Hiermit wird das Augenmerk noch weiter weg von der formalen Implementation der Verfassung hin zur Verfassungswirklichkeit verschoben.

Ausgangspunkt ist der Gedanke, dass die Zuweisung von Legitimität durch einen Bürger aus der Gewährleistung zentraler Rechte resultiert. Legitimität ergibt sich somit nicht nur aus der objektiven Gewährleistung von Rechten, sondern auch aus der Akzeptanz dieser Gewährleistung durch die Bevölkerung als ein positives Gut. Zentrale Rechte sind in diesem Zusammenhang Prinzipien, wie z.B. die Rede- und Meinungsfreiheit oder das Recht auf die Gründung einer politischen Partei.[14] Dabei ist es für den hier gewählten Zugang nicht erheblich, inwieweit die Rechte objektiv in den Ländern verankert sind, da nur die Reflexion der Verankerung bei den einzelnen Individuen politische Handlungsfolgen auszulösen vermag. Für diese Handlungsfolgen ist neben der Beurteilung der Implementation von Freiheits- und Partizipationsrechten in einem Land noch ein weiterer Aspekt von Relevanz. Die angesprochenen Rechte müssen für das Leben des einzelnen Bürgers eine gewisse Bedeutung besitzen. Ist dies nicht der Fall, so löst eine Nichtgewährleistung dieser Rechte höchstwahrscheinlich gar keine entsprechende Reaktion bei den betroffenen Bürgern aus – die Gewährleistung oder Nichtgewährleistung des Rechtes bleibt irrelevant für das Individuum.

Werfen wir zuerst einen Blick auf die Einschätzung der Gewährleistung der Rechte in elf Transformationsstaaten (Tab. 3).

Alles in allem sehen die Bürger in den untersuchten osteuropäischen Staaten die wichtigsten *Grundrechte in ihren Heimatstaaten als gewährleistet* an. Durchschnittlich zwischen zwei Drittel und drei Viertel der Bevölkerungen empfinden im Herbst 2000 die politischen und zivilen Rechte als überwiegend in die Praxis des politi-

---

[14] In dem bereits verwendeten 11-Länder Survey der Arbeitsgruppe „Political Culture in Central and Eastern Europe" wurde zur Überprüfung dieser Implementationsbewertung eine an Grundüberlegungen des Freedom House Surveys orientierte Befragungsskala entwickelt und eingesetzt. Sie gibt Auskunft über die in den Köpfen der Bürger verankerte rechtsstaatliche Legitimität der neuen Demokratien.

Tab. 3: Gewährleistung von Bürgerrechten und politischen Rechten

	Alb	Bul	CZ	Est	OD	Ung	Pol	Rum	Rus	Svk	Slw
Meinungs- und Redefreiheit	70	65	74	67	87	64	60	76	46	60	68
Freie und unabhängige Medien	71	60	68	68	78	35	62	80	41	58	64
Recht auf Gründung einer politischen Partei	87	74	77	75	80	74	67	87	60	79	74
Freie, gleiche und faire Wahlen	61	63	73	62	86	76	65	76	31	76	75
Glaubensfreiheit	96	84	89	92	90	87	67	91	76	89	81
Die politische Opposition hat die Macht, die Regierung zu überprüfen	50	44	56	52	72	59	57	48	25	48	62
Das Militär hat keinen Einfluss auf die Politik	69	53	59	65	65	68	56	72	28	56	55
Minderheitenrechte sind garantiert.	89	63	64	63	64	68	55	82	33	71	66

Quelle: Eigene Berechnungen auf Basis „Political Culture in Central and Eastern Europe" Herbst 2000; zustimmende Werte auf einer Skala von 4-Punkten in Prozent; Fallzahlen durchschnittlich 1000 Befragte; Gewährleistung der jeweiligen Rechte; „sind in <Land> gewährleistet". Alb = Albanien, Bul = Bulgarien, CZ = Tschechische Republik, Est = Estland, OD = Ostdeutschland, Ung = Ungarn, Pol = Polen, Rum = Rumänien, Rus = Russland, Svk = Slowakei, Slw = Slowenien.

schen Lebens der Transformationsstaaten umgesetzt. Deutliche Mehrheiten betrachten Meinungs- und Redefreiheit, Glaubensfreiheit und garantierte Minderheitenrechte als gewährleistet. Doch auch freie und unabhängige Medien, das Recht auf die Gründung einer politischen Partei, freie Wahlen, eine handlungsfähige politische Opposition und die Absenz des Militärs von Politik werden überwiegend als gesichert angesehen. Am höchsten ist die Zustimmung bei der Einschätzung der Glaubensfreiheit und dem Recht auf die Gründung einer politischen Partei – also einem Freiheits- und einem Partizipationsrecht.

Dabei *variieren die Zustimmungsraten zwischen den einzelnen Grundrechten* nicht unerheblich. So wird z.B. das Recht der politischen Opposition, die Regierung zu überprüfen, keineswegs in allen Ländern als effektive Form der Kontrolle der Regierung angesehen. Die durchschnittlichen Raten um 50% liegen um immerhin 20%-Punkte hinter den Zustimmungsraten zu den sieben parallel zur Beurteilung vorgelegten Rechten zurück. Aber auch bei der Sicherung freier, gleicher und fairer Wahlen bringen nicht unerhebliche Teile der Bevölkerung dem politischen System, in welchem sie leben, gewisse Bedenken entgegen. Wieder sticht insbesondere die russische Bevölkerung heraus. Sie sieht freie, gleiche und faire Wahlen nur zu 31% als in Russland gewährleistet an, während 49% das Gegenteil empfinden.

Russland ist von dem allgemein positiven Erscheinungsbild eines subjektiv legitimierten Rechtsstaates der Demokratie auszunehmen, existieren dort teilweise sogar Mehrheiten, die verschiedene der erfragten Rechte als nicht gewährleistet einschätzen. Die meisten Bürger Russlands sehen die Situation eher skeptisch und beurteilen eine große Zahl rechtsstaatlicher Absicherungen (Oppositionsrechte, Exklusion des Militärs, Minderheitenrechte, freie Wahlen), die in einer liberalen Demokratie üblich sind, als nicht implementiert. Sie befinden sich bei dieser Einschätzung in guter Gesellschaft. Ruft man sich die, von externer Seite zugewiesenen, Bewertungen der Freedom House Experten in Erinnerung (Pickel 2000: 253), so wird dort Russland ebenfalls eine eher ungünstige Bewertung hinsichtlich der Gewährleistung rechtsstaatlicher Grundprinzipien zuteil. Diese Befunde kennzeichnen Russland unter allen untersuchten Staaten als eine Nation, in der eine in den Augen der Bürger geringe rechtsstaatliche Legitimität vorherrscht.[15]

Auch zwischen den weiteren untersuchten osteuropäischen Nationen bestehen kleinere Unterschiede in den Beurteilungen. So sieht

---

[15] Der Befund belegt auch, dass die Bewertung von Rechten durch die Bevölkerung in einem Zusammenhang mit der externen Beurteilung der Rechtsstaatlichkeit steht und somit etwas mit der Realität zu tun hat.

Tab. 4: Wichtigkeit der Gewährleistung von Bürgerrechten und politischen Rechten

	Alb	Bul	CZ	Est	OD	Ung	Pol	Rum	Rus	Svk	Slw
Meinungs- und Redefreiheit	93	80	86	93	91	84	70	89	70	75	89
Freie und unabhängige Medien	90	77	84	93	89	80	66	87	68	74	84
Recht auf Gründung einer politischen Partei	61	57	44	72	62	49	55	61	24	41	59
Freie, gleiche und faire Wahlen	93	85	84	95	92	89	66	91	79	83	88
Glaubensfreiheit	89	78	53	88	81	75	71	88	55	75	80
Die Macht der politischen Opposition, die Regierung zu überprüfen	84	73	67	82	85	77	62	81	50	69	72
Kein Einfluss des Militärs auf die Politik	85	65	61	79	75	73	58	75	60	60	70
Garantierte Minderheitenrechte	87	71	59	90	79	63	64	72	26	56	82

Quelle: Eigene Berechnungen auf Basis „Political Culture in Central and Eastern Europe" Herbst 2000; zustimmende Werte auf einer Skala von 4-Punkten in Prozent; Fallzahlen durchschnittlich 1000 Befragte; Bewertung als wichtig oder sehr wichtig. Alb =Albanien, Bul = Bulgarien, CZ = Tschechische Republik, Est = Estland, OD = Ostdeutschland, Ung = Ungarn, Pol = Polen, Rum = Rumänien, Rus = Russland, Svk = Slowakei, Slw = Slowenien.

nur ein Drittel der ungarischen Bürger die Freiheit der Medien als gesichert an. Grund hierfür dürfte eine extrem harte Diskussion um die Medienfreiheit im Gefolge einiger unseriöser Berichterstattungen im Rahmen der Wahlkämpfe sein. Die polnische Bevölkerung ist relational zu den Vergleichsstaaten am wenigsten davon überzeugt, dass Minderheitenrechte und die Glaubensfreiheit (!) in ihrem Land gewährleistet werden. Dies ist sicher als Reflex auf die Versuche der polnischen Kirche, auch nach dem Umbruch eine tragende Rolle im politischen Geschehen zu spielen, zu verstehen (siehe Abtreibungsrecht etc.). Doch sogar diese besonders auffälligen Defizite bewegen sich durchweg auf einem positiven Bewertungsniveau, ein Befund, der für Russland so nicht behauptet werden kann.

Besitzt diese Beurteilung der Gewährleistung politischer Rechte nun für den einzelnen Bürger überhaupt eine Bedeutung?

Wie sich zeigt, ist die *Gewährleistung der politischen Freiheiten und Rechte* für fast alle Bürger der untersuchten Transformationsstaaten *von großer Bedeutung* (Tab. 4). Ob Albaner, Ungarn oder Polen – alle acht erfragten Bürgerrechte werden als wichtig für das politische Leben in dem eigenen Land angesehen. Eine Ausnahme bildet wiederum nur Russland, wo das Recht auf die Gründung einer politischen Partei und Minderheitenrechte von 60% der Bevölkerung als unwichtig eingestuft werden. Diese hohen Einschätzungen schwanken zwischen den Ländern und zwischen den singulär erfragten Bürger- und Freiheitsrechten nur um Nuancen. Die noch geringste Bedeutung wird dem Recht auf die Gründung einer politischen Partei zugewiesen. Bildet man eine Rangfolge der acht Demokratieprinzipien, genießt dieses Recht die geringste Wertschätzung. Interessant ist, dass die Möglichkeit der Opposition, die Regierung zu überprüfen – also das Recht, welches man in der Regel am seltensten von den acht gefragten als gewährleistet angesehen hätte – ebenfalls von fast allen Bürgern als wichtig empfunden wird.

Entsprechend müssten die aufgezeigten Defizite, welche die gleichen Bürger hinsichtlich der Implementierung dieser Möglichkeit empfinden, sich tatsächlich negativ auf die Beurteilung der Demokratie auswirken. Nun könnte mit der Gewährleistung der Rechte auch ihre Bedeutung schwinden, da ein etabliertes Recht nicht mehr erkämpft werden muss und somit aus der tagespolitischen Diskussion verschwindet bzw. als selbstverständlich angenommen wird. Dies scheint aber angesichts der vorgestellten Daten nicht der Fall zu sein. Im Gegenteil stehen die Implementation der Rechte und ihre Relevanzbeurteilung in einem „konstruktiven Mischungsverhältnis" zueinander, d.h. es zeigen sich keine systematischen Korrespondenzen zwischen Beurteilung der Gewährleistung eines Rechtes und seiner Wichtigkeitsbewertung. Beide Evaluationen werden für sich gesondert erstellt.

Beispielhaft ist die Situation in Russland. Wurden dort einige Freiheits- und Partizipationsrechte von nur wenigen Bürgern als gewährleistet angesehen, so bedeutet dies nicht, dass sich die Bürger durchweg mit diesen Defiziten abgefunden haben. Wenn z.B. nur 31% der russischen Bevölkerung freie und faire Wahlen als gewährleistet ansehen, empfinden doch 80% der gleichen Befragungsgruppe genau diese Freiheit als ein wichtiges Merkmal der Demokratie in ihrem Land. Umgekehrt sehen nur 33% Minderheitenrechte in Russland als vollständig garantiert an, aber ebenfalls nur 26% empfinden diesen Tatbestand als wichtig für das politische Leben.

Im großen und ganzen sehen die Bürger der osteuropäischen Transformationsstaaten Bürger- und Freiheitsrechte als wichtig für das politische Leben an und beurteilen diese – mit Ausnahme Russlands – überwiegend als in ihren Heimatstaaten etabliert an. Nach Ansicht der Bürger sind zentrale rechtsstaatliche Grundlagen eines demokratischen Systems weitgehend gewährleistet. Diese subjektiv begründete Legitimität der Demokratie auf der Ebene von Rechten und Freiheiten kann als nicht zu unterschätzende Hilfe des Konsolidierungsprozesses angesehen werden, zeugt sie doch von Vertrauen in prozedurale Bestandteile der Demokratie.

5. Beziehungen zwischen Rechtsstaatlichkeit und demokratischer Legitimität

Hat die Darstellung der Prämissen der Rechtsstaatlichkeit Auskunft über die Implementierung, Bedeutung von Rechtsstaatlichkeit gegeben, so ist damit noch nicht gesagt, dass sie wichtig für die Bewertung des demokratischen politischen Systems ist. Dies gilt es empirisch anhand von Zusammenhangsanalysen zu überprüfen.

Bivariate Betrachtungen zeigen, dass die *Gewährleistung der angesprochenen Bürger- und Freiheitsrechte sehr wohl in Beziehung zur Bewertung der Demokratie in den osteuropäischen Transformationsstaaten steht* (Tab. 5). Sehen die Bürger die einzelnen Rechte als in ihrem Staat verankert an, so sind sie durchweg zufriedener mit der Entwicklung der Demokratie, aber auch den politischen Institutionen. Es handelt sich dabei nicht so sehr um eine Steigerung der Zufriedenheit mit den aktuellen Leistungen der Demokratie, als um eine Legitimität erzeugende Funktion der Gewährleistung der Rechte. Die langfristige Etablierung demokratischer Werte steht entsprechend in einer recht engen Verbindung zu den gewährleisteten Rechten. Durchschnittliche Korrelationen um Pearsons r=.20 belegen nachhaltig, dass die Idee der Demokratie und ihre Einschätzung als angemessenste Regierungsform dann besser beurteilt werden, wenn verschiedene Rechte und Freiheiten garantiert scheinen.

Tab. 5: *Beziehungen zwischen Gewährleistung von Rechten/Beurteilung der Verfassung und Merkmalen der Legitimität (Demokratiezufriedenheit, Vertrauen, Systemalternativen)*

Bewertung der Gewährleistung von Bürgerrechten und individuellen Freiheiten	Demokratiebeurteilung			Systemalternativenbeurteilung		
	Performanz	Struktur	Idee	Sozialismus	Führer	Diktatur
Meinungsfreiheit/ Redefreiheit	+.15	+.17	+.17	-.16	-.17	-.16
Freie Medien	+.15	+.14	+.15	-.12	-.10	-.10
Recht Gründung politische Partei	+.06	+.20	+.20	-.16	-.16	-.17
Freie, gleiche, faire Wahlen	+.18	+.19	+.20	-.13	-.22	-.19
Glaubensfreiheit	+.07	+.18	+.17	-.14	-.12	-.14
Opposition kann Regierung prüfen	+.17	+.14	+.14	-.11	-.16	-.12
Kein Einfluss auf Politik durch das Militär	+.09	+.17	+.17	-.12	-.17	-.17
Garantiertes Minderheitenrecht	+.06	+.17	+.16	-.12	-.15	-.16
Stück Papier	-.24	-.19	-.17	+.21	+.29	+.15
Nur für Politiker	-.07	-.10	-.07	+.10	+.18	+.10
Basis der Gesellschaft	n.s.	+.15	+.11	-.08	-.07	-.04
Verfassung schützt Bürgerrechte	+.15	+.21	+.20	-.15	-.17	-.11

Quelle: Eigene Berechnungen auf Basis Political Culture in Central and Eastern Europe 2000; gepoolter Datensatz; Pearsons Produkt Moment Korrelationen, nur signifikante Werte; n=12500; n.s. = nicht signifikant; Fallzahlen zwischen 9931 und 8693; nur unwesentliche Abweichungen vom gepoolten Ergebnis in den länderspezifischen Einzelfallanalysen; Performanz = Performanz, Struktur = Demokratie ist angemessenste Regierungsform, Idee = Demokratie als Idee ist immer gut, Sozialismus = „Wir sollten zur sozialistischen Ordnung zurückkehren", Führer = „Es ist das beste, das Parlament loszuwerden und einen starken Führer zu haben, der Dinge schnell entscheiden kann", Diktatur = „Unter bestimmten Umständen ist eine Diktatur die beste Regierungsform"; Verfassungsbewertung – siehe Abbildung 2.

Ganz deutlich wird die Bedeutung garantierter Rechte als Prägefaktor einer demokratischen politischen Kultur bei dem Blick auf systemdestabilisierende oder systemfeindliche Haltungen der Bürger. Die empfundene Gewährleistung von Freiheits- und Bürgerrechten erweist sich als hemmender Faktor für die Demokratie gefährdende Tendenzen. So tauchen der Ruf nach einem starken Führer oder Präferenzen für die Diktatur als eine mögliche Alternative zum demokratischen Regierungssystem bei Bürgern, welche die Rechte und Freiheiten in ihrem Land als nicht gewährleistet ansehen, deutlich häufiger auf als bei Bürgern, die anderer Meinung sind. Auch der Wunsch nach einer Rückkehr zu einem sozialistischen System nimmt mit einer abnehmenden Wahrnehmung dieser Rechte kontinuierlich zu. Es zeigt sich ganz deutlich, dass die Gewährleistung rechtsstaatlicher Prinzipien von erheblicher Bedeutung für die Legitimität einer Demokratie ist.

Die Verfassung erweist sich dabei als stabilisierender oder destabilisierender Faktor. Wirkt sich die Sicht auf die Verfassungsrealität (Verfassung schützt Bürgerrechte) als die Demokratie stützend aus, so führt die Bewertung der Verfassung als nicht realitätstauglicher Kontrollfaktor (Verfassung ist nur ein Stück Papier) zu einer Delegitimierung des politischen Systems, welche sich dauerhaft auf die Demokratie für sich und das demokratische System als Einheit fortpflanzt. Ungünstige Bewertungen der Schutzfunktion der Verfassung, wie z.B. in Russland (siehe Tab. 2), untergraben die demokratische Konsolidierung. Eine akzeptierte Verfassung kann somit als ein wichtiges Merkmal einer legitimen Demokratie gelten.

6. Fazit – Rechtsstaatlichkeit als Garant demokratischer Legitimität

Es ist zweifelsohne schwierig, Aussagen über die Verankerung und Tiefe der Legitimität demokratischer politischer Systeme in Europa und insbesondere in den Transformationsstaaten Osteuropas zu treffen. Zehn Jahre nach dem Umbruch ist die Beurteilung der Demokratie in den osteuropäischen Bevölkerungen von einem deutlichen Zwiespalt zwischen Realität und Ideal geprägt. Bereiche des demokratischen Systems, welche über seine Leistungsfähigkeit und Effektivität Auskunft geben, werden mehr oder weniger negativ von den Bürgern evaluiert. Mit diesen Bewertungen ist aber keine grundsätzliche Ablehnung der Demokratie an sich verbunden. Durchschnittlich drei Viertel der Bürger in fast allen osteuropäischen Ländern (außer Russland) sehen die Demokratie als die legitimste Form des Herrschens an. Dies wird durch eine parallele Ablehnung verschiedener Alternativen der politischen Ordnung bestätigt. Es besteht also eine generelle und nicht zu geringe Diskrepanz zwischen der konkrete Effektivitätsbeurteilung der neuen demokratischen Systeme und der Legitimität der Demokratie (Norris 1999).

Was hat nun der Aspekt der Rechtsstaatlichkeit mit demokratischer Legitimität zu tun? An einigen Ergebnissen wird offensichtlich, dass die festgestellte Legitimität durch die (erkannte) Gewährleistung von Rechten und Freiheiten sowie dem Bestehen einer akzeptierten Verfassung revolutionäre Umsturzgedanken konterkariert. Diese Einstellungen tragen zu Stabilität und Konsolidierung vieler osteuropäischer Transformationsstaaten wesentlich bei. Nicht nur, dass in den meisten osteuropäischen Ländern rechtsstaatliche Prinzipien mittlerweile von der überwiegenden Zahl der Bürger als etabliert und gewährleistet angesehen werden, sondern sie erweisen sich auch als Stütze der neu etablierten Demokratien. Einzige erkennbare Ausnahme bei der positiven Bewertung von Freiheiten und Rechten ist Russland[16], wo auch objektiv mehr Skepsis über den Erfolg der Transformation angebracht ist.

Die Gewährleistung der demokratischen Freiheits-, Partizipations- und Bürgerrechte ist dabei für die Bürger ein wichtiger gesellschaftlicher Diskussionspunkt, was die durchweg hohen Zuweisungen persönlicher Wichtigkeit der Rechte für das eigene Leben zeigen. Die Etablierung der Freiheits- und Partizipationsrechte erweist sich als relevanter Faktor für die Zuschreibung von Legitimität zum demokratischen politischen System. Insbesondere die langfristig bedeutsamen Werte und Strukturelemente einer Demokratie werden von der Gewährleistung der Rechte gestützt. Dies bedeutet umgekehrt, eine Nichtgewährleistung dieser Rechte führt zu Defiziten in der demokratischen Legitimität, welche auf kurz oder lang zu einer Destabilisierung des betroffenen politischen Systems und damit der Demokratie führen können. Damit ist auch zumindest in Teilen die Frage geklärt, woraus derzeit die osteuropäischen Transformationsländer Legitimität beziehen. Die Etablierung von Bürgerrechten und Freiheiten dienen als Hemmfaktor gegenüber antidemokratischen Tendenzen und Rückwirkungen der ungünstigen demokratischen Performanz (Pickel 2001: 319-323).

Es bleiben Fragen offen. Z.B. ob es einer rechtsstaatlichen Institutionalisierung auf Dauer gelingt, ein demokratisches System ohne Rückhalt in der Bevölkerung zu stützen? Oder wie lange die Legitimität angesichts negativer Bilanzen in der Evaluation der politischen und wirtschaftlichen Leistungen bestehen bleiben kann? Zumindest in den letzten zehn Jahren hat das Vertrauen in die Gewährleistung

---

[16] Dies bezieht sich auf die in diesen Betrachtungen verwendeten Länder. Ähnliche Einschätzungen sind für die der Ländergruppe der postsowjetischen Staaten zugehörigen Ukraine, Georgien, Weißrussland etc. zu erwarten. Auszunehmen sind Estland, Litauen, Lettland.

der als demokratisch anerkannten Rechte und Freiheiten die Leistungsdefizite der meisten osteuropäischen Transformationsstaaten so weit „in Schach" halten können, dass eine antidemokratische Entwicklung der politischen Systeme unterblieb. Ob dies weiterhin der Fall ist, wird erst die Zukunft zeigen können.

7. Literatur

Almond, Gabriel A./ Verba, Sidney (1963): Political Culture: Political Attitudes and Democracy in Five Nations. Princeton.

Dahl, Robert A. (1971): Polyarchy. Participation and Opposition. New Haven.

Dahl, Robert A. (1989): Democracy and its Critics. New Haven.

Dahl, Robert A. (1998): On Democracy. New Haven.

Diamond, Larry (1999): Developing Democracy. Towards Consolidation. Baltimore.

Dogan, Mattei/ Kazancigil, Ali (Ed.) (1994): Comparing Nations. Concepts, Strategies, Substance. Oxford.

Easton, David (1975): A Re-Assessment of the Concept of Political Support. In: British Journal of Political Science, 5: 435-457.

Fuchs, Dieter (1996): Wohin geht der Wandel der demokratischen Institutionen in Deutschland? Die Entwicklung der Demokratievorstellungen der Deutschen seit ihrer Vereinigung. WZB Discussion Paper FS III 96-207. Berlin.

Fuchs, Dieter (1999): The Democratic Culture of unified Germany. In: Norris, Pippa (Ed.): Critical Citizens. Global Support for Democratic Government. Oxford: 123-145.

Fuchs, Dieter/Klingemann, Hans-Dieter (1998): National Community, Political Culture and Support for Democracy in Central and Eastern Europe. Draft submission. Florence, September 17-18.

Huntington, Samuel (1991): Democracy's Third Wave. In: Journal of Democracy 2: 12-34.

Jacobs, Jörg/Müller, Olaf/Pickel, Gert (2000): Demokratie auf dem Prüfstand – Konsolidierung und Widerstandspotential der Bevölkerung in Osteuropa im Vergleich. In: Berliner Debatte – Initial 11/5-6: 17-32.

Kassymbekova, Botagoz (2001): Vom Geist der Gesetze in Zentralasien. In: Welttrends 31: 45-52.

Klingemann, Hans-Dieter (2000): Unterstützung für die Demokratie: Eine globale Analyse für die 1990er Jahre. In: Lauth, Hans-Joachim/Pickel, Gert Pickel/Welzel, Christian (Hrsg.): Demokratiemessung. Konzepte und Befunde im internationalen Vergleich. Wiesbaden: 266-297.

Lauth, Hans-Joachim (1997): Dimensionen der Demokratie und das Konzept defekter und funktionierender Demokratien. In: Pickel, Gert/Jacobs, Jörg/Pickel, Susanne (1997): Erscheinungsformen und Entwicklung von Demokratie im interkulturellen Vergleich. Bamberg: 33-54.
Lauth, Hans-Joachim (2001): Rechtsstaat, Rechtssysteme und Demokratie. In: Becker, Michael/ Lauth, Hans-Joachim/ Pickel, Gert (Hrsg.): Rechtsstaat und Demokratie. Theoretische und empirische Studien zum Recht in der Demokratie. Wiesbaden: 21-44.
Lauth, Hans-Joachim/Liebert, Ulrike (Hrsg.) (1999): Im Schatten demokratischer Legitimität. Informelle Institutionen und politische Partizipation im interkulturellen Demokratievergleich. Opladen.
Lauth, Hans-Joachim/Pickel, Gert Pickel/Welzel, Christian (Hrsg.) (2000): Demokratiemessung. Konzepte und Befunde im internationalen Vergleich. Wiesbaden.
Lijphart, Arend (1999): Patterns of Democracy. Government and Performance in Thirty-Six Countries. New Haven.
Linz, Juan J./Stepan, Alfred (1996): Problems of Democratic Transition and Consolidation. Southern Europe, South America, and Post-Communist Europe. London.
Merkel, Wolfgang (1999): Systemtransformation. Opladen.
Mögelin, Chris (1999): Die sozialistische Staats- und Rechtsordnung vor dem Hintergrund des westeuropäisch-atlantischen Rechtsstaatsbegriffs am Beispiel Russlands. Discussion Papers des Frankfurter Institutes für Transformationsstudien 4/99. Frankfurt (Oder).
Mögelin, Chris (2001): Die Osterweiterung der EU als Etappe des Institutionenwandels in Osteuropa. Paper anlässlich der Konferenz „Die Transformation von Wirtschaftssystemen und die Neuordnung der Gesellschaften Mittel- und Osteuropas" 11./12. Oktober 2001 Frankfurt (Oder).
O'Donnell, Guillermo (1999): Polyarchies and the (Un)Rule of Law in Latin America, in: Juan Méndez, Guillermo O´Donnell, Paulo Sérgio Pinheiro (Hrsg.): The Rule of Law and the Underprivileged in Latin America, University of Notre Dame Press.
O'Donnell, Guillermo (2000): The Judiciary and the Rule of Law. Journal of Democracy 11/1: 25-32.
Pickel, Gert (1997): Tendenzen der Demokratisierung und politischen Unterstützung in Osteuropa - Makrosoziologische Überlegungen zu Demokratisierung und politischer Kultur in Osteuropa. In: Pickel, Gert/Jacobs, Jörg/Pickel, Susanne (Hrsg.): Erscheinungsformen und Entwicklung von Demokratie im interkulturellen Vergleich. Bamberg: 109-132.
Pickel, Gert Pickel (2000): Subjektive und objektive Indikatoren der Demokratiemessung im Vergleich – Grundlegende Unterschie-

de oder gleiche Ergebnisse? In: Lauth, Hans-Joachim/Pickel, Gert Pickel/Welzel, Christian (Hrsg.): Demokratiemessung. Konzepte und Befunde im internationalen Vergleich. Wiesbaden: 242-265.

Pickel, Gert (2001): Legitimität von Demokratie und Rechtsstaat in den osteuropäischen Transitionsstaaten 10 Jahre nach dem Umbruch. In: Becker, Michael/ Lauth, Hans-Joachim/ Pickel, Gert (Hrsg.): Rechtsstaat und Demokratie. Theoretische und empirische Studien zum Recht in der Demokratie. Wiesbaden: 299-326.

Pickel, Gert Pickel/Pickel, Susanne (1999): Neue Demokratien in Osteuropa? Politische Unterstützung und politische Partizipation als Determinanten der Demokratisierung. In: Lauth, Hans-Joachim/Liebert, Ulrike (Hrsg.): Im Schatten demokratischer Legitimität. Informelle Institutionen und politische Partizipation im interkulturellen Demokratievergleich. Wiesbaden: 237-258.

Pickel, Gert/Jacobs, Jörg/Pickel, Susanne (Hrsg.) (1997): Erscheinungsformen und Entwicklung von Demokratien im interkulturellen Vergleich. Bamberg

Plasser, Fritz/Ulram, Peter (1999): Mainly Sunny with scattered Clouds. Political Culture and Attitudes towards the European Union in East-Central Europe Ten Years After. Conference Paper „Ten Years After: Democratic Transition and Consolidation in East-Central Europe", Budapest 17-20. Juni 1999.

Putnam, Robert (1996): Making Democracy Work.

Przeworski, Adam (1991): Democracy and the Market. Political and Economical Reform in Eastern Europe and Latin America. Cambridge.

Rose, Richard (2001): A Diverging Europe. In: Journal of Democracy 12/1: 93-106.

Schedler, Andreas; Diamond, Larry; Plattner, Marc (Ed.) (1999): The Self-Restraining State. Power and Accountability in New Democracies. London.

Schmidt, Manfred G. (2000): Demokratietheorien. Opladen.

Schmidt, Manfred G. (1995): Wörterbuch zur Politik. Stuttgart.

Welzel, Christian (2000): Humanentwicklung und Demokratie: Welcher Index erfasst die "humane" Dimension der Demokratie am besten? In: Lauth, Hans-Joachim/Pickel, Gert Pickel/Welzel, Christian (Hrsg.): Demokratiemessung. Konzepte und Befunde im internationalen Vergleich. Wiesbaden: 132-162.

Welzel, Christian/ Inglehart, Ronald (1999): Analyzing Democratic Change and Stability: A Human Development Theory of Democracy. WZB Paper FS III 99-202. Berlin.

Westle, Bettina (1999): Kollektive Identität im vereinten Deutschland. Nation und Demokratie in der Wahrnehmung der Deutschen. Opladen.

Paul Georg Geiß

Rechtskultur und politische Reform in Zentralasien

Einleitung

Die Rechtskultur politischer Systeme beinhaltet Grundmuster, die für Gesellschaftsmitglieder Mechanismen zur Streit- und Konfliktregelung darstellen. Durch die entsprechende Anordnung von Gemeinschaftsstrukturen ermöglichen beständige Rechtskulturen nicht nur die Funktionalität von Rechtseinrichtungen, sondern sie liefern auch stabile Interaktionsformen im politischen Bereich, ohne die Politik nicht in einer normativen Ordnung verwurzelt wäre.[1] Machtbeziehungen, die nicht durch solche Grundmuster reguliert sind, ermöglichen nur opportunistische faktische Ordnung, der es an po-

---

[1] Jede beständige Gesellschaft weist einen Grundbestand an normativen Orientierungen auf. Diese Sichtweise bezieht sich nicht nur auf den integrativen Pol des AGIL-Schemas von Handlungstheoretikern, (T. Parsons, R. F. Bales, E. A. Shils, Working Papers in the Theory of Action, Glencoe (Ill.) 1957), sondern stellt eine theoretische Einsicht dar, die so alt ist, wie die akademische Disziplin der Soziologie selbst. In seiner klassischen Studie *De la division du travail social*, (E. Durkheim, The Division of Labour in Society, New York 1933 - Org.: De la division du travail social: Étude sur l'organisation des sociétés supérieures, Paris 1893.) betonte bereits E. Durkheim die normativen Merkmale sowohl von segmentierten als auch differenzierten Gesellschaften. Die normative Struktur einer sozialen Ordnung erscheint als die „mechanische Solidarität" von höchst segmentierten einfachen Gesellschaften und als „organische Solidarität" industrialisierter Gesellschaften, die auf Arbeitsteilung und Rollendifferenzierung beruhen. Utilitaristen schließen diesen normativen Aspekt von ihren Erklärungsmodellen aus oder reduzieren ihn auf utilitäre Merkmale. Sie gehen von einem Gesellschaftsvertrag aus, deswegen implizit oder explizit zugestimmt wird, weil er „das größtmögliche Glück für die größtmögliche Zahl von Menschen" bzw. ein Maximum an Utilität sicherstellt. Durkheim zeigt jedoch, dass soziale Beziehungen, die nur auf Vertragsbeziehungen beruhen, keine beständige Gesellschaftsordnung hervorbringen können, weil sie bereits eine soziale Ordnung voraussetzen. (Durkheim 1933, S. 201; R. N. Bellah (Ed.), Emile Durkheim on Morality and Society, Chicago-London 1973, S. 87-88; W. Zapf, ed., Theorien des sozialen Wandels, Köln-Berlin 1969, S. 141.)

litischer Stabilität mangelt und die genauso zufällig wäre, wie wechselhafte Macht- und Interessenkonstellationen in Gesellschaften.[2] Das Vorhandensein oder Fehlen, die Wiederentdeckung oder Transformation von Rechtskultur beeinflusst Politik in einem hohen Maße und liefert den Bezugsrahmen, auf den sich politische Akteure beziehen, wenn sie Pläne fassen, Entscheidungen treffen oder auf innere oder äußere Anforderungen reagieren. Rechtskulturen verweisen auf stabile und regulierende Prinzipien, die politisches Handeln in sich ändernden Umwelten mitbestimmen. Auf diese Weise wird auch politische Kontingenz reduziert, werden beständigere Interaktionsformen ermöglicht und dauerhafte politische Erwartungshaltungen stabilisiert.[3]

Rechtskultur wird in Rechtsgemeinschaften überliefert, die gemeinsame Konfliktregelungsmechanismen und Streitschlichtungsverfahren aufrecht erhalten. In Abhängigkeit vom Ausmaß der Differenzierung und Rationalisierung von Rechtskultur können Rechtsgemeinschaften einerseits von den Vorfahren überlieferte gewohnheitsrechtliche Traditionen lebendig halten, die Rechtspflege durch Laienrichter vorsehen. Da diese Traditionen als unantastbar gelten, entziehen sie sich in hohem Maße dem sozialen und politischen Wandel. Andererseits können auf der anderen Seite des Spektrums Rechtskulturen - wie dies etwa in den westlichen der Fall ist - vollkommen für den Wandel materieller Rechtsnormen offen stehen, wenn Gesetzgebung, Rechtsanwendung und Streitschlichtung formalrechtlich entsprechend institutionalisiert wurden.[4] In beiden Fällen vermögen etablierte Rechtsgemeinschaften, die emotionale Bindung ihrer Mitglieder an die gemeinsame Ordnung und den Gehorsam gegenüber Rechtsentscheidungen sicherzustellen. In dieser Weise erlangen die Herausbildung und Festigung von Rechtskultur größte Bedeutung für die Stabilität einer politischen Ordnung. Als wichtige Dimension der politischen Kultur prägen rechtskulturelle Orientierungen die politischen Gemeinschaftsstrukturen, durch die die Bindung zur gemeinsamen politischen Ordnung in

---

[2] Die Unterscheidung zwischen normativer und faktischer Ordnung wurde von T. Parsons in seiner berühmten Studie The Structure of Social Action (New York (1937) 1949, S. 91) eingeführt und bezieht sich auf den Sachverhalt, dass nicht jede Ordnung beständig ist. Eine stabile Ordnung muss sich - zumindest bis zu einem gewissen Ausmaß - in den normativen Orientierungen ihrer Mitglieder widerspiegeln. Cf. J. C. Alexander, The Modern Reconstruction of Classical Thought: Talcott Parsons. (Theoretical Logic in Sociology, vol. 4), Berkeley - Los Angeles 1983, S. 20-27.

[3] Vgl. R. Münch, Theorie des Handelns. Zur Rekonstruktion der Beiträge von Talcott Parsons, Emile Durkheim und Max Weber, Frankfurt 1992 (1984), S. 327-363.

[4] Vgl. N. Luhmann, Legitimation durch Verfahren, Frankfurt 1993.

Gesellschaften verwurzelt ist. Somit kommt den Rechtskulturen eine herausragende Stellung zu, die politische Integration von Gesellschaften unter kontingenten und sich ändernden Umweltbedingungen zu gewährleisten. Dies trifft auch auf Zentralasien zu.

Zehn Jahre nach dem Zerfall der Sowjetunion zeigten Demokratisierungsbemühungen in Zentralasien bescheidene Ergebnisse. Die zweite Runde der Präsidentschafts- und Parlamentswahlen zwischen 1999 und 2001 brachte erneut reichhaltiges Anschauungsmaterial über die Widerstandsfähigkeit der Region gegenüber der Demokratie ans Tageslicht. Auch Kasachstan und Kirgisien, die bisher als die demokratiefreundlicheren Republiken der Region wahrgenommen wurden, verloren im Vorfeld und während dieser Wahlgänge viel von ihrem Ruf, eine Vorreiterrolle bei der Durchsetzung von demokratischen Reformen einzunehmen. Viele westliche Politiker, Diplomaten und Politikwissenschaftler erklären den langsamen Reformprozess vor allem mit dem mangelnden politischen Willen der politischen Eliten und unterstellen allen zentralasiatischen Präsidenten persönliche Machterhaltungsinteressen, die ernsthafte Reformen verhindern.[5] Aus diesem Blickwinkel wird die Sorge der zentralasiatischen Präsidenten um politische Stabilität als eine politische Ideologie zur Selbstlegitimierung autoritärer Herrschaftsstrukturen wahrgenommen und ihre geringe Neigung zu demokratischen Reformen kritisiert.

In solchen Analysen wird nicht hinreichend berücksichtigt, dass im gegenwärtigen Zentralasien kaum Traditionen von Rechtskultur politisch wirksam sind, sodass viele vom Westen formulierte Reformvorschläge zuwenig auf die real existierenden politischen Verhältnisse bedacht nehmen. Aufgrund dieses Mangels werden politische Streitigkeiten nicht durch Gesetzes- oder Verfassungsregelungen beigelegt - die Verbesserung der Gesetzgebung kann daher als Einzelmaßnahme nur wenig bewirken -, sondern meist mit politischen und staatlichen Machtmitteln gelöst.

In ähnlicher Weise wird die staatliche Einheit weder durch Verfassungspatriotismus der Bürger - wie dies in westlichen Gesellschaften der Fall ist - sichergestellt,[6] noch ist es wahrscheinlich, dass sie

---

[5] Zum Beispiel: A. Polat, Karimov Will Stay in Office, but Recent Elections sent Mixed Messages. In Central Asia Monitor (CAM), 2000/1, p. II; P. Goble, How Authoritarian Regimes Use Elections. In CAM, 1999/6, p. II; 106th Congress 2d Session, House Concurrent Resolution 397, House of Representative - October 30, 2000; Statement of the National Democratic Institute (NDI), International Election Observer Delegation to Kyrgyzstan's October 29, 2000 Presidential Election, Bishkek October 31 2000; OSCE - Office for Democratic Institutions and Human Rights, Kyrgyz Republic - Presidential Elections October 29 2000 - Final Report, Warsaw January 16 2001.

[6] D. Sternberger, Verfassungspatriotismus, Frankfurt 1990.

von Militäroffizieren, die sich der Aufrechterhaltung der Staatsordnung besonders verpflichtet fühlen, verteidigt wird, wie dies etwa 1960/61, 1971/72 und 1980 in der Türkei geschah.[7] Aus diesem Grund ist in Zentralasien die Frage nach politischen Reformen unmittelbar mit dem Problemkomplex verbunden, wie Rechtskultur in der Region verankert, verändert oder gestärkt werden kann. Erst dann würden wichtige Voraussetzungen entstehen, welche die rechtliche Regulierung von politischem Pluralismus ermöglicht.

Um die Möglichkeiten und Grenzen der rechtlichen Transformation durch Reformen aufzuzeigen, werden zuerst die rechtskulturellen Traditionen Zentralasiens skizziert und die Auswirkungen der zarischen und sowjetischen Verwaltungsstrukturen exemplarisch beschrieben.[8] Nach der skizzenhaften Darstellung dieser Traditionen beziehen wir das Entstehungsproblem von Rechtskultur auf die beiden großen europäischen Rechtstraditionen und deren Entstehungsbedingungen. Indem wir die europäischen mit den zentralasiatischen Voraussetzungen für Rechtsreformen vergleichen, werden einige Gründe genannt, warum dem Staat eher die primäre Gestaltungsrolle in dieser Frage zukommt. Zuletzt werden auch Gründe genannt, warum Rechtskultur nicht wirksam in Zentralasien verankert werden kann, wenn man sich darauf beschränkt, westliche Rechtsordnungen nachzuahmen.

Zentralasiatische Rechtstraditionen

Im vorzaristischen Zentralasien waren zwei verschiedene Rechtssysteme wirksam, die sich wechselseitig beeinflussten, jedoch auf unterschiedlichen Voraussetzungen beruhten. Einerseits hielt die tribal organisierte Bevölkerung an den Formen des tribalen Gewohn-

---

[7] Vgl. U. Steinbach, Unter der Hypothek der Tradition - das türkische Experiment mit der Demokratie. In R. Tetzlaff (Hrsg.), Perspektiven der Demokratisierung in Entwicklungsländern, Hamburg 1992, S. 33-54.

[8] Die bisherigen Forschungsbemühungen des Verfassers beschränkten sich auf die Untersuchung der rechtlichen Traditionen des vorzaristischen und zaristischen Zentralasiens. (Vgl. Paul Georg Geiss, Communal Commitment and Political Order in Change: The Pretsarist and Tsarist Central Asia, Unpublished PhD, University Vienna 2001.) Aus diesem Grund sind die Anmerkungen zu den sowjetischen Einflüssen auf lokale Rechtskulturen und die Veränderungen seit der Unabhängigkeit nur sehr bruchstückhaft und exemplarisch. Eine systematischer Behandlung dieses Fragekomplexes wird im Rahmen des DFG-Projekts „Communal Commitment and Political Order in Change: The Soviet and independent Central Asia" am Deutschen Orientinstitut in Hamburg erfolgen.

heitsrechts fest, das unterschiedliche Namen hatte (*zang*, *tore*, *nark*, *däp* oder *adat*) und das mündlich überliefert wurde.[9]

Andererseits lebte die residentiell organisierte ländliche und städtische Bevölkerung nach dem islamischen Recht (*Scharia*).[10] Tribales Gewohnheitsrecht konnte vor allem im familienrechtlichen Bereich von Vorschriften des islamischen Rechts beeinflusst sein, nachdem Stammesgemeinschaften zum Islam übergetreten waren. Die Auslegung des islamischen Rechts war vielfach von gewohnheitsrechtlichen Traditionen beeinflusst. Die Wechselwirkung dieser Rechtssysteme veränderte jedoch nicht dessen Grundlagen.

Da Stämme und Stammeskonföderationen auch Rechtsgemeinschaften waren, pflegten ihre Mitglieder gemeinsame Rechtsauffassungen über den Personenkreis, der zur Rechtsauslegung berechtigt war, und über die Art und Weise, wie Rechtsstreitigkeiten - nach der Tradition der Vorfahren - beigelegt werden sollten. Den Umständen entsprechend konnten betroffene Stammesmitglieder für Rechtsverletzungen Vergeltung üben oder mussten Entschädigungen - wie etwa das Blutgeld (*qûn*) - zahlen oder erhalten. So waren Stammesmitglieder kollektiv verantwortlich für die Bezahlung von Strafen für Schäden, die eines ihrer Mitglieder verursacht hatte. Während Angehörige verschiedener turkmenischer Stammeskonföderationen Ältestenräte (*jašulylar maslachaty*) anerkannten und ihren Entscheidungen Folge leisteten, wenn sie auf dem Gewohnheitsrecht beruhten,[11] befassten kasachische, kirgisische und karakalpakische Stammesmitglieder die Vorsteher von Lokalgemeinschaften (*aksakal, oqsoqol*) und Stammesführer (*bi, bij*) mit Rechtsstreitigkeiten.[12]

---

[9] *Adat* stellt die arabische Bezeichnung für gewohnheitsrechtliche Traditionen dar, die durch das islamische Recht zum Teil anerkannt werden konnten. Die Türkmenen bezeichneten ihr Gewohnheitsrecht als *tore* oder *däp*, während bei den Steppennomaden der Begriff *zang* in Gebrauch war. Kirgisen nannten es *nark*.

[10] Residentielle Gemeinschaftsbindung - im Gegensatz zur tribalen - beruht auf den Rechten und Pflichten, die durch den gemeinsamen Wohnsitz und durch die Mitgliedschaft in ländlichen und städtischen Nachbarschaftsgemeinden (*mahalla*) entstehen. Vgl. P. G. Geiss, Mahallah and Kinship Relations. A Study on Residential Communal Commitment Structures in Central Asia of the Nineteenth Century. In CAS, 2001/1.

[11] Cf. P. G. Geiss, Turkman tribalism. In CAS, 1999/3, vol. 18, pp. 347-357.

[12] Über das Gewohnheitsrecht vgl.: A. de Levchine, Description des Hordes et des Steppes des Kirghiz-Kazaks ou Kirghiz-Kaissaks, Paris 1840., S. 339-406; 467-509; W. Radloff, Aus Sibirien. Lose Blätter aus dem Tagebuch eines reisenden Linguisten, Band 1, Leipzig 1884, S. 523-526; N. I. Grodekov, Kirgizy i karakirgizy Syr-dar'inskoj oblasti - Iuridičeskij byt, Taškent 1889; B. A. Kuftin, Kirgiz-Kazaki: Kultura i Byt. In Étnologičeskie očerki central'nogo muzeja narodovedenija,

In den Flussoasen beruhte das islamische Gesetz hingegen auf einer schriftlich fixierten, kanonisierten (i.e. der hanafitischen) Rechtstradition, die von Rechtsgelehrten (*ulema*) interpretiert und unterrichtet wurde. Kadis wurden vom Emir oder Chan als Richter eingesetzt und behandelten ihnen vorgebrachte Rechtsstreitigkeiten und familienrechtliche Angelegenheiten. Ihre Rechtsentscheidungen konnten von Beamten des Herrschers durchgesetzt werden. Im Unterschied zum Stammesrecht forderte das Scheriatsrecht die persönliche Verantwortung der Gläubigen gegenüber Gott und der menschlichen Gemeinschaft, die in der Unterscheidung zwischen dem Recht Gottes (*haqq Allah*) und dem Recht der Menschen (*haqq adami*) zum Ausdruck kommt. Da vier der fünf *hadd*-Strafen die Rechte Gottes verletzen, kann deren Vollstreckung nicht durch die Zahlung von Blutgeld verhindert werden. Die Verhängung der Todesstrafe bei *hadd*-Vergehen wie dem Ehebruch und Raub wird daher nur durch das islamische Prozessrecht erschwert.[13]

Diese unterschiedlichen Rechtstraditionen bestimmten, wie die Menschen ihre Familienangelegenheiten regelten und ihr Gemeinschaftsleben gestalteten. Sie lieferten den Bezugsrahmen für die Regulierung des Zugangs zu Ressourcen und deren Bereitstellung für die nächste Generation. Zum Beispiel hielten tribal organisierte Akkerbauern individuelle und gemeinschaftliche Nutzungsrechte für Brunnen und Kanäle aufrecht, welche ihren Zugang zu Weiden und Ackerland bestimmten und jährlich neu aufgeteilt wurden. Residentiell organisierte Dorfbewohner anerkannten hingegen private Eigentumsrechte (*Mulk*), die erworben, veräußert oder übertragen werden konnten. Im Gegensatz zum Prinzip der Ultimogenitur bei der tribalen Bevölkerung sah das islamische Erbrecht nach dem Tod des Familienoberhaupts Besitzteilung zwischen Frau, Söhnen und Töchtern vor.[14]

---

no. 2, Moscow 1926, S. 8-9; V. A. Riasanovsky: Customary Law of the Kirghiz, The Chinese Social and Political Science Review, 1937/2, Vol. XXI, S. 190-220; S. M. Abramzon, Kirgizy i ich etnogenetičeskie i istoriko-kul'turnye svjazi, Frunze 1990 (1971) , S. 171-178.

[13] Delikte, die nur das Recht von Menschen verletzten (Totschlag, Körperverletzung, Sachschäden) konnten auch im Rahmen des Scheriatsrechts durch Entschädigungen gutgemacht werden. (K. Dilger, Tendenzen der Rechtsentwicklung. In W. Ende, U. Steinbach, Hg., Der Islam in der Gegenwart, München 1984, S. 203).

[14] Eine der besten Studien über das Erbrecht und die Besitzteilung im Zentralasien des 19. Jhs. ist: N. A. Kisliakov, Nasledovanie i razdel imuščestva u narodov Srednej Azii i Kazachstana (XIX-nachalo XX v.), Leningrad 1977. Vgl. auch: N. Izraztsov, Obyčnoe pravo („adat") kirgizov semirečenskoj oblasti: semejnye sojuzy. In Etnografičeskoe obozrenie - Izdanie etnografičeskogo otdela imperatorskogo obščestva ljubitelej estestvoznanija, antropologii i etnografii, sostojaščego pri moskovskom universitete, 1897/3, S. 67-94, 68-70.

Die zentralasiatischen Rechtstraditionen prägten nicht nur die Formen der Gemeinschaftsbindung, sondern gestalteten auch den politischen Raum. Bei den Türkmenen verhinderte *Däp* die Entstehung von beständigen politischen Führungsrollen. So konnten Türkmenen zwar zeitweise - etwa während Raubüberfällen (*alaman*) nach Chorassan, Chiwa oder Buchara - die absolute Befehlsgewalt von Führern (*serdar*) anerkennen oder sich unter der Führung eines gewählten Chans für einige Zeit gegen einen äußeren Feind verbünden. Ihre gemeinschaftliche Bindung an das Gewohnheitsrecht verbat jedoch Serdaren oder angesehenen Sufi-Scheichs (*išan*) dauerhafte politische Führungspositionen. Jene, die versuchten, die alten Sitten der Vorfahren zu ändern, zwangen sie, entweder *Däp* Gehorsam zu leisten oder die lokalen Gemeinschaften zu verlassen.[15] Kasachische Stammesmitglieder anerkannten hingegen Dschingisiden als oberste politische Führer, die sie zu Chanen der kasachischen Horden wählten. Dies geschah, wenn die Versammlung der Stammesführer und der Nachkommen Dschingis Chans - in Übereinstimmung mit der politischen Tradition des mongolischen Herrschaftsrechts (Jasa) - einvernehmlich einen neuen Chan wählte und ihn auf einem weißen Filztuch hochhoben. Als Zeichen der Zustimmung brachten dann die Stammesführer ein Stück dieses Tuchs nach Hause.[16] Aufgrund der kasachischen Rechtstradition durften nur Dschingisiden politische Oberherrschaft anstreben, da nur ihr Führungsanspruch für politisch legitim gehalten wurde. Kirgisen, Karakalpaken und Kiptschaken (*Qipčoq*) hingegen wurden politische Gefolgsleute von Stammesführern, die für den ganzen Stamm Entscheidungen treffen konnten. Im Gegensatz zu den Kasachen anerkannten sie jedoch keine Herrschaftsansprüche von Dschingisiden.

Bis zum Ende des 18. und zum Beginn des 19. Jahrhunderts bestimmte die Jasa auch die Herrschaftsbeziehungen in den Flussoasen. Bis zu jener Zeit bewegten sich die herrschenden usbekischen Dynastien der Mangiten, Mings und Kungraten innerhalb dieser Rechtstradition, da sie trotz ihrer faktischen Machtergreifung fortfuhren, Dschingisiden als oberste Herrscher einzusetzen, ein Vorgang, den der russische Orientalist V. Barthold als „Spiel mit den

---

[15] P. G. Geiss, Turkman Tribalism. In Central Asian Survey, 1999/3, vol. 18, S. 347f.
[16] Lechine 1840, S. 374-5; Radloff 1884 (I), S. 516; P. P. Rumiantsev, Kirgizskij narod v prošlom i nastojaščem, St. Petersburg 1910, S. 19. Die Dschingisiden - von den Russen als Sultane bezeichnet - konnten daher die Chane nicht selbst aus ihrer Reihe wählen, wie Akiner annimmt. (Sh. Akiner, The Formation of Kazakh Identity. From Tribe to Nation-State (Former Soviet South Project), London 1995, S. 16).

Chanen" bezeichnete.[17] Diese regierenden Dynastien brachen jedoch abrupt mit dieser Rechtstradition, als sie begannen, die Chanswürde für sich zu beanspruchen. Der Mangite Schah Murad (1785-1800) missachtete als erster dieses politische Erbe, als er 1785 seinem Vater als Herrscher von Buchara nachfolgte und den letzten Astrachaniden Abul Ghasi Chan absetzte. Iltusar (1804-1806) nahm als erster Kungrate den Chanstitel in Chiwa an, obwohl er seine Abstammung nicht von Dschingis Chan ableiten konnte. Als Alim Chan (1798-1810) als erster Ming die Chanswürde für sich in Anspruch nahm und so das Chanat von Kokand begründete, verließ er ebenso diese Herrschaftstradition.[18] Diese neuen usbekischen Chane erfuhren auch bald an der eigenen Haut die unabsehbaren Konsequenzen ihrer Entscheidung, etablierte Rechtstradition zu missachten. Die Würde des Chans blieb nicht länger unantastbar, und dieses politische Amt wurde zu einem Spielball politischer Kräfte. Während schaibanidische und dschanidische Chane ein Leben lang regierten, bekleideten Mings und Kungraten dieses Amt oft nur für wenige Jahre.[19]

---

[17] V. V. Bartol'd, Istorija kul'turnoj žizni Turkestana (1927). In Sočinenija, vol. 2, part I, (Obščie raboty po istorii Srednej azii - Raboty po istorii Kavkaza i vostochnoj Evropy), Moscow 1963, S. 283. Vgl. Mir Abdoul Kerim Boukhary, Histoire de l'Asie. Afghanistan, Boukhara, Khiva, Khoqand depuis les dernière années du règne de Nadir Chah, 1153, jusqu'en 1233 de l'hégire, 1740 - 1818 A. D., (Texte persane, publié d'après un manuscrit unique, avec une traduction française accompagnée d'une introduction, des notes et appendices, ed. by Ch. Schefer, Amsterdam 1970 (Paris 1876), S. 178-180.

[18] Vgl. R. D. McChesney, Central Asia: Foundations of Change, Princeton (N. J.) 1996, S. 124-141; B. F. Manz, Beatrice Forbes, The Development and Meaning of Chaghatay Identity. In Jo-Ann Gross (ed.), Muslims of Central Asia. Expressiona of Identity and Change, Durkam-London 1992, S. 27-45. Im 16. und 17. Jh. galten Usbeken als Usbeken, weil sie schaibanidisch-dschingisidische politische Suprematieansprüche anerkannten. Dieser Anspruch war bereits problematisch, da die Dschaniden nur mütterlicherseits mit den Schaibaniden verbunden waren. Kasachen wurden so genannt, weil sie schaibanidisch-dschotschidische Herrschaftsansprüche unterstützten. Andere Stammeskonföderationen, die tschagataisch-dschingisidische Herrschaftsrechte anerkannten, wurden Monghulen genannt. All diese „ethnonymischen" Bezeichnungen verwiesen nur auf die politischen Orientierungen von Stammesmitgliedern und deren Bereitschaft, bestimmte dschingisidische Herrschaftsansprüche zu unterstützen. Aus diesem Grund waren Iltusars und Alim Chans Ansprüche für Usbeken nicht akzeptabel, während sie kaum einen Unterschied für Kirgisen, Karakalpaken und für die nicht tribal organisierte Bevölkerung bedeuteten.

[19] Im Chanat von Kokand, zum Beispiel, gab es während seines ungefähr 75jährigen Bestehens 10 Chane und 12 Amtsperioden. Sechs Chane wurden von Gegnern getötet, einer wurde verjagt, ein weiterer zweimal aus dem Amt vertrieben, bevor er seine dritte Amtszeit - wie auch sein Sohn, der letzte Chan - als zaristischer Pensionär beendete.

In Buchara wurde das Problem der schwindenden Herrschaftslegitimation gelöst, indem Schah Murad (1785-1800) den islamischen Herrschaftstitel eines Emirs in Anspruch nahm und dadurch 1785 das Emirat von Buchara begründete. Seine islamisch geprägte Herrschaft zielte auf die Stärkung patrimonialer Verwaltungsstrukturen und Verbreitung des islamischen Gesetzes in vormals tribalen Besiedelungsgebieten. In dieser Weise wurde die Herrschaftsausübung stärker in eine islamische politische und rechtliche Tradition eingebettet. Emir Nasrullah Chan (1826-1860) setzte diese Zentralisierungspolitik auf der Basis der Verbreitung des islamischen Rechts fort. In ähnlicher Weise versuchten dies auch Mings wie Umar Chan (1810-22) und Chudajar Chan (1845-58, 62-63, 66-75) im Chanat von Kokand. Diese Bemühungen zeigten aber nur begrenzte Erfolge.

Vielfalt von Rechtskulturen während der Zarenherrschaft

Die zaristische Kolonialherrschaft in Zentralasien war mit dem Problem konfrontiert, unterschiedlich organisierte Bevölkerungsgruppen in eine Verwaltungsordnung zu bringen und rechtliche Einrichtungen zu schaffen, die in der Lage waren, Rechtsstreitigkeiten und politische Konflikte zu lösen. Die zivile Militärverwaltung versuchte dieses Problem zu lösen, indem Lokalnotabeln als Dorfälteste und *Volost'*-Oberhäupter anerkannt wurden. Diese Notabeln sollten einerseits lokales Gewohnheitsrecht bzw. das Scheriatsrecht anwenden, andererseits die imperiale Gesetzgebung und die Anweisungen von *Uezd*- und *Oblast*-Kommandanten durchsetzen. Den Behörden gelang es aber nicht, eine gemeinsame Rechtsordnung zu etablieren, die das Austragen von Konflikten zu regulieren imstande gewesen wäre. Mangels gemeinsamer Rechtsauffassungen und aufgrund des Fehlens von Rechtsgemeinschaft wurden vor allem politische und militärische Machtmittel zur Aufrechterhaltung der Ordnung eingesetzt.

So lebten in Zentralasien fünf verschiedene Bevölkerungsgruppen, die verschiedenen Rechtsgemeinschaften angehörten und gewöhnlich in getrennten Siedlungsgebieten lebten. Die residentiell organisierte Bevölkerung lebte in ländlichen und städtischen Mahallas und anerkannten Kadis, die Rechtsfragen in Übereinstimmung mit dem islamischen Gesetz behandelten. Tribale Bevölkerung lebte hingegen in sesshaften Dorfgemeinschaften oder semi-nomadischen Lagergemeinschaften nach dem tribalen Gewohnheitsrecht. Ihre Rechtsstreitigkeiten wurden von den eingesetzten Richtern (*bi, bij*) oder von Ältestenräten (*maslachat*) behandelt. Russische Bauern brachten Rechtssachen vor Dorfälteste und Kreisgerichte (*sel'skij sud)* und konnten beim Obersten Kreisgericht (*verchnij sel'skij sud*) Berufung einlegen. Die Rechtsprechung beruhte dabei sowohl auf der Reichsgesetzgebung als auch auf dem russischen Gewohnheitsrecht. Die Kosaken bildeten Heeresabteilungen (*vojsko),* die in Kosakensiedlungen (*stanica*) und Dörfer gegliedert waren und autonome rechtliche und administrative Einheiten darstellten. Nur die Stadtbewohner europäischer Herkunft waren direkt den Reichsgesetzen unterstellt, und ihre Angelegenheiten wurden von Friedensgerichten (*mirovoj sud'ja*) behandelt.

Die *Oblast'*- und *Uezd*-Verwaltung stellten daher die einzig integrative Kraft zwischen diesen verschiedenen einheimischen und europäischen Siedlungsgebieten dar, die Konflikte zwischen Angehörigen unterschiedlicher Rechtsgemeinschaften schlichten konnte. Im Gegensatz zu einigen Historikern, welche die Auffassung vertreten, dass sich die zaristische Kolonialverwaltung nicht in die inneren Angelegenheiten der Lokalbevölkerung einmischte,[20] gibt es viele Hinweise für die weitreichende Einflussnahme der Behörden in die Lebenswelt der Zentralasiaten.[21] Bei Rechtsfragen wurde die Einmischung der Behörden und der Reichsgerichte darin sichtbar, dass sie alle Angelegenheiten, welche die Reichsgesetze als schwerwiegende Verbrechen einstuften, an sich zogen. So konnten Vergehen wie Raub, Plünderung und Totschlag nur von russischen Gerichten behandelt werden. Durch diese Maßnahme wurden das

---

[20] H. Carrère d'Encausse, Organizing and Colonizing the Conquered Territories, In E. Allworth, ed., Central Asia. 130 Years of Russian Dominance, A Historical Overview, Updated third edition, Durham and London 1994 (1967), S. 159.

[21] Die Kolonialverwaltung mischte sich in unterschiedlicher Weise in die inneren Angelegenheiten ein: Im Steppengebiet zerstörte sie die Grundlagen für die Nomadenwirtschaft der Kasachen, schaffte die Chanswürde ab und hob den Stand der Dschingisiden (Sultane) auf. Sie drängte den politischen Einfluss von Stammesführern auf die *Volost'*-Grenzen zurück, förderte die Enttribalisierung und die Sesshaftwerdung von Nomaden. Sie führte das Prinzip der persönlichen Verantwortung ein, behandelte Dörfer als Haftungsgemeinschaften und gründete russisch-kasachische Schulen. In Transkaspien zerstörte die Zarenherrschaft akephale Stammesstrukturen, schaffte die Blutrache ab und forderte die persönliche Verantwortung für Vergehen ein, die die Reichsgesetze als kriminell einstuften. Im Generalgouvernement Turkestan wurde nach der Einführung der zivilen Militärverwaltung eine Land- und Steuerreform durchgeführt, die den ökonomischen und politischen Einfluss aller außer der islamischen Eliten stark einschränkte und Tausende von landlosen Bauern zu Grundbesitzern machte. Diese und andere Einflüsse wie die Intensivierung des Handels, die Kapitalisierung der Wirtschaft und der Verbreitung neuer landwirtschaftlicher Technologien veränderten das Leben der Zentralasiaten. (Vgl. Geiss 2000, pp. 257-311).

islamische Strafrecht ausgehöhlt und schwere Strafen wie Peitschenhiebe, das Abtrennen von Händen und Beinen und die Todesstrafe unterbunden. Statt dessen setzten zaristische Richter und Militärkommandanten Geldstrafen fest, verhängten Arreststrafen und ahndeten schwere Vergehen mit Lagerhaft in Sibirien.[22] Auf diesem Weg griffen die Reichsgesetze auch in lokale Rechtsfragen ein.

Andererseits bemühten sich die Kolonialbehörden auch um die Integration lokaler Rechtskulturen in die Reichsrechtsordnung. Rechtssammlungen und Kodifikationen von lokalem Gewohnheitsrecht wurden vielfach angefertigt und publiziert, um mehr Rechtssicherheit in der lokalen Gerichtsbarkeit zu erreichen und den Kolonialbehörden die nötigen Kenntnisse lokaler Rechtsentscheidungen zu vermitteln. Reichsgesetze wie die Provisorischen und endgültigen Turkestan- und Steppenstatuten griffen vielfach lokale Rechtsnormen auf und passten sie den Erfordernissen der Kolonialverwaltung an.

Die Integration von lokalen Rechtstraditionen blieb jedoch problematisch, da viele Bereiche der lokalen Rechtspflege nicht mit den Reichsgesetzen zu vereinbaren waren: Kasachen und Kirgisen brachten gewöhnlich ihre Streitsachen vor Schiedsgerichte, deren Mitglieder sie frei nominieren konnten. Die Kolonialgesetzgebung institutionalisierte jedoch Lokalgerichte nach dem Territorialprinzip, so dass Richter nicht mehr gewählt werden konnten und gerichtliche Entscheidungen käuflich wurden. Ähnlich erging es der residentiell organisierten Bevölkerung, die ihre Rechtsangelegenheiten nur mehr vor die Kadis ihrer Gerichtssprengel bringen konnten. Andererseits war der tribalen Schiedsgerichtsbarkeit, die erlittenes Unrecht durch Entschädigungen ausglich, das Vergeltungs- und Strafprinzip der Reichsgesetzgebung fremd. So waren, zum Beispiel, die Turkmenen daran gewöhnt, nur Entscheidungen des *Maslachats* ihrer Abstammungsgruppe als verbindlich anzuerkennen. Da die Kolonialverwaltung Ältestenräte auch mit Fällen konfrontierte, die Angehörige fremder Abstammungsgruppen betrafen, waren solche Entscheidungen nicht verbindlich. Andererseits konnten Stammesangehörige, die Vergehen wie Totschlag durch die Bezahlung des Blutgelds wiedergutmachten, noch einmal von Reichsgerichten verurteilt und nach Sibirien geschickt werden. Aufgrund unterschiedlicher Rechtsüberzeugungen und Rechtsfolgen für ein und dasselbe Vergehen waren einheimische Richter mit dem Dilemma konfrontiert, entweder Reichsgesetze anzuwenden und die Unterstützung der Lokalbevölkerung zu verlieren, oder Gewohnheitsrecht geltend zu machen und dadurch in Konflikt mit den Kolonialbehörden zu kommen. In dieser Situation versuchten sie oft heimlich lokale

---

[22] Cf. §§ 129-133, 214-233 des Provisorischen Turkestan Statuts.

Rechtsangelegenheiten zu behandeln, ohne dass der Militärkommandant oder die Verwaltungsbeamten davon erfuhren.[23]

Der sowjetische Primat der Politik

Nach der Eroberung Zentralasiens durch die Rote Armee drängten die Bolševiki auf rasche soziale und politische Reformen zur Durchsetzung ihrer Ordnungsvorstellungen. Diese Reformen beinhalteten die Abschaffung der Scheriatsgerichtshöfe und die Nationalisierung der religiösen Stiftungen (*Vaqf*). Die Sowjetmacht musste jedoch bald erkennen, dass sich die zentralasiatischen Kleinbauern trotz ihrer Bemühungen um die Verbreitung des Klassenkampfs nicht gegen die Großgrundbesitzer wandten, sondern dass die Feindseligkeiten gegen die Sowjetbehörden zunahmen. So mussten sie aus Stabilitätsgründen 1921 die Scheriatsgerichtshöfe wieder einführen und die religiösen Stiftungen ihren Inhabern zurückgegeben. Gleichzeitig bemühten sich die *Bolševiki* mit ihrer Neuen Ökonomischen Politik (NEP), die wirtschaftlichen Nöte zu mindern, die durch die Wirren des Bürgerkriegs und durch Hungersnöte entstanden waren. Dies ermöglichte ihnen, die sowjetischen Machtstrukturen in der Region zu festigen.

Erst 1926 begann die Sowjetmacht damit, lokale Rechtstraditionen durch die Umverteilung von Acker- und Weideland von Stammesführern und Lokalnotabeln („*Bajs*") zu armen Familien systematisch zu unterwandern. Die Kollektivierungskampagne - sie bedeutete für viele Zentralasiaten keine Kollektivierung, weil sie bereits zuvor in Dorfgemeinschaften organisiert waren - setzte diese Politik fort, indem lokale Eliten als „reaktionäre Kulaken" gebrandmarkt, liquidiert oder in sibirische Gulags verbannt wurden. Dadurch wurden die verbliebenen Kadis und *Bijs* aus ihren Ämtern entfernt und als Träger lokaler Rechtskulturen physisch vernichtet. Im Gegensatz dazu wurden sowjetische Gesetze erlassen, welche die Adat und das Scheriatsrecht ersetzen sollten.[24] Da diesen Gesetzen die lokale Unterstützung fehlte, wurde versucht, sie mit politischen Mitteln und mit flächendeckender sowjetischer Kulturarbeit (Einführung der allgemeinen Schulpflicht, Schaffung von Literatursprachen, Propagandaarbeit in Jugendverbänden, Förderung sowjetischer Kulturproduktion etc.) zur Geltung zu bringen. Die sowjetische Gesetzgebung versuchte vor allem mit Straf- und Familiengesetzen, diese lokalen Traditionen zu überwinden. So wurden die

---

[23] Geiss 2000, S. 282-284, 287-298,
[24] Das beste Buch über den kulturellen Wandel in der Sowjetunion ist noch immer Elisabeth Bacon's Central Asians under Russian Rule. A Study in Culture Change. (Ithaca-New York 1966, S. 116-188).

Polygamie und die Leviratsehe abgeschafft, die Verschleierung und Abschirmung von Frauen verboten, das Heiratsalter auf 18 Jahre hinaufgesetzt, von den Eltern arrangierte Heiraten unter Strafe gestellt und patriarchalische Familienbeziehungen gebrandmarkt. Strafrechtliche Verfolgung wegen „Verbrechen beruhend auf Tradition" sollten endgültig „reaktionäre" Lebensentwürfe diskreditieren und mithelfen, „progressive" sozialistische Lebensformen der antizipierten klassenlosen Gesellschaft verwirklichen.

Im Rahmen dieser Überlegungen ist es nicht möglich, das Sowjetisierungsprogramm in all seinen Facetten zu beschreiben und aufzuzeigen, wo es seinen Anspruch nicht einlösen konnte. Gewohnheitsrecht und bestimmte Normen des islamischen Gesetzes spielten weiterhin eine wichtige Rolle im örtlichen Gemeinschaftsleben, allen sowjetischen Anstrengungen zum Trotz: so galten Dorfälteste (*aksakal*) weiterhin als vertrauenswürdige und besonders erfahrene Instanzen, die Familienangelegenheiten wie Hochzeiten, Scheidungen und Begräbnisse regelten. *Mahallas* blieben bevorzugte Orte patriarchalischer Familiensozialisation und Mittelpunkte intensiven Gemeinschaftslebens. Die Übersiedelung in die Nachbarschaftsgemeinde blieb auch zu Sowjetzeiten - dem Gewohnheitsrecht entsprechend - an ein Vorverkaufsrecht der *Mahalla*-Bewohner für Häuser und an die Zustimmung des Aksakale gebunden. In dieser Weise blieben gewohnheitsrechtliche Traditionen auf der Lokalebene bestehen und passten sich den Erfordernissen der sowjetischen Gesellschaft an. Trotzdem kann gesagt werden, dass das Scheriats- und Gewohnheitsrecht ihre politische Dimension weitgehend einbüßten und weitgehend aufhörten, Rechtsstreitigkeiten zwischen Fremden zu regeln.

Die Sowjetisierung Zentralasiens ging daher mit dem Niedergang lokaler Rechtskultur einher. Während die Zarenherrschaft versuchte, lokale Rechtssysteme ins Justizsystem des Zarenreichs zu integrieren, unternahmen die Sowjetbehörden alles, um diese lokalen Rechtskulturen zu zerstören und betonten den Primat der Politik über die Rechtsordnung. Es stimmt zwar, dass die Sowjetmacht ein sowjetisches Rechtssystem mit Richtern und Staatsanwälten etablierte, das gewisse Ähnlichkeiten mit westlichen Rechtssystemen aufwies. Diese Institutionalisierung war jedoch nur von formalem Charakter. Aufgrund der avantgardistischen Rolle der KPdSU und ihrer Macht, alle Ernennungen in der Judikative zu kontrollieren, fanden Parteimitglieder eine breite Palette von Möglichkeiten der Einflussnahme zugunsten eines Klientels vor. So entledigte sich die Sowjetordnung vollkommen der Möglichkeit, Politik in einer Rechtskultur zu verwurzeln, an der sich breite Bevölkerungsteile orientieren.

Die Zerstörung von Rechtskultur gehört daher zu den nachhaltigsten und schwierigsten Teilen des sowjetischen politischen Erbes, das weiterhin Herrschaftsbeziehungen bestimmt und das selbst westlich orientierte Politiker daran hindert, ernsthafte Erfolge bei der Demokratisierung in der sogenannten „Transformationsperiode" zu erzielen.[25]

Michael Gorbačev erfuhr während seines politischen Wirkens einige der Implikationen, die sich aus dem Fehlen von Rechtsstaatlichkeit für politische Reformprozesse ergeben. Seit Mai 1988 wurde Rechtsstaatlichkeit zu einem Hauptziel der Perestroika. Rechtssicherheit und die Bindung der Beamten an Gesetze wird jedoch kaum sichergestellt, indem das Parlament Gesetze unterzeichnet oder der Präsident Anordnungen unterschreibt. Dieses Verwaltungsprinzip muss langfristig von den Behörden eingeübt und von Rechtsexperten unterstützt werden, um zu einer sozialen Realität zu werden. Indem Gorbačev versuchte, mit politischen Mitteln ein politisches System zu reformieren, das in keiner Rechtskultur verwurzelt war, verfolgte er eine höchst kontraproduktive Reformstrategie. Indem er politische Reformprozesse einleitete, die auf westlichen Voraussetzungen beruhten, welche der Sowjetgesellschaft fremd waren, schwächte er systematisch die Integrität staatlicher Strukturen und verspielte dadurch den staatlichen Handlungsspielraum für die Durchführung erfolgreicherer Reformen.[26]

---

[25] Sowohl der westliche, als auch der lokale politische Diskurs über Herrschaftsbeziehungen in Zentralasien beziehen sich auf das Konzept der „Transformation", um politische Reformprozesse zu beschreiben. Es bestehen aber evaluative Unterschiede in der Bewertung der gegenwärtigen und sowjetischen Zeit. Cf. P. G. Geiss, Western and Local Political Discourse on Authority Relations in Central Asia. In CAM, 2000/6, S. 1-6.

[26] In seiner Autobiographie schreibt Gorbačev, dass er diesen Sachverhalt erst erkannte, als es schon zu spät war: So schreibt er dann rückblickend: „Erst spät - zu spät, wie ich zugeben muss - wurde mir ein weiterer Punkt klar. Mögen unsere staatlichen Gebilde, wie sie Theoretiker und Politiker erdacht haben, noch so vollkommen sein: Funktionieren werden sie nur, wenn sie die Unterstützung einer Gesellschaft finden, deren politischer Kultur und Mentalität sie entsprechen. Bei uns aber hatte sich in vielen Jahrzehnten eine Art kultische Verehrung für Politbüro und Generalsekretär herausgebildet, zu deren Riten blinder Gehorsam gegenüber Anordnungen und Befehlen gehörte. Der Umstand, dass diese ebenso begründete wie gefürchtete Quelle der Macht nahezu über Nacht versiegte, machte sich daher sofort in der Staatsdisziplin bemerkbar." (M. Gorbatschow, Erinnerungen, Berlin 1996, S. 468)

Rechtskulturen und die Effizienz politischer Reformen

Wenn die Verankerung von Rechtskultur und die Stärkung von Rechtsgemeinschaft wichtige Voraussetzungen für die Entstehung beständiger politischer Ordnungen darstellen, muss die Frage nach politischen Reformen neu formuliert werden: demnach sollte nicht gefragt werden, wie demokratische Reformen in Zentralasien durchgeführt werden können und worin die Hindernisse für die Demokratisierung bestehen. Vielmehr sollte dem Fragenkomplex nachgegangen werden, welche Maßnahmen für die Verankerung von Rechtskultur förderlich sind und wie Rechtsgemeinschaft gestärkt werden kann. Es geht dabei nicht primär darum, wie Verfassungsordnungen geändert werden sollen und wie die lokale Gesetzgebung internationale, d. h. westliche Standards erreichen kann. Auch die Frage, welche der westlichen Straf- und Zivilrechtskodifikationen oder welche Prozessordnungen als Modell für Rechtsreformen herangezogen werden sollen, ist damit nicht direkt gemeint. Vielmehr geht es darum, wie das Rechtsbewusstsein von Staatsbürgern und Beamten und die Bindung an eine gemeinsame Rechtsordnung gefördert werden kann.

Da Rechtskultur durch die Interpenetration von rechtlichen und kulturellen Handlungsorientierungen der Bürger, Beamten, Politiker und Rechtsexperten entsteht, wird die Festigung der Rechtsbindung auch davon abhängen, wie eine Rechtsordnung die kulturellen Orientierungen ihrer Mitglieder repräsentieren und integrieren kann. Aus diesem Grund können politische Reformen, die auf die Stärkung von Rechtsinstitutionen abzielen, nicht ein Rechtssystem von außen oktroyieren, sondern müssen bei den vorhandenen gemeinschaftlichen, kulturellen und rechtlichen Handlungsorientierungen der Bevölkerung ihren Ausgangspunkt suchen.

Wenn man von formalen Gesichtspunkten aus die Entstehungsgeschichte der westlichen Rechtskultur, die auf Rechtsstaatlichkeit beruht, bedenkt, so entsprechen den beiden großen europäischen Rechtstraditionen auch zwei unterschiedliche Entstehungsmodi, die bis heute das Verhältnis zwischen Staat und Gesellschaft prägen: Die anglo-amerikanische Rechtskultur entstand durch die evolutionäre Entwicklung von Gewohnheitsrecht, des *Common Law*, das bereits vor der Herausbildung von Staatsstrukturen befolgt wurde, kontinuierlich die Entstehung von Staatsstrukturen regulierte und die Macht des Königs und seines Herrschaftsstabs beschränkte. In der Glorreichen Revolution (1688/89) gelang es den freien Bauern (*Yeomen*) und dem Landadel (*Gentry*), durch die Etablierung des *Common Law* als eine über dem König und dem Parlament befindliche gemeinsame Rechtsordnung die konstitutionelle Beschränkung des Königtums und den Primat des Parlaments („*King in Par-*

lament") durchzusetzen. Unabhängige Gerichte und die Monopolisierung und Professionalisierung des Rechtsbeistandes durch den Stand unabhängiger Rechtsanwälte (*Solicitors* und *Barristers*) wurden zu Grundpfeilern der gemeinsamen Rechtsordnung.

In Kontinentaleuropa wurde hingegen Rechtsgemeinschaft durch den absolutistischen Staat durchgesetzt, der - im Bündnis mit dem aufstrebenden Bürgertum und einem durch das römische Recht geschulten Fachbeamtentum - ständische Privilegien einschränkte und regionale Rechtspartikularismen beseitigte. In beiden Fällen entstanden durch die Konstitutionalisierung universalisierte, auf Rechtsstaatlichkeit beruhende Rechtsordnungen.[27]

Wenn wir diese beiden Entstehungsmodi von Rechtskulturen in staatlich organisierten Gesellschaften auf Zentralasien beziehen, wird sichtbar, dass die evolutionäre Entwicklung von Gewohnheitsrecht in Richtung der gesellschaftlich-rechtlichen Integration von Herrschaftsbeziehungen zur Beschränkung der Staatsgewalten keine realistische politische Option mehr darstellt. Wie oben skizziert, wurden zentralasiatische Traditionen des Gewohnheitsrechts in der Zarenzeit stark eingeschränkt und verloren in der Sowjetzeit ihre politische Bedeutung. Die westlichen, besonders anglo-amerikanischen Bemühungen um die Verbreitung zivilgesellschaftlicher Strukturen - ein solches Entwicklungskonzept impliziert ja eine gewohnheitsrechtliche, nicht staatlich geprägte Integration von Gesellschaft - ist daher nicht nur aus diesem Grund wenig erfolgversprechend, sondern auch wegen dem Versuch, westliche Rechtsauffassungen und Konzepte von Staatsbürgerschaft, die kaum Bezüge zu vorhandenen lokalen Traditionen herstellen können, in der Region zu propagieren. So leisten zwar zahlreiche, westlich finanzierte NGOs wichtige Beiträge zur Verringerung der sozialen, ökologischen und wirtschaftlichen Probleme der Bevölkerung, jedoch gelingt es ihnen nicht, die partikularistischen Orientierungen ihres Klientels, das auch die lokalen Mitarbeiter einschließt, zu überwinden.[28]

Es bestehen daher gute Gründe für die Annahme, dass eher Staatsstrukturen als zivile Akteure unter den gegebenen Voraussetzungen in der Lage sein können, in den Republiken stärker rechtsgemeinschaftliche Bindungen zu verankern. Ferner werden eher starke als schwache Staaten in der Lage sein, die Bindung der Beamten, Politiker und Bürger an das rechtsstaatliche Prinzip durchzusetzen.

Abschließend soll daher - aus der vorgeschlagenen Perspektive - untersucht werden, ob und in welchem Ausmaß zentralasiatische

---

[27] R. Münch, Die Struktur der Moderne. Grundmuster und differentielle Gestaltung des institutionellen Aufbaus der modernen Gesellschaften, Frankfurt 1992 (1984), S. 284-295.

[28] Vgl. D. M. Abramson, Aid in Uzbekistan. In CAM, 1999/6, S. 1-11.

Präsidenten und Regierungen seit der Unabhängigkeit rechtsgemeinschaftliche Strukturen förderten und stärkten.

Rechtskultur und politische Reformen im gegenwärtigen Zentralasien

Als 1991 die zentralasiatischen Republiken unabhängig wurden, hatten die herrschenden Eliten weder für die Unabhängigkeit gekämpft, noch strebten sie dies aufgrund der extremen Abhängigkeit von der Wirtschaft der Union und des Angewiesenseins auf Finanztransfers als politisches Ziel an. So wie 1924 Außenkräfte für die Errichtung der Sowjetrepubliken verantwortlich waren, wurde das Schicksal der Republiken über die Köpfe aller Zentralasiaten hinweg im Dezember 1991 in Minsk entschieden.

Mit Ausnahme der KP Tadschikistans[29] stimmten die Machteliten darin überein, dass der Kommunismus als Herrschaftsordnung seine Integrationsfunktion verloren hatte und unterstützten die Nationalisierung von Staat und Gesellschaft zur Erlangung einer neuen Grundlage für die politische Ordnung. Um die völkerrechtliche Anerkennung und den Zugang zu internationalen Organisation zu erreichen, erkannten die Führungseliten auch die außenpolitische Notwendigkeit, ihrer Herrschaftsausübung durch die Verabschiedung von Verfassungen nach innen und nach außen eine rechtliche Grundlage zu geben. Eine landesweite Debatte von Verfassungsentwürfen hätte vielleicht einen Konstitutionalisierungsprozess in Gang gebracht, der die entstandene Kluft zwischen dem Staat und den Lokalgemeinschaften durch Anknüpfungspunkte an lokale Traditionen und vorsowjetische Rechtskulturen hätte verringern können. Eine solche Verfassungsdebatte über die Grundlagen, Selbstverständnisse und Zukunft der Staatsordnung fand in keiner der zentralasiatischen Republiken statt. Die entstandenen Verfassungen spiegeln vielmehr die eklektizistische Übernahme des formalen Rechtsbestands verschiedener westlicher Verfassungen - die französische und amerikanische waren aufgrund der starken Stellung des Präsidenten besonders interessant - wider und wurden zum Teil mit westlichem juristischen Beistand verfasst und mit wenig Öffentlichkeit in den einzelnen Parlamenten beschlossen. Aus diesem Grund war auch wenig Raum für einen mehr zentralasiatisch geprägten politischen Diskurs über die politischen Erfahrungen der Sowjetzeit, die Erfordernisse der Gegenwart und die Art und Weise, wie zukünftig Politik gestaltet werden sollte. Aufgrund dieses Mangels beschrieben politische Führer ihre eigenen Erfahrungen

---

[29] Vgl. Sh. Akbarzadeh, Why did Nationalism Fail in Tajikistan? In Europe-Asia Studies, vol. 48, 1996/7, S. 1105-1129.

weiterhin mit negativen Konzepten des westlichen politischen Diskurses, den sie - in gebrochener Form - im Marxismus-Leninismus und in einer authentischeren Spielart während der *Glasnost'*-Zeit kennen gelernt hatten.[30]

Die gespannten Beziehungen zwischen Titularnationalitäten und Minderheiten, die Furcht der säkular orientierten Eliten vor der Wiederbelebung islamischer Rechtstraditionen durch islamisch orientierte Gruppierungen sowie der starke regionale Antagonismus waren wahrscheinlich ausschlaggebend für die geringe Neigung, eine Verfassungsdebatte zu eröffnen. Dadurch wurde in den unabhängigen Republiken die Chance nicht genutzt, Verfassungen in Kraft zu setzen, die - im Vergleich zu den sowjetischen - weniger deklaratorisch waren und ein gewisses Ausmaß an Rechtsbewusstsein und politischer Bindung gebündelt hätten.

Wenn die entstandenen Verfassungen auf lokale Traditionen Bezug nahmen, dann geschah dies fast ausschließlich auf der symbolischen Ebene: Die kasachische Verfassung ruft ein „Volk Kasachstans, das durch ein gemeinsames historisches Schicksal auf genuin kasachischem Land vereint ist" aus und erwähnt in der Präambel kasachische Werte wie „Freiheit, Gleichheit und Konsens". Im gleichen Entwurf wird das „Volk Kasachstans" aber auch als „Zivilgesellschaft" (*graždanskoe obščesto*) bezeichnet,[31] mit einem Begriff, der schwer ins Kasachische zu übersetzen ist.[32] In der Präambel der Verfassung Turkmenistans, die sorgfältig alle Bezüge zum Republikanismus vermeidet, erklärt das „Volk Turkmenistans" seine „Loyalität zum Erbe der Vorfahren". Das wichtigste Repräsentativorgan wird nach dem Namen der Stammesversammlungen in vorzaristischer Zeit als Volksrat (*chalk maslachaty*) bezeichnet.[33]

Während die Verfassung Tadschikistans - wenn man vom Namen der Titularnationalität absieht - jeden Bezug auf lokale Traditionen vermeidet und daher auch für eine anderes Staatsvolk verfasst sein könnte, weist die Verfassung Kirgisiens viele solcher Referenzen auf. In der Präambel steht etwa, dass das „Volk Kirgisiens bestrebt ist, das nationale Erbe der Kirgisen zu bewahren". Diese bekennen sich „aufgrund des nationalen Erbes der Vorfahren zu einem Leben in Einheit, Frieden und Freundschaft" und bringen ihre „Hingabe zu einer der gesamten Menschheit entsprechenden Höflichkeit" und ihre „moralische Bindung an die nationalen Sitten"

---

[30] Vgl. P. G. Geiss, Western and Local Political Discourse on Authority Relations in Central Asia. In CAM, 2000/6, S. 1-6.
[31] Die Verfassung Kirgisiens beschreibt die Staatsbevölkerung ebenfalls als Zivilgesellschaft, das im Kirgisischen (*Graždandyk koom*) als russisches Lehnwort übernommen wurde.
[32] Constitution of Kazakhstan, Preamble, 6 Sept. 1995.
[33] Türkmenistanyn Konstitucijasy, Ašgabat 1997, § 45.

zum Ausdruck.³⁴ Im Artikel 26 wird die Familie als „Kernzelle der Gesellschaft" beschrieben, welche das „wichtigste Gut der gesellschaftlichen Fürsorge und des Schutzes durch Gesetze" darstellt. Indem es dann heißt, dass „die Obsorge für die Kinder die natürliche Pflicht der Eltern und deren Pflicht als Staatsbürger" ist, verliert hier punktuell die Verfassung ihren bloß deklaratorischen Charakter. Diese Verfassungsbestimmung bezieht sich auf Starke emotionale Bindungen der Kirgisen, die mit ihren Pflichten als Staatsbürger identifiziert werden. Dadurch bekommt der abstrakte importierte Begriff der Staatsbürgerschaft einen konkreten Inhalt, der in den kulturellen Orientierungen der Menschen verwurzelt ist und der Gemeinschaftsbindungen herzustellen vermag. In ähnlicher Weise wird auf eine starke Verpflichtung Bezug genommen, wenn es heißt, dass „die heilige Pflicht des Volkes Kirgisiens darin besteht, die Ältesten zu achten, Verwandten und Nahestehenden beizustehen."³⁵.

Rechtsinstitutionen funktionieren nur, wenn sie die Gemeinschaftsbindungen der Bevölkerung integrieren können. Daher müssen kulturelle Orientierungen wie die Ehrfurcht vor Älteren, die Konsultation von erfahrenen Gemeinschaftsvorstehern oder die Sorge für die Großfamilie Eingang in die staatliche Rechtsordnung finden. Aus diesem Grund genügt es nicht, informelle Gemeinschaftseinrichtungen wie die Ältestenräte (*jašulylar maslachaty*) neu zu institutionalisieren, wie dies Präsident Nijazov in Türkmenistan auf Lokal-, Regional- und Republikebene veranlasste, wenn diesen Räten kein klares politisches Mandat oder keine rechtlichen Kompetenzen zugesprochen werden, sondern in staatlich gelenkten Versammlungen nur unverbindlich die „nationale Wiedergeburt" Türkmenistans und die Errungenschaften des *Türkmenbaši* erörtern dürfen.³⁶ Die Bindung an Staatseinrichtungen entsteht eher dann, wenn traditionelle Institutionen eine definierte Rolle im Staatsapparat zugewiesen bekommen und dort lokale Interessen auch artikulieren und repräsentieren können.

Die ebenfalls eingerichteten Lokalräte (*geneš*) könnten als lokale Selbstverwaltungsorgane in Dörfern und Städten eher politische Integrationsfunktionen in Turkmenistan wahrnehmen. Sie werden von gewählten Ältesten (*arčyn*) angeführt, die von den ernannten Hakimen der Bezirke und Städte kontrolliert werden. Diese Räte dürfen Lokalsteuern erheben und Lokalbudgets erstellen und sind für die Lösung lokaler wirtschaftlicher oder ökologischer Probleme

---

[34] Kyrgyz Respublikasynyn Konstitucijasy, Preambula, Biškek 1998.
[35] Ibid., § 26 (3).
[36] O. Musaev, Stroitel'stvo demokratičeskich institutov v nezavisimom i nejtral'nom Turkmenistane, In Demokratija i Pravo, Vol. 2, (Turkmenskij nacional'yj institut demokratii i prav čeloveka pri prezidente Turkmenistan), Aschabad 1998, S. 78-9.

zuständig. Sie sind auch für die Einhaltung lokaler Sitten und Gebräuche zuständig und können - im Extremfall - unverbesserliche Wiederholungstäter aus Dorfgemeinschaften ausschließen.[37] Wenn diese Räte auch ihre Interessen gegenüber den Behörden artikulieren und für ihre Probleme staatliche Ressourcen mobilisieren können, sind sie eher in der Lage, Selbstidentifizierungen der Bevölkerung mit staatlichen Einrichtungen zu bewirken.

Die Entdeckung der *Mahalla* als Einheit der lokalen Selbstverwaltung von Seiten der usbekischen Behörden liefert ein weiteres Beispiel für den Versuch, lokale kulturelle und gemeinschaftliche Orientierungen auf die Staatsordnung zu beziehen.[38] Seit 1993 bemühten sich die Behörden um die Eröffnung von *Mahalla*-Büros in allen Dörfern und städtischen Nachbarschaftsgemeinden Usbekistans. Diese Büros werden von einem staatlich besoldeten Vorsitzenden (*Rais*) und einem Sekretär (*Kotib*) geleitet, die von der Bürgerversammlung für jeweils zweieinhalb Jahre gewählt werden und für die Verteilung von staatlichen Sozialleistungen unter armen und bedürftigen Bewohnern zuständig sind. Darüber hinaus sollen sie sich auch um alle Belange des lokalen Gemeinschaftslebens (Hochzeiten, Schulen, Straßen, Streitschlichtung, Finanzen, etc.) der Mahalla kümmern. Damit soll das Büro Aufgaben übernehmen, die bisher von anerkannten Aksakalen (*oqsoqol*) gemeinsam mit Ältestenräten wahrgenommen wurden. Wie Massicard und Trevisani feststellen, können diese Aksakale selbst auch die Funktion des *Rais* übernehmen, oder der *Rais* nimmt seine Aufgaben in enger Kooperation mit dem informell anerkannten Aksakalrat wahr.

In unserer Perspektive scheint das Ziel der „Mahallisierung" Usbekistans nicht ausschließlich in der uniformen Ausbreitung staatlicher Kontrollmöglichkeiten über lokales Gemeinschaftsleben zu bestehen - Massicard und Trevisani neigen dazu, dies anzunehmen, da ihr auf Kontrolle und willkürlichem Gehorsam beruhendes Konzept des Kommandostaats analytisch den lokalen Gemeinschaftsstrukturen entgegengesetzt ist -,[39] sondern ist vielmehr als Versuch anzusehen, die Kluft zwischen Staat und Gesellschaft (Lokalgemeinschaften) zu schließen oder zumindest zu verringern. Der Erfolg dieser Bemühungen wird sehr stark davon abhängen, wie sich die Beziehungen zwischen dem traditionellen *Oqsoqol* und dem *Mahalla*-Büro entwickeln werden. Wenn beide Instanzen Wege für die

---

[37] Vgl. Sh. Kadyrov, Turkmenistan: četyre goda bez SSSR, Moskva 1996, S. 94-97.
[38] Cf. E. Massicard, T. Trevisani, Die usbekische Mahalla zwischen Staat und Gesellschaft, (FU-Berlin - Institut für Ethnologie - Schwerpunkt Sozialanthropologie: Sozialanthropologische Arbeitspapiere, Nr. 73, Berlin 1999.
[39] Ibid., S. 15-20.

Zusammenarbeit finden und das Büro auch die Interessen der Mahalla in der Bezirks- oder Stadtverwaltung (*Hokimijat*) erfolgreich vertreten kann, könnte die Kluft zwischen Staat und Gesellschaft verringert und die Gemeinschaftsbindung an die Staats- und Rechtsordnung intensiviert werden.

Auf jeden Fall müssten ernsthafte Rechtsreformen die Erfahrung und das Sozialprestige der Ältestenräte für das Rechtssystem nutzbar machen. Da ihre Ratschläge von den Mitgliedern der Gemeinschaften befolgt werden, könnte diese emotionale Bindung das Rechtssystem festigen. Eine Möglichkeit bestünde vielleicht darin, Ältestenräte zu einem Bestandteil einer Schöffengerichtsbarkeit in zivilen und strafrechtlichen Angelegenheiten zu machen. Bei den Turkmenen würden solche Rechtsreformen an alte Traditionen des *Maslachats* anknüpfen.

Schlussbemerkung

Diese wenigen Beispiele sollen vor allem andeuten, wie politische Reformen aussehen müssen, wenn sie auf die Stärkung von Rechtskultur und Rechtsgemeinschaft abzielen. Solche Reformen können zwar von westlichen Vorbildern inspiriert sein, sie dürfen aber diese Vorbilder nicht blind nachahmen, sondern müssen diese auf die vorhandenen Traditionen beziehen.

In Usbekistan und Tadschikistan scheint die Einbeziehung dieser Traditionen für die säkular orientierten Eliten aufgrund des islamischen Rechts als historische Wirklichkeit und als Referenzpunkt für gesellschaftliche und politische Reformvorstellungen islamisch orientierter Bevölkerungsgruppen besonders schwierig. Dennoch wird in Zentralasien keine politische Ordnung von dauerhaftem Bestand sein, wenn es den politischen Eliten nicht gelingt, islamische Gemeinschaftsbindungen und wichtige Elemente der islamischen Rechtskultur in die staatliche Rechtsordnung zu integrieren. Die Übernahme von islamischen Rechtstraditionen kann zwar selektiv erfolgen, muss aber so durchgeführt werden, dass die Bevölkerung sich in der geschaffenen Rechtsordnung wiederfindet.

Wenn die unabhängigen Staaten auch als Rechtsgemeinschaften Profil bekommen sollen, wird dies in Zukunft eher durch starke als durch schwache Staaten erreicht werden. Nur diese sind - unserer Ansicht nach - in der Lage, den Gesetzesgehorsam sicherzustellen und Rechtsgemeinschaft durchzusetzen. Dadurch eingeübte und entstandene Traditionen von Rechtskultur würden dann wichtige Voraussetzungen für die Gewährung größerer politischer Freiheiten schaffen.

Andererseits stellen starke staatliche Strukturen keine automatische Garantie für die Schaffung einer beständigen Ordnung dar. Wie viele gegenwärtige und historische Beispiele veranschaulichen, nutzen starke Staaten ihren Handlungsspielraum oft nur dazu, die Kontrolle über die Bevölkerung zu intensivieren, die Effizienz der Polizei- und Militärapparate zu erhöhen und schlechtere Menschenrechtsbilanzen zu verursachen. Auch in Zentralasien gibt es dafür einige Anzeichen.

Es sollte aber auch nicht übersehen werden, dass erfolgreiche Rechtsreformen angesichts starker patriarchalisch geprägter Gemeinschaftsstrukturen keineswegs einen europäischen Rechtsstaat hervorbringen müssen, der eine universalistische Rechtsordnung auf der Grundlage individualisierter Gemeinschaftsbindungen darstellt. Die japanische Gesellschaft veranschaulicht sehr deutlich, dass die Entstehung eines funktionierenden einheitlichen staatlichen Rechtssystems nicht mit der Individualisierung der Gesellschaft einhergehen muss und dass Gemeinschaften, wie sie japanische Unternehmen darstellen, viele Konflikte auch im Industriezeitalter gemeinschaftlich lösen können, ohne dass staatliche Instanzen eingeschaltet werden.[40] Es ist daher anzunehmen, dass sich nach erfolgreichen Reformen die Gemeinschaftsbezogenheit der Zentralasiaten auch in ihrer Rechtskultur wiederfinden wird.

---

[40] S. Hirowatari, Das japanische Rechtsverständnis und die Gemeinschaftsbezogenheit. In W. Schweidler (Hrsg.), Menschenrechte und Gemeinsinn - westlicher und östlicher Weg? Human Rights and Public Spirit - Western and Eastern Way?. Ergebnisse und Beiträge der Internationalen Expertentagung der Hermann und Marianne Straniak-Stiftung, Weingarten 1996, Sankt-Augustin 1998, S. 385-400.

Katalin Füzér

Wirtschaftlicher Notstand: Konstitutionalismus und ökonomischer Diskurs im postkommunistischen Ungarn

Im postkommunistischen Ungarn hat der Wandel in Politik und Wirtschaft auf beiden Gebieten eine verfassungsrechtliche und gesetzliche Neudefinierung von Institutionen und Akteuren zur Folge gehabt[1]. Daraus erwuchs auch die Notwendigkeit, bestimmte Beziehungsmuster zwischen den Institutionen zu entwickeln. Diese institutionelle Angleichung hat an Berührungspunkten nicht nur Zusammenarbeit, sondern auch heftige Streitigkeiten nach sich gezogen. Manche dieser Konflikte stellten sich als folgenreicher heraus als andere und trieben einen Keil zwischen die neuen Institutionen. Ein solcher intensiver Konflikt brach im Jahre 1995 in Form eines Streits zwischen der ungarischen Regierung und dem Verfassungsgericht aus. Der Anlass war die verfassungsrechtliche Überprüfung einiger Bestimmungen eines umfassenden Sparpakets, welches die Regierung als Mittel gegen eine Situation einsetzen wollte, die damals sowohl in ungarischen als auch internationalen Finanzkreisen als ein wirtschaftlicher Notstand betrachtet wurde.

Die öffentliche Debatte, die durch eine Reihe von Urteilen des Verfassungsgerichts angefacht wurde, konzentrierte sich auf die problematische Natur und die politischen und verfassungsrechtlichen Konsequenzen dessen, was viele als ein entscheidendes Merkmal der modernen Politik ansehen: das starke Engagement des Staates in der Wirtschaft, die früher zwar Gegenstand der Regulierung, nicht aber der politischen Aktivität an sich war. Dieser Wandel im staat-

---

[1] Zur politischen Entwicklung Ungarns siehe vor allem András Körösényi, Government and Politics in Hungary. CEU Press, 1999. Eine Auswahl an weiterer Literatur: Csaba Gombár u.a. (Hg.), *Balance. The Hungarian Government* 1990-1994. Budapest: 1994. Csaba Gombár u. a. (Hg.), Question marks: The Hungarian government 1994-1995. Budapest: Korridor books, 1995.; Aurel Braun und Zoltan Barany (Hg.), *Dilemmas of Transition: The Hungarian Experience*. Lanham: Rowman & Littlefield, 1999.

lichen Engagement manifestiert sich in der Übertragung von Begriffen zwischen dem politischen und dem wirtschaftlichen Denken[2] und zurück: auf der einen Seite die Sprache der Politik, die ihren Weg in die Wirtschaft schon in der Blütezeit der klassischen politischen Ökonomie gefunden hatte, und auf der anderen Seite die Sprache der Wirtschaft, welche erst kürzlich in unseren politischen Diskurs gedrungen ist und die Überhand genommen hat, indem sie unsere Gedanken auf die Kosten und den Nutzen der Politik konzentriert.

Davon ausgehend kann man behaupten, dass Wohlfahrtskapitalismus und Wohlfahrtssozialismus nichts anderes sind als zwei Stufen auf der gleichen Leiter, welche das Engagement des Staates anzeigen, seinen Bürgern verschiedene materielle Leistungen zu erbringen. Der Übergang vom Sozialismus in Zentral- und Osteuropa liefert theoretisch reizvolle Beispiele dafür, was passiert, wenn diese Systeme dem Problem begegnen, staatliche Leistungen an die Bürger in großem Umfang reduzieren zu müssen.

Als Teil der großen Fiktion von der „rechtsstaatlichen Revolution", in deren Namen in den meisten Regionen der Wandel stattgefunden hatte, wurde 1989/90 für die osteuropäischen Staaten (mit ihren Bürokratien, Scheinparlamenten, Regierungen und sogar Verfassungen) rechtliche Kontinuität erklärt, und alle Veränderungen passierten im Einklang mit den alten (obwohl bisher größtenteils nicht angewandten) Regeln. Als direkte Folge hiervon waren die Staaten weiterhin dazu verpflichtet, Leistungen zu erbringen, die aus einer Zeit stammten, als der Staat völlig zentralisiert und die Volkswirtschaft primär durch Staatseigentum charakterisiert war, obwohl dies eigentlich durch den politischen Umbruch hätte verändert werden sollen. Eine solche Situation bedeutete, dass der gesamte wirtschaftliche Wandel, einschließlich der Privatisierung und der Neugestaltung des staatlichen Engagements in der Wirtschaft, ein Vorgang sein sollte, dessen Parameter im Rahmen umfassender Diskurse – von denen eine mit Sicherheit ökonomischer Natur zu sein hatte – bestimmt werden mussten.

Der in der Anfangsphase der ungarischen Transition dominierende ökonomische Diskurs stammt aus der Zeit des sogenannten liberalisierten Abschnitts des Staatssozialismus. Er entwickelte sich Mitte der 60er Jahre, nachdem die Vergeltungsphase nach der 1956er Revolution vorbei war.[3] Die Hauptmerkmale dieser eigentümlichen ökonomischen Wissensproduktion werden greifbar, wenn man sie

---

[2] Ellen Kennedy, „Ties that Bind: The Role of Non-Democratic Institutions in Democracy," S. 2-4. Manuskript, 1995.

[3] Vgl. dazu auch Anna Seleny, „Constructing the Discourse of Transformation: Hungary, 1979- 82", *Eastern European politics and societies*, Bd. 8 [3], S. 439-462.

im Rahmen der Mannheim'schen Wissenssoziologie betrachtet: wirtschaftliches Wissen, welches „reform-ökonomisch" anfing und sich - politischen Veränderungen folgend - in eine „reform-transformative" Wirtschaftsideologie wandelte, ist durch eine „Dualität zwischen der utopischen Kritik am Sozialismus und der ideologischen Bejahung des Kapitalismus"[4] charakterisiert. Diese Version des utopischen Wissens ist im Unterschied zu dem Mustertypen, wie er von Mannheim beschrieben wird, nicht „spekulativ" und nicht „ohne eine wirklich existierende, alternative soziale Realität als Bezugspunkt". Sie bietet aber als ihr Objekt des Neides[5] „eine passend idealisierte Reflexion einer ‚wirklich existierenden, kapitalistischen' Alternative"[6]. József Böröcz hat mit Bezug auf Hirschmann[7] das ‚reform-ökonomische' Wissen als einen besonderen Typ der ‚Anti-Staats'-Rhetorik interpretiert, nämlich Reaktion als Fortschritt. Diese wirke aus dem Inneren der modernistischen Weltanschauung einer präskriptiv-teleologischen Geschichtsauffassung und erkläre nur den *Inhalt* der staatssozialistischen Utopie für ungültig. Jedoch werde lediglich das eine Telos gegen ein anderes ausgewechselt: statt der klassenlosen Gesellschaft wird einfach der perfekte Markt als Utopie übernommen. Die analytischen Trugschlüsse, die diesem ökonomischen Wissen Auftrieb verleihen, lassen sich nach Böröcz auf folgende Faktoren zurückführen: eine ausschließliche Fokussierung auf die wirtschaftlichen Kernländer, auf die Erfahrung sozialer Vorteile im Kapitalismus; eine idealisierte Vergleichsstrategie; unzulässige empirische Vergleiche, schließlich die Überbetonung von formalistischen Wirtschaftsmodellen und die manipulative Auswahl abhängiger Variabeln in diesen Modellen. Das letztere zeigt die Missachtung der tiefgreifenden Bedeutung informeller Verhaltensmuster und -strukturen für die Ergebnisse wirtschaftlicher Entwicklung.[8]

---

[4] József Böröcz, „Reaction as Progress: Economists as Intellectuals", in András Bozóki (Hg.), *Intellectuals and Politics in Central Europe*. Central European University Press, 1998, S. 245-262.
[5] Dieser Neid ist die kollektive Version des individuellen Neides wie er von Schoeck beschrieben wird. Er wird verursacht durch „den Trieb, der im Kern des menschlichen Lebens als soziales Wesen ruht und tritt auf, sobald zwei Individuen die Fähigkeit zum gegenseitigen Vergleich erlangen," ebd., S. 7, Zitat Helmut Schoeck, *Envy. A Theory of Social Behaviour*. Indianapolis: Liberty Press, 1969. S.1. Vergleiche auch Max Scheler, *Das Ressentiment im Aufbau des Moralischen*. Frankfurt / Main: Klostermann, 1978.
[6] Ebd., S. 8.
[7] Albert O. Hirschmann, *The Rhetoric of Reaction*.Cambridge, MA: Belknap Press, 1991.
[8] Böröcz, a.a.O.

Die Konsequenzen dieser reformwirtschaftlichen Geisteshaltung sind vielschichtig: eine der sprichwortartigen Überzeugungen, welche den wirtschaftlichen Wandel bedeutend beeinflusst haben, besagte, dass sämtliches Eigentum jedem, nur nicht dem Staat, gehören sollte, so dass Privatisierung so schnell wie möglich vonstatten gehen sollte – denn Staatseigentum zu liquidieren sei wichtiger als die Frage, wer der neue Eigentümer sein würde. Doch folgenreicher als die wesentlichen Elemente der reformwirtschaftlichen Auffassung war der Einfluss, den allein das Ethos der (reform-)ökonomischen Denkweise ausmachte. So wurde es als selbstverständlich angesehen, dass alle „ernsthaften" Politiker, die keine Demagogie betrieben und nicht das Blaue vom Himmel versprachen, politische Fragen vorrangig als Haushaltsprobleme diskutieren sollten und dabei das finanzielle Für und Wider (sprich ‚Kosten und Nutzen') aller vorgeschlagenen Maßnahmen bewerteten. In den Debatten zwischen den ‚Experten' (oder den wirtschaftlich Ausgebildeten, die sich durch den häufigen Gebrauch von technischen makroökonomischen Standardbegriffen auszeichneten) und den ‚Laien' wurde dieses ökonomische „Wissen", das im Wesentlichen eine restriktive, gegen Inflation und zu schnelles Wachstum gerichtete monetäre Wirtschaftspolitik unterstützte, in einer ausgesprochen rigiden Weise zur Geltung gebracht.

Als Gegenstück zur ökonomischen Rationalität entwickelte sich ein alternativer umfassender verfassungsrechtlicher Diskurs[9], dessen Prämisse die Annahme einer vollständigen Kontinuität zwischen den alten und neuen Regimes war, und der die Transformation der Wirtschaft und des hierzu gehörenden staatlichen Engagements dementsprechend beurteilte.[10] Das spezielle Ereignis, welches ich

---

[9] Siehe die Entscheidungen des ungarischen Verfassungsgerichts und zusätzliche Kommentare bei László Sólyom, and Georg Brunner (Hg.), *Constitutional Judiciary in a New Democracy: The Hungarian Constitutional Court*, Ann Arbor: University of Michigan Press, 2000 (im folgenden zitiert als Sólyom/Brunner). Eine deutsche Fallsammlung ist Georg Brunner / László Sólyom (Hg.), *Verfassungsgerichtsbarkeit in Ungarn. Analysen und Entscheidungssammlung 1990-1993*. Baden-Baden: Nomos, 1995 (im Folgenden zitiert als Brunner/Sólyom). Beide Fallsammlungen enthalten nur eine Auswahl bzw. nur Auszüge der Urteile. Die Urteile des Verfassungsgerichts werden auf seiner Webseite veröffentlicht (http://www.mkab.hu), allerdings z.Z. nur auf Ungarisch.

[10] Dies hatte das Gericht in der Entscheidung 11/1992 (III.5.) AB deutlich gemacht, in der es schrieb: „Mit der am 23. Oktober 1989 verkündeten Verfassungsänderung trat in der Tat eine neue Verfassung in Kraft, die mit der Feststellung, dass die Republik Ungarn ein unabhängiger, demokratischer Rechtsstaat' ist, bezogen auf den Staat, auf Recht und politisches System eine sich von der früheren grundlegend unterscheidende, neue Qualität eingeführt hat. [...] Die Erklärung Ungarns zum Rechtsstaat ist zugleich Tatsachenfeststellung und Programm. Der

in dieser Arbeit analysieren werde, beleuchtet die Logik der Situation, in der die ökonomischen Rationalität, welche sich in diesem Fall in der Regierung positioniert hat, eine Reduktion von bereits existierenden staatlichen Leistungen einleitet. Solche Situationen kommen natürlich auch im etablierten Wohlfahrtskapitalismus vor, aber in keinem so heftigen Ausmaße. Im Gegenzug hierzu finden durch das Verfassungsgericht die politische Sprache und das begriffliche Schema von Verpflichtung, Vertrag und Treuhandschaft ihren Weg in den politischen Diskurs zurück und versuchen, sich gegen Argumente durchzusetzen, die auf bloßer Kosten-Nutzen-Rechnung basieren.

Der Sachverhalt lautet folgendermaßen: Im Mai 1995 wurde in Ungarn ein umfassendes Sparprogramm (Gesetz Nr. XLVIII / 1995 über die wirtschaftliche Stabilisierung, im folgenden als GWS abgekürzt) durch den Finanzminister Lajos Bokros vorgestellt, der Mitglied der regierenden Sozialisten war. Es war hauptsächlich durch die Instruktionen des IWF veranlasst und wurde innerhalb weniger Tage von einigen Beamten des Finanzministeriums entworfen, die praktisch Tag und Nacht arbeiteten und kaum das Ministeriumsgebäude verließen. Der Gesetzesentwurf sollte einige hundert Gesetzesbestimmungen ergänzen und betraf alle Lebensbereiche, die in irgendeiner Art und Weise mit staatlichen Geldern finanziert wurden. In dem Versuch, den Staatshaushalt auszugleichen, wurde insbesondere die Reduzierung der Staatsausgaben durch Kürzung verschiedener staatlicher Sozialleistungen vorgeschlagen. Des weiteren sollten zusätzliche Einnahmen durch eine Erhöhung von Steuern und Versicherungsgebühren sowie durch andere Maßnahmen wie die Einführung von zusätzlichen Zollgebühren sowie Studiengebühren an den Universitäten gesichert werden. Das Parlament stimmte über den Gesetzesentwurf ohne große Diskussion ab. Jedoch traten mehrere Bestimmungen nicht in Kraft, weil das Verfassungsgericht sie in einer Reihe von Entscheidungen für verfassungswidrig befand. Die Urteile betrafen hauptsächlich die Kürzungen

---

Rechtsstaat wird verwirklicht, indem die Verfassung tatsächlich und bedingungslos gilt. Für das Recht bedeutet der Systemwechsel und ein rechtlicher Systemwechsel ist nur in dem Sinne möglich, dass das gesamte Rechtssystem mit der rechtsstaatlichen Verfassung in Einklang gebracht, bzw. bezüglich der neuen Gesetzgebung in Einklang gehalten wird. Nicht nur Rechtsnormen und Funktionen der staatlichen Organe müssen im Einklang mit der Verfassung stehen, auch die gesamte Gesellschaft muss von der Begriffskultur und Werteordnung der Verfassung durchdrungen sein. Dies ist die Herrschaft des Rechts, hierdurch wird die Verfassung zur Wirklichkeit. Die Verwirklichung des Rechtsstaates ist ein Prozess. Hieran zu arbeiten, ist verfassungsmäßige Pflicht der staatlichen Organe". Siehe Brunner / Sólyom, a.a.O., S. 336.

von Sozialleistungen und die Art und Weise, in der sie beschlossen wurden. Das Gericht kritisierte vor allem die kurzen Übergangsfristen und formulierte allgemeine Anforderungen bezüglich der verfassungsrechtlichen Kriterien für Veränderungen im Sozialwesen.[11]

Die Urteilsbegründung des Gerichts und die Debatte, die daraufhin entfacht wurde, berührten eine breite Palette von Themen, die von Grundsatzdiskussionen bis hin zu von Diskussionsteilnehmern angebotenen konkreten Handlungsanweisungen reichten. Ich werde meine Diskussion in folgende Bereiche ordnen: (I) das grundsätzliche Problem der verstärkten Einmischung des Staates in die Wirtschaft, insbesondere bezüglich seiner materiellen Verpflichtung gegenüber den Bürgern; (II) das Problem der Kürzung staatlicher Sozialleistungen, ihre Kriterien und das Problem des wirtschaftlichen Notstands; und schließlich (III) die Frage der realen Gewaltenteilung im postkommunistischen Ungarn, veranschaulicht an Hand des Konflikts zwischen der Regierung und dem Verfassungsgericht.

I. Das Problem der Einmischung des Staates in die Wirtschaft

Ein grundsätzliches Problem der modernen Politik ist die Notwendigkeit, umfassende materielle Leistungen an die Bürger zu erbringen. Der Philosoph János Kis, einer der Parteiführer der liberalen Freien Demokraten, die zum Zeitpunkt der hier diskutierten Urteile den Koalitionspartner der Sozialisten stellten, diskutierte diese Frage in der Zeitung *Népszabadság* als ein Grundrechtsproblem unter dem Titel „Das Paradoxon der sozialen Rechte":[12]

„Die verfassungsrechtliche Perspektive auf das Recht auf Sozialversicherung und die sozialen Rechte im Allgemeinen beinhaltet eine der kompliziertesten theoretischen und verfahrensrechtlichen Schwierigkeiten, mit welcher alle konstitutionellen Demokratien bis zum heutigen Tage kämpfen. Was ist die Quelle dieser Schwierigkeit? Warum ist die verfassungsrechtliche Behandlung der sozialen Rechte nicht so eindeutig wie die der Freiheitsgrundrechte? Die Schulbuchantwort ist, dass Freiheiten negative Rechte sind, sie schützen uns vor Eingriffen des Staates (und anderer Menschen). Soziale Rechte dagegen sind Rechte im positiven Sinne, sie fordern materi-

---

[11] Eines der Urteile, Entscheidung Nr. 43/1995 (VI. 30.) AB, findet sich bei Sólyom / Brunner, a.a.O., S. 322- 332.
[12] János Kis, „Lasst uns die Debatte überdenken", S. 11 in *Népszabadság*, 11. August 1995, und „Verfilzte Staatsgewalten" in *Népszabadság*, 15. Juli 1995, S. 11.

elle Leistungen vom Staat (und somit von anderen Menschen als Steuerzahler). Freiheitsrechte zu respektieren ist gratis, während soziale Rechte Geld kosten. Das ist so nicht ganz richtig: unsere Freiheiten verpflichten den Staat nicht nur dazu, sie nicht zu verletzen, sondern fordern auch ihren Schutz. Zu diesem Zwecke benötigen wir die Polizei, die Staatsanwaltschaft und Gerichte, Institutionen, deren Instandhaltung ein kostspieliges Unterfangen ist. Doch die Kosten sind in den beiden Fällen sehr unterschiedlich. Im Jahre 1995 betrug in Ungarn das Budget der Polizei, der Staatsanwaltschaft, der Gefängnisse und Gerichte nur 1,5% des Staatshaushaltes, während Sozialausgaben bis zu 22% des Haushalts ausmachten. [...] Typischerweise können Freiheitsrechte als unabhängig von der wirtschaftlichen Kapazität des Staates angesehen werden, während sozialen Rechten normalerweise mit etatabhängigen Maßnahmen begegnet wird. [...] Wenn ein Interesse als Recht angesehen und geschützt ist, dann ist klar, dass es nicht verletzt werden darf, auch wenn dessen Schutz für die Gesellschaft kostspielig ist. Die Kosten müssen ungewöhnlich hoch sein, um eine Einschränkung des Rechtes aus diesem Grunde überhaupt zu erwägen. Der Kostenfaktor bei den sozialen Rechten ist jedoch so nah an der kritischen Grenze, dass das Abwägen zwischen den durch die Rechte geschützten Interessen und den für ihre Verwirklichung notwendigen finanziellen Mitteln selten vermieden werden kann. Im Allgemeinen muss man sagen, dass die Bürger das Recht auf bestimmte Sozialleistungen haben, insofern dieses den Staat nicht überlastet. [...] Es kann nicht aufrechterhalten werden, dass Bürger ein durch die Verfassung garantiertes Recht auf Leistung haben, wenn dieses die Möglichkeiten des Staates übersteigt."

Andere Diskutanten sprachen das oben formulierte Grundsatzproblem nicht so direkt an wie Kis. Sie konzentrierten sich auf die Art und Weise, wie man - angesichts der enormen Bedeutung des Staates als Leistungsträger - die massiven sozialen Leistungen des Staates kürzen darf. Während sich das Verfassungsgericht, das sich als Hüter der gültigen Verfassung versteht, in der zahlreiche Artikel den Bereich der Sozialrechte betreffen,[13] durch diese „positivistisch" beschränkt sieht, konnten andere in ihren Diskussionsbeiträgen die gegenwärtig geltenden Grundsätze des staatlichen Engagements herausfordern. Interessant ist jedoch, dass, obwohl er das Grundsatzproblem definiert, nicht einmal Kis den Rückzug des Staates aus den teuersten Leistungsbereichen vorschlägt. Er bezieht sich dabei

---

[13] Folgende Verfassungsartikel sind insbesondere relevant: Art. 15 (Ehe und Familie), Art. 16 (Existenzsicherung, Ausbildung und Erziehung der Jugend), Art. 17 (Schutz der Bedürftigen), Art. 66 II (Mutterschutz), Art. 67 (Rechte des Kindes), Art. 70 D (Gesundheitsversorgung, Umweltschutz), Art. 70 E (Soziale Sicherheit); Art. 70 F (Bildung).

auf die Tatsache, dass die Bestimmung über die soziale Sicherheit das Ergebnis des Abkommens am Runden Tisch von 1989 ist und betont, dass es in jedem Fall „wünschenswert ist, ein solches Recht beizubehalten". Diese Position könnte leicht als heuchlerisch erscheinen, denn seine anderen Bemerkungen vermitteln ein Bild vom verfassungsrechtlich geschützten Sozialstaat als Selbstmord auf beiden Seiten. Dies kann sich jedoch sehr leicht als eine unpopuläre Position für eine Koalitionspartei herausstellen, so dass Kis davon absieht, sie offen zu vertreten.[14]

II. Das Problem der Kürzung staatlicher Sozialleistungen

Der Hauptteil der Debatte konzentrierte sich auf das Problem der Kürzung von staatlichen Leistungen. Als Teil des umfassenden wirtschaftlichen Wandels war die Umgestaltung des Systems sozialer Sicherheit eines der umstrittensten Themen, vergleichbar mit dem ebenfalls kontrovers diskutierten Privatisierungsprozess oder dem Problem der Rückzahlung von externen und internen Schulden. Vor dem Sparprogramm von 1995 wurden keine systematischen Veränderungen des Sozialwesens eingeführt. Das Gesetzespaket selbst hatte ebenfalls keinen systematischen Ansatz, sondern versuchte in Eile eine Kürzung von Sozialleistungen herbeizuführen, so dass möglichst schnell möglichst viel vom Staatshaushalt eingespart werden sollte. Sogar der Finanzminister selbst gestand ein, dass das Gesetz anstatt der versprochenen Umstrukturierung des Sozialwesens dieses nur in dem Maße veränderte, wie es notwendig war, um die wirtschaftliche Stabilität des Staates zu sichern.

Die umfassendste Kritik an dem Urteil des Verfassungsgerichtes kam von András Sajó, einem Verfassungsrechtler und Rechtssoziologen, in einem Aufsatz, der weithin Aufsehen erregte.[15] Sajó

---

[14] Darüber hinaus muss an dieser Stelle angemerkt werden, dass zu dieser Zeit die Regierungskoalition mehr als zwei Drittel der Stimmen im Parlament hatte, was ihnen theoretisch ermöglichte, jederzeit und zu beliebig vielen Punkten eine Verfassungsänderung vorzunehmen, trotz der Tatsache, dass es technisch gesehen ein Stillhalteabkommen bezüglich der Änderungen der laufenden Verfassung gab. Grund dafür war die Tatsache, dass eine neue Verfassung gerade entworfen wurde. Diese war jedoch vom Parlament weder jemals in Betracht gezogen noch zu Ende geschrieben worden.

[15] András Sajó, „How the Rule of Law Killed Hungarian Welfare Reform?" in *East European Constitutional Review*, Bd. 5, Nr. 1 (Winter 1996), S.31-41. Die erste und längere Version dieses Artikels war ein auf ungarisch verfasstes Manuskript mit dem Titel „Die Waisen des materiellen Naturrechts – oder wie unser Verfassungsgericht die Notleidenden beschützt".

hatte zuvor davon abgesehen, kritische wissenschaftliche Kommentare über die Tätigkeit des Verfassungsgerichts zu veröffentlichen, um den Ruf der Institution nicht zu gefährden. Ungeachtet dieser früheren Erwägungen beschuldigte er nun das Gericht öffentlich, „die Reform des Wohlfahrtsstaates in Ungarn zu ersticken" sowie einen beklagenswerten Status quo zu verlängern, in dem es an diversen verwirrten und veralteten Ideen festhalte, die „schlicht und einfach kommunistisch" genannt werden müssten. Diese Prinzipien stammten aus dem „Unterbewusstsein des Rechtsbewusstseins und erinnern an ein sozialdemokratisches Diktum, nach welchem die durch Kampf gewonnenen Rechte der Arbeiterklasse als erworbene Rechte nicht wieder weggenommen werden können"[16]. Es seien Prinzipien der materiellen Gerechtigkeit, unter deren Deckmantel „das ungarische Verfassungsgericht Ansprüche auf soziale Unterstützung und soziale Sicherheit innerhalb und außerhalb des Gerichts zu befriedigen sucht".[17] Sajó bezweifelte die Stichhaltigkeit praktisch aller Hauptargumente, die im Gerichtsurteil zur Begründung der verfassungsrechtlichen Anforderungen an den Wandel des Sozialwesens dienten.

Die Begründung des Gerichts beinhaltete drei verfassungsrechtliche Hauptargumente, die die Verfassungsmäßigkeit des sozialen Wandels betrafen und auf die sich verschiedene Richter (sowie das Gericht als Ganzes) schon jahrelang vor ihrer Anwendung im Falle des Sparpakets von 1995 berufen hatten. Der erste Fall, in dem alle drei Argumente an zentraler Stelle eingesetzt wurden, stammt aus dem Jahre 1991.[18] Das Urteil wurde damals einstimmig von den Verfassungsrichtern beschlossen, obwohl andere sozialrechtliche Fälle normalerweise mehr als andere Fragen für Gespaltenheit sorgten. Ich kann hier nicht auf die Differenzen zwischen den Richtern und die sich daraus für das Stimmenverhältnis ergebenden Veränderungen eingehen. Es ist jedoch bemerkenswert, dass bei der hier diskutierten Entscheidung zur Verfassungsmäßigkeit der Wirtschaftsstabilisierungsgesetze das Gericht wieder vereint war. Im folgenden werde ich Sajós Kritik zusammen mit den drei Hauptsträngen in der Argumentation des Gerichts darstellen.

Eigentum

In früheren Fällen hatte das Gericht festgestellt, dass das zentrale Merkmal des Systems sozialer Sicherheit darin bestand, dass dieses ein sogenanntes Mischsystem sei, bestehend aus den zwei Elementen „Versicherung" und „Solidarität". Das galt in den meisten Fäl-

---

[16] Andreas Sajo, Manuskript, a.a.O., S. 36
[17] ebd.
[18] Entscheidung 11/1991 (III. 29.) AB.

len sozialer Unterstützung, wie z.B. bei den Renten, in der Gesundheitsfürsorge und bei der Familienhilfe. Der erste Begriff bezieht sich auf die Tatsache, dass die Bürger gesetzlich dazu verpflichtet sind, in das System einzuzahlen, wodurch sie automatisch im klassischen Sinne versichert sind. Das Argument des Verfassungsgerichts bezüglich der verfassungsmäßigen Anforderungen an die Veränderung des ganzen Systems betonte, dass - durch ihre Einzahlungen in das System - die Menschen in ihrem Anspruch auf bestimmte Sozialleistungen einen strengeren verfassungsrechtlichen Schutz genießen, als dies der Fall bei anderen staatlichen, *ex gratia* verliehenen Leistungen wäre. Die sogenannten „gekauften Rechte" auf bestimmte Leistungen werden somit in enge Verbindung mit dem Eigentum und seinem verfassungsrechtlichen Schutz gebracht.[19]

Das System sozialer Sicherheit sei andererseits, so das Gericht, ein Mittel, um öffentliche Solidarität zu zeigen, indem man dafür sorgt, dass sogar diejenigen, die wenig oder keine Beiträge gezahlt haben, dennoch die Leistungen des staatlichen Wohlfahrtssystems empfangen. Dadurch ist der Schutz des Eigentums in dem Maße begrenzt, wie das solidarische Element des Systems das Missverhältnis der individuellen Einzahlungen im Vergleich zu den wirklich empfangenen Leistungen rechtfertigen kann. Sajó hingegen sieht diese Vorstellung von der Natur der Sozialversicherung als eine unhaltbare Fiktion an: „Das Sozialversicherungssystem hat keine Versicherungsfonds geerbt und für den Staat entsteht keine rechtlich bindende (finanzielle) Verpflichtung im Austausch gegen mögliche (schwer einschätzbare) Beiträge. Daher kann dieser nicht einmal die versprochenen Leistungen, die proportional zu den Beitragszahlungen wären, erbringen, selbst wenn man die sich verschlechternde wirtschaftliche Lage des Staates außer acht läßt. Folglich kann der Staat und das von ihm abhängige Wohlfahrtssystem die versprochenen (dennoch aber nicht notwendigerweise erworbenen) Leistungen nicht an diejenigen auszahlen, die sie verlangen: der Wert des „gekauften Rechts" kann nämlich nicht festgestellt werden, weil dieses von Natur aus nie rein im Verhältnis zwischen Beitrag und Leistung berechnet wurde. Die Lösung dieses Dilemmas liegt in der Konstitutionalisierung der staatlichen Verpflichtung, soziale Leistungen zu erbringen, um die Existenz von Menschen in schwierigen sozialen Situationen zu garantieren. [...] [Darüber hinaus] können die verfassungsrechtlichen Kriterien, die für das System der Rentenzahlungen definiert wurden, nicht etwa auf Lohnfortzahlungen im Krankheitsfalle angewandt werden, da diese von ganz anderer Natur sind. Die Tatsache, dass beide zum Gebiet der sozialen Sicherheit gehören, macht sie nicht gleich, und das, was sie gemein-

---

[19] Entscheidungen 43/1995 (VI.30) AB (Sólyom/Brunner, S. 322-332) und 52/1995 (IX.15.) AB.

sam haben (z. B. die Beiträge fließen zu einem mysteriösen Ort oder in den staatlichen Haushalt) macht jegliche Kontrolle unmöglich".[20]

Die theoretische Grundlage dafür, dass bestimmte soziale Ansprüche als eine Art Eigentum begriffen werden, geht zurück auf eine Idee, die zuerst in einer Entscheidung aus dem Jahre 1993 dargelegt wurde: Eigentum habe die Funktion, materielle Mittel für die Verwirklichung der persönlichen Selbstbestimmung zu liefern. Unter den Umständen des staatlichen Sozialismus konnte das Eigentum im klassischen Sinne seine autonomiesichernde Funktion nicht erfüllen, da diese von verschiedenen staatlichen Stellen übernommen wurde. Ähnliche Prozesse haben ebenfalls in kapitalistischen Wohlfahrtssystemen stattgefunden, wenn auch in einem nicht so starken Maße. Das theoretische Problem besteht jedoch in beiden Systemen. Dieses ist auch in der Entscheidung des Verfassungsgerichts angedeutet: „verfassungsrechtlicher Schutz des Eigentums bezieht subjektive Rechte von wirtschaftlichem Wert sowie öffentlich-rechtliche Ansprüche (z.B. auf soziale Sicherheit) mit ein, wenn deren Funktion der Schutz der persönlichen Selbstbestimmung ist".[21] Die Verschiebung der Grundlage des individuellen Selbstbestimmungsrechts kann in Wohlfahrtsstaaten jeglicher Art beobachtet werden, so wie im heutigen Ungarn selbst, wie es das Gericht in einem der GWS-Urteile feststellt: „Wenn die Habe [der Bürger] zu diesem Zwecke [Finanzierung des Systems sozialer Sicherheit durch die Zahlung von Versicherungsbeiträgen] durch Gesetz weggenommen wird, so muss das Gesetz für eine Sicherheit sorgen, die mit derjenigen vergleichbar ist, die aus dem Eigentumsrecht hervorgeht".[22]

Wenn diese Sozialleistungen Opfer von Kürzungen (in großem oder kleinem Umfang) werden, verlangt der Schutz der individuellen Selbstbestimmung, dass sie gemäß Prinzipien beurteilt werden, die sich nach den strengen Prüfungen und Verfahren für den Schutz des Eigentums richten. So müssen die Veränderungen in wichtigen Teilen des Systems sozialer Sicherheit damit übereinstimmen, was das Gericht als „eine erhöhte Stabilitätserwartung" bezeichnete.[23] Wie Sajó bemerkte, kann „Sozialversicherung als Eigentum ohne eine Kompensation eingeschränkt werden, wodurch - wie im Falle des Eigentums – dann eine Wegnahme vorliegt, die eine Enteignung erfordert, die wiederum einer Kompensation bedürfen würde, welche logischerweise nicht gewährt werden kann. [...] Was bleibt, ist die verfassungsrechtlich kontrollierte Einschränkung, die gegen einen übermäßigen Verlust von Ansprüchen einsteht."[24]

---

[20] Andreas Sajó, Manuskript, a.a.O., S. 11.
[21] Entsch. 64/1993 (VII.12.) AB (Brunner/Sólyom, S. 539-576).
[22] Entsch. 43/1995.
[23] Ebd.
[24] Andreas Sajó, Manuskript, a.a.O., S. 13.

Sajós diesbezügliche Kritik beruht auf der Beobachtung, dass die Versorgung der Bürger mit allerart staatlicher Leistungen tatsächlich die Bedeutung der individuellen Bemühungen vermindert hatte (Löhne und Gehälter deckten nur einen kleinen Teil des Lebensunterhalts ab). Materielle Leistungen waren zur Zeit des Sozialismus ein wichtiges Werkzeug in den Händen des Staates, um jedermann unter Kontrolle zu behalten. Damit wurden die Menschen abhängig von staatlicher Hilfe und sahen ihren Unterhalt zunehmend als eine staatliche Obligation und jeden (vorstellbaren) materiellen Anspruch als legitim an. Sajó argumentiert daher, dass „das Verfassungsgericht, indem es den Eigentumsschutz auf Sozialleistungen überträgt, zu der Aufrechterhaltung des früheren Abhängigkeitssystems beiträgt, indem es Modernisierung sowie die Entfaltung der Selbstbestimmung verhindert – die das Gericht selbst zu fördern suchte."[25]

Soziale Sicherheit – Existenzminimum

Das zweite Hauptargument des Gerichts war, die verfassungsrechtliche Grenze für die Sozialkürzungen sei Artikel 79/E der Verfassung, der ein Existenzminimum garantiert und in seinem Absatz 2 die entsprechende staatliche Verpflichtung formuliert, die sozialen Hilfs- und Gesundheitsinstitutionen aufrechtzuerhalten. Auf der anderen Seite wurde vom Gericht 1991 festgestellt, „dass soziale Sicherheit weder bedeutet, dass das Einkommensniveau garantiert ist, noch dass der einmal erreichte Lebensstandard der Bürger nicht infolge einer Verschlechterung von wirtschaftlichen Bedingungen sinken könnte. Die Verpflichtung des Staates in Bezug auf die soziale Sicherheit seiner Bürger ist allgemein formuliert".[26]

Sajó merkt an, dass das Ungarische Verfassungsgericht – indem es durch seine Auslegung der Klausel über soziale Sicherheit einen teuren Wohlfahrtsstaat aufrechterhielt – sich dem deutschen Bundesverfassungsgerichts annäherte. Diese Rechtsprechung des Bundesverfassungsgerichts basiert allerdings auf dem in der deutschen Verfassung verankerten Sozialstaatsprinzip, das in der ungarischen Verfassung fehlt.[27] Und wirklich haben sogar die Richter, deren Ausführungen sonst sehr gut die Vorstellung von Ungarn als „Sozialstaat" untermauern könnten, explizit in einer frühen, einstimmig ergangenen Entscheidung von 1990 erklärt, dass „der in der Präambel der Verfassung formulierte Vorsatz, die friedliche Wende zu einem Rechtsstaat zu unterstützen und somit eine soziale Marktwirtschaft zu realisieren, nicht bedeutet, dass die Verfassung die Grund-

---

[25] Ebd., S. 46.
[26] Entsch. 32/1991 (VI. 6.) AB.
[27] Andreas Sajó, Manuskript, a.a.O., S. 8.

sätze der sozialen Marktwirtschaft proklamierte. Gemäß Artikel 2 Absatz 1 ist die Republik Ungarn ein unabhängiger demokratischer Rechtsstaat. Diese Erklärung bezieht sich nicht auf Sozialrechte. Soziale Sicherheit ist keine formelle Voraussetzung für das Rechtsstaatsprinzip."[28] Dies bedeutet, dass die Verfassungsbestimmung zur sozialen Sicherheit (Art. 70/E) ausreichende Grundlage für das Gericht darstellt, um ein verfassungsrechtliches System von Richtlinien zu entwickeln, wie der Staat sich hinsichtlich der materiellen Bedürfnisse und Wünsche seiner Bürger zu verhalten hat.

Eines der GWS-Urteile des Gerichts berief sich allein auf die Klausel über soziale Sicherheit, um eine vorgeschlagene Änderung des Systems staatlicher Unterstützung im Krankheitsfalle abzulehnen: „Die partielle – verhältnismäßige und verfassungsrechtlich gerechtfertigte – Verlagerung der Belastungen von den in ernsthaften wirtschaftlichen Schwierigkeiten stehenden Sozialversicherungen auf die Versicherten und die Arbeitgeber ist nicht verfassungswidrig an sich. Es ist jedoch verfassungsrechtlich erforderlich, dass im Zusammenhang mit solchen Veränderungen die Betroffenen rechtzeitig von den aus dieser Risikoverteilung hervorgehenden Belastungen unterrichtet werden, so dass sie die Gefahren berechnen und sich finanziell auf die sich ergebenden Kosten einstellen können."[29] So wurde die Hauptveränderung in der Bestimmung über die Lohnfortzahlung im Krankheitsfalle für verfassungswidrig erklärt, weil laut dem Gericht befürchtet werden kann, dass Arbeitgeber in der Tat nicht genügend Geld aufbringen können, um eventuelle (vorher nicht einkalkulierte) Lohnfortzahlungen zu gewährleisten, wodurch wiederum die Rechte der Bürger auf soziale Sicherheit verletzt würden.

Rechtsstaatlichkeit – Rechtssicherheit – Erworbene Rechte

Das Neue an den argumentativen Strategien, die in den GWS-Urteilen eingesetzt wurden, war, dass das Gericht nachdrücklicher als jemals zuvor seine Theorie der erworbenen Rechte anwandte und betonte, dass „Rechtssicherheit als eines der wichtigsten Elemente des Rechtsstaates und als theoretische Grundlage für den Schutz der erworbenen Rechte zentral für die Stabilität großer Wohlfahrts-

---

[28] Entscheidung 72/B/1990/5 AB Határozatai, 1990.
[29] Entsch. 44/1995 (VI. 30.) AB. Während das Krankengeld *vor* den GWS-Veränderungen an die krankgeschriebenen Versicherten aus dem Krankenversicherungsfonds bezahlt wurde (es sei denn, der Versicherte hatte einen Anspruch auf die Lohnfortzahlung durch den Arbeitgeber für maximal 10 Tage), befreite das Gesetz die Krankenkassen von der Lohnfortzahlung während der ersten 25 Tage und verpflichtete die Arbeitgeber, die Zahlungen für 20 Tage zu leisten.

systeme" sei. Eine andere, allgemeine Formulierung dieses Gedankens durch die Richter findet sich in den abschließenden Absätzen der Urteilsbegründung, der auch das vorhergehende Zitat entstammt: „Das Rechtsstaatsprinzip [verlangt], dass das Verhalten des Staates kalkulierbar ist, so dass sowohl natürliche als auch juristische Personen eine gute Grundlage haben, um ihre wirtschaftlichen, familiären und lebensunterhaltsbezogenen Entscheidungen treffen zu können".[30] In einem früheren Fall betonte das Gericht, dass diese Anforderungen unabhängig davon gelten, wann die Rechte erworben wurden: „Das Verfassungsgericht ging bezüglich der verfassungsrechtlichen Anforderungen niemals Kompromisse ein, weil die durch den Regimewechsel bedingten außergewöhnlichen Umstände dies erfordern würden. [...] Die ‚Transformation' geht innerhalb von verfassungsrechtlichen Grenzen weiter. Die verfassungsrechtlichen Anforderungen, die in Verbindung mit bestimmten, den Transformationsprozess antreibenden Regelungen festgelegt wurden, sind für die Zukunft verbindlich. Konzeptionelle Fehler, die möglicherweise im Laufe des Prozesses entstanden sind, können nur ausgemerzt werden, indem diese Einschränkungen berücksichtigt und die erworbenen Rechte respektiert werden".[31]

Welche Rolle spielte Rechtssicherheit als Grundlage des Schutzes erworbener Rechte für das Sozialsystem und dessen Transformation in der verfassungsrechtlichen Überprüfung des Wirtschaftsstabilisierungsgesetzes? Das Gericht unterscheidet hier zwei Ebenen. Zuerst wird, wie im Falle der oben diskutierten Verbindung mit dem Eigentum, zwischen Sozialversicherung und Sozialhilfe unterschieden. „In Abwesenheit eines Versicherungselements in einer bestimmten Sozialleistung sollten die Rechtssicherheitsanforderungen angewendet werden, um zu bestimmen, inwiefern die Veränderung der Verfügbarkeit der Leistung verfassungsmäßig ist. [...] Das Wirtschaftsstabilisierungsgesetz verletzte jedoch die verfassungsrechtlichen Anforderungen der Rechtssicherheit, indem es die erworbenen Rechte in Bezug auf Familienunterstützung mit praktisch sofortiger Wirkung entzog oder umwandelte."[32] Sowohl in Versicherungs- als auch in Unterstützungsfällen steht der verfassungsrechtliche Schutz, der im Zusammenhang mit dem Eigentum begründet wird, nicht alleine, sondern wird - wenn innerhalb eines Systems von Sozialversicherungsgebühren für die Leistung bezahlt wird - durch das Argument der Rechtssicherheit verstärkt. Diesbezüglich stellte das Gericht fest, dass das Verändern der Leistung - ohne einen Übergang oder eine „Abstufung" von der Versicherung hin zu einer Form der sozialen Unterstützung - ebenfalls eine essen-

---

[30] Entsch. 43/1995 AB. (Sólyom/Brunner, S. 327 und 331).
[31] Entsch. 4/1993 (VII.12.) AB (Brunner/Sólyom, S. 421-468).
[32] Entsch. 43/1995.

tielle Veränderung in der Rechtsposition nach sich zieht, in dem Sinne, „dass die betroffene Person in eine niedrigere Schutzkategorie bezüglich der rechtlichen Erwartungen fällt, [...] was in eine Einschränkung von Grundrechten gipfelt".[33]

Die andere Ebene ergibt sich aus dem Prinzip des sogenannten Vertrauensschutzes. Hier wird zwischen kurz- und langfristigen Sozialleistungen unterschieden. In Anwendung dieser Unterscheidung urteilte das Gericht folgendermaßen: „die Rechtssicherheit verlangt im Interesse des Schutzes erworbener Rechte, dass Leistungen, die für eine relativ kurze und im Voraus festgelegte Zeit im Rahmen der Mutterschaft und des Kindergeldes [...] unter Bedingungen gewährleistet werden, die nicht ungünstiger sind als jene, die in bereits wirksamen gesetzlichen Regelungen spezifiziert werden und sich auf Kinder, die schon geboren sind oder innerhalb von 300 Tagen ab dem 15. Juni 1995 an geboren werden, beziehen. In Fällen von Mutterschaftshilfe und Kindergeld, die sich über einen längeren Zeitraum erstrecken, - und insbesondere wenn sie keine Versicherungselemente beinhalten - ist der Gesetzgeber berechtigt, die gesamte gesetzliche Regelung der Unterstützung zusammen mit den Anspruchsgrundlagen und ihren Voraussetzungen derart zu ändern oder zu ergänzen, dass die Änderung ebenfalls diejenigen betrifft, die das Recht auf Unterstützung schon erworben haben. In diesen Fällen jedoch ist die verfassungsrechtliche Anforderung, die sich aus dem Grundsatz der Rechtssicherheit ergibt und mit dem Wandel zum neuen System zusammenhängt, eine Vorbereitungsphase für die Betroffenen zu garantieren, da diese notwendig für die Anpassung an die geänderte Gesetzeslage sowie für die Gestaltung der Familienfinanzen im Einklang mit den neuen Bedingungen ist."[34]

Sajó sieht genau hier das Problem. Seiner Meinung nach sei es „kein Zufall, dass das Gericht die Sprache der wohlerworbenen Rechte gebraucht. Dieser Sprachgebrauch ist trotz – oder gerade wegen - aller rechtlichen Unsicherheiten und, mehr noch, Irreführungen, die sie mit sich bringt, außerordentlich beeindruckend. Er klingt wie ein *terminus technicus*, was ihm eine irreführend große Macht verleiht". Die Stärke dieses Sprachgebrauchs, so Sajó, entstehe jedoch nicht durch die rechtliche Botschaft, sondern indem er eine Art Gesellschaftsvertrag voraussetze, dessen Verletzung ungerecht und illegal sei. Jedoch mangele es „den despotischen Bestimmungen und Privilegien des staatlichen Sozialismus ... natürlich genau daran, dass sie nicht durch Kämpfe erworben und durch Vertrag geweiht wurden". Insgesamt habe das Verfassungsgericht in seinen Urteilen eine Doktrin der „eingeschränkten Unwiderrufbarkeit von sozialen Rech-

---

[33] Ebd.
[34] Ebd.

ten" entwickelt, die „intellektuell gesehen revolutionär, vom Standpunkt des wirtschaftlichen Wandels gesehen jedoch tendenziell konterrevolutionär" sei. Somit wird das Verfassungsgericht nicht nur beschuldigt, die Theorie der erworbenen Rechte unprofessionell angewandt zu haben, sondern die ganze Idee aus einfach identifizierbaren politischen Gründen in die Wirklichkeit „hereingeschmuggelt" zu haben.[35]

Der ursprünglichen Kritik Sajós (die auf Gültigkeit und Details der Anwendung der Theorie von erworbenen Rechten zielte) hat Pál Sonnevend in einem detaillierten Bericht über die europäische Rechtspraxis auf einem funktionell gleichwertigen Gebiet, dem Schutz von Rechtserwartungen, heftig widersprochen.[36] Wie Sonnevend darlegt, wird in der Rechtsprechung vieler etablierter Verfassungsgerichte des Kontinents (einschließlich des deutschen und des italienischen Verfassungsgerichts) die Rechtsstaatsdoktrin mit der Rechtssicherheit in Verbindung gebracht. Erinnern wir uns, dass die wahrscheinlich einflussreichste Entscheidung des Ungarischen Verfassungsgerichts die Anforderung war, dass der Wandel als Ganzes gemäß rechtsstaatlichen Prinzipien und wirksamen konstitutionellen Bestimmungen vonstatten gehen soll. Es wich von dieser Position keinen Schritt zurück, als es um Sozialrechte ging.[37]

Die Verfassung und das System sozialer Sicherheit

Sajó fasst seine gesamte Kritik am Gericht folgendermaßen zusammen: „Soziale Sicherheit stammt aus der Blütezeit des staatlichen Sozialismus, und ihr gegenwärtiges System als eine verfassungsrechtliche Anforderung zu schützen ist gleichzusetzen mit dem Wunsch, die sozialistische Bedeutung dieses Begriffs aufrechtzuerhalten."[38] Wie oben zitiert wurde, betonte János Kis, dass ebendiese Bestimmung eine Vereinbarung des Nationalen Runden Tisches von 1989 war.[39] In einer direkten Kritik an Sajós übermäßigem Protest gegen die Rolle des Gerichts in der Wendezeit argumentierte Sonnevend, dass „die Urteile von 1995 weder die Reformen des

---

[35] Andreas Sajó, Manuskript, a.a.O., S. 34.
[36] Pál Sonnevend, „Der Schutz der Rechte auf soziale Sicherheit in der Rechtsprechung des ungarischen Verfassungsgerichts – Eine erneute Betrachtung", ungarisches Manuskript, S.16.
[37] Vgl. Anm. 9.
[38] Andreas Sajó, Manuskript, a.a.O., S. 9.
[39] Zu den Gesprächen am Runden Tisch siehe András Bozóki (Hg.), The Roundtable Talks of 1989: The Genesis of Hungarian Democracy. CEU Press, 2002. und das Kapitel von Andras Sajo in Jon Elster (Hg.), The Roundtable Talks and the Breakdown of Communism. Chicago and London: University of Chicago Press, 1996.

1995er Wirtschaftsstabilisierungsgesetzes im einzelnen noch die Wohlfahrtsreformen im allgemeinen behinderten". Das Gericht verhinderte lediglich die Durchführung einzelner Bestimmungen, wie die Einschränkung der Langzeitfamilienunterstützung. Die Regierung hätte diese Maßnahmen ohne weiteres verwirklichen können, wenn sie längere Übergangsfristen vorgesehen hätte.[40]

Tatsächlich erklärte das Gericht *expressis verbis*, dass die Transformation des Systems sozialer Sicherheit eine verfassungsrechtliche Anforderung sei, als es dagegen protestierte, dass das alte Gesetz zur Sozialen Sicherheit zerstückelt und aus Nachtragsgesetzen wieder zusammengesetzt wurde. Dabei argumentierte das Gericht, dass solche Praktiken seitens des Gesetzgebers dann verfassungsrechtliche Fragen aufwerfen könnten, wenn der Staat infolge einer Reihe unüberlegter und überstürzter Gesetzesänderungen nicht länger fähig sein würde, seinen Verpflichtungen nachzukommen, ein funktionsfähiges System sozialer Institutionen aufrechtzuerhalten, wie dies unter anderem im Artikel 70/E der Verfassung verlangt wird.[41] In Bezug auf die verfassungsrechtliche Forderung der Veränderung des Systems sozialer Sicherheit und auf die hiermit in Verbindung stehende Freiheit der Gesetzgebung erklärte das Gericht: „Das Verfassungsgericht hat bei der Auslegung des Art. 70/E der Verfassung mehrere Male darauf hingewiesen, dass der Staat seinen in diesem Artikel spezifizierten Verpflichtungen dann nachkommt, wenn er ein Sozialversicherungs- und Sozialhilfesystem organisiert und betreibt. Im Rahmen dieses Systems kann die Gesetzgebung selbst die Mittel bestimmen, mit denen sie die Ziele der Sozialpolitik zu erreichen wünscht. [...] Der Staat hat einen breiten Ermessenspielraum, wenn es darum geht, die von der wirtschaftlichen Situation abhängigen wohlfahrtsstaatlichen Leistungen zu modifizieren, neu zu gruppieren, oder umzuwandeln. Das Recht des Staates, Veränderungen durchzuführen, ist jedoch nicht unbegrenzt. [...] Das Verfassungsgericht betont ebenfalls, dass der Staat, bevor er solche, sich auf die Umstrukturierung des gesamten Wohlfahrtssystems beziehenden Entscheidungen trifft und in Kraft setzt, zusätzlich zu den Aspekten, die sich auf die finanziell-wirtschaftliche Lage der Nation beziehen, seine ihm ausdrücklich durch die Verfassung zugewiesene Verpflichtung zum Mutter-, Familien- und Kinderschutz berücksichtigen muss."[42]

Darüber hinaus legte das Gericht (in einer anderen Entscheidung) die verfassungsrechtlichen Anforderungen fest, die auf allgemeine, die Sozialversicherung bestimmende Grundsätze anzuwenden sind:

---

[40] Sonnevend, Manuskript, a.a.O., S. 18-19.
[41] Entsch. 56/1995 (IX.15.) AB.
[42] Entsch. 43/1995, a.a.O.

„Das Familienhilfesystem umzustrukturieren – indem man es von einem allgemeinen Grundlagensystem in ein mittelorientiertes System umwandelt – ist an sich nicht verfassungswidrig, wenn genügend Zeit für die Implementierung der Veränderungen zu Verfügung steht und die Vorschriften nicht die in der Verfassung garantierten Regeln oder Grundrechte verletzen."[43]

Interessanterweise gab es, jedenfalls meiner Kenntnis nach, keine Kritiker des Gerichts, die es dafür angeprangert hätten, weil es nicht härter dafür kämpfte, dass ein sozial sensiblerer Staat aufgebaut oder aufrechterhalten würde. Es scheint, als ob das „rechtliche Unbewusstsein", entgegen der oben zitierten Behauptung Sajós über dessen schleichende Sozialdemokratisierung, schon eine gründliche „Gehirnwäsche" durch den jahrzehntelangen wirtschaftlichen Expertendiskurs erhalten hätte. Auf jeden Fall sah die Öffentlichkeit still dabei zu, wie das Gericht in der Tat dem wich, was man als die umfassende Zerstörung eines bis dahin umfangreichen Wohlfahrtssystems bezeichnen könnte und sollte. Das erstaunt auch dann, wenn man bedenkt, dass dieses Systems in vielerlei Hinsicht als ein Überwachungsinstrument in Händen eines unterdrückerischen Regimes gedient hatte.

III. Die Frage der realen Gewaltenteilung im postkommunistischen Ungarn

Die Frage der Gewaltenteilung im postkommunistischen Ungarn, auf die in diesem Beitrag nicht im Detail eingegangen werden kann[44], wurde von der öffentlichen Debatte – statt der üblichen Trennung zwischen Legislative, Exekutive und Judikative – als eine Dualität verstanden und auch so thematisiert: die wirkliche Gewaltenteilung im heutigen Ungarn sei der Gegensatz zwischen dem Verfassungsgericht auf der einen, und der Regierung mit der parlamentarischen Mehrheit auf der anderen Seite. Dazu kam, dass sich diese Dualität auch in einer klaren Trennung des rechtlichen und des ökonomischen Diskurses zeigte. Das muss nicht notwendigerweise so sein – es ist denkbar, dass die beiden Rationalitäten Positionen innerhalb der zwei getrennten Gewalten einnehmen und dabei möglicherwei-

---

[43] Entsch. 455/b/995/3.
[44] Siehe die Literatur in Anmerkung 1. Für Literatur zur Gewaltenteilung, die über die übliche Dichotomie zwischen parlamentarischen und präsidentiellen Systemen (z.B. Juan J. Linz und Arturo Valenzuela (Hg.), *The Failure of Presidential Democracy*. Baltimore: Johns Hopkins University Press, 1994) hinausgeht, siehe Kurt von Mettenheim (Hg.), *Presidential Institutions and Democratic Politics*. Baltimore: Johns Hopkins University Press, 1997.

Konstitutionalismus im postkommunistischen Ungarn 189

se Macht untereinander aufteilen. In Ungarn war 1995 der empirische Fall schlicht der, dass die institutionellen Schauplätze der wirtschaftlichen Rationalität und konstitutionellen Logik die Regierung beziehungsweise das Verfassungsgericht waren.

Zahlreiche Kommentare verschiedener Parteien, die während der Debatte abgegeben wurden, zeigen den Zusammenprall zwischen diesen beiden Diskursen. Auf der einen Seite drückte sich Verfassungsgerichtspräsident Sólyom sehr deutlich aus, als er in einem Radiointerview erklärte, der Rechtsstaat sei ein ebenso wichtiger Wert wie das finanzielle Gleichgewicht.[45] Eine vermittelnde Position nahm z.b. der Jurist András Bragyova ein, der in einem Zeitungskommentar an den historischen Streit zwischen dem U.S. Supreme Court und der Roosevelt-Administration erinnerte und mahnte, der Staatshaushalt sei seit jeher ein sorgfältig gehütetes Recht der Parlamente gewesen, und die regierende Mehrheit dafür verantwortlich. Daher sollte das Verfassungsgericht sich in Fragen, die den Haushalt betreffen, so weit wie möglich zurückhalten.[46] Hier scheint schon die Vorstellung zu herrschen, dass sich Regierung und Verfassungsgericht um verschiedene Dinge zu kümmern hätten: Die Regierung als verantwortlicher Hüter des Haushalts, das Gericht als alleiniger Hüter der Verfassung.

Am Ende der nicht besonders umfangreichen Debatte über das Wirtschaftsstabilisierungsgesetz machte Finanzminister Lajos Bokros den Standpunkt der Regierung in seiner Parlamentsrede in nicht zu übertreffender Deutlichkeit klar, als er sagte, dass er den Teil seiner Rede, welcher die Verfassungsmäßigkeit des Gesetzesvorschlags betrifft, auslassen werde, da dies seiner Meinung nach Zeitverschwendung sei.[47] Selbstsicher und zynisch demonstrierte er so seine bzw. die Hoheit seiner Regierung über die Sache. An anderer Stelle wurde seine Vision von der Anordnung der politischen Welt präsentiert, als er den Verdacht äußerte, dass „hinter den Entscheidungen des Gerichts gewisse wirtschaftspolitische Erwägungen stekken, für die es keine Kompetenz hat. Das Verfassungsgericht betreibt eher eine alternative Finanzpolitik als eine Menschenrechtspolitik."[48]

Auch János Kis hat seine gesamte Argumentation gegen die Gerichtsurteile auf der Grundlage des Gewaltenteilungsprinzips aufgebaut. Seine Theorie der Gewaltenteilung sieht nur zwei einflussreiche Hauptgewalten vor, entsprechend der oben erwähnten

---

[45] „16 Stunden", Sender Kossuth, 3. Juli 1995.
[46] „Auslegung ist nicht Gesetzgebung" in *Magyar Hírlap*, 25. September 1995.
[47] Zitiert in Imre Kónya, „Was eine Alternative hat und was nicht", in *Magyar Nemzet*, 29. Juli 1996, S.16.
[48] Lajos Bokros in einem Fernsehinterview für Duna TV am 5. Juli 1995.

Dualität (wobei er effektiv die „real existierende" Situation bestärkt), und versucht ein System gegenseitiger Kontrolle und des Gleichgewichts zwischen den Gewalten (checks and balances) zu konstruieren.[49] Auch er reduziert den Verfassungskonflikt zu einem Gegensatz zwischen dem Haushalt und der Verfassung, der dann aber hoffentlich mit der Aussöhnung endet: „Da die Sozialausgaben die größten Kosten im Staatshaushalt darstellen, hängt das erwartungsgemäße Niveau der Sozialrechte gleichzeitig von der Interpretation der Grundrechte *und* von der Beurteilung der finanziellen Möglichkeiten des Haushaltes ab". Befolgte man die von Kis vorgeschlagenen Verfahrenstechniken, „würde die verfassungsrechtliche Forderung des Schutzes sozialer Sicherheit nicht ins Leere laufen, und gleichzeitig müssten die Verfassungsrichter nicht über den Haushaltsplan verfügen". Sein Lösungsvorschlag war, den beiden Staatsgewalten nicht isoliert und unabhängig voneinander verschiedene Kompetenzen zuzuweisen (das Verfassungsgericht die Verfassung und die Regierung das Budget), sondern beide Gewalten dazu zu zwingen, beim Schutz und der Realisierung der Sozialrechte zusammenzuarbeiten.[50]

Für den Streit der zwei Rationalitäten war bezeichnend, dass jede Seite auf die Argumente der anderen einging. So bezog sich z. B. das Gericht ausdrücklich auf die Anwendung einer Kosten-Nutzen-Analyse, als es folgendes ausführte: „Kinder und Mütter werden insbesondere durch die Verfassung geschützt (Artikel 15, 16, 66 Abs. 2 und 67 Abs. 1). Daher vertritt das Gericht in seinem Urteil darüber, ob der Eingriff in die bereits erworbenen Rechte verfassungsgemäß oder willkürlich ist, die Meinung, dass es nicht genügt, sich hierbei auf wirtschaftliche Gründe zu beziehen. Es ist des weiteren notwendig zu untersuchen, ob die genannten verfassungsrechtlichen Bestimmungen befolgt wurden. Die Gesellschaft hat ein grundlegendes Interesse daran, in Zukunft eine aktive Bevölkerung zu haben, welche die Verpflichtungen des Staates erfüllen kann."[51]

Aber wie man in diesem Zitat sehen kann, wurde dieser Diskurs nur dazu benutzt, um die eigene Rationalität gegenüber der anderen abzugrenzen.

---

[49] Aufgrund der Natur der Sozialrechte, die er meiner Ansicht nach richtig erkennt, muss er, wie oben demonstriert, schlussfolgern, dass man sich entweder von ihnen befreien oder es zulassen muss, dass die zwei Staatsgewalten sich ineinander verstricken. In seiner Darstellung genießt aber das Gewaltenteilungsprinzip ganz deutlich Vorrang vor dem Abkommen des Runden Tisches, das den Hintergrund der sozialen Rechte bildet. So müsste er konsequenterweise die Streichung der Sozialrechte aus der Verfassung offen befürworten.
[50] Kis, Manuskript, a.a.O., S. 11.
[51] Entsch. 43/1995, a.a.O.

Die entscheidende Frage in der Auseinandersetzung zwischen dem Verfassungsgericht und der Regierung war natürlich, ob jeweils im politischen, wirtschaftlichen oder rechtlichen Diskurs in Ungarn so etwas wie ein wirtschaftlicher Notstand existiert, und wenn ja, ob die Regierung in Bezug auf einen solchen verfassungsmäßige Vorgaben außer Kraft setzen könnte. Dies war der Standpunkt der Regierung. So schrieb z.B. Tamás Bauer, parlamentarischer Sprecher für den kleineren Koalitionspartner, die Freidemokraten, in Verteidigung der Sparmassnahmen und gegen die Verfassungsgerichtsentscheidungen: „Indem das Verfassungsgericht einen übergangslosen Wandel [des Wohlfahrtssystems] für verfassungswidrig erklärt hatte, gab es nichts anderes eine wirtschaftspolitische Erklärung ab: es beurteilte die finanzielle Situation des Landes nicht als hart und die Verschlechterung des Zustandes des Staatshaushaltes nicht als bedrohlich genug, um unmittelbare Maßnahmen zu rechtfertigen. Es sah sich selbst für diese wirtschaftspolitische Entscheidung als kompetent an, eine Entscheidung, für die im ungarischen politischen System die Regierung und das Parlament den angemessenen professionellen Hintergrund und die notwendige gesellschaftliche Unterstützung besitzen."[52]

Verfassungsgerichtspräsident Sólyom verneinte die Frage, ob ein wirtschaftlicher Notstand vorlag, emphatisch,[53] während das Gericht als Ganzes, wie oben beschrieben, angesichts der ökonomischen Logik der Regierung nachgab, und so zuließ, dass diese sich des Wohlfahrtsstaates praktisch entledigte. Es wäre einfach zuviel verlangt gewesen, das Notstandsargument stehen zu lassen, denn letztendlich ist es so, wie eine der Gerichtsentscheidungen es ausdrückt: „Das Verfassungsgericht muss die letzte Entscheidungsinstanz sein, wenn es darum geht, ob die Voraussetzungen eines ausnahmsweisen Eingriffs [in erworbene Rechte] erfüllt wurden."[54] Neben der Gestaltung eines wichtigen rhetorischen Raumes im Hinblick auf das Notstandsthema schaffte das Gericht es auch, einen unabhängigen verfassungsrechtlichen Diskurs aufrechtzuerhalten und eine bedeutsame Zuständigkeit für verschiedene Aspekte der Verfassungsmäßigkeitsprüfung von Einschränkungen des Wohlfahrtssystems aufzubauen. Das letztere wurde heftig durch Sajó kritisiert: dass das Gericht auch zukünftig für sich in Anspruch nahm, Kür-

---

[52] „Die Verfassungsmäßigkeit der Stabilisierung,", *Népszabadság*, 13. Juli, 1995.
[53] László Sólyom, „Alle Ziele können verfassungsgemäß erreicht werden", in *Magyar Nemzet,* 30. September 1995, S. 7.
[54] Entsch. 43/1995, a.a.O.

zungen von Sozialleistungen zu überprüfen, sei einfach ein Zeichen dafür, dass das Verfassungsgericht extrem machtgierig sei.[55]

Im Rahmen der Begriffstrias *Wirtschaftliche Stabilisierung* (so wie in dem Namen des Gesetzes), *Rechtsstaat* (aufgeteilt in Rechtssicherheit und erworbene Rechte) und *Wirtschaftlicher Notstand* konnte das Gericht den Triumph der Wirtschaft erfolgreich abwenden, indem es eine „Allianz" zwischen dem Argument des wirtschaftlichen Notstands und der Rhetorik der wirtschaftlichen Stabilität verhinderte. Jedoch, während es die Schlacht um das Wirtschaftsstabilisierungsgesetz gewann, verlor das Gericht den Krieg gegen die ökonomische Rationalität. Da der Krieg nicht mit der Vernichtung der Verlierers endete, sind weitere Auseinandersetzungen zu erwarten. Es wird interessant sein zu sehen, wie dieser Kampf auf dem semantischen Schlachtfeld weitergeht.

Aus dem Englischen von Jasna Miletić.

---

[55] Sajó, Manuskript, S. 13.

Karel Vodička

Das slowakische Verfassungsgericht im Transformationsprozess

1. Interdependenzen von politischen Prozessen und Institutionen im Transformationsprozess

Die Eigenart des Systemwechsels in Mittel- und Osteuropa besteht in der Notwendigkeit, das gesellschaftliche, politische und wirtschaftliche System – wie auch das Verfassungs- und Rechtssystem – parallel zu transformieren. Die Wechselwirkungen zwischen den erwähnten Teilsystemen im Wandel nehmen wesentlichen Einfluss auf den Verlauf der demokratischen und marktwirtschaftlichen Reformen. Die Wechselwirkungen zwischen politischen Prozessen und dem Institutionenkomplex sind beim Systemwechsel durch ein Paradox gekennzeichnet: Für die mehrdimensionale Umgestaltung gesellschaftlicher, politischer, wirtschaftlicher und rechtlicher Strukturen brauchen die Akteure eine institutionelle Grundlage. Diese institutionelle Basis kann aber erst durch politische Konsensbildung geschaffen werden. Die politischen Konflikt- und Konsensprozesse werden durch ein fehlendes oder nicht geeignetes Institutionensystem beeinträchtigt, die Herausbildung eines demokratischen institutionellen Arrangements wird wiederum durch die stockenden und turbulenten politischen Vorgänge gebremst oder gar verhindert.

Die Interdependenzen zwischen politischen Prozessen und dem Institutionensystem können an der Verfassungskrise, die zur Auflösung der Tschechoslowakei geführt hatte, demonstriert werden. Die reformkommunistische Verfassung aus dem Jahre 1968, eine institutionelle Erblast des Ancien Régime, wurde nach der Wende zur Basis genuiner parlamentarischer Entscheidungsprozesse – eine Funktion, für die sie nicht konstruiert war. Wegen des ungeeigneten konstitutionellen Abstimmungsmechanismus' und der zunehmenden tschechisch-slowakischen Polarisierung gelang es im Zeitraum 1990 bis 1992 nicht, eine neue - legitime und zugleich effiziente - Verfassung zu verabschieden. Die politische Konstellation in der frühen Transitionsphase verhinderte die Verabschiedung einer funktionsfähigen föderalen Verfassung und das vom Kommunismus überlieferte Verfassungssystem blockierte wiederum den parlamentarischen Prozess. Die Abwesenheit institutioneller Konsensbildungsmechanismen war nach den Wahlen 1992, bei denen in der jeweiligen Teilrepublik (Tschechien, Slowakei) gegensätzliche politische Kräfte gewannen, eine der Ursachen der unlösbaren Verfassungskrise und dadurch auch ein Faktor der Teilung der ČSFR.

Die Interdependenzen zwischen politischen Prozessen auf der einen und den politischen Institutionen auf der anderen Seite, die in der politikwissenschaftlichen Transformationsforschung vielfach erwähnt werden,[1] werden insbesondere bei der Untersuchung von Wechselwirkungen zwischen den politischen Kräftekonstellationen und der Wahlrechtsgestaltung evident.

In Tschechien setzten im Jahre 2000 die zwei stärksten Parteien, die Sozialdemokratische Partei und die Demokratische Bürgerpartei, in beiden Parlamentskammern ein Wahlgesetz durch, das das Wahlsystem deformierte, den großen Parteien durch Umverteilung von Mandaten und Umschichtung der Parteienfinanzierung erhebliche Wettbewerbsvorteile bot und die kleineren Parteien marginalisierte. Durch kleine Wahlkreise und eine ausgeklügelte Berechnungsformel würden die beiden größten Parteien bei 60% Stimmenanteil (Parlamentswahlen 1998) einen Anteil von 93% der Mandate in der Abgeordnetenkammer und einen entsprechend hohen Anteil an der staatlichen Parteienfinanzierung erlangen. „Begründet" wurde diese „Wahlgesetznovelle" mit dem Vorwand, man brauche im Lande dringend stabilere politische Verhältnisse. Die Öffentlichkeit blieb – abgesehen von einigen engagierten Journalisten – eher passiv. Da die Verfassung der Tschechischen Republik für die Wahlen zur Abgeordnetenkammer ein Proportionalwahlsystem festlegt, sahen mehrere Fachleute – wegen der hohen Stimmen-Mandate-Disproportion – das neue Wahlgesetz als verfassungswidrig an (Klíma 2000:

---

[1] Merkel, Wolfgang, 1996: Struktur oder Akteur, System oder Handlung: Gibt es einen Königsweg in der sozialwissenschaftlichen Transformationsforschung? In: Merkel, Wolfgang (Hrsg.), 1996: Systemwechsel 1. Theorien, Ansätze und Konzepte der Transitionsforschung. Leske+Budrich, Opladen S. 303 ff; Rüb, Friedbert, 1996: Die Herausbildung politischer Institutionen in Demokratisierungsprozessen. In: Merkel, Wolfgang (Hrsg.), 1996: Systemwechsel 1, Opladen, S. 111 ff.; Rüb, Friedbert 1996: Zur Funktion und Bedeutung politischer Institutionen in Systemwechselprozessen. Eine vergleichende Betrachtung. In: Merkel, Wolfgang, Sandschneider, Eberhard, Segert, Dieter (Hrsg.): Systemwechsel 2, Die Institutionalisierung der Demokratie, Opladen, S. 37 ff.; Merkel, Wolfgang, 1996: Institutionalisierung der Demokratie in Ostmitteleuropa. In: Merkel, Wolfgang, Sandschneider, Eberhard, Segert, Dieter (Hrsg.): Systemwechsel 2, Die Institutionalisierung der Demokratie, Opladen, S 73 ff.

336; Filip 2000: 29; Vodička 2000: 369). Präsident Havel legte gegen das Gesetz sein suspensives Veto ein, das jedoch von der Abgeordnetenkammer überstimmt wurde. Das Staatsoberhaupt reichte daraufhin eine Verfassungsbeschwerde ein und das Verfassungsgericht erklärte im Frühjahr 2001 die zentralen Wahlgesetzbestimmungen für verfassungswidrig (Erkenntnis 64/2001).

Auch am Beispiel der Slowakischen Republik, auf das im Weiteren näher eingegangen wird, kann man plausibel darstellen, wie die jeweilige politische Gruppierung, die gerade an der Macht war, das Wahlrecht in ihrem Sinne – d.h. um sich ihre Macht auch für die Zukunft zu sichern – geändert hat. Das slowakische (wie auch tschechische) Beispiel zeigt allerdings auch deutlich, dass sich diese Bemühungen nicht selten gegen ihre Autoren wenden, denn die Wählerreaktionen sind nicht exakt berechenbar. Ein häufiger Fehler der Akteure beruht darin, dass sie die letzten Wahlergebnisse bzw. die gegenwärtigen Meinungsumfragen nach vorne – als zukünftiges Wahlergebnis – projizieren und dass sie dann das Wahlsystem so anzupassen suchen, dass diese Projektion zum gewünschten Wahlergebnis führt. Der oft übersehene Stolperstein besteht indessen darin, dass die Wähler und die Parteien in einem geänderten Wahlsystem anders reagieren. Sowohl das Parteiensystem als auch das Wählerverhalten passen sich der neuen Rechtslage an. Die Erfahrungen mit den Wahlgesetzänderungen in der Slowakei kurz vor den Wahlen 1998 belegen, dass eine zweckdienliche Änderung des Wahlgesetzes eine Gegenreaktion heraufbeschwören und dass sie zum Verlust der Wählerunterstützung derjenigen Partei führen kann, die diese Wahlgesetzänderung durchgesetzt hat.

2. Näheres zu den Interdependenzen von politischen Vorgängen und Rechtssystem in der Slowakei

Nach den Parlamentswahlen 1994 formierte sich in der Slowakischen Republik eine Regierungskoalition aus der Bewegung für eine Demokratische Slowakei (HZDS), der Slowakischen Arbeitervereinigung (ZRS) und der Slowakischen Nationalpartei (SNS). Bei der konstituierenden Sitzung des Nationalrats der Slowakischen Republik vom 3. bis 4.11.1994 setzte die Parlamentsmehrheit der Regierungskoalition, die über insgesamt 83 von 150 Parlamentsmandaten verfügte, eine Abstimmungsmaschinerie in Bewegung, durch welche die wichtigsten Posten umbesetzt wurden und die Opposition aus dem parlamentarischen Prozess verdrängt wurde. Die Koalitionsmehrheit besetzte mit ihren Parteimitgliedern bzw. Anhängern das Amt des Generalprokurators, des Vorsitzenden des Fonds für Nationaleigentum, der Direktoren der öffentlich-rechtlichen Fernseh- und Rundfunkanstalten sowie das Aufsichtsorgan für die Tätigkeit des Slowakischen Sicherheitsdienstes (OKO). Die parlamentarischen Oppositionsparteien erhielten weder Ämter im Parlamentspräsidium noch Funktionen in den Parlamentsausschüssen, sie wurden auch nicht in die Parlamentskontrollorgane gewählt. Die Journalisten nannten diese Parlamentssitzung, bei der sich bereits die kommende Alleinherrschaft der Mehrheit abzeichnete, „die Nacht der langen Messer".

Die neue politische Konstellation wirkte sich gleich am ersten Sitzungstag auf die Gesetzgebung aus. Die HZDS/ZRS/SNS-Parlamentsmehrheit billigte bei der konstituierenden Parlamentssitzung die Novelle des Gesetzes über die große Privatisierung und hob die Privatisierungsgesetze der bisherigen Regierung Moravčík auf. Damit verschafften sich die Koalitionsparteien Zugriff auf das noch übrig gebliebene Staatseigentum. Die Regierungsmehrheit gründete auch eine Kommission zur Untersuchung der „Krise der Verfassungsordnung im Jahre 1994", womit das - verfassungsmäßig einwandfreie - Misstrauensvotum gegen die Regierung Mečiar im März 1994 gemeint war.

Die innenpolitischen Vorgänge von 1994 bis 1998 wurden durch institutionelle Konflikte, insbesondere durch die Kontroversen des Ministerpräsidenten Mečiar und des Staatsoberhauptes Kováč, belastet. Auch die Konfrontation zwischen den Parteien der Regierungskoalition und den Oppositionsparteien nahm zunehmend Züge einer sich verhärtenden Feindschaft an. Die Regierungskoalition missbrauchte im Machtkampf auch die staatlichen Repressionsmechanismen, insbesondere den Slowakischen Informationsdienst SIS, um die Oppositionskräfte unter Druck zu setzen. Bei allen Gelegenheiten wurden die Oppositionsparteien aggressiv und skrupellos attackiert, was die Möglichkeit eines minimalen Konsenses zwischen der Koalition und der Opposition bei grundlegenden innen- und außenpolitischen Fragen von vornherein ausschloss. Das Ziel der Regierungskoalition war es, die Kontrollfunktionen des Parlaments gegenüber der Exekutive abzuschwächen. Zu diesem Zweck setzte die Regierungskoalition Gesetze durch, die die Möglichkeiten zur Machtkonzentration in ihren Händen eröffnete.

Die autoritären Bestrebungen der Regierungskoalition hatten verschiedene Auswirkungen auf die konkrete Politik. In der Wirtschaft wurde sukzessiv ein klientelistisches System eingeführt (Sopóci 2001: 173). An die Funktionäre und Anhänger der Koalitionsparteien wurden umfangreiche Vermögenswerte zu einem Bruchteil ihres regulären Preises übereignet und die neuen Eigentümer im Gegenzug zu politischer Loyalität und zu materiellen Leistungen verpflichtet. Die Regierungskoalition missachtete die elementaren Verfassungsprinzipien. Dies erhöhte die politischen Spannungen in der Gesellschaft und trug zur politischen Destabilisierung bei. Die sich zuspitzende politische Polarisierung äußerte sich in den gegensätzlichen Einstellungen großer Bevölkerungsgruppen, die entweder das Regierungslager oder die Oppositionskräfte unterstützten. Die politischen Parteien und Bewegungen nutzten diese Polarisierung der Gesellschaft für ihre Mobilisierungsstrategien.

Die antagonistischen Gegensätze zwischen der Opposition und der Koalition beeinträchtigten in der Legislaturperiode 1994-1998 den Gesetzgebungsprozess. Gesetze wurden lediglich mit den Stimmen der parlamentarischen Regierungsmehrheit verabschiedet. Eine Neuauflage erfuhren oder neu verabschiedet wurden unter anderem das Gesetz 207/1996 über Stiftungen, das Hochschulgesetz 361/1996, das Gesetz 314/1996 über die Prokuratur, das Gesetz 221/1996 über die Gebiets- und Verwaltungsgliederung der Slowakei, das Gesetz 222/1996 über die örtliche Staatsverwaltung, das Gesetz 187/1998 über die Wahlen zum Nationalrat der SR (Novellierung des Ges. 80/1990) sowie das Gesetz 233/1998 über die Wahlen zu den örtlichen und regionalen Selbstverwaltungsorganen (Novellierung des Ges. 346/1990). Die Oppositionsparteien erhoben gegen diese Gesetze bzw. Gesetzesnovellierungen zahlreiche kritische Einwände, die jedoch von der HZDS/SNS/ZRS-Parlamentsmehrheit in keiner Weise berücksichtigt wurden.

Scharfe Kontroversen und Massenproteste rief im Jahre 1996 insbesondere die Neuauflage des Strafgesetzes hervor, die als „Gesetz zum Schutz der Republik" bezeichnet wurde. Die Verschärfung einiger Strafgesetzbestimmungen wurde von der Slowakischen Nationalpartei verlangt, die ihre Zustimmung zur Ratifizierung des Slowakisch-Ungarischen Grundlagenvertrags davon abhängig machte. Die Regierungskoalition veranstaltete eine massive Propagandakampagne, in der sie behauptete, dass die Interessen des jungen, unabhängigen Staates besser geschützt werden müssten. Die Politiker der Slowakischen Nationalpartei betonten, die Slowakische Republik müsse insbesondere vor den Aktivitäten der ungarischen Minderheit verteidigt werden. Die HZDS-Führung wollte dagegen insbesondere gegen die „inneren Feinde" des Staates vorgehen. „Die selben, die gegen die Entstehung unseres Staates waren, die selben, die den Sturz der Regierung im März 1994 wollten und herbeiführten, wollen uns ihre Vorstellungen über die Ordnung und Entwicklungsrichtung aufzwingen. (...) Es ist genug, wir lassen uns die Republik nicht zerrütten", begründete Mečiar die geplante Verschärfung des Strafrechts (Sme, 23.10.1996: 5). Der im Parlament vorgelegte Regierungsentwurf beinhaltete weit auslegbare Bestimmungen, nach denen diejenigen Personen strafrechtlich verfolgt werden konnten, die eine öffentliche Versammlung „in der Absicht, die verfassungsmäßige Ordnung zu untergraben",[2] organisieren, oder solche Personen, die „im Ausland unwahre Informationen verbreiten, die die Interessen der Republik verletzen"[3].

Die Regierungsvorlage des Strafgesetzes rief bei allen Oppositionsparteien, den Gewerkschaften, den Bürgervereinen sowie bei Kirchenvertretern scharfe Proteste hervor. Auf große Resonanz stieß die öffentliche Stellungnahme der römisch-katholischen Bischöfe, dass durch die „Billigung dieses Gesetzes die Gefahr der Einführung eines neuen Totalitarismus in unserer Republik droht" (NO, 2.4.1996: 5). Die ausländischen Vertretungen ließen erkennen, dass die Verabschiedung dieses Gesetzes die EU- und NATO- Beitrittschancen der Slowakei wesentlich vermindern würde. Dennoch wurde der Gesetzentwurf der Regierung durch das Parlament mit 77 Abgeordnetenstimmen der Koalitionsmehrheit gebilligt. Das verabschiedete novellierte Strafgesetz wurde vom Staatspräsidenten mit einem suspensiven Veto versehen und an das Parlament zurückverwiesen. Bei der erneuten Erörterung des Strafgesetzbuches schlossen sich diesmal einige Abgeordnete der Slowakischen Arbeitervereinigung (ZRS) der Opposition an und lehnten es ab, für die repressiv angelegten Strafrechtsbestimmungen zu stimmen. Infolgedessen wurde die Strafgesetznovelle vom Parlament schließlich doch nicht gebilligt.

Gegen Ende 1996 wurde der Abgeordnete Gaulieder, der zuvor die HZDS-Fraktion verlassen hatte, durch einen Beschluss der Koalitionsmehrheit aus dem Parlament ausgeschlossen. Für die HZDS war Gaulieders Mandat von besonderer Bedeutung, denn nach seinem Verlust hätte sie ihre Sperrminorität verloren, mit welcher sie alle Verfassungsänderungen verhindern konnte. Gaulieder bezeichnete die angebliche Rücktrittserklärung, die vom hohen Funktionär der Bewegung für eine Demokratische Slowakei (HZDS) und Parlamentspräsidenten, Gašparovič, präsentiert wurde, als Fälschung. Gaulieder gab an, dass er vor den Parlamentswahlen 1994 im HZDS-

---

[2] „v úmysle rozvrátiť ústavné zriadenie" (Mesežnikov 1997: 16)

[3] osobám „rozširujúcim v cudzine nepravdivé informácie, poškodzujúce záujmy republiky" (Mesežnikov 1997: 16)

[4] Angaben: Voľby do Slovenskej Národnej rady 5.-6. jún 1992. Slovenský štatistický úrad, Bratislava 1992, S. 8-12 und 78-81; Voľby do Národnej rady Slovenskej republiky, konané 30.09. a 1.10.1994. Štatistický úrad Slovenskej republiky, Bratislava 1994, S. 10-17 und 93 - 97; Voľby do Národnej rady Slovenskej republiky, Štatistický úrad Slovenskej republiky, in: Hospodářské noviny vom 28.9.1998, S. 1 und 11; Sme vom 28.9.1998, S.1.

[5] Angaben: Voľby do Slovenskej Národnej rady 5.-6. jún 1992. Slovenský štatistický úrad, Bratislava 1992, S. 8 (für 1992) und Slovenský štatistický úrad, Bratislava, http://volby98.statistics.sk (für 1994 und 1998).

Das slowakische Verfassungsgericht

Wahlergebnisse 1992 - 1994 - 1998
(Prozentanteile und Parlamentsmandate der Parteien)[4]

Partei	1992	Sitze	1994	Sitze	1998	Sitze
Bewegung für eine Demokratische Slowakei (HZDS)[a]	37,3 %	74	35,0 %	61	27,0 %	43
Slowakische Demokratische Koalition (SDK)[b]	-	-	-	-	26,3 %	42
Partei der Demokratischen Linken (SDL)[c]	14,7 %	29	10,4 %	18	14,7 %	23
Ungarische Koalition (SMK)[d]	7,4 %	14	10,2 %	17	9,1 %	15
Slowakische Nationalpartei (SNS)[e]	7,9 %	15	5,4 %	9	9,1 %	14
Partei der Bürgerverständigung (SOP)[f]	-	-	-	-	8,0 %	13
Christlich Demokratische Bewegung (KDH)[g]	8,9 %	18	10,1 %	17	SDK	SDK
Demokratische Union (DU)[h]	-	-	8,6 %	15	SDK	SDK
Sozialdemokratische Partei der Slowakei (SDSS)[i]	-	-	SDL	SDL	SDK	SDK
Slowakische Arbeitervereinigung (ZRS)[j]	-	-	7,3 %	13	1,3 %	-

Wahlbeteiligung[5]	1992	1994	1998
Absolute Zahl der Wahlberechtigten	keine Angabe	3.876.555	4.023.191
Absolute Zahl der Wahlbeteiligung	keine Angabe	2.932.669	3.389.346
Prozentzahl der Wahlbeteiligung	84%	75,65%	84,24%
Absolute Zahl der gültigen Stimmen	keine Angabe	2.857.458	3.359.176
Prozentzahl der gültigen Stimmen	keine Angabe	98,36%	99,22%

[a] Hnutie za demokratické Slovensko; [b] Slovenská demokratická koalícia; [c] Strana demokratickej ľavice; [d] Strana maďarskej koalície; [e] Slovenská národná strana; [f] Strana občianskeho porozumenia; [g] Kresťansko demokratické hnutie; [h] Demokratická únia; [i] Sociálno-demokratická strana Slovenska; [j] Združenie robotníkov Slovenska

Hauptquartier einen sogenannten *Revers* unterzeichnen musste, eine undatierte Rücktrittserklärung (Mesežnikov 1998: 24). Der Mandats- und Immunitätsausschuss, in welchem die HZDS über eine Mehrheit verfügte, empfahl dem Slowakischen Nationalrat, Gaulieders Rücktrittserklärung „zur Kenntnis zu nehmen". Am 4.12.1996 stimmten 77 Parlamentsabgeordnete für den Parlamentsbeschluss Nr. 482, dass der Nationalrat Gaulieders Mandatsverzicht „zur Kenntnis nimmt". (Mesežnikov 1998: 24). Zwei Tage nach Gaulieders Parlamentsausschluss wurde auf sein Haus in Galanta ein Sprengstoffanschlag verübt, Gaulieder blieb jedoch unverletzt.

3. Die Funktion des Verfassungsgerichts im politischen Prozess

Das slowakische Verfassungsgericht spielte in der Legislaturperiode 1994-1998 eine besondere Rolle als eine Institution, die zur Bewahrung der rechtsstaatlichen Verfassungsordnung und zum Wesenserhalt des politischen Systems wesentlich beigetragen hat. Die systemerhaltende Funktion des Verfassungsgerichts unterscheidet sich fundamental von der Rolle der Verfassungsgerichte in konsolidierten Demokratien, wo nicht mehr die Bewahrung der demokratischen Grundordnung an der Tagesordnung ist, sondern die Vervollkommnung und Weiterentwicklung der Verfassungsordnung und der Menschenrechte. Die Entscheidungen des slowakischen Verfassungsgerichts haben einige autoritäre Tendenzen der Regierungskoalition Mečiar blockiert oder zumindest abgeschwächt, was den späteren Machtwechsel 1998 begünstigte und eine Anknüpfung an den vorherigen Konsolidierungsprozess ermöglichte.

Die Entscheidungen des Verfassungsgerichts der Slowakischen Republik werden in Form von „Erkenntnis"[6] (*nález*), „Beschluss" (*uznesenie*) oder „Urteil" (*rozsudok*) gefaßt. Als Oberbegriff für alle Entscheidungsformen wird im Slowakischen – und hier im Deutschen – das Wort „Entscheidung" (*rozhodnutie*) verwendet. Als Erkenntnis werden solche Verfassungsgerichtsentscheidungen in der Sache bezeichnet, die eine Verfassungswidrigkeit feststellen (§ 41 Abs. 1 Ges. 38/1993 i.d.F. 293/1995) und daher Rechtskonsequenzen gemäß Art. 132 VerfG nach sich ziehen (Bröstl 1998: 119; Čič 1997: 488). Die übrigen Entscheidungen in der Sache werden als Beschluss bezeichnet. Mit einem Urteil wird lediglich im Verfahren nach Art. 129 Abs. 5 VerfG (Anklage gegen den Präsidenten wegen Landesverrat) entschieden.

---

6   Das slowakische Wort „ *Nález*" wird in Anlehnung an die österreichische Praxis „*Erkenntnis*" übersetzt; dies entspricht am ehesten dem Inhalt dieses slowakischen Begriffs. Bröstl (1998) verwendet im Deutschen das Wort „Findung", was u.E. nicht korrekt ist.

Das Verfassungsgericht stellte im Juli 1997 fest, dass durch den Nationalratsbeschluss Nr. 482, durch welchen Gauliders „Rücktrittserklärung zur Kenntnis" genommen wurde, die Verfassungsrechte des Abgeordneten Gauliders verletzt worden seien (Erkenntnis 13/1997). Wie das Verfassungsgericht bekräftigte, sei ein Abgeordneter im Sinne des Art. 73 Abs. 2 VerfG an keine Weisungen gebunden und könne auf sein Mandat lediglich persönlich und durch eine eindeutige Willenserklärung verzichten. Auch wenn die angebliche Rücktrittserklärung authentisch gewesen wäre, war der Nationalrat verpflichtet, die späteren, zweifellos rechtlich relevanten Willensäußerungen Gauliders zu respektieren. Der Parlamentsbeschluss, durch welchen der Nationalrat eigenmächtig Gaulider sein Abgeordnetenmandat entzog, habe den elementaren Prinzipien des Verfassungsrechts und des Rechtsstaates widersprochen. Wie ferner das Verfassungsgericht hervorhob, widerspricht die politische Praxis der Blanko-Rücktrittserklärung (*Revers*) der Verfassung, insbesondere dem im Art. 73 Abs. 2 VerfG verankerten Prinzip des repräsentativen Mandats (Galanda u.a. 1998: 118-119). Das Verfassungsgericht forderte das Parlament auf, den Parlamentsbeschluss 482/1996 über Gauliders Parlamentsausschluss aufzuheben. Der Nationalrat lehnte es indessen ab, die Verfassungsgerichtsentscheidung zu respektieren. Mečiar forderte die Parlamentsabgeordneten der Regierungskoalition auf, die Erkenntnis des Verfassungsgerichts zu missachten, indem er erklärte, die Abgeordneten des Nationalrats seien „lediglich an ihr Gewissen und nicht an Empfehlungen des Verfassungsgerichts gebunden" (Mesežnikov 1998: 25).

Dass die HZDS die politischen Entscheidungsprozesse zentral zu beherrschen versuchte, zeigte sich am deutlichsten bei den intensiven Anstrengungen, das Staatsoberhaupt Michal Kováč seines Amtes zu entheben. Die Regierungskoalition verfügte nicht über die Dreifünftelmehrheit aller Parlamentsabgeordneten, die zu seiner Abberufung nach Art. 106 VerfG erforderlich gewesen wäre. Sie strebte daher an, den politischen Einfluss des Präsidenten zurückzudrängen. Der Druck auf den Staatspräsidenten wurde in verschiedenen Formen ausgeübt. Die Regierungskoalition versuchte, die Befugnisse des Staatsoberhauptes zu beschneiden, insbesondere in den Bereichen, in denen die Präsidentenkompetenzen durch die Verfassung nicht eindeutig definiert waren.

Im März 1995 verabschiedete der slowakische Nationalrat eine Novellierung des Gesetzes über den slowakischen Sicherheitsdienst SIS (Gesetz 72/1995). Durch diese Novelle verlor das Staatsoberhaupt die Befugnis, den Direktor des Sicherheitsdienstes zu ernennen. Die einschlägige Personalkompetenz ging an die Regierung bzw. den Ministerpräsidenten über. Im Juni 1995 beschloss die Parlamentsmehrheit der Mečiar-Koalition eine novellierte Fassung des Gesetzes über die Armee der Slowakischen Republik (Gesetz 166/

1995). Der Staatspräsident, gemäß der Verfassung der Oberbefehlshaber der Streitkräfte, verlor durch die Novelle seine Personalbefugnis, den Generalstabschef zu ernennen. Auch diese Kompetenz wurde auf die Regierung übertragen. Im November 1995 verabschiedete die Regierungsmehrheit eine Novelle des Gesetzes über das Referendum, durch welche die Berechtigung des Staatsoberhauptes eingeschränkt wurde, die Unterschriftenlisten der Bürger für ein Referendum zu überprüfen (Gesetz 269/1995). Beide letztgenannten Gesetzesnovellen wurden jedoch später durch das Verfassungsgericht für verfassungswidrig erklärt (Erkenntnis 10/96; Erkenntnis 5/96).

Die Versuche, den Staatspräsidenten Michal Kováč aus dem politischen Entscheidungsprozeß hinauszudrängen und ihn zu entmachten, erreichten ihren Höhepunkt bei einer Parlamentssitzung im Mai 1995, bei welcher dem Staatspräsidenten durch eine einfache Parlamentsmehrheit das Misstrauen erklärt wurde. Das „Misstrauensvotum" wurde durch einen Geheimbericht des von der HZDS beherrschten Ausschusses für die Kontrolle des slowakischen Sicherheitsdienstes ausgelöst, mit dem Ziel, Michal Kováč als Staatspräsidenten politisch zu diskreditieren. Verfassungsrechtlich war dieser Vorgang irrelevant, weil die Verfassung kein Misstrauensvotum gegen das Staatsoberhaupt vorsah.[7] Mehrere Monate später, im September 1995, beschuldigte die Slowakische Regierung den Staatspräsidenten, das Verfassungssystem der Slowakei zu untergraben, und forderte ihn auf, zurückzutreten. Staatspräsident Kováč wies jedoch diese – verfassungswidrigen – Rücktrittsaufforderungen des Parlaments und der Regierung entschieden zurück.

Zu einem brisanten Ereignis der Legislaturperiode 1994-1998 wurde die Vereitelung des Referendums über den NATO-Beitritt und über die Direktwahl des Staatspräsidenten, das auf den 24. bis 25.5.1997 angesetzt war. Der Stimmzettel sollte vier Fragen beinhalten. Die ersten drei Fragen betrafen den NATO-Beitritt der Slowakei und wurden von der HZDS/SNS/ZRS-Koalitionsmehrheit im Nationalrat durchgesetzt. Die Fragen[8] wurden so formuliert, dass sie eine Ablehnung provozierten und hatten offensichtlich den

---

[7] Nach Art. 106 VerfG war lediglich eine Abberufung des Staatsoberhauptes (also kein Misstrauensvotum) unter gewissen Voraussetzungen möglich, für welche allerdings eine Dreifünftelmehrheit erforderlich war.

[8] Die Fragen lauteten: Sind Sie für den NATO-Beitritt der Slowakei?; Sind Sie für die Stationierung von Atomwaffen auf dem Gebiet der SR?; Sind Sie für die Errichtung militärischer Stützpunkte auf dem Gebiet der SR?; Stimmen Sie zu, dass der Staatspräsident der SR durch die Bürger der SR gemäß dem beigefügten Entwurf des Verfassungstextes direkt gewählt wird?

Zweck, die außenpolitischen Misserfolge der Koalition – die Nichtaufnahme in die NATO zusammen mit den anderen Staaten der Višegrád-Gruppe – als Entscheidung der Bürger darzustellen. Die vierte Frage, nach der Direktwahl des Staatsoberhauptes, wurde von den Oppositionsparteien initiiert und mit Hilfe einer Bürgerpetition durchgesetzt. Die Opposition wollte durch die Direktwahl des Staatspräsidenten der drohenden Verfassungskrise und vor allem der weiteren Machtkonzentration in Mečiars Händen zuvorkommen. Es war abzusehen, dass der bestehende Nationalrat keinen neuen Staatspräsidenten wählen würde und demzufolge die Kompetenzen des Staatsoberhauptes verfassungsgemäß an den Ministerpräsidenten Mečiar übergehen würden, was für Mečiar einen weiteren Machtzuwachs bedeutet hätte.

Die Regierung Mečiar versuchte von Anfang an, den Volksentscheid zur Direktwahl des Staatsoberhauptes zu verhindern. Sie reichte beim Verfassungsgericht eine Verfassungsbeschwerde ein, wonach das Verfassungsgericht erklären sollte, dass die Verfassung durch ein Referendum nicht geändert werden dürfe. Das Verfassungsgericht entschied durch den Verfassungsinterpretationsbeschluss Nr. 31/97 des II. Senats (publiziert unter Nr. 139/1997 Slg.), dass alle vier Referendumsfragen der Verfassung entsprechen würden. Zugleich erklärte es, dass die Formulierung des alternativen Verfassungstextes, die der vierten Frage beigefügt wurde, rechtlich unverbindlich sei.

Die Zentrale Referendumskommission verpflichtete nun Innenminister Krajčí, die Stimmzettel gemäß dem von ihr bewilligten Muster mit allen vier Fragen landesweit zu verteilen. Dieses lehnte der Innenminister erneut ab und erklärte, dass er eigenmächtig die Stimmzettel ändern würde, da seiner Meinung nach die vierte Frage „rechtlich nicht vertretbar sei und auf dem Stimmzettel eigentlich so nicht hätte auftauchen dürfen"[9]. Der Innenminister ließ die Stimmzettel nur mit den Fragen zum NATO-Beitritt drucken und verteilen. Die meisten Bürger (90%) boykottierten daher den Volksentscheid. Die Zentrale Referendumskommission hielt in ihrem Bericht fest, dass das Referendum vereitelt worden sei. Die politische Bedeutung des Referendums bestand insbesondere in seinem Mobilisierungseffekt - die gesamte Opposition schloss sich in der Pro-Referendum-Kampagne zusammen (Michalič 1997: 69). Dieser Parteizusammenschluss wurde zum Keim der Koalition, die die Parlamentswahlen 1998 gewann.

Die Konflikte zwischen der Regierungskoalition und der Opposition spitzten sich bei der Erörterung des Gesetzes über die Wahlen zum Nationalrat und der Novelle des Gesetzes über die Wahlen zu

---

[9] „právne nedobre postavená a nemala by byť na hlasovacom lístku" (Sme 22.5.1997).

den Selbstverwaltungsorganen noch weiter zu. Die Regierungskoalition versuchte durch das novellierte bzw. eigentlich neue Gesetz über die Nationalratswahlen, die Opposition, hauptsächlich die ihr gefährlichen Oppositionsbündnisse, zu zerschlagen. Die Regierungskoalition erörterte im Parlament das Wahlgesetz gezielt nur wenige Monate vor den Parlamentswahlen, um auf diese Weise der Opposition so wenig Zeit wie möglich zu geben, sich auf die neuen Wahlregeln einstellen zu können.

Das neue Wahlgesetz 187/1998 war in erster Linie gegen die oppositionellen Wahlbündnisse Slowakische Demokratische Koalition (SDK) und Ungarische Koalition (MK) gerichtet. Gemäß dem neuen Wahlgesetz musste jede Partei einer Koalition für sich mindestens 5% der Wählerstimmen erlangen, um in den Nationalrat einziehen zu können. Der Zweck dieser Regelung war es, die Oppositionsparteien an Wahlkoalitionen, die das Wahlpotential der kleineren Koalitionsmitglieder hätten nutzen können, zu hindern. Durch das neue Wahlgesetz wurde die Slowakei zu einem einzigen Wahlbezirk. Der Sinn dieser Maßnahme war es, von der immer noch hohen Popularität des HZDS-Vorsitzenden Mečiar im ganzen Land - nicht nur in einem Wahlbezirk - zu profitieren. Darüber hinaus wurde durch das neue Wahlgesetz die Stellung der Regierungsorgane im Wahlprozess gestärkt und diejenige der Wahlkommissionen, die sich aus Vertretern aller Parteien zusammensetzten, geschwächt. Die Wahlgesetznovelle wurde am 20.5.1998, drei Monate vor der Registrierung der Parteien zur Wahl, mit den Stimmen der Koalitionsmehrheit verabschiedet. In- und ausländische Experten kritisierten das neue Wahlgesetz, da es die Prinzipien des demokratischen Wettbewerbs verletze, Vorzugsbedingungen für einige politische Gruppierungen schaffe, die Mitbewerber benachteilige und Möglichkeiten für Wahlmanipulationen eröffne (Lebovič: 1999). Das Verfassungsgericht stellte – allerdings erst nach den Parlamentswahlen – die Verfassungswidrigkeit einiger Bestimmungen dieses Gesetzes fest (Erkenntnis 1/99).

Zu ihren Gunsten änderte die Regierungskoalition im Juli 1998 auch das Gesetz 346/1990 über die Wahlen zu den örtlichen und regionalen Selbstverwaltungsorganen. Der Regierungsentwurf der Gesetzesnovellierung legte Mehrmandatswahlbezirke fest. In den Gemeinden, in welchen die nationalen bzw. ethnischen Minderheiten mehr als 5% der Bürger ausmachten, wurden die Mandate gemäß dem Verhältnis der Nationen aufgeteilt. Die Quote der einzelnen Volksgruppen wurde der letzten Volkszählung entsprechend festgelegt. Gegen diese Gesetzesregelung legte eine Gruppe von Parlamentariern eine Verfassungsbeschwerde ein. Das Verfassungsgericht entschied, dass einige Bestimmungen der Novelle des kommunalen Wahlgesetzes der Verfassung widersprächen, und lehnte die Aufteilung der Abgeordnetenmandate aufgrund des ethnischen

Prinzips ab. Allein die Anzahl der Wählerstimmen könne das Kriterium für Mandatsgewinnung sein. Die Ungleichheiten zwischen den Kandidaten aufgrund des ethnischen Kriteriums widersprächen dem Verfassungsprinzip der Gleichstellung der Bürger und der Maxime des freien Wettbewerbs der politischen Kräfte in einer demokratischen Gesellschaft (Erkenntnis 8/1998). Nach den Parlamentswahlen 1998 änderte die neue Koalitionsmehrheit das Gesetz über die Wahlen zu den Selbstverwaltungsorganen gemäß den Empfehlungen des Verfassungsgerichts (Gesetz 333/1998).

4. Einige Grundsatzentscheidungen des Verfassungsgerichts der SR

Gemäß der Konstitution ist das Verfassungsgericht ein unabhängiges Organ zum Schutze der Verfassung (Art. 124 VerfG.). Die Entscheidungen des Verfassungsgerichts rückten häufig in den Brennpunkt der politischen Auseinandersetzungen, denn die Regierungskoalition gefährdete die institutionelle Basis des politischen Prozesses in ihrer Substanz. Die Bedeutung der Verfassungsgerichtsentscheidungen und ihr Einfluss auf das System der Staatsinstitutionen wurde dadurch potenziert, dass die Gerichtsentscheidungen in einigen Fällen besonders konfliktgeladene politische Angelegenheiten, die „neuralgischen Punkte" der innenpolitischen Entwicklung, betrafen. Das vergleichsweise unabhängig agierende Verfassungsgericht wurde in der Legislaturperiode 1994-1998 oft wegen der Entscheidungen, in welchen es die Maßnahmen der Mečiar'schen Koalitionsmehrheit für verfassungswidrig erklärte, zur Zielscheibe der Angriffe der Regierungskoalition. Einige markante Verfassungsgerichtsentscheidungen, die zur Bildung bzw. zum Erhalt eines institutionellen Rahmens für den politischen Prozess beitrugen, werden im Folgenden kurz dargelegt.

Zur Wahrung des Prinzips der Volkssouveränität und der Präsidentenkompetenzen trug die Erkenntnis des Verfassungsgerichts 5/1996 bei. Das Verfassungsgericht entschied über das Gesetz 269/1995, durch welches das Gesetz 264/1992 über das Referendum geändert und ergänzt wurde. Diese Novelle übertrug nämlich die Befugnis, aufgrund einer Unterschriftenliste der Bürger ein Referendum anordnen zu können, vom Staatsoberhaupt auf den – von der Koalition majorisierten – Nationalrat. Diese Gesetzesänderung hätte es der Mečiar-Koalition ermöglicht, die Volksentscheide, die ihr nicht passten, aus angeblich „formalen Gründen" abzuwenden. Das Verfassungsgericht stellte die Verfassungswidrigkeit dieser Novelle fest und betonte, dass die Kontrollkompetenzen in diesen Angelegenheiten ausschließlich dem Präsidenten der SR oblägen. Das Verfassungsgericht führte an, dass Art. 95 VerfG dem Staatsoberhaupt nicht nur das Recht, sondern auch die Verpflichtung auferlege, das Referendum auszurufen, wenn die verfassungsmäßigen Voraussetzungen erfüllt seien. Wenn die Verfassungsmäßigkeit durch den Nationalrat geprüft werden würde, könnte das Staatsoberhaupt seine Befugnisse bezüglich des Referendums lediglich formal ausüben. Dieses stünde jedoch im Widerspruch zur Verfassung (Erkenntnis 5/96).

Auch die Erkenntnis 10/1996 schützte das Amt des Staatspräsidenten. Im November 1996 bestätigte das Verfassungsgericht die Befugnis des Staatsoberhauptes, den Chef des Generalstabs des slowakischen Heeres zu ernennen. Wie das Verfassungsgericht feststellte, vertraute die Verfassung dem Staatspräsidenten der Slowakischen Republik die Funktion des Oberbefehlshabers der Streitkräfte an (Art. 102, Buchstabe j VerfG). Die Kompetenzen des Oberbefehlshabers der Streitkräfte würden weder in der Verfassung noch in einem anderen Gesetz konkret definiert. Aus der logischen Interpretation der einschlägigen Verfassungsbestimmung ergäbe sich gleichwohl, dass mit der Funktion des Oberbefehlshabers der Streitkräfte auch die Befehlsgewalt verbunden sei, ohne welche diese Funktion keinen Sinn hätte. Die Verfassungskompetenz beinhalte demzufolge auch die Befugnis, die höchsten Militärfunktionäre, so auch den Generalstabschef, zu ernennen (Erkenntnis 10/96).

Eine sensible Problematik betraf die Erkenntnis des Plenums des Verfassungsgerichts 11/96 über die Verfassungswidrigkeit der Novelle des Privatisierungsgesetzes 92/1991, durch welche die Entscheidungskompetenzen über die Direktverkäufe des Staatseigentums von der Regierung an den (von der HZDS-Führung kontrollierten) Fonds des Nationaleigentums übergingen. Eine Abgeordnetengruppe reichte Verfassungsbeschwerde ein, dass das Gesetz 369/1994, durch welches der Fonds des Nationaleigentums mit der Privatisierung des Staatseigentums beauftragt wurde, im Widerspruch zur Verfassung stünde. Wie das Verfassungsgericht feststellte, beinhalten die Regierungskompetenzen nach Art. 119, Buchstabe d VerfG nicht nur die Befugnis, über die grundlegenden Maßnahmen der Wirtschafts- und Sozialpolitik zu entscheiden, sondern auch die Kompetenz, über die Übertragung von Staatseigentum auf konkrete (natürliche oder juristische) Personen entscheiden zu können. Die Privatisierung gehöre zu den grundlegenden Regierungsaufgaben und die Verantwortung dafür könne nicht auf andere Organe übertragen werden. Durch das Gesetz 369/1994 würden die Regierungskompetenzen an den Fonds für Nationaleigentum delegiert, der ursprünglich für andere Funktionen eingerichtet wurde. Durch die Delegierung der die Privatisierung betreffenden Entscheidungsbefugnisse auf eine nichtstaatliche Institution seien die Verfassungsbefugnisse des höchsten Exekutivorgans eingeschränkt worden. Die Privatisierungsentscheidungen wurden einer nichtstaatlichen Institution übertragen und dadurch der Aufsicht der Staatsorgane entzogen. In dieser Weise gelange das Staatseigentum im Umfang von mehreren hundert Milliarden Kronen außerhalb der Verfügungsgewalt der Staatsorgane, die für eventuelle Entscheidungsfehler zumindest eine politische Verantwortung mittragen müssten (Erkenntnis 11/1996). Das Recht hinkt allerdings oft der Realität nach: Die Übertragung von immensen Vermögenswerten an die HZDS- und SNS-Anhänger und an Verwandte der Spitzenfunktionäre dieser Parteien konnte diese Verfassungsgerichtsentscheidung nicht mehr verhindern.

Von politischem Konfliktstoff war die Erkenntnis 8/1996 des II. Senates des Verfassungsgerichts, welche die Entführung des Sohnes des Staatsoberhauptes ins Ausland betraf. Wie der Beschwerdeführer, Michal Kováč Junior, darstellte, wurde er gewaltsam ins Ausland verschleppt, wobei mehrere Straftaten verübt worden waren. Die zuständigen Staatsorgane versuchten nicht, den durch kriminelle Delikte entstandenen, widerrechtlichen Tatbestand wieder gutzumachen. Die slowakischen Behörden lehnten es ab, ihm wirksame Rechtshilfe zu gewähren. Das Verfassungsgericht stellte fest, dass das Grundrecht des slowakischen Staatsbürgers Michal Kováč Junior dadurch verletzt worden sei, dass das slowakische Außenministerium sich nicht dafür eingesetzt hatte, dass er auf das Gebiet der SR zurückkehren konnte. Wie das Verfassungsgericht betonte, obliegen die in der Verfassung garantierten Menschenrechte einem aktiven Schutz durch die zuständigen Institutionen der Slowakischen Republik. In dem Umfang, der sowohl durch die einschlägigen Verfassungsbestimmungen als auch durch die internationalen Verträge nach Art. 11 VerfG festgelegt wird, ergibt sich auch eine positive Verpflichtung des Staates, Maßnahmen zur Gewährleistung der Menschenrechte zu ergreifen. Ein Bürger der Slowakischen Republik, der sich auf dem Gebiet eines fremden Staates aufhält, verliert durch diesen Aufenthalt nicht seine verfassungsmäßigen Rechte, seine Rechtsstellung ist lediglich modifiziert durch die Rechtsordnung des fremden Staates. Ein slowakischer Bürger hat das Recht, auf das Gebiet der Slowakischen Republik zurückzukehren. Das Außenministerium, das dafür zuständig war, lehnte es ab, Maßnahmen zu ergreifen, dass Michal Kováč Junior auf das slowakische Gebiet zurückkehren konnte. Durch die Untätigkeit der Slowakischen Republik, vertreten durch das Außenministerium, wurde das Recht des Michal Kováč Junior gemäß Art. 23, Abs. 4 VerfG und Art. 12, Abs. 4 des Internationalen Pakts über die Menschenrechte verletzt, das Territorium der Slowakischen Republik ungehindert zu betreten (Erkenntnis 8/1996).

Das Verfassungsgericht spielte eine zentrale Rolle im (weiter oben kurz dargestellten) Konflikt um die Volksabstimmung über die Direktwahl des Staatsoberhauptes. Das Verfassungsgericht veröffentlichte am 21.05.1997, kurz vor dem Referendumstag, eine Verfassungsinterpretation, in welcher es darstellte, dass die Verfassung kein Verbot beinhalte, die Verfassungsbestimmungen durch einen Volksentscheid abzuändern. Im Hinblick auf den Entwurf des Verfassungstextes, der in der Anlage zur einschlägigen Referendumsfrage beigefügt wurde, äußerte das Verfassungsgericht allerdings Bedenken, dass das Gesetz über das Referendum eine positive Darstellung des Verfassungsentwurfs nicht ermögliche. Art. 72 VerfG bestimme, dass es lediglich dem Nationalrat obliege, die Verfassung zu ändern. Durch das Referendum könne daher die Verfassung nicht direkt geändert werden. Ein durch Referendum zustande gekommener Volksentscheid hat indessen eine Verfassungsrelevanz in dem Sinne, dass die Bürger durch das Referendum ihren Willen gegenüber dem Nationalrat äußern können, dass die Verfassung geändert werden soll (Verfassungsgerichtsbeschluss 31/97). Wie bereits dargestellt, wurde der Beschluss des Verfassungsgerichts von der Mečiar-Koalition dahingehend fehlinterpretiert, dass die Frage nach der Direktwahl des Staatspräsidenten unzulässig sei.

Im Januar 1998, also noch vor den Parlamentswahlen und dem Machtwechsel, veröffentlichte das Verfassungsgericht in der Sache des vereitelten Referendums noch eine Entscheidung, die Erkenntnis 19/98, in welcher das Vorgehen des Innenministeriums bemängelt wurde. Wie das Verfassungsgericht darlegte, sei der Beschluss des Staatspräsidenten über die Durchführung eines Referendums eine juristisch relevante Entscheidung, die bestimmte Rechtskonsequenzen nach sich ziehe. Daraus ergeben sich Verpflichtungen für alle Institutionen, die nach Gesetz 564/1992 über das Referendum an der Durchführung des Referendums zu partizipieren haben. Keines der Staatsorgane sei berechtigt, die in der Volksabstimmung formulierten Fragen zu ändern. Weder das Innenministerium noch ein anderes Organ sind durch das Gesetz 564/1992 über das Referendum ermächtigt, die Einhaltung der Rechtsvorschriften bei der Durchführung des Referendums zu beaufsichtigen. Kein Staatsorgan ist berechtigt, die in einer Volksabstimmung festgelegte Frageformulierung zu korrigieren bzw. die Stimmzettel zu ändern, indem beispielsweise eine Frage weggelassen wird. Das Innenministerium war nicht befugt, den Inhalt des Referendums abzuändern (Erkenntnis 19/98).

Weitere Verfassungsgerichtsentscheidungen von politischer Relevanz werden im Folgenden nur noch kurz erwähnt. Relativ spät, im März 1998, beschloss das Verfassungsgericht aufgrund des Antrags des Staatsoberhauptes, dass sechs Artikel des Gesetzes 314/1996 über die Prokuratur, die einige autoritäre Züge aufwiesen, verfassungswidrig seien (Erkenntnis 2/98). Ferner beschloss es, dass die Änderung der Geschäftsordnung des Nationalrats, durch welche die Frist verkürzt wurde, in der der Präsident ein Gesetz an das Parlament zurückweisen kann, gegen die Verfassung verstößt (Erkenntnis 1/98). Im Juni 1998 qualifizierte das Verfassungsgericht einige Teile des Privatisierungsgesetzes 326/1997, die den Privatisierungsprozess undurchsichtig machten, als verfassungswidrig (Erkenntnis 5/98). Im März 1999 stellte das Verfassungsgericht die Verfassungswidrigkeit von fünf Bestimmungen des Nationalratswahlgesetzes 187/1998 (Novelle des Nationalratswahlgesetzes 80/1990) fest. Darunter waren Bestimmungen, die die Wahlkampagne in privaten elektronischen Medien verboten und es den Parteien ermöglichten, die Nachfolger für ein frei gewordenes Mandat ohne Berücksichtigung der Präferenzstimmen selber festzulegen (Erkenntnis 1/99).

5. Zur Rolle des Verfassungsgerichts im Transformationsprozess der Slowakischen Republik

Die Verfassung der Slowakischen Republik schafft nicht besonders gute Voraussetzungen für die politische Unabhängigkeit der Verfassungsrichter. Die zehn Richter des Verfassungsgerichts der Slowakischen Republik werden vom Staatspräsidenten aus den 20 vom Parlament nominierten Kandidaten ausgewählt. Die Amtsdauer der Verfassungsrichter beträgt sieben Jahre, eine Wiederwahl ist zulässig. Die Konstituierungsweise des Verfassungsgerichts birgt somit ein gewisses Risiko der politischen Beeinflussung der Verfassungsrichter, insbesondere dann, wenn diese für die zweite Amtszeit ernannt werden wollen und daher von der Parlamentsmehrheit (Nominierung der Verfassungsrichter für die zweite Amtszeit) und vom Staatsoberhaupt (Auswahl der Verfassungsrichter aus den vorgeschlagenen Kandidaten) abhängig sind.

Dennoch blieb das Verfassungsgericht in den Jahren 1993-2000 eine der Hauptstützen der Verfassungsmäßigkeit und behielt im wesentlichen seine Unabhängigkeit. Als eine der Ursachen dafür kann man den Umstand erachten, dass die Kandidatenauswahl bei der Konstituierung des Verfassungsgerichts im Jahre 1993 ein Ergebnis eines breiteren politischen Konsenses war. Als das Verfassungsgericht ernannt wurde, war die Macht noch nicht ganz in den Händen der HZDS konzentriert. Die HZDS war auf die Unterstützung der Koalitionspartner angewiesen und konnte daher nicht ausschließlich ihre eigenen Kandidaten für das Verfassungsgericht durchsetzen. Später verfügte zwar die HZDS bereits über ausreichenden Einfluss, im Nominierungsverfahren ihre Anhänger durchzusetzen, sie hatte indessen keine Möglichkeit mehr, die für sieben Jahre gewählten Verfassungsrichter auszutauschen. Nur in einem Fall musste ein Verfassungsrichter, der aus Gesundheitsgründen auf sein Amt verzichtete, ersetzt werden. Die HZDS setzte im Parlament zwei absolut loyale HZDS-Kandidaten durch, einen Staatssekretär aus dem Justizministerium und einen HZDS-Abgeordneten; der Staatspräsident war gezwungen, einen von diesen Kandidaten für die Funktion des Verfassungsrichters zu ernennen. Zum Verfassungsrichter wurde am 28. Februar 1997 der Staatssekretär im Innenministerium, Lubomír Dobrík, ernannt.

Die Verfassungsgerichtsentscheidungen brachten nicht immer den von den Verfassungsrichtern gewünschten Effekt. Der Wirksamkeitsgrad der Verfassungsgerichtsbeschlüsse wurde dadurch gemindert, dass es oft nicht mehr möglich war, die verfassungswidrigen Handlungen der Staatsorgane, durch welche bereits Tatsachen geschaffen worden waren, wieder gutzumachen. Die Wirkungen der Verfassungsgerichtsbeschlüsse auf den politischen Prozess wurden auch dadurch gemindert, dass die wichtigsten Zentralorgane der legislativen und exekutiven Gewalt die Entscheidungen nicht immer respektierten und sich in einigen Fällen sogar öffentlich von ihnen distanzierten.

Zur Missachtung einiger Schlüsselentscheidungen des Verfassungsgerichts durch die Organe der Staatsmacht trug bei, dass die Durchsetzung der Verfassungsgerichtsentscheidungen institutionell nicht gewährleistet war, da es keine Sanktionen für Verletzungen der Verfassungsgerichtsbeschlüsse gab. Es stand kein Verfassungsmechanismus zur Verfügung, der die Verfassungsgerichtsentscheidungen gegen die Regierungskoalition bzw. gegen die Koalitionsmehrheit im Parlament hätte durchsetzen können. Wenn die Verfassungsgerichtsentscheidungen in die Konflikte zwischen den Institutionen bzw. zwischen den maßgeblichen politischen Kräften zu Ungunsten der Regierungskoalition eingriffen, wurden sie von der Regierungskoalition Mečiar als „nicht annehmbar" abgelehnt.

Für die Respektierung bzw. umgekehrt die Missachtung von Verfassungsgerichtsentscheidungen waren allerdings mehr die politische Konstellationen und weniger die institutionellen Strukturen entscheidend. Nach den Parlamentswahlen 1998 und dem Machtwechsel konnte das Verfassungsgericht seine Verfassungsbefugnisse besser in die Realität umsetzen. Sowohl die neuen Exekutivorgane als auch das Parlament beachteten die Verfassungsgerichtsbeschlüsse, und zwar auch dann, wenn die Urteile das Vorgehen der nach 1998 konstituierten SDK/SDL/SMK/SOP-Regierungskoalition aus der Verfassungsperspektive bemängelten.

6. Zusammenfassung: Der (Etappen-) Sieg der Institutionen

Die Wechselwirkungen zwischen politischen Prozessen und Institutionen zeichnen sich in der Transformationsphase durch eine extreme Intensität aus, weil das Institutionengefüge noch nicht konsolidiert ist und auf die Verschiebungen der politischen Kräftekonstellationen empfindlich reagiert. Das Nichtvorhandensein einer akzeptierten institutionellen Basis beeinträchtigt die politischen Vorgänge, und die daraus entstehenden Turbulenzen der Entscheidungsprozesse behindern wiederum die Konsolidierung des Institutionensystems; beide Subsysteme blockieren sich gegenseitig. Am Beispiel der Slowakei lässt sich illustrieren, auf welche Weise sich die jeweiligen Kräfteverhältnisse auf die institutionelle Konfiguration ausgewirkt haben, und umgekehrt, inwiefern das Institutionensystem die politische Entwicklung geprägt hat. Ohne die Einflussnahme einiger Institutionen (Verfassungsgericht, Oberstes Gericht, Staatspräsident, Zentrale Wahlkommission; das Verfassungs- und Wahlrecht) wäre der Trendwechsel vom autoritären zum liberalen Regime in der Slowakei durch die Nationalratswahlen nicht möglich gewesen. In diesem Sinne kann man vom Sieg der Institutionen sprechen. Im Dezember 2001 (Redaktionsschluss) konnte allerdings nur von einem Etappensieg gesprochen werden; wie sich die Lage nach den Parlamentswahlen 2002 entwickelt, ist ungewiss. Der slowakische Konsolidierungsprozess ist mit zahlreichen Risiken behaftet.

Unter den politischen Institutionen spielte eine besondere Rolle das Verfassungsgericht der Slowakischen Republik. Das Verfassungsgericht geriet zwar in der Legislaturperiode 1994-1998 unter dem starken Druck der autoritären Bestrebungen der Regierungskoalition Mečiar in die Defensive und seine Entscheidungen wurden nicht immer respektiert. Dennoch erfüllte es im Wesentlichen seine Funktion als Hüter der rechtsstaatlichen und demokratischen Verfassungsordnung. Das Verfassungsgericht, das die ganze Legislaturperiode lang ein hohes Vertrauen der slowakischen Bürger genoss, erklärte einige Gesetze und Beschlüsse, die von hoher politischer Brisanz waren, für verfassungswidrig. Durch seine Entscheidungen gegen die verfassungswidrigen Rechtsbestimmungen, Beschlüsse und Handlungen der Regierungskoalition Mečiar – gegen den Parlamentsausschluss des Abgeordneten Gaulieder, gegen die Vereitelung des Referendums, gegen die Versuche, den Staatspräsidenten zu entmachten – trug das Verfassungsgericht zur Bewahrung des demokratischen Institutionensystems, zu einem höheren Rechtsbewusstsein der slowakischen Bürger und zu ihrer Mobilisierung gegen die autoritären Bestrebungen der Mečiar-Koalition bei. Somit wurde das Verfassungsgericht zu einem wichtigen Faktor im Transformationsprozess der Slowakischen Republik.

Literatur

Bútora, Martin, Mesežnikov, Grigorij, Bútorová, Zora (Hrsg.) 1999: Kto? Prečo? Ako? Slovenské voľby 1998, Bratislava.

Bröstl, Alexander, 1998: Zur Spruchpraxis des Verfassungsgerichts der Slowakischen Republik im Verfahren der Normenkontrolle (1993 – 1997). In: ZaöRV 59/1, S. 109 – 140.

Čič, Milan 1997: Komentár k ústave Slovenskej republiky, Bratislava.

Erkenntnis 5/96 des Plenums des Verfassungsgerichts über die Verfassungswidrigkeit des Gesetzes 269/1995, durch welches das Gesetz 264/1992 über das Referendum geändert und ergänzt wird (Aktenzeichen PL. ÚS 42/95, publiziert unter Nr. 153/1996 Slg /bzw. www.concourt.sk/).

Erkenntnis 6/96 des II. Senats des Verfassungsgerichts vom 4. September 1996 über die Untätigkeit der slowakischen Organe bei der Entführung des Michal Kováč Junior (Aktenzeichen II. ÚS 8/96, www.concourt.sk).

Erkenntnis 10/96 des Plenums des Verfassungsgerichts über die Ernennung des Generalstabschefs durch den Staatspräsidenten (Aktenzeichen PL. ÚS 32/95, publiziert unter Nr. 4/1997 Slg./bzw. www.concourt.sk/).

Erkenntnis 11/96 des Plenums des Verfassungsgerichts über die Verfassungswidrigkeit der Übertragung der Regierungskompetenzen bei der Privatisierung an den Fonds für Nationaleigentum (Aktenzeichen PL. ÚS 1/96, publiziert unter Nr. 352/1996 Slg./bzw. www.concourt.sk/).

Erkenntnis 13/97 des I. Senats des Verfassungsgerichts vom 23. Juli 1997, Die Voraussetzungen für den Verzicht auf ein Abgeordnetenmandat (Aktenzeichen I. ÚS 8/97, www.concourt.sk).

Erkenntnis 1/98 des Plenums des Verfassungsgerichts über das Verfassungsrecht des Staatspräsidenten, die Gesetze des Nationalrats zurückzuweisen und zu unterzeichnen (Aktenzeichen PL 4/97, veröffentlicht unter Nr. 77/1998 Slg. /bzw. www.con-court.sk/).

Erkenntnis 2/98 des Plenums des Verfassungsgerichts über die Verfassungswidrigkeit einiger Bestimmungen des Gesetzes 314/1996 über die Prokuratur (Aktenzeichen PL 17/96, veröffentlicht unter Nr. 78/1998 Slg. /bzw. www.concourt.sk/).

Erkenntnis 5/98 des Plenums des Verfassungsgerichts über die Verfassungswidrigkeit einiger Bestimmungen des Gesetzes 326/1997 über die Voraussetzungen der Übertragung des Staatseigentums an andere Personen (Aktenzeichen PL 13/97, veröffentlicht unter Nr. 221/1998 Slg. /bzw. www.concourt.sk/).

Erkenntnis 8/98 des Plenums des Verfassungsgerichts über die Verfassungswidrigkeit einiger Bestimmungen des Gesetzes 346/1990 über die Wahlen in die Selbstverwaltungsorgane der Gemeinden (Aktenzeichen PL 19/78, veröffentlicht unter Nr. 318/1998 Slg. /bzw. www.concourt.sk/).

Erkenntnis 19/98 des Ersten Senats des Verfassungsgerichts vom 22.1.1998 über die Vereitelung des Referendums durch den Innenminister Krajčí (Aktenzeichen I. ÚS 60/97, www.concourt.sk).

Erkenntnis 1/99 des Plenums des Verfassungsgerichts vom 11.3.1999 über die Verfassungsmäßigkeit des Nationalratswahlgesetzes 187/1998, durch welches das Nationalratswahlgesetz 80/1990 geändert und ergänzt wird (Aktenzeichen PL. ÚS 15/98, veröffentlicht unter Nr. 66/1999 Slg. /bzw. www.concourt.sk/).

Erkenntnis 64/2001des Verfassungsgerichts der Tschechischen Republik vom 24.1.2001, durch welches wesentliche Bestimmungen des Wahlgesetzes 204/2000 aufgehoben werden.

Filip, Jan, 2000: Volební zákon, nedostatky návrhu a chaotičnost jeho přípravy. In: Parlamentní zpravodaj 5/2000.

Galanda, Milan, 1997: Cesta k slovenskej ústave. Fakty a udalosti sprevádzajúce prípravu a schválenie Ústavy Slovenskej republiky. Stálá konference občanského insitutut (SKOI), Bratislava.

Galanda, Milan u.a., 1998: Ústavnosť, legislatíva, súdnictvo. In: Bútora, Martin, Ivantyšyn Michal (Hrsg): Slovensko 1997, Inštitút pre verejné otázky (IVO), Bratislava, S. 99 – 138.

Juris, Andrej u.a., 1995: Privatizácia na Slovensku. Aktuálne problémy a otázky. M.E.S.A., Bratislava.

Klíma, Michal, 2000: Poměrný „nepoměrný" volební systém, in: Politologický časopis, Heft 4, S. 170-182.

Lebovič, Peter, 1999: Zápas o udržanie demokracie: Politické súvislosti novelizácie volebného zákona. In: Bútora, Martin, Mesežnikov, Grigorij, Bútorová, Zora (Hrsg.) 1999: Kto? Prečo? Ako? Slovenské voľby 1998, Bratislava, S. 21-35.

Lesná, Ľuba, 1998: Únos prezidentovho syna alebo krátke dejiny tajnej služby. MMT a.s., Bratislava.

Merkel, Wolfgang, 1996: Struktur oder Akteur, System oder Handlung: Gibt es einen Königsweg in der sozialwissenschaftlichen Transformationsforschung? In: Merkel, Wolfgang (Hrsg.): Systemwechsel 1. Theorien, Ansätze und Konzepte der Transitionsforschung. Leske+Budrich, Opladen, S. 303 – 332.

Mesežnikov, Grigorij, Bútora, Martin (Hrsg.),1997: Slovenské referendum '97. Zrod, priebeh, dôsledky. Inštitút pre verejné otázky, Bratislava.

Mesežnikov, Grigorij, 1997a: Vnútropolitický vývoj a a politická scéna. In: Bútora, Martin (Hrsg): Slovensko 1996, Inštitút pre verejné otázky (IVO), Bratislava 1997, S. 15 – 37.

Mesežnikov, Grigorij, 1997b: Postoje a činnosť politických strán a hnutí. In: Mesežnikov, Grigorij, Bútora, Martin (Hrsg.) 1997: Slovenské referendum 97. Zrod, priebeh, dôsledky. Inštitút pre verejné otázky, Bratislava: 111 - 136.

Mesežnikov, Grigorij, 1998: Vnútropolitický vývoj a systém politických strán. In: Bútora, Martin, Ivantyšyn Michal (Hrsg): Slovensko 1997, Inštitút pre verejné otázky (IVO), Bratislava 1998, S. 19 – 98.

Mesežnikov, Grigorij, 1999: Vnútropolitický vývoj a systém politických strán. In: Mesežnikov Grigorij, Ivantyšyn Michal (Hrsg): Slovensko 1998-1999. Súhrnná správa o stave spoločnosti. Inštitút pre verejné otázky (IVO), Bratislava: 17-114.

Michalič, Sergej, 1997: Referendum: Od petičnej akcie cez zmarenie k rozhodnutiu prokurátora. In: Mesežnikov, Grigorij, Bútora, Martin (Hrsg.) 1997: Slovenské referendum 97. Zrod, priebeh, dôsledky. Inštitút pre verejné otázky, Bratislava: 43 - 82.

NO 1994: Národná obroda „Slovensko potrebuje toleranciu a východiská". Z prejavu prezidenta Michala Kováča v parlamente. In: Národná obroda, 10.3.1994, S. 12; „ NO, 2.4.1996: 5; NO 1997: Národná obroda, tematická príloha Dokument, 29.10.1997, S. 14.

Sme, 1993: Záznam vystúpenia V. Mečiara: „Lož - pracovná metóda?", in: Sme, 3.12.1993, S. 10; „Ružové sny na tvrdom dne recesie", in: Sme, 6.12.1993, S. 10; „Slovenský Watergate zo Zlatej Idky", in: Sme, 9.12.1993, S. 8; Sme 14.5.1996: „Keď Hudek kopne vyšetrovateľa do gúľ', dá mu Lexa pusu na čelo". S. 4; Sme 16.5.1996: Kauza zavlečenia Michala Kováča ml. do cudziny. Zpráva občianskej nezávislej komísie, ktorú viedol Ladislav Pitner a novinári boli s ňou oboznámení na tlačovej besede dňa 14.5.1996 (príloha Dokument) I.-III; Sme, 23.10.1996: 5.

Sopóci, Ján, 2001: Ekonomické záujmové skupiny v slovenskej politike v 90. rokoch. In: Politologický časopis, Heft 2/2001, Brünn, S. 166-176.

Šimko, Ivan, 1996: Kritické miesta Ústavy Slovenskej republiky č. 460/1992 Zb., Klub Windsor, Bratislava.

Valko, Ernest, 1995: Legislatíva. In: Bútora, Martin, Hunčík, Peter (Hrsg.): Slovensko 1995. Súhrnná správa o stave spoločnosti, Bratislava: 61-71.

Verfassungsgerichtsbeschluß 31/97 zum Referendum über die Direktwahl des Staatspräsidenten, veröffentlicht unter Nr. 139/1997 Slg.

Vodička, Karel, 2000: K ústavnosti zákona o voľbách: Politologické poznámky. In: Politologický časopis, Heft 4, Brünn, S. 362-372.

Aleš Galič

Das Slowenische Verfassungsgericht im Transformationsprozess: Selbstbeschränkung oder richterlicher Aktivismus?

Einleitung

Das politische und wirtschaftliche System des sozialistischen Jugoslawiens, in dem Slowenien bis 1991 ein Bundesland war, unterschied sich in vielem von dem realsozialistischen System der anderen Staaten Mittel- und Osteuropas. Es basierte wirtschaftlich nicht auf zentralistischer Planung, sondern auf unabhängiger Selbstverwaltung der Unternehmen, ein beträchtlicher privater Sektor wurde bewahrt und es existierten engere Beziehungen mit westlichen Staaten in den Bereichen Handel, Politik, Wissenschaft und Bildung. Weil der Kommunismus schon in den 80er Jahren reformiert worden war, bestand ein relativ hohes Niveau der ökonomischen Entwicklung. Dem politischen und dem Rechtssystem, sowie der Menschenrechtssituation fehlten viele der Defizite, die die anderen Ostblockstaaten plagten. Daher musste die slowenische Transformation von einem kommunistischen in einen demokratischen Staat keinen so radikalen Kurs einschlagen, wie die anderen postkommunistischen Staaten, die ihre Transformation meist unter den Bedingungen eines radikaleren (sowjetischen) Kommunismus und einer miserablen wirtschaftlichen Lage beginnen mussten. Das Spezielle der slowenischen Transformation war die Gründung eines neuen souveränen Staates.[1]

Zu der Sondersituation im ehemaligen Jugoslawien und dessen Bundesländern, Slowenien eingeschlossen, gehörte auch, dass schon im Jahre 1963 Verfassungsgerichte geschaffen wurden. Sie besa-

---

[1] Für eine umfassendere Darstellung der Besonderheiten des früheren jugoslawischen Modells siehe Galic, 2000, S. 215-220. Vgl. auch Cerar, 2001, S. 378.

ßen die Kompetenz, Gesetze auf ihre Verfassungsmäßigkeit sowie Verwaltungsakte auf ihre Gesetzesmäßigkeit zu überprüfen. Das Verfahren konnte dabei sowohl durch Staatsorgane als auch durch Individuen eingeleitet werden. Diese Gerichte waren sehr frühzeitig aktiv, eine Ausnahmeerscheinung unter den realsozialistischen Staaten:[2] Die Verfassungsgerichtsbarkeit als ein typisches Instrument der *checks and balances*, des Systems gegenseitiger Kontrolle und des Gleichgewichts zwischen den einzelnen Staatsgewalten, stand im Widerspruch zu dem Grundsatz der absoluten Hoheit der Nationalversammlung (des Parlaments) in einem System der Einheit von Staatsgewalten - einem fundamentalen Verfassungsgrundsatz des sozialistischen Staates.[3] Folglich musste Slowenien im Unterschied zu anderen Staaten keine völlig neuen Verfassungsgerichte für die neue Rechtsordnung schaffen. Jedoch wurde die Rechtsprechungskompetenz des Gerichts durch die neue Verfassung neu bestimmt und erweitert, so dass sie heute auch die Verfassungsbeschwerde beinhaltet. Dem einzelnen Bürger wurde sowohl durch dieses Mittel als auch in Bezug auf die Überprüfung der Verfassungsmäßigkeit von Gesetzen und Verwaltungsakten ein breiter Zugang zum Gericht ermöglicht. Die Urheber der Verfassung von 1991 hatten die klare Absicht, das Verfassungsgericht zu einer mächtigen Institution zu machen, die sowohl zur Wahrung der verfassungsmäßigen Ordnung als auch zur Legitimität und zur öffentlichen Akzeptanz der Verfassung beitragen sollte.[4] Weil fast alle Richter nach dem demokratischen Umbruch neu berufen wurden (dies aus dem einfachen Grund, weil ihre Amtszeit abgelaufen war), gibt es nur wenig Kontinuität zwischen dem Verfassungsgericht von damals und dem von heute. Aus dem Verfassungsgericht, welches früher „ein blasser Anhang im System der Gewalteneinheit"[5] war, wurde eine einflussreiche Institution, die dazu beitrug, dass sich in Slowenien die Judikative gegenüber der legislativen und exekutiven Staatsgewalt emanzipierte und auch an Bedeutung gewann. Das slowenische Verfassungsgericht spielte zweifellos eine wichtige und positive Rolle in der politischen Transformation Sloweniens. Indem es den abstrakten Begriffen und Grundsätzen der Verfassung konkrete rechtliche Bedeutung zumaß, schuf es eine kohärente Verfassungslehre, und durch sein Recht, Fälle zu entscheiden, trug es maßgeblich dazu bei, die Legitimität der neuen verfassungsmäßi-

---

[2] In der Tschechoslowakei wurde 1968 ebenfalls ein Verfassungsgericht errichtet, jedoch blieb es bis zur Transition weitgehend passiv. Harutyunyan, Mavcic, 1999, S. 26.
[3] Mavcic, 1995, S. 79ff.
[4] Cerar, 2001, S. 398.
[5] Beschreibung von Franc Testen, dem damaligen Obersten Richter des Verfassungsgerichts, 1999, S. 8.

gen Ordnung zu begründen. Hauptsächlich in Anlehnung an die Rechtsprechung des deutschen Bundesverfassungsgerichts und des europäischen Gerichtshofs für Menschenrechte entwickelte es hohe Standards des Menschenrechtsschutzes. In meinem Beitrag werde ich jedoch argumentieren, dass das Gericht in bestimmten Fällen jedoch zu viel Aktivismus an den Tag gelegt und dabei nicht in ausreichendem Maße den Grundsatz der richterlichen Selbstbeschränkung beachtet hat. Manche der Entscheidungen haben seine verfassungsmäßigen Kompetenzen überstiegen und den Eindruck hinterlassen, dass sie eher politischer als rechtlicher Natur waren. Dementsprechend riefen diese Entscheidungen kritische Reaktionen in Fachkreisen und der Öffentlichkeit hervor, auf die im weiteren Verlauf eingegangen werden soll.[6]

Selbstbeschränkung oder richterlicher Aktivismus

Die neuen Verfassungsgerichte in Mittel- und Osteuropa werden oft als „aktivistische Gerichte" bezeichnet.[7] Häufig engen sie den Entscheidungsspielraum des Parlaments und der Regierung ein und weiten den Bereich der (verfassungs-)gerichtlichen Kontrolle aus. Indem sie sich häufig auf die allgemeinen Verfassungsgrundsätze berufen und diese erweitern, schränken sie den Bereich der politischen Beschlussfassung dort erheblich ein, wo die Wahl zwischen verschiedenen Optionen eine reine Frage der Angemessenheit und der legitimen politischen Entscheidung ist und daher von der Überprüfung durch das Verfassungsgericht ausgeschlossen sein sollte. Durch zahlreiche Entscheidungen verwischen sie die Grenzlinie zwischen der *positiven* Rechtssetzung (die für das Parlament reserviert ist) und der *negativen* Rechtsetzung (für welche das Verfassungsgericht zuständig bleiben soll). Je aktivistischer das Verfassungsgericht wird und sich in Bereiche des öffentlichen Lebens, die nicht durch spezielle Verfassungsnormen geregelt sind, einmischt, desto schwieriger fällt es ihm, solche Fälle ausschließlich mit Hilfe

---

[6] Es ist wichtig zu betonen, dass die hier vorgestellten Fälle, die großer Kritik ausgesetzt waren, nur einen kleinen Bruchteil des breiten Spektrums des verfassungsgerichtlichen Fallrechts darstellen und für die typische Gerichtstätigkeit nicht repräsentativ sind. Die große Mehrheit der Entscheidungen des Verfassungsgerichts, von denen viele von größter Bedeutung für die rechtliche Entwicklung in Slowenien waren, wurden akzeptiert, wobei angenommen wurde, dass sie juristisch korrekt waren und auf rechtlichen Argumenten beruhten, und dass mögliche politische Präferenzen der einzelnen Richter keinen Einfluss auf die Entscheidung hatten.
[7] Bugaric, 1998, S. 93; Cerar, 2001, S. 400.

rechtlicher Argumente zu entscheiden. Insbesondere in bezug auf die sogenannten strukturellen Verfassungsfragen (wie z.B.: Rechtsstaat, Sozialstaatsprinzip, Selbstverwaltung, Demokratiegrundsatz, Gewaltenteilung, Trennung von Staat und Kirche, Gleichheitsgrundsatz), deren konkrete Bedeutung in der Verfassung oder in Gesetzen nicht ausdrücklich definiert ist, muss sich das Verfassungsgericht auf allgemeine und sehr abstrakte rechtliche Konzepte, Doktrinen und Theorien berufen. Folglich besteht in solchen Fällen die größte Gefahr, dass politische Kriterien (und Präferenzen) in Entscheidungen des Verfassungsgerichts eindringen.[8]

Es gibt dazu in Slowenien recht unterschiedliche Meinungen: Auf der einen Seite wird betont, dass der Grundsatz der richterlichen Selbstbeschränkung (*judicial self-restraint*) in jedem Fall vorgeht. Dieser Grundsatz ist in der Praxis das wichtigste Mittel, die Übermacht der Judikative im Verhältnis zu den beiden anderen Gewalten zu verhindern. Gleichzeitig sichert es die erforderliche Unabhängigkeit des Rechts von der Politik. Eine selbstbeschränkende Haltung des Verfassungsgerichts bringt außerdem ein gewisses Maß an Vorhersehbarkeit und Rechtssicherheit mit sich. Sie ist generell für die Demokratie wichtig, wo die Judikative aus dem für die demokratische Entscheidungsfindung vorgesehenen Bereich herausgehalten wird. Des weiteren ist sie notwendig, um das öffentliche Vertrauen in die Gerichtsbarkeit zu bewahren: Eine zu aktivistische Position des Verfassungsgerichts hinterlässt den Eindruck, dass das Gericht ein politischer Akteur zu sein versucht und dass seine Entscheidungen eher auf politischen Präferenzen als auf rechtlichen Argumenten basieren.[9]

Auf der anderen Seite wird argumentiert, dass das Verfassungsgericht eine aktivere Rolle in Transformationsgesellschaften spielen soll. In der Zeit des Wandels vermag es die Legislative nicht immer, der Entwicklung zu folgen und Richtlinien für alle Ausprägungen des Rechtssystems und seiner Institutionen zu entwickeln.[10] Darüber hinaus ist in neuen Demokratien die Tätigkeit des Gesetzgebers im nomotechnischen Sinne, d.h. sowohl die Prozedur als auch die Materie betreffend, oft von geringer Qualität. Grund hierfür ist der Mangel an Erfahrung und Tradition. Sicherlich gehört dazu auch das enorme Arbeitspensum des Parlaments im Prozess der sozioökonomischen Transformation, das durch den Anpassungsprozess an das EU-Recht noch größer wird. In dieser Situation kommt es eher zu Interventionen durch das Verfassungsgericht, als dies in den „alten Demokratien" der Fall ist.[11]

---

[8] Bugaric, 1998, S. 95; Cerar, 2001, S. 399.
[9] Ebd.
[10] Mavcic, 1995, S. 88.
[11] Krivic, 1998, S. 930.

Es gibt auch noch radikalere Sichtweisen als diese Position: Manche glaube, dass das Verfassungsgericht in einer neuen Demokratie eine Art juristische Avantgarde darstellen soll. So wird argumentiert, dass die ordentliche Gerichtsbarkeit aufgrund ihrer unterdrückten Position während der letzten 50 Jahre immer noch nicht ihrer Rolle als eine unabhängige und gleichrangige Staatsgewalt gerecht werden könne. Ähnlich wird auch oft in Bezug auf das Parlament argumentiert. In der Übergangsperiode könne dem Parlament nicht zugetraut werden, seiner Rolle zu entsprechen, weil es immer durch die Notwendigkeit, Kompromisse zu schließen, daran scheitert. Aus diesem Grund solle das Verfassungsgericht, das die erstrebte soziale und politische Ordnung in rein rechtlichen Prinzipien anzuwenden vermag, eine größere Rolle spielen.[12] Das Gericht sollte dieser Ansicht nach aktiv dazu beitragen, das frühere kommunistische System und seine Überreste aus dem rechtlichen, wirtschaftlichen und politischen Leben auszutilgen. Dem Parlament könne die Erfüllung einer solchen Aufgabe immer noch nicht anvertraut werden.

Meiner Ansicht nach gibt es einige Gründe, die für die zweite Haltung sprechen, die dritte Argumentation ist jedoch nicht haltbar. Im Folgenden werde ich dies an Hand einiger Entscheidungen des Verfassungsgerichts näher ausführen.

Zur Bewertung des früheren Regimes durch das Verfassungsgericht

Deutliche Beispiele für übermäßigen richterlichen Aktivismus und unnötige Politisierung sind diejenigen Entscheidungen des slowenischen Verfassungsgerichts, in denen es das frühere politische Regime beschrieb. In bestimmten Fällen musste das Verfassungsgericht sich mit Gesetzesvorschriften aus der Zeit des Kommunismus auseinandersetzen - dort, wo sie noch in Kraft sind oder zumindest noch für die Gegenwart relevante rechtliche Konsequenzen haben. Das ist z.B. der Fall, wenn das Gericht über die Verfassungsmäßigkeit früherer strafrechtlicher Sanktionierungen von Enteignungen im Zuge der kommunistischen Machtübernahme entscheiden muss, weil ein gegenwärtig bestehender Anspruch auf Schadensersatz davon abhängt. In solchen Fällen mag es für das Gericht notwendig sein, sich umfassender auf Gesichtspunkte des politischen und rechtlichen Systems der kommunistischen Ära zu beziehen.

---

[12] In dieser Sinne Jambrek, 1999, S. 35, vgl. auch: Teitel, 1997. Siehe die kritische Bewertung der aktivistischen Auffassung der Rolle des Verfassungsgerichts in Transitionsländern im Vergleich zur Rolle des Parlaments: Bugaric, 1998, S. 95; Bugaric, 2001, p. 260ff.

Jedoch wurde diese Grenze sichtbar überschritten, als z.B. das Verfassungsgericht in seinem Urteil über das neue Parteiengesetz eine über drei Seiten lange historische und politische Beschreibung und Bewertung des früheren Ein-Parteien-Systems (das Gericht bezeichnet es als „totalitär") der letzten 45 Jahren lieferte, ohne dass dies in irgend einer Weise für das behandelte Thema von Bedeutung gewesen wäre.[13] Der damalige Präsident des Verfassungsgerichts, L. Sturm, gilt als der Hauptbefürworter dessen, dass das Gericht in Bezug auf das frühere System eine scharfe Stellung einnahm, und es umfassend und explizit als Unrechtsstaat verurteilte. Er verteidigte diese Sichtweise ausführlich in seiner separaten, übereinstimmenden Urteilsbegründung (*concurring opinion*).[14] Die überstimmten Richter dagegen betonten in ihren abweichenden Meinungen, dass die Annahmen und Darlegungen bezüglich des früheren Systems sowie seine kritische Bewertung in dem Urteil des Verfassungsgerichts im Rahmen der Verfassungsmäßigkeitsprüfung eines gültigen Gesetzes überflüssig sind. Wenn solche Positionen dennoch in die Gerichtsentscheidung aufgenommen werden, sollten sie nicht parteiisch sein und ausschließlich auf bestimmten Rechtstexten und deren Generalisierungen basieren.[15]

Manche argumentieren, dass der positive Wert einer solchen Haltung darin bestünde, dass sie die Sicht der höchsten rechtsprechenden Autorität zeige, welche durch so geschaffene Präzedenzfälle andere Rechtsprechungsorgane binde.[16] Jedoch genau hier liegt die größte Gefahr. Es ist nicht die Aufgabe der Gerichte – oder von

---

[13] Das Verfassungsgericht stellte das sozial-politische System Sloweniens in den Jahren 1945 bis 1990 dar, wobei es insbesondere die kommunistische Revolution, den Aufstieg der Kommunistischen Partei zur absoluten Macht und die Abschaffung der Opposition betonte. All diese Vorgänge wurden in der Darstellung des Gerichts von systematischen Menschenrechtsverletzungen in allen Lebensbereichen begleitet. Entscheidung Up 301/96, Für eine systematische Darstellung siehe: Tekavec, Dovzan, 1999, Kapitel 4; Entscheidungen des VerfG (Up: Verfassungsbeschwerden, U-I: abstrakte Normenkontrolle) sind auf der Website des Verfassungsgerichts http://www.us-rs.si (decisions) veröffentlicht.

[14] Wenn das Verfassungsgericht solche Positionen nicht äußern würde, so Sturm, würde der Eindruck entstehen können, dass es kein totalitäres kommunistisches System in Slowenien gegeben hätte. Die Überprüfung der Verfassungsmäßigkeit des damaligen Totalitarismus sei angeblich entscheidend für den Schutz des neuen Verfassungssystems in der Zeit des politischen Übergangs.

[15] Entsch. U-I-344/94; Abweichende Meinung von Richtern Ude und Šinkovec zur Entsch. U-I-6/93. Siehe auch die abweichende Meinung von Richter Ude zur Entsch U-I-301/96 und Entsch. U-I-248/96 und die abweichende Meinung von Richter Krivic zur Entsch-U-I-301/96.

[16] Tekavec, Dovzan, 1999, S. 210.

irgendjemand sonst in einer demokratischen Gesellschaft – eine offizielle und verbindliche Version der Geschichte zu schreiben. Derartige Gerichtsentscheidungen tragen jedoch dazu bei, genau diesen Eindruck zu erwecken – nämlich dass eine bestimmte offizielle und verbindliche (weil in einem Urteil des höchsten Gerichts enthaltene) Version der Geschichte wieder neu geschrieben wird. Diese „offiziellen Versionen der Geschichte" erinnern an die Methoden, die von dem alten politischen Regime angewendet worden waren. In der Öffentlichkeit wird der Eindruck einer Politisierung des Verfassungsgerichts erweckt. Ein derartiges politisches oder historisches Verfassen *obiter dicta* trübt den Blick für das, was an einem Urteil das Wesentliche sein sollte: die rechtlichen Argumente.[17] Die inhaltsorientierte Argumentation, dass ohne eine solche Urteilsbegründung des Verfassungsgerichts der Leser den Eindruck bekommen könnte, dass wir 45 Jahre lang in einem demokratischen System gelebt hatten, wäre nur dann annehmbar, wenn das Gegenteil ebenfalls betrachtet wird. Es ist richtig, dass ein Verfassungsgericht, welches in der Regel aus hervorragenden Rechtswissenschaftlern besteht, eine Bildungsfunktion hat: es soll in der Öffentlichkeit die Kenntnis der Verfassungsgrundsätze und die Bedeutung von Menschenrechten und Rechtsstaatlichkeit verbreitern. Dies ist legitim, jedoch nur solange das Gericht im Rahmen seiner Rechtsprechungskompetenz handelt und solange diese Art von Bildung in dem rechtlichen Gefüge bleibt und nicht lediglich die Etablierung bestimmter politischer oder ideologischer Sichtweisen bedeutet.

Entschädigung für verstaatlichtes Eigentum

Ein anderes Problem ist die Entschädigung für das während der kommunistischen Ära verstaatlichte Eigentum. Das Verfassungsgericht vertritt die Sichtweise, dass die Entschädigung zwei Ziele verfolgt: einerseits eine Wiedergutmachung für jene, die durch die kommunistische Verstaatlichung Unrecht erfuhren, und andererseits solle diese ein Mittel der wirtschaftlichen Umstrukturierung sein,

---

[17] Bei der Lektüre dieser Gerichtsentscheidungen könnte der Leser nämlich den Eindruck bekommen, dass wir 45 Jahre lang in einem Regime gelebt hatten, dass durch Deportationen, politische Prozesse, Liquidationen, Säuberungen und die Unterdrückung der Zivilbevölkerung gekennzeichnet war. Oder zumindest in einem System, das sich qualitativ nicht stark vom sowjetischen unterschied. Diese verallgemeinernde und einseitige Bewertung des Totalitarismus ignoriert jedoch die Reformen in Richtung wirtschaftlicher Entwicklung und zu einer gewissen Rechtsstaatlichkeit.

indem Privatisierungen durchgeführt werden.[18] Das Verfassungsgericht hat sich sehr häufig (sowohl im Rahmen von Normenkontrollverfahren als auch in Verfassungsbeschwerden) mit dieser Problematik auseinandergesetzt. Es hat dabei oft aktivistisch gehandelt und den Prozess der Entschädigung (Entstaatlichung) gestärkt und unterstützt, obwohl die diesbezügliche gesetzliche Regelung in Slowenien bereits eine deutlichere Begünstigung von Entschädigungen aufwies, als dies in anderen früher sozialistischen Staaten der Fall war. Eine der Gerichtsentscheidungen zu dieser Thematik zeigt die Bedeutung der angemessenen Wahl von Mitteln, die vom Verfassungsgericht gewährt werden. Es ist wesentlich, dass das Verfassungsgericht eine „negative Rechtssetzungsinstanz" bleibt, d.h. es kann Gesetze für nichtig erklären, sie jedoch nicht schaffen. Dennoch kann es passieren, dass – obwohl es im formalen Sinne negative Rechtssetzungsinstanz bleibt – das Gericht de facto zum positiven Rechtssetzer wird, wodurch es in den dem Parlament vorbehaltenen Bereich eindringt.[19] Indem es befand, dass die Gesetzesbestimmung mit dem Wortlaut „Anspruchsberechtigte von Privatisierungen sind physische Personen" verfassungswidrig war, erklärte das Gericht das Wort „physisch" für nichtig. Auf diese Weise behielt es formal seine Rolle als negative Rechtssetzungsinstanz, doch handelte in Wirklichkeit wie ein positiver Rechtssetzer, da es auch juristischen Personen den Anspruch auf Entschädigung verlieh. Es schuf somit ein *neues* Gesetz, das juristischen Personen den Anspruch auf Entstaatlichung verleiht. Statt sich in dieser Weise Kompetenzen des Parlaments anzumaßen, wäre es für das Gericht eher angemessen gewesen, die Verfassungswidrigkeit des *gesamten* Gesetzes, die sich aufgrund der Unterscheidung zwischen physischen und juristische Personen ergibt, zu erklären und es dem Parlament zu überlassen, das Problem der Ungleichbehandlung zu lösen.

Ein kontrovers diskutiertes Thema war in diesem Kontext die Behandlung von kirchlichem Eigentum. Dem Verfassungsgericht wurde Voreingenommenheit zugunsten der katholischen Kirche vorgeworfen. Wie Meinungsumfragen zeigten, sieht die Mehrheit der Slowenen die Einmischung der katholischen Kirche in Staatsangelegenheiten ausgesprochen negativ. Weite Teile der Öffentlichkeit hatten den Eindruck, dass das Verfassungsgericht in unangebrachter Weise zwischen dem historischen Eigentum der Kirche aus feudaler Zeit und dem Eigentum der früheren Grundbesitzer unterschied. Das Verfassungsgericht hatte über einen Referendumsan-

---

[18] Das ist in einem Fall geschehen, in dem das Gericht entschied, dass es keine Ungleichbehandlung zwischen juristischen und natürlichen Personen im Entschädigungsprozess geben dürfe. Entsch. U-I-326/98.
[19] Entsch. U-I-25/92.

trag zu einem Entschädigungsgesetz zu entscheiden.[20] Es urteilte dahingehend, dass die im Gesetz vorgesehene Entstaatlichung von Eigentum (insbesondere von Wäldern) feudalen Ursprungs nur insoweit verfassungsgemäß sei, *wie es sich dabei nicht um Rückübertragungsansprüche der Kirche handele*. Es rechtfertigte die Differenzierung, weil die Kirche im allgemeinen eine wichtige und positive Rolle in der Gesellschaft und in der slowenischen Geschichte spiele und Wohlfahrtstätigkeiten übernehme. Es ist aber fraglich, ob das Prinzip der Gleichbehandlung der Eigentümer (in diesem Fall des feudalen Eigentums) dadurch gebrochen werden darf, dass die Behandlung der Eigentümer davon abhängt, ob sie eine positive Rolle für die slowenische Geschichte und Gesellschaft spielten und ob sie auch Wohlfahrtszwecke verfolgten.[21]

Das Referendum über das Wahlsystem

Die ernsthafteste Auseinandersetzung, die sogar zum Auslöser einer Verfassungskrise wurde, fand zwischen dem Verfassungsgericht und dem Parlament bezüglich der Regelung des Wahlsystems statt. Der Fall hinterließ deutliche Spuren in der Politik Sloweniens. Im Dezember 1996 wurde eine Volksbefragung über das Wahlsystem abgehalten. Es konnte zwischen drei vorgeschlagenen Systemen gewählt werden; diese enthielten die wichtigsten Merkmale eines zweistufigen Mehrheitswahlsystems, eines reinen Verhältniswahlsystems (bzw. einer leichten Variation von dem schon existierenden reinen Verhältniswahlsystems) sowie einer Kombination dieser beiden Systeme. Danach erklärte die Nationale Wahlkommission, dass der Volksentscheid zusammen mit dem (von einer bestimmten politischen Partei unterstützten) Antrag, das zweistufige Mehrheitswahlsystem einzuführen, gescheitert sei, weil die notwendige Mehrheit der Stimmen nicht erreicht worden ist.[22]

Die Ergebnisse und der Wortlaut des Gesetzes waren eindeutig: keiner der eingebrachten Vorschläge hatte die nötige Anzahl der Stimmen erreicht, damit blieb das existierende Verhältniswahlrecht in Kraft. Trotz alledem wandte das Verfassungsgericht eine neue

---

[20] Entscheidung U-I-121/97.
[21] Für Kritik an dieser Entscheidung siehe: Luksic, 1997, S. 990ff, Cerar, 2000, S. 19.
[22] Für das Mehrheitswahlsystem stimmten 44,5% der Wählenden, für das abgeänderte reine Verhältniswahlsystem 26,2% und für das kombinierte System 14,4%. Das Gesetz zur Regelung von Plebisziten schreibt jedoch vor, dass eine einfache Mehrheit der abgegebenen Stimmen erreicht werden muss, damit eine der Optionen anerkannt wird. Entsch. U-I- 12/97.

Auslegung des Volksentscheidsgesetzes an und erklärte, dass der Antrag auf Mehrheitswahlrecht erfolgreich angenommen wurde, weil dieser mehr positive als negative Stimmen auf sich vereinigen konnte und darüber hinaus von allen drei Vorschlägen die größte Unterstützung erfuhr. Daher sei das Parlament verpflichtet, ein neues Gesetz zu erlassen, um das zweistufige Mehrheitswahlsystem einzuführen. Damit erklärte das Verfassungsgericht die Befunde der Nationalen Wahlkommission für nichtig. Das Parlament lehnte die Anweisung des Verfassungsgerichts ab - es war unmöglich, im Parlament die benötigte Zwei-Drittel-Mehrheit zu erreichen, um ein Mehrheitswahlsystem einzuführen, wie vom Gericht verlangt wurde. Eine ernsthafte politische und verfassungsrechtliche Krise war die Folge, die ihren Höhepunkt erreichte, als nach dem Zerfall der Koalition eine neue Regierung gewählt wurde. Diese erklärte, dass Slowenien trotz der bevorstehenden Parlamentswahlen über kein legitimiertes Wahlsystem verfüge. Infolgedessen entschied das - ein Mehrheitswahlrecht immer noch ablehnende - Parlament mit einer überwältigenden Mehrheit (zusammen mit den Abgeordneten einer der neuen rechtsgerichteten Koalitionsparteien), die Krise durch eine Verfassungsergänzung zu lösen. Mit diesen Verfassungszusatz führte das Parlament dann ein reines Verhältniswahlsystem ein. Somit konnte die verfassungswidrige Situation – die fehlende Übereinstimmung zwischen dem gegenwärtig gültigen Wahlsystem und der Verfassungsgerichtsentscheidung über das Referendum – behoben werden. Die Entscheidung des Verfassungsgerichts sowie das Ergebnis des Volksentscheids waren nun überholt, da sie der Stufe der Gesetzgebung entsprangen und aufgrund dessen nicht von größerer Wichtigkeit sein konnten als die neue Verfassungsnorm. Die Entscheidung des Verfassungsgerichts und die Ergebnisse des Plebiszits banden das Parlament nur in seiner Kompetenz als Gesetzgeber, nicht aber in seiner Befugnis als Setzer der Verfassung. Auf diese Weise wandte das Parlament zum ersten Mal ein ihm zur Verfügung stehendes Mittel an, um sich gegen das Verfassungsgericht zu verteidigen: den Beschluß eines Verfassungszusatzes.

Das Verfassungsgericht, das mit neuen Richtern besetzt war, da die Amtszeit der Mehrheit der Richter des „ersten" Gerichts 1998 endete, erklärte später, dass es nicht unter seine Rechtsprechungskompetenz falle, über Verfassungsergänzungen zu entscheiden, wenn diese sich klar mit verfassungsrechtlichen Fragen befassen. Aus diesem Grund lehnte es ab, über die Verfassungsmäßigkeit des Verfassungszusatzes zu entscheiden. Indem das Gericht jedoch betonte, dass sich eine Verfassungsergänzung substanziell mit verfassungsrechtlichen Fragen beschäftigen muss, behielt es sich vor, bestimmte Verfassungsergänzungen in Zukunft zu überprüfen, wie z.B. bei Missbrauch durch das Parlament, indem dieses einen Gegenstand der einfachen Gesetzgebung als einen Verfassungszusatz ausgibt, um dessen Überprüfung durch das Verfassungsgericht zu umgehen. Auf diese Weise behielt sich das Gericht die Möglichkeit vor, sich in Zukunft auf den „Grundsatz der verfassungswidrigen Verfassungsergänzung" zu berufen.[23]

Dennoch war die neue rechtsgerichtete Regierung mit der Entscheidung des Parlaments und ihrer Bestätigung durch das Verfassungsgericht nicht zufrieden.[24] Sie brachte den Fall vor die Europäische Kommission für Demokratie durch Recht (die „Venedig-Kommission" des Europarats), um eine Antwort darauf zu bekommen, ob diese Maßnahme des Parlaments, die zu dem durch das Referendum geäußerten Volkswillen sowie zu dem Verfassungsgerichtsurteil im Widerspruch stand, mit europäischen Traditionen und Standards vereinbar war. Die Venedig-Kommission wies die Argumentation der Regierung zurück und bestätigte, dass das Parlament in strikter Übereinstimmung mit europäischen rechtlichen und demokratischen Standards handelte und dass es legitim war, die Verfassung zu ändern, obwohl dies zu den Ergebnissen des vorläufigen (ex ante) legislativen Referendums im Widerspruch stand.[25]

Wie ist der Ausgang dieser Verfassungskrise zu bewerten? Meiner Ansicht nach war sie für das öffentliche Bewusstsein über die Rolle des Verfassungsgerichts durchaus positiv. Einerseits respektierte die Nationalversammlung, dass Verfassungsgerichtsentscheidungen bindenden Charakter haben. Andererseits wurde verdeutlicht, dass das Parlament auf legitime Weise von solchen Entschei-

---

[23] Mehr zu diesem Grundsatz in: Jambrek, Jaklic, 2000, S. 10-15. Ungeachtet dessen erklärte das Gericht in diesem Fall, dass „die Entscheidung des Verfassungsgerichts bezüglich der Festlegung von Volksentscheidergebnissen für das Parlament bindend ist, sofern dessen Kompetenz, Gesetze zu erlassen, und nicht seine Kompetenz die Verfassung zu setzen und zu ergänzen, betroffen ist... Mit der Verabschiedung eines Verfassungszusatzes ist die Nationalversammlung nicht länger an die Entscheidung des Verfassungsgerichts gebunden." Entscheidungen U-I-214/00 und U-I-204/00.
[24] In der neuen Regierung waren drei der früheren Verfassungsrichter, die als eifrigste Verfechter der umstrittenen Gerichtsentscheidung galten, Minister.
[25] Die Venedig-Kommission betonte angesichts der bevorstehenden Wahlen die Notwendigkeit einer schnellen Reaktion, um das Risiko einer Lähmung der demokratischen Funktionsfähigkeit des Staates zu vermeiden. Außerdem sei es Tatsache, dass das Parlament als verfassungsgebendes Organ gehandelt hat, während die Volksabstimmung auf der einfachgesetzlichen Stufe ablief. Stellungnahme im Fall von Verfassungsergänzungen bezüglich der Parlamentswahlen in der Republik Slowenien, angenommen durch die Venedig-Kommission während ihrer 44. Plenarsitzung (13. bis 14. Oktober 2000), Straßburg, 2000.

dungen abweichen kann – ausschließlich in Ausnahmefällen und durch eine korrekt zustande gekommene Verfassungsergänzung.[26] Der neu ernannte Verfassungsgerichtspräsident bestätigte, dass eine Verfassungsergänzung eine legitime Verteidigung des Parlaments im System der *checks and balances* ist.[27]

Öffentliche Meinung, Medien und das Verfassungsgericht

Wenn man die wichtige Rolle des slowenischen Verfassungsgerichts in der politischen Entwicklung Sloweniens bedenkt, überrascht es, dass es niemals verlässliche Meinungsumfragen gab, in denen das Verfassungsgericht beurteilt wurde. Es gibt nur Bewertungen der Gerichtsbarkeit als Ganzes. Diese Umfragen zeigen, dass die Slowenen, obwohl sie sowohl mit der Gründung eines unabhängigen Staates als auch mit der Einführung des Mehrparteiensystems und der Marktwirtschaft höchst zufrieden sind, sich gegenüber politischen Akteuren sehr kritisch äußern. So genießen das Parlament und die Parteien ein extrem niedriges Vertrauen in der Öffentlichkeit: Es liegt bei 8%. Die Ergebnisse für die rechtsprechende Gewalt sind bedeutend besser – ungefähr 30 % der Bevölkerung vertrauen der Judikative.

Man kann nur darüber spekulieren, ob das Verfassungsgericht als solches in einer separaten Umfrage besser beurteilt werden würde. Einerseits könnte man angesichts der extrem niedrigen Ergebnisse für die politischen Akteure darauf schließen, dass das Verfassungsgericht als das Organ, welches die Politik kontrolliert und häufig Konfrontationen mit dem Parlament austrägt, mehr Vertrauen in der Bevölkerung genießt als die ordentlichen Gerichte. Andererseits könnten genau aus den gleichen Gründen diejenigen Entscheidungen des Verfassungsgerichts, die politisch motiviert zu sein schienen und viel Kritik erfuhren, verursacht haben, dass die öffentliche Meinung das Verfassungsgericht eher in die Nähe der anderen politischen Organe als der ordentlichen Gerichtsbarkeit einordnet. Es muss ebenfalls berücksichtigt werden, dass ein Aspekt der Rechtsprechung, der in der Öffentlichkeit am meisten kritisiert wird, die übermäßige Dauer der Prozesse ist. Das Verfassungsgericht jedoch schafft es im Unterschied zu den ordentlichen Gerichten, sein Ar-

---

[26] Cerar, 2000, S.15. Mehr über die Verfassungsergänzung als Mittel des Parlaments zur Verteidigung gegen das Verfassungsgericht siehe: Bugaric, 1998, S. 98.

[27] Der jährliche offizielle Bericht des Verfassungsgerichtspräsidenten für das Jahr 2000 (Poročilo predsednika Ustavnega sodišča za leto 2000, Ustavno sodišče, Ljubljana, 2000), S. 6.

beitspensum in einem angemessenen zeitlichen Rahmen zu bewältigen. Insbesondere aus diesem Grund glaube ich, dass das Vertrauen der Öffentlichkeit in das Verfassungsgericht höher ist als das in die ordentlichen Gerichte.

Wenn man die öffentliche Meinung über die Rolle des Verfassungsgerichts betrachtet, so muss man auch erwähnen, dass die hier vorgestellten Entscheidungen, auch wenn sie nicht politisch motiviert waren, sehr weitreichende politische Konsequenzen hatten, die die Öffentlichkeit spalteten. Ein Teil der Wähler, die die politische Option unterstützten, gegen die sich das Gericht stellte, beurteilte dessen Urteile als politisch motiviert, ohne überzeugende rechtliche Argumentation und letztlich als falsch. Im Gegensatz hierzu unterstützte der andere Teil der Wählerschaft diese Entscheidungen und wertete sie als einen „Sieg der Rechtsstaatlichkeit". Die gleichen Positionen gibt es auch im Parlament. Ein Teil der Abgeordneten lehnte die Entscheidungen des Verfassungsgerichts als vom rechtlichen Standpunkt gesehen falsch und politisch motiviert ab. Die andere Seite – gewöhnlich der rechte Flügel – unterstützte sie und berief sich im Rahmen ihrer politischen Argumentation in Parlamentsdebatten (zu) oft auf das Verfassungsgericht und seine Urteile. Der Mangel an Respekt gegenüber der Verfassungsgerichtsurteile in den Debatten im Parlament trug gewiss nicht dazu bei, dass das Vertrauen der Öffentlichkeit in das Verfassungsgericht stieg. Die Tatsache, dass die meisten der umstrittenen Entscheidungen des Verfassungsgerichts mit einer knappen Mehrheit im Gericht (häufig 5:4 Stimmen) erreicht wurden, und dass einzelne abweichende Stellungnahmen der überstimmten Richter sehr kritisch gegenüber der Mehrheit des Gerichts waren, trug gewiss ebenso wenig zu einer Akzeptanz der Verfassungsgerichtsurteile bei.

Analysiert man das Vertrauen der Öffentlichkeit in das Verfassungsgericht, darf man die Rolle der Medien nicht vernachlässigen. Es muss zunächst hervorgehoben werden, dass es nur wenige Journalisten oder Reporter gibt, die professionell, qualifiziert, unvoreingenommen sind und eine juristisch einwandfreie Berichterstattung über das Fallrecht des Verfassungsgerichts liefern können. Es gab sehr viele Fälle von politisch voreingenommener und juristisch unkundiger Medienberichterstattung über die Entscheidungen des Verfassungsgerichts. Ebenso bedauerlich ist es, dass die Medien viel mehr Aufmerksamkeit gerade jenen Entscheidungen des Gerichts schenkten, die in die aktuellen politischen Machtkämpfe hineinpassten und somit konfliktträchtiger waren, als anderen Fällen, die eigentlich von größerer Bedeutung für die verfassungsrechtliche Entwicklung in Slowenien gewesen waren. Nachdem sich die Zusammensetzung des Verfassungsgerichts Ende 1998 veränderte, war das Verhältnis zwischen dem Gericht und den Medien nicht mehr konfliktgeladen. Es ist jedoch bedauerlich, dass die Reaktionen in den Medien, aber auch in den akademischen Kreisen, auf das Fallrecht des Verfassungsgerichts bisher sehr gering ist.[28]

Schluss

Insgesamt ist die Institution der Verfassungsgerichtsbarkeit in Slowenien seit dem politischen Umbruch sehr erfolgreich gewesen. Zwar wurden einzelne Entscheidungen des Verfassungsgerichts vom Parlament nicht befolgt. Diese hatten bestimmte Gesetze für verfassungswidrig erklärt und dem Parlament aufgetragen, diese Gesetze innerhalb einer bestimmten Zeitspanne zu ändern. Dennoch wird allgemein anerkannt, dass dies mehr die Folge einer Überlastung des Parlaments denn das Ergebnis einer systematischen Ablehnung der Urteile des Verfassungsgerichts ist. Trotzdem mahnt der Präsident des Verfassungsgerichts in seinen jährlichen Berichten stets, dass diese Nichtbefolgung der Gerichtsentscheidungen durch das Parlament eine Verletzung sowohl des Rechtsstaatsprinzips als auch des Grundsatzes der Gewaltenteilung darstellt.[29]

Wichtig ist, dass das slowenische Verfassungsgericht große finanzielle Unabhängigkeit genießt. Allerdings hat das Gericht mit einer stetig wachsenden Zahl von Fällen zu kämpfen. Zur Zeit findet eine Diskussion über die Reform der slowenischen Verfassungsgerichtsbarkeit statt. Ein Vorschlag hierbei ist, es vollständig ins freie Ermessen des Gerichts zu stellen, welche von den vorgelegten Fällen es entscheiden will. Diese Verfahrensweise ist charakteristisch für den *writ of certiorari* des US Supreme Court. Jedoch sind schnelle Veränderungen diesbezüglich weder erwartet noch erwünscht. Eine ähnliche Debatte fand auch in Deutschland statt, aber es wurden keine Änderungen des Bundesverfassungsgerichtsgesetzes (BVerfGG) vorgenommen. In einem solchen System - wo es im Ermessen der Richter liegt, die zu entscheidenden Fälle auszusuchen, und wo sie nicht mehr rechtlich verpflichtet sind, *alle* vorgelegten Fälle zu entscheiden - ist es notwendig, dass die Öffentlichkeit viel Vertrauen in die Gerichtsbarkeit, insbesondere in die Unabhängigkeit und die ethischen Maßstäbe der Richter hat. Die Einführung eines solchen Systems würde einen beträchtlichen Machtgewinn für das Verfassungsgericht bedeuten. Es ist fraglich, ob die Bevölkerung in Slowenien bereits ausreichend Vertrauen in das Gericht besitzt, um eine solche Veränderung zu bejahen.

---

[28] Anfang 1998 veröffentlichte das Verfassungsgericht sogar eine Pressemitteilung, in der es sich über die rechtliche Unkenntnis und das mangelnde Wissen über die Fundamente der Rechtskultur, wie sie in den Medien offenbart wurden, beklagte.

[29] Bericht des Verfassungsgerichtspräsidenten für das Jahr 2000 (Fn. 27).

Kommen wir auf die am Anfang vorgestellten unterschiedlichen Positionen zurück, welche Rolle die Verfassungsgerichtsbarkeit im Übergangsprozess übernehmen soll. Meiner Meinung nach kann die Argumentation des Verfassungsgerichts als „juristischer Avantgarde" nicht aufrecht erhalten werden. Die Übergangsperiode ist kein „Notstand", der das Verfassungsgericht dazu berechtigt, die verfassungsmäßigen Grenzen seiner Rechtsprechung zu überschreiten und über seine Rolle im demokratischen System der Gewaltenteilung hinauszugehen. Zu den Zielen der Verfassungsgerichtsbarkeit gehört es mit Sicherheit, zur öffentlichen Bewusstseinsbildung in Bezug auf Verfassungsgrundsätze, Rechtsstaat und Achtung der Menschenrechte beizutragen. Das Verfassungsgericht kann jedoch mehr in dieser Hinsicht bewirken, wenn es durch die konsequente Anwendung des Selbstbeschränkungsgrundsatzes zeigt, dass es die Grenzen seiner eigenen verfassungsmäßigen Rolle respektiert. Durch ausschweifenden Aktivismus und die Usurpation politischer Entscheidungsfindung wird die Rolle des demokratisch gewählten Parlaments missachtet und unberechtigtes Misstrauen gegenüber dessen Fähigkeit, die soziale, wirtschaftliche und politische Ordnung aufrechtzuerhalten, offenbart. Das stellt eine größere Bedrohung für die Demokratie dar als das „Gespenst" der Wiederherstellung des kommunistischen Regimes, eine Option, die - zumindest in Slowenien - jeder realistischen Grundlage entbehrt. Verfassungsgerichte können zur Stabilisierung der Demokratie in Mittel- und Osteuropa beitragen, aber sie können nicht das Parlament ersetzen. Es ist wichtig, in Erinnerung zu behalten, dass *„checks and balances"* auch eine Beziehung zwischen Recht und Politik meint, wobei das Parlament die politische und das Gericht die rechtliche Seite in diesem Verhältnis darstellen.[30] Um dieses Verhältnis zu sichern, ist es notwendig, dass auch das Recht seine Autonomie und Unabhängigkeit gegenüber der Politik bewahrt. Wenn ein Verfassungsgericht beschließt, eine politische Institution zu sein, deren Entscheidungen auf politischen Präferenzen und nicht auf Rechtsargumenten basieren, setzt es die Bedeutung des Rechts, der Judikative und des Rechtsstaats herab und unterstellt diese auf lange Sicht der Politik.

Gewiss können Recht und Politik nicht vollständig voneinander getrennt werden, und es liegt in der Natur des Verfassungsgerichts, dass seine Entscheidungen auch politische Konsequenzen haben. Da es keine allgemeingültigen Antworten auf die Frage des angemessenen Verhältnisses zwischen dem Verfassungsgericht und der parlamentarischen Demokratie gibt, sind konkrete Doktrinen, die die Machtaufteilung zwischen dem Verfassungsgericht und der Legislative regeln, von großer Bedeutung, so etwa die vom U.S. *Supreme Court* entwickelte „political question"-Doktrin, die aber

---

[30] Cerar, 2000, S. 25.

vom slowenischen Gericht noch nicht akzeptiert worden ist. Die *political question*-Doktrin ist nicht bloß ein Werkzeug, um die Kompetenzen des Verfassungsgerichts einzuschränken, sondern dient auch als Abwehrmittel des Gerichts in jenen Fällen, in denen Politiker das Verfassungsgericht in politische Machtkämpfe einzubeziehen versuchen, was in Slowenien keine Seltenheit ist. Ein Problem ist, ob diese Doktrin in die kontinentaleuropäische Rechtstradition passt. Und es ist offen, ob sie mit den Verfassungsbestimmungen und Gesetzen in Einklang zu bringen ist, welche die Rechtsprechungskompetenz des Verfassungsgerichts definieren, ihm aber keinen Ermessensspielraum gewähren, Fälle abzulehnen, die unter seine Zuständigkeit fallen. Ein ähnlicher Effekt könnte aber erreicht werden, wenn sich das Verfassungsgericht bei seinen Entscheidungen generell vom Grundsatz des *judicial self-restraint* leiten lässt und Fragen *politischer Angemessenheit*, die es aus formalrechtlichen Gründen nicht abweisen darf, aus materiellrechtlichen Gründen ablehnt, d.h. die Verfassung weit auslegt, um dem Parlament seinen Entscheidungsspielraum nicht übermäßig einzuschränken.

Literatur

Bugarič, Bojan, „Pravna sredstva za omejevanje pristojnosti ustavnega sodstva" [Rechtliche Mittel zur Machteinschränkung des Verfassungsgerichts], *Zbornik referatov IV. Dnevi javnega prava*, 1998, Ljubljana, Gospodarski vestnik, S. 93-112.

Bugarič, Bojan, „Courts as policy-makers: lessons from transition", *Harvard international Law Journal*, 2001, vol. 42, S. 247-288.

„Ustavno sodstvo in (ali) parlamentarna demokracija – o doktrinah pravnega interesa v političnih vprašanj" [Das Verfassungsgericht und (oder) die parlamentarische Demokratie] (mit ausführlicher Zusammenfassung auf Englisch) *Zbornik znanstvenih razprav PF v Ljubljani*, 1995, Vol. LV, S. 43-66.

Bugarič, Bojan, „Ustavno sodišče in ekonomski system" [Das Verfassungsgericht und das Wirtschaftssystem], *Pravna praksa*, 2000, Nr. 26, S. 3-4.

Cerar, Miro, „Die verfassungsrechtlichen Grundlagen der Konstituierung des Staates Slowenien", in: Joseph, Marko; Boric, Tomislav (Hrsg), *Slowenien-Kroatien-Serbien; Die neuen Verfassungen* (Studien zu Politik und Verwaltung, Bd. 39), Wien, Boehlau Verlag, 1991.

Cerar, Miro, „Rechtsstaatlichkeit in Slowenien", in: Hoffman, Marko, Merli, Wiederin. (Hrsg.), *Rechtsstaatlichkeit in Europa*, Heidelberg, Mueller, 1996.

Cerar, Miro, „From elite consensus to democratic Consolidation", in: Zielonka, Jan (Hg.), *Democratic consolidation in Eastern Europe* (Oxford studies in democratisation), Oxford: Oxford university press, 2001.

Cerar, Miro, „(Ne)politiènost ustavnega sodstva" [Die (un)politische Natur der Verfassungsgerichtsbarkeit], in: Pavčnik et al., *Ustavno sodstvo* [Die Verfassungsgerichtsbarkeit], Ljubljana, Cankarjeva založba, 2000, S. 349-390.

Cerar, Miro, „The shaping of Constitutional institutions in the Republic of Slovenia", paper presented in International Conference: „Institutional Engineering in Eastern Europe", organised by European University Institute (Department of Law), Firenze, January 24-25, 1997, Firenze.

Cerar, Miro, „Constitutional Court vs. Legislature - the Case of Slovenia", paper presented at the International Conference, „Constitutional Justice, East and West: Democratic Legitimacy and Constitutional Courts in Post-communist Central and Eastern Europe in Comparative Perspective", organised by European University Institute, Firenze, May 26-27, 2000, Firenze.

Galič, Aleš, „Zivil-, Handels- und Wirtschaftsrecht: Rechtsentwicklung und Angleichung and europäisches Gemeinschaftsrecht", in: Pfaff, Dieter (Hrsg.), *Zehn Jahre danach* (Südosteuropa-Jahrbuch), München, Südosteuropa-Gesellschaft, 2000, S. 215-232.

Harutyunyan Gagik, Mavčič Arne, The Constitutional review and its development in the modern world, A comparative Constitutional analysis, Ljubljana, Yerevan, Nova revija, 1999.

Jambrek, Peter, „Zakaj so sodbe ustavnega sodišča nepreklicne, obvezne in izvršljive" [Warum die Entscheidungen des Verfassungsgerichts unwiderruflich, bindend und durchsetzbar sind], *Delo*, Ljubljana, 20.2.1999, S. 34.

Jambrek, Peter, Jaklič Klemen, „Contribution to the opinion of the Venice commission on the Constitutional amendments concerning legislative elections in Slovenia", Strasbourg, 16.10.2000, http://www.venice.coe.int/docs/2000/CDL-INF(2000)013-e.html (13.2.2001)

Krivic, Matevž, „Ustavno sojenje in politika" [Das Verfassungsgericht und Politik], *Teorija in praksa*, 1998, Nr. 5, S. 929-940.

Lukšič, Igor, „Politizacija ustavnega sodišča" [Politisierung des Verfassungsgerichts], *Teorija in praksa*, Bd. XXXIV, 1997, Nr. 6, S. 982-1000.

Mavčič, Arne, *Slovenian Constitutional review, its position in the world and its role in the transition to a new democratic system*, Ljubljana, 1995.

Šinkovec, Janez, „Samoomejevanje ustavnih sodišč" [Die Selbstbeschränkung von Verfassungsgerichten], *Zbornik referatov IV. Dnevi javnega prava*, Ljubljana, Gospodarski vestnik, 1998, S.173-184.

Tekavec, Urška, Dovžan Gašper, „Ustavnosodna ocena bivšega totalitarnega sistema v Republiki Sloveniji" [Die verfassungsrechtliche Beurteilung des früheren totalitären Systems in Slowenien], Diplomska naloga (*LL.B. Thesis*), Pravna fakulteta, Ljubljana, 1999.

Teitel, Ruti, „Transitional Jurisprudence: The Role of Law in Political Transformation", Yale Law Journal, Bd. 106 (1997), S. 2009-2080.

Testen, Franc, Intervju (Interview mit dem Präsidenten des Verfassungsgerichts Franc Testen), Odvetnik, 1999, Nr. 5, S. 3-8.

Ude, Lojze, „Entwicklung der demokratischen Institutionen und Geltendmachung von Menschenrechten und Grundfreiheiten", in Pfaff, Dieter (Hrsg.), *Zehn Jahre danach*, (Südosteuropa-Jahrbuch), München, Südosteuropa-Gesellschaft, 2000, S. 195-214.

Edin Šarčević

Transformation durch Verfassungsrecht:

Grenzen realpolitischer Intervention in das nationale Rechtssystem

I. Völkerrechtlicher Vertrag als Staatsverfassung

Wie weit und wie tief darf ein Akt der Verfassungsgebung von außen in eine nationale Staats-, Gesellschafts- und Rechtsordnung intervenieren? Diese Frage zielt auf die Entstehungsbedingungen des modernen Staates. Ihre Rekonstruktion ergibt sich in der aktuellen Debatte immer wieder als Rekonstruktion des Verfassungsbegriffs. Dabei rücken die gegenseitigen Zusammenhänge eines als „Staatsverfassung" bezeichneten Dokuments und einer als „Staat" bezeichneten Gemeinschaft in den Mittelpunkt des Interesses. Dies belegen sowohl die Analysen der Verfassungsgebung in Osteuropa als auch die gegenwärtige Diskussion um eine europäische Verfassung.[1] Um diese Debatte zu vervollständigen, empfiehlt es sich, noch einen Fall (vielleicht mit Präzedenzwirkung?) in den Blick zu nehmen: Die Verfassungsgebung in Bosnien-Herzegowina.

Als im Rahmen des Daytoner Friedensabkommens[2] für Bosnien-Herzegowina eine Verfassung völkerrechtlich vereinbart wur-

---

[1] Hierzu illustrativ *Schweisfurth/Alleweldt*, Die neuen Verfassungen in Osteuropa, in: Brunner (Hrsg.), Politische und ökonomische Transformation in Osteuropa, 2. Aufl., 1997, S. 45 ff.; *Walter*, Deutsches Verwaltungsblatt 2000, S. 1 ff.; *Müller-Graf*, Integration Bd. 23 (2000), S. 34 ff.; *I. Pernice, P. M. Huber, G. Lübbe-Wolff* und *C. Grabenwerter*, europäisches und nationales Verfassungsrecht, Veröffentlichungen der Vereinigung der Deutschen Staatsrechtslehrer (VVDStRL) Bd. 60 (2001), S. 148 ff., 194 ff., 246 ff., und 290 ff.

[2] Im Rahmen des Dayton Peace Agreement (vgl. International Legal Materials [ILM] Bd. 35 [1996], S. 75 ff.) wurde der Republik Bosnien-Herzegowina eine Verfassung oktroyiert, und zwar mit der Folge, dass die *Republik* B-H in ein vom Staatstypus her schwer zu bestimmendes Gebilde überführt wurde. Die Verfassung ist als wesentlicher Bestandteil des Friedensabkommens von Dayton verfasst und diesem Abkommen als eine Anlage („Annex 4") beigefügt worden. Dieser Annex ist formal nicht als eine Vertrags-, sondern als eine Verfassungsurkunde gestaltet und als „Verfassung von Bosnien und Herzegowina" betitelt;

de,³ bekam das Land nach dem vierjährigen Krieg⁴ einen verfassungsrechtlichen Rahmen, der mindestens zwei Ziele zu verwirklichen hatte: Einerseits sollte dieses System die Gestaltung eines friedensstiftenden, reproduktionsfähigen und selbsterhaltenden Staats ermöglichen.⁵ Andererseits müsste dieses völkerrechtliche Experiment Durchsetzungskraft auch in bezug auf denkbare ähnliche Situationen beweisen.⁶

Das komplizierte Vertragswerk konnte sich jedoch bisher lediglich als Friedensvereinbarung behaupten. In allen anderen Bereichen, bezogen etwa auf politische Entscheidungen in den staatlichen Institutionen, auf die Funktionsfähigkeit der gesamtstaatlichen Gesetzgebung, auf die Rückkehr von Flüchtlingen und Vertriebenen, auf die wirtschaftliche Erneuerung oder die Verurteilung der Kriegsverbrecher, erweist sich der Daytoner Friedensvertrag zusammen mit seinem Annex 4 als ein absoluter Misserfolg.⁷ Alle erwähn-

zudem sprechen Nr. 1 (a) der Übergangsvorschriften in Annex II, sowie Art. VI.3, X.1. XII 1 und 2 und XI. des Annexes IV von Verfassung bzw. von Verfassungstext.

3   Im einzelnen wird diese eigenartige Methode der „Verfassungsgebung" bei *Šarčević*, Völkerrechtlicher Vertrag als „Gestaltungsinstrument" der Verfassungsgebung: Das Daytoner Verfassungsexperiment mit Präzedenzwirkung?, Archiv des Völkerrechts Bd. 39 (2001), S. 299 ff. kritisch analysiert.

4   Hierzu vgl. *Calic*, Krieg und Frieden in Bosnien-Hercegovina, erw. Ausg. 1995.

5   Die Schaffung von „dauerhaftem Frieden" wird immer wieder als primäre Aufgabe des Daytoner Friedensabkommens in den Vordergrund gestellt. Vgl. z.B. Schlussdokumente des Peace Implementation Council (PIC), Bonn 9./10.12.1997, Übersetzung in: Internationale Politik 1998, S. 68. ff., unter X S. 75 sowie die Entscheidung des Verfassungsgerichtshofes von Bosnien-Herzegowina (B-HVerfGH), Entscheidung U 5/98 III v. 30.6/1.7.2000, Sl. glasnik BiH (Amtsblatt v. B-H) Nr. 23/2000, S. 472 ff., Abs. 73.

6   So die fast begeisterte Erwägung des Vertragsunterhändlers *Holbrooke* (To end a war, 1998, deutsche Übersetzung: Meine Mission: Vom Krieg zum Frieden in Bosnien, 1999, S 358), wonach das „bosnische Modell" in andern Krisenregionen als denkbare Lösung herangezogen werden soll: „Seitdem wurde ein ‚Dayton' ernsthaft für Nordirland, Zypern, Kaschmir, den Nahen Osten und andere Krisenregionen erwogen". Mit ähnlichen Argumenten *Graf Vitzthum*, Multiethnische Demokratie – Das Beispiel Bosnien-Herzegowina, in: C. Dierer u.a. (Hrsg.), Festschrift f. Oppermann, 2001, S. (87 ff.), 96, hier in Anm. 26.

7   Fünf Jahre nach dem Inkrafttreten des Vertrages lassen sich eine unwillige Durchführung, schwache Folgewirkungen im innerstaatlichen Geltungsbereich und eine ersichtliche Festigung der Politik der ethnischen Säuberung als wichtigste Ausflüsse der vertraglich geregelten Staatlichkeit von Bosnien-Herzegowina konstatieren. B-HVerfGH hat

ten Bereiche zählen jedoch zu den elementarsten Voraussetzungen der Friedensvereinbarung und eines funktionsfähigen Staates, deren vollständige Erfüllung ausschlaggebend für die Akzeptanz des Abkommens seitens der für die Republik Bosnien-Herzegowina handelnden Personen war.[8] Ihre Nichterfüllung stellt alles in allem das gesamte Verfassungskonzept in Frage, zumal diese Rechtsordnung in ihrer jetzigen Ausprägung die rechtliche Zerstörung der staatlichen Homogenität sowie die Festigung des Ethno-Autoritarismus arrangiert hat.[9]

Damit ist das eigentliche Problem berührt: Hat Bosnien-Herzegowina im Annex 4 des Daytoner Abkommens überhaupt eine Staats-Verfassung? Kann das Daytoner Verfassungswerk ein rechtsstaatliches System entwickeln und damit auch eine friedensstiftende und stabile Staatsordnung bewirken und schließlich: bis zu welchen Grenzen darf völkerrechtlich in die lokale Rechtskultur bis zur Zerstörung des bestehenden Rechtssystems hinein interveniert werden?

---

in seiner neuerlichen Entscheidung (Fn. 5) zutreffend festgestellt, dass die beiden bosnischen Entitäten als Einrichtungen zur Erhaltung der Ergebnisse der ethnischen Säuberung fungierten (vgl. für Serbische Republik *in conclusio* Abs. 95 und für Föderation B-H *in conclusio* Abs. 138 iVm 129. Vgl. International Crisis Group (im folgenden zitiert: ICG), Balkans Report N° 115, Bosnia's Precarious Economy Still not open for Businnes, Sarajevo/Brussels, 7.8.2001; in diese Richtung a. ICG, Bericht, Is Dayton Failing? Bosnia Four Years after the Peace Agreement, 1999 (im folgenden zitiert: ICG, Ed.); *Riegler*, Einmal Dayton und zurück: Perspektiven einer Nachkriegsordnung im ehemaligen Jugoslawien, 1999, S. 12 ff.; *Vollmer*, Europäische Rundschau 2/1996, S. 3 ff.; *Novak*, Harvard Law Journal Bd. 7-11/2000, S. (285 ff.) 288 f.; auch in der Deklaration des Friedensimplementierungsrats (PIC) über die Umsetzung des Friedens in B-H (Brüssel 23./24. 5. 2000) wird einleitend zwar Fortschritt in bestimmten Bereichen bei dem Aufbau des Staates B-H konstatiert, dann aber eine ganze Reihe von Punkten aufgeführt, die gar nicht oder ungenügend erfüllt sind (vgl. im Internet unter: http://www.ohr.int/pic/default.asp?content_id=5200); vgl. a. *Schneider*, Integration Bd. 19 (1996), S. 3.

[8] Vgl. *A. Izetbegović*, Interview, El-Mundo vom 28.12.1995; hierzu Erklärung des Präsidenten B-H A. Izetbegović bei der Paraphierung des Friedensabkommens am 21.11.1995, Internationale Politik, 1996, S. 96 f. An dieser Stelle ist auch auf das Verfassungsgesetz, das den Übergang der Republik B-H zum Daytoner Verfassungssystem regelte, Gbl. R BiH 49/1995), zu verweisen: Nach Art. 1 Abs. 2 hat die Rep. B-H im Falle einer unbefriedigenden Durchführung des Daytoner Abkommens, dieses für nichtig zu erklären und die Republik B-H unter dem internationalen anerkannten Namen das Fortbestehen zu sichern; im Einzelnen *Šarčević* (Fn. 3), S. 309ff., 320 ff.

[9] Vgl. unter anderem ICG ed. (Fn.7), passim.

II. Staat und Verfassung

1. Diese Fragen konfrontieren uns, im Grunde genommen, mit der rechtlichen und politischen Qualifizierung des Annexes 4 und erinnert an die Debatte über die Konnexität von Verfassung und Staat.[10] Da es gerade in der deutschen staatsrechtlichen Tradition nicht an Versuchen gefehlt hat, Staat und Volk vor, jenseits oder ohne Verfassung zu denken,[11] der moderne Staat sich dagegen ausschließlich als Verfassungsstaat versteht, muss dieses Problem einleitend geklärt werden.

2. Unter der Verfassung wird eine Urkunde verstanden, die die Grundlagen der Herrschaftsordnung und die grundlegenden Rechte des Bürgers gegen den Staat in juristisch unabgeleiteten Rechtssätzen festlegt.[12] Verstünde man darunter eine normative Rangordnung, die ein Wertsystem mit den Menschenrechten an der Spitze normativ-befehlend, politisch-prozedural oder institutionell-staatlich konstituiert, wäre der Verfassungsbegriff sicherlich sehr unzulänglich und unspezifisch erfasst. Jeder willkürliche Rechtsakt könnte sich damit als Verfassung legitimieren, soweit dieser deklaratorisch-autoritativ - wie Annex 4[13] - den eigenen Verfassungscharakter hervorhebt und einen bestimmbaren Kreis von Menschenrechten gewährleistet. Auch die Tatsache, dass die Verfassung an der Spitze der von einer Rechtsordnung errichteten Normenpyramide steht,[14] macht aus einem juristisch-politischen Dokument noch keine Verfassung. Erst die verfassungsspezifische Funktion eines solchen Aktes kann zu seiner Kennzeichnung als Verfassung führen.

Vor dem Hintergrund der europäischen Verfassungstheorie betrachtet, darf somit die verfassungsrechtliche Qualität einem Dokument nur dann zuerkannt werden, wenn dieses jenseits des hierarchisierten Legalismus die gesellschaftliche Integration sicherstel-

---

[10] Vgl. hierzu statt vieler *Di Fabio*, Juristenzeitung 2000, S. 737 ff. m.w. Nachw.; *P. M. Huber* (Fn. 1).
[11] Der Staat wurde oft vorrechtlich vorausgesetzt bzw. wurde als etwas Vorgegebenes und nicht als etwas rechtlich Entstandenes verstanden. Vgl. *Di Fabio*, ebda.; *Jellinek*, Die Lehre von den Staatenverbindungen, 1882 (Neudr. 1996), S. 256; *Schmitt*, Verfassungslehre, 1928, S. 89 f.
[12] Stellvertretend *Stern*, Das Staatsrecht der Bundesrepublik Deutschland, Bd. I, 2. Aufl., 1984, § 3 II 4.
[13] Annex 4 ist als „Verfassung von Bosnien und Herzegowina" betitelt; zudem sprechen Nr. 1 (a) der Übergangsvorschriften in Annex II, sowie Art. VI.3, X.1. XII 1 und 2 und XI. des Annexes IV von Verfassung bzw. von Verfassungstext.
[14] Vgl. *Wahl*, Der Staat Bd. 20 (1981), S. 485 ff., 488 ff.

len kann.[15] Dahinter stecken auch die Identitätsbedürfnisse einer Gesellschaft in ihrer verfassungsrechtlichen Relevanz. Sie lassen sich als „Verfassungspatriotismus"[16] in der Weise erfassen, dass ein Dokument - wie Annex 4 - erst durch die Festigung der staatlichen Homogenität, insbesondere angesichts der außerrechtlichen Verbundenheit der Bürger in einem „nichtnormierten Unterbau der Staatsverfassung",[17] den Verfassungscharakter erlangen kann.

3. Der ganze Pathos der modernen Verfassungsidee mahnt jedoch heutzutage zur Vorsicht. Die westeuropäische Erfahrung befindet sich gerade auf dem Kurs eines Epochenwechsels, der die Konnexität von souveränem Staat und Verfassung aufzulösen versucht.[18] Der beschriebene Verfassungsbegriff wurde darüber hinaus in einen anderen Kontext übertragen: Nach der Schaffung des Völkerbundes (1919) und der Gründung der Vereinten Nationen fehlte es nicht an Versuchen, den Begriff Verfassung auf die internationale Gemeinschaft zu übertragen und ihn dort für die Idee einer „Verfassung der Völkerrechtsgemeinschaft"[19] produktiv zu machen.[20] Es ist folglich zulässig, die Kategorie „Verfassung" außerhalb und oberhalb des Staates zu verwenden, um damit die nichtstaatlichen Organisationsformen zu beschreiben.[21] Da die Staatlich-

---

[15] Seit der Lehre von *Smend* (Verfassung und Verfassungsrecht: in: Staatrechtliche Behandlungen, 3. Aufl. 1994, S. 189) legt die Verfassungslehre die Integrationsfunktion dem jeweiligen Verfassungsbegriff zugrunde. Obwohl die Schwerpunkte je nach Ausgangspunkt des jeweiligen Autors unterschiedlich akzentuiert sind, bleibt die identitäts- und integrationsstiftende Funktion der jeweiligen Verfassung als entscheidendes Kriterium für die Entschlüsselung der verfassungsrechtlichen Natur des jeweiligen Rechtsdokuments. Vgl. hierzu *Schuppert*, Archiv des öffentlichen Rechts Bd. 120 (1995), S. 32 ff., 52 f.; illustrativ ist die „verfassungstypisierende Methode" bei *Denninger*, Menschenrechte und Grundgesetz, 1994, S. 16 f.; *Hesse*, Grundzüge des Verfassungsrechts der Bundesrepublik Deutschland, 20. Aufl., 1995, S. 5 ff.; *Voßkuhle*, Archiv des öffentlichen Rechts, Bd. 119 (1994), S. 35 ff.; *Pernice* (Fn. 1), S. 158 ff.

[16] Vgl. hierzu *Sternberger*, Verfassungspatriotismus, Schriften, Bd. X, 1990, S. 13 ff.; *Gebhardt*, Aus Politik und Zeitgeschichte, Bd. 9 (1992), S. 21 ff.; *Depenheuer*, Die öffentliche Verwaltung 1995, S. 854 ff.

[17] *Heller*, Staatslehre, in: Gesammelte Schriften, 3. Bd., 1971, S. 364

[18] *Walter* (Fn. 1); *Di Fabio* (Fn. 9), S. 739; *Lenaerst*, American Journal of Comparative Law, Bd. 38 (1990), S. 205 ff.; *Huber* (Fn. 1).

[19] So *Alfred Verdross* nach Schaffung des Völkerbunds, *ders.*, Die Verfassung der Völkerrechtsgemeinschaft, 1926.

[20] Vgl. *Walter* (Fn. 1). S. 5; *Tomuschat*, Die internationale Gemeinschaft, Archiv für Völkerrecht Bd. 33 (1995), S. 1 ff.; *Faßbender*, The United Nations Charter as Constitution of the International Community, Columbia Journal of Transnational Law Bd. 36 (1998), S. 529 ff.

[21] So angesichts eines „internationalen Verfassungsbegriffs" *Walter* (Fn. 1), S. 5 f., angesichts der Europäischen Verfassung *Müller-Graf* (Fn. 1), S. 34 ff., 37 ff., *Pernice*, Juristenzeitung 2000, S. 866 ff., 869 ff.

keit als Idealtypus der Allgemeinen Staatslehre nicht in der modernen Welt ohne bestimmte Verfassung zu verstehen ist, zeigt sich der Staat als Gegenstand und Voraussetzung der Verfassung.[22] Der Staat lässt sich somit im Sinne seiner Entwicklung in den neuzeitlichen Formen nur als Verfassungsstaat charakterisieren: Die Amerikanische und die Französische Revolution des 18 Jh., die bürgerlichen und sozialistischen Revolutionen des 19. und 20. Jh. mündeten alle in die staatsrechtliche Kategorie der geschriebenen Verfassung, die auch politisches Entscheidungszentrum und umsetzende Hoheitsgewalt zu einer Handlungs- und Entscheidungseinheit verbindet. Ihre Wurzel sind Demokratie und Rechtsstaat, ihren historischen Ausgangspunkt bilden eine strukturelle Kopplung von Politik und Recht und eine enge Verknüpfung zwischen Staat, Volk und Nation.[23]

III. Bilanz des bosnischen Verfassungsexperiments

1. Die bereits erwähnte funktionale Methode zur Bestimmung der Verfassungsqualität eines völkervertragsrechtlichen Annexes ist vornehmlich aufgrund der „Statistik" seiner verfassungsrechtlichen Auswirkungen auf die gesamtstaatliche Konsolidierung zu beurteilen. Hierzu kommt die strukturelle Koppelung von Politik und Recht sowie von Staat, Volk und Nation als beurteilungsrelevantes Kriterium in Betracht. Eine oberflächliche Bilanz der fünfjährigen Anwendung dieses Systems lässt sich demnach folgendermaßen zusammenfassen:
(a) Der Annex 4 erhält und festigt die *territoriale Separierung des bosnischen Staatsterritoriums*. Entgegen jeglichem vertretbaren wirtschaftlichen, kommunikations-strukturellen oder geografischen Kriterium etabliert er zwei Entitäten (Serbische Republik mit 49% und Föderation B-H mit 51 % des Staatsgebietes) als höchst verselbständigte Gebietseinheiten, die die territorialen Kriegsgewinne in verfassungsrechtlich geschützten Sachverhalt überführen. Diese Tatsache trägt der „ethnischen Säuberung" Rechnung. Versteht man die „ethnische Säuberung" als die durch die spezifische Zielsetzung geprägte Politik, eine Ethnie (ethnische Bevölkerung, Volk im kulturellen Sinne) planmäßig und

---

[22] So *Isensee*, Staat und Verfassung, in: Isensee/Kirchhof (Hrsg.), Handbuch des Staatsrechts, Bd. I, 1987, § 13, Rn. 1.; *Pernice* (Fn. 1), S. 156 f. m. w. Nachw.

[23] Vgl. *Luhmann*, Metamorphose des Staates, in: *ders.*, Gesellschaftsstruktur und Semantik, Studien zur Soziologie der modernen Wissenschaft, Bd. 4, 1995, S. 101 ff. 112; *ders.*, Verfassung als evolutionäre Errungenschaft, Rechtshistorisches Journal, Bd. 9 (1990), S. 176 ff., 190.

systematisch aus einem ihr traditionell zugehörigen Gebiet zu entfernen,[24] bekommt sie durch die Entitäten und Kantone in der Föderation Bosnien-Herzegowina mit Annex 4 einen verfassungsrechtlichen Ausdruck. Diese Schlussfolgerung ergibt sich unmissverständlich aus der Vergleichung der Bevölkerungsstrukturen nach der Volkszählung aus dem Jahre 1991 mit den Angaben vom Jahresende 1999. 1991waren so z.B. 45,73% der Einwohner der heutigen „Serbischen Republik" nichtserbisch, wohingegen Ende 1997 hier 3,21% und Ende 1999 zwischen 3 und 5 % nichtserbischer Bevölkerung lebten.[25] So bekam die „Serbische Republik" im Ergebnis 49% der ethnisch gesäuberten Gebiete als ein exklusiv serbisches Territorium. Dasselbe gilt für die Föderation B-H, wo von insgesamt 10 Kantonen jeweils drei als kroatisch, fünf als bosniakisch und weitere zwei als ethnisch gemischt konstituiert sind. Dabei wird in den „kroatischen Kantonen" das Rechtssystem der Republik Kroatien angewendet, sogar in den „gemischten Kantonen" wird de facto in den Gemeinden mit kroatischer Mehrheit das kroatische Rechts- und Ausbildungssystem in verfassungswidriger Weise zur Anwendung gebracht.[26] Vor diesem Hintergrund sind auch die neueren Bemühungen der kroatischen Partei HDZ zu verstehen, eine „dritte", kroatische Entität zu konstituieren und deren künftige Eingliederung in die Republik Kroatien politisch vorzubereiten.[27]

---

[24] Zum Begriff vgl. *Seidl-Hohenveldern*, Völkerrecht, 8. Aufl., 1994, S. 349; *Oeter*, Zeitschrift für ausländisches öffentliches Recht und Völkerrecht Bd. 53 (1993), S. (1 ff.) 2; *Sharga/ Zaklin*, European Journal of International Law Bd. 5 (1994), S. 360; *Lehmler*, Die Strafbarkeit von Vertreibungen aus ethnischen Gründen im bewaffneten nicht-internationalen Konflikt, 1999, S. 68 ff.; *Mazowiecki*, Berichte, UN Doc. A/47/666 und S/24809 vom 17. 11. 1992; Sixth periodic report on the situation of human rights in the territory of the former Yugoslavia vom 21.02.1994, UN Doc. E/CN.4/110 (1994) § 283; Interim Report of the Commission of Experts Established Pursuant to Security Council Resolution 780 (1992), UN Doc. S/25274 (1993), Annex I, § 55.
[25] Alle Angaben nach der Entscheidung B-HVerfGH (Fn. 5) Abs. 86 ff.; vgl. a. ICG, Ed. (Fn. 7), insb. Ang. in Anm. 94, S. 51 sowie die Erläuterung zum Annex 7, S. 83.
[26] Vgl. ICG, Rule over Law: Obstacles to the Development of an Independent Judiciary in Bosnia and Herzegovina, Balkans Report N° 72, Bosnia Legal Project Report N° 1, 5. Juli 1999, S. 4 m. w. Ang.
[27] Die Bemühungen greifen auf die Drohungen der kroatischen Partei HDZ kurz vor den letzten Parlamentswahlen (12.11.2000) zurück, den Austritt der Kroaten aus Bosnien-Herzegowina und die Schaffung eines eigenen „Nationalparlamentes" (so erklärte das kroatische Präsidiumsmitglied *A. Jelavić* die Föderation B-H für tot, vgl. Oslobodjenje vom 4.11.2000; vgl. a. Frankfurter Allgemeine Zeitung v. 11.11.2000, S. 7)

Wenn neuerlich eine „weiche Aufteilung" von Bosnien-Herzegowina nach dem Modell der Eingliederung des serbischen Sektors in die Republik Serbien, des kroatischen in die Republik Kroatien suggeriert wird mit der Konsequenz, dass der „muslimische Sektor" als ein „Mini-Staat" unter NATO-Protektorat eingerichtet werden soll,[28] nähert sich dieser Gedanke der internationalen Friedensstrategie, die von Anfang an eine „ethnische Teilung" des Landes anstrebte[29] und mit dem Annex 4 die wichtigsten Ergebnisse erzielte.

(b) Der Annex 4 ersetzt das *bosnische Staatsvolk*,[30] das aus dem

---

zu organisieren. Als diesbezügliche politische Vorbereitung ist die von der HDZ konstituierte „Versammlung des kroatischen Volkes" in Novi Travnik (Zentralbosnien) anzusehen. Die selbstproklamierte Versammlung entschied am 28.10.2000, ein nationales, kroatisches „Referendum" über die Souveränität des kroatischen Volkes durchzuführen (Angaben nach Vijesnik, Zagreb, 29.10.2000). Dieses „Referendum" wurde parallel zu den Parlamentswahlen am 12.11.2000 nach HDZ Angaben erfolgreich durchgeführt: Rund 70% der registrierten kroatischen Wähler nahmen am Referendum teil und 99% davon stimmten für die Deklaration (vgl. Slobodna Dalmacija, Split, 14.11.2000; Frankfurter Allgemeine Zeitung, 18.11.2000, S. 6). Dise Volksabstimmung erinnert bis in die Einzelheiten an dem serbischen „Referendum" aus dem Jahre 1992 und stellt nach einheiliger Meinung die politische Vorbereitung für die Begründung einer „dritten" kroatischen Entität und deren künftigen Anschluss an Kroatien dar (vgl. Vjesnik, Zagreb, 30.10.2000 sowie die Analysen *I. Lovrenović*, Federal Tribune, Split, Nr. 790 v. 4.11. 2000).

[28] So der aussenpolitische Kommentator *Thomas I. Friedman* in „Not Happening"-column., New York Times v. 23. 01. 2001.

[29] Sie wurde schon im Rahmen des unter den Vermittlungen der EG (März 1992) in Lissabon vereinbarten Föderalisierungskonzepts angedeutet und mit der Lord-Owen-Mission fortgesetzt. Den eigentlichen Wendepunkt stellt der von den USA, Russland, GB, Spanien und Frankreich initiierte „Gemeinsame Aktionsplan" (22.5.1993) dar, der erstmalig das weitere diplomatische Vorgehen von dem geschaffenen militärischen Tatsachen und den drei ethnisch geprägten Verhandlungsparteien Muslime/Bosniaken, Serben und Kroaten abhängig machte. Vgl. *Calic* (Fn. 4), S. 215 ff.; *Vollmer* (Fn. 7), S. 8 ff.

[30] Schon 1992 wurde zum Ausdruck gebracht, dass durch die verschiedenen Rechtsakte (z.B. Unabhängigkeitserklärung, Republikverfassung oder Staatsangehörigkeitsgesetz) und die Referendumsentscheidungen (vgl. Odluka o provodjenju referenduma [Entscheidung über die Durchführung eines Referendums] GBl Rep B-H Nr 3/1993) die ethnische Heterogenität der Bevölkerung für die Frage des Bestehens eines Staatsvolkes keine Rolle spielte. Hierzu im Einzelnen *Šarčević* (Fn. 3); *Bear*, Der Zerfall Jugoslawiens im Lichte des Völkerrechts, 1995, S. 109 ff., 309; vgl. a. Erwägungen unter Nr. 14 der Resolution 48/88 der Generalversammlung der UN v. 20. 12. 1993 (dtsch. Übersetzung in Internationale Politik 1994, S. D 217 ff., D 225).

Blickwinkel der Lehre über den verfassunggebenden Willen des *pouvoir constituant* der einzige Träger der verfassunggebenden Gewalt sein darf,[31] durch drei Ethnien (Serben, Kroaten und Bosniaken). So zeigt sich Annex 4 entstehungsgeschichtlich de facto als eine Friedensvereinbarung zwischen drei jugoslawischen, in unterschiedlichen Staaten angesiedelten ethnischen Gemeinschaften. Er legalisiert folglich die Zerstörung der politischen Einheit des bosnischen Staatsvolkes und raubt ihm seine verfassunggebende Eigenschaft. Diese eigenartige Ethnisierung der Verfassungsgebung ist nicht die Ursache, sondern die Folge der gesamten internationalen Friedensstrategie auf dem Gebiet des ehemaligen Jugoslawiens,[32] womit auch etwa 8% der bosnischen Staatsbürger, die keiner der staatstragenden Ethnien angehören, aus dem politischen System ausgeschlossen sind[33].

(c) Mit dem Annex 4 wird der *ethnische Determinismus* als Maßstab des Funktionierens der staatlichen Institutionen rechtlich abgesichert. Einerseits müssen danach die wichtigsten staatlichen Organe und beide Häuser (Kammern) der Parlamentarischen Versammlung von einer Art „ethnischer Delegierter" besetzt werden,[34] andererseits wird ein „ethnisches Interesse" mit

---

[31] Hierzu *Böckenförde*, Die verfassunggebende Gewalt des Volkes - Ein Grenzbegriff des Verfassungsrechts, in: *ders.*, Staat, Verfassung, Demokratie, Studien zur Verfassungstheorie und zum Verfassungsrecht, 1991, S. 90 ff.; bejaht bei *Preuß*, Einleitung: Der Begriff der Verfassung und ihre Beziehung zur Politik, in: *ders.* (Hrsg.), Zum Begriff der Verfassung, S. 7 ff., 20 und *Schuppert* (Fn. 15), S. 38; in diese Richtung wohl a. *Häberle*, Archiv des öffentlichen Rechts Bd. 112 (1987), S. 55 ff.

[32] Unterstützt wird diese Auffassung in *Šarčević* (Fn. 3), *Vollmer* (Fn. 7), S. 8 ff.; *Calic* (Fn. 1), S. 215 ff.

[33] Vgl. die detaillierte Schilderung des Problems in ICG, Ed. (Fn. 5) zu Annex 3, S. 37 ff., sowie *Šarčević*, in: VSO, 14. Lif., Dez. 1997, S. 14 ff.; *ders.* (Fn. 3), S. 306 ff.

[34] Es handelt sich hier um die verfassungsrechtliche Konstruktion der Parlamentarischen Versammlung, die sich aus dem Haus der Völker und dem Repräsentantenhaus zusammensetzt (Art. 4). Das Haus der Völker besteht aus 15 Delegierten, von denen laut Verfassung je 5 Bosniaken, Kroaten und Serben - also als „ethnische Delegierte" - von dem Parlament der Föderation (Bosniaken und Kroaten) bzw. von der Versammlung der Serbischen Republik (Serben) entsandt werden. Auch das kollektive Staatspräsidium, der Ministerrat (die eigentliche Regierung) sowie das Verfassungsgericht müssen nach dem ethnischen Prinzip von Kroaten, Bosniaken und Serben besetzt werden, wobei das exklusive Recht, eine Ethnie auf der gesamtstaatlichen Ebene zu vertreten, für die Serben die Serbische Republik und für die Bosniaken und Kroaten die Föderation hat. Nach dem gleichen ethnischen Prinzip sind das kollektive Staatspräsidium und der Ministerrat (Art. 5), das Verfassungsgericht (Art. 6) und die Zentralbank (Art. 8 des Annexes

der Folge postuliert, dass dieses das gesamte Verfassungssystem als oberstes Verfassungsgut prägt. So werden die ethnischen Serben ausschließlich in der Serbischen Republik („serbische Entität") und die Kroaten und Bosniaken in der Föderation B-H (Bosniakisch-kroatische Entität) gewählt.[35] Dieses Modell ist zusätzlich um das Institut des „vitalen Interesses des Volkes" in der Weise ergänzt, dass jede Entscheidung der Parlamentarischen Versammlung (Art. IV.3.d.) und des Staatspräsidiums (Art. V.2.d.) für „*destructive of a vital interest*" einer Ethnie („konstitutives Volk") erklärt werden kann.[36] Da solche Interessen weder definiert noch näher bestimmt sind, kann grundsätzlich für jede Frage eine „Verletzung des vitalen Interesses" behauptet und eine entsprechende Prozedur in Gang gesetzt werden, was das ganze Entscheidungssystem auf staatlicher Ebene blockiert.[37]

---

4) zusammengesetzt. Kritisch hierzu *Šarčević* (Fn. 3), passim; *ders.*, Ustav i politika (Verfassung und Politik) Ljubljana/Sarajevo, 1997, S. 47 ff., 53 f.

[35] Vgl. *Šarčević* (Fn. 3); *Yee*, European Journal of International Law Bd. 7 (1996), S. 176 ff.

[36] Zum Institut vgl. *Šarčević*, Verfassungsgebung und „konstitutives Volk": Bosnien-Herzegowina zwischen Natur- und Rechtszustand, Jahrbuch des öffentlichen Rechts 2001, S. (493 ff.) 506 f; *ders.*, (Fn. 3), S. 314 f.; *Yee* (Fn. 35), S. 188; aus dem bosnischen Schrifttum vgl. *Trnka*, Ustavno pravo (Verfassungsrecht), Sarajevo 2000, S. 382 f.; *Pobrić*, Ustavno pravo (Verfassungsrecht), Sarajevo 2000, S. 264 ff. Die „vitalen Interessen" eingehend vor dem Hintergrund der Dritten partiellen Entscheidung des B-HVerfGH (Fn. 10) zu konkretisieren, hat sich eine vom Hohen Vertreter Anfang 2001 gegründete internationale Arbeitsgruppe beschäftigt (International Task Force, Constitutional Court Decision Implementation, Guidance and Options v. 6.3.2001, inter. Doc. Nr. 048/2001/ICSS). Im Rahmen der von dieser Gruppe ausgearbeiteten „Richtlinien zur Arbeit der Verfassungskommission" (zur Verfassungskommission vgl. Decision establishing Constitutional Commission in both Entity Parlaments ... v. 11.01. 2001, Office of the High Representative in Bosnia and Hercegovina (im folgenden zitiert als OHR) Documents, unter http://www.ohr.int/decisions/) wurde der verfassungsrechtliche Begriff „vitales Interesse" durch eine noch brauchbare Formulierung präzisiert: „Das vitale Interesse bezieht sich auf die Möglichkeit, dass konstitutive Völker und die anderen in B-H eine eigene Kultur pflegen und entwickeln können sowie die wesentlichen Elemente eigener Identität, d.h. Religion, Sprache und kulturelle Überlieferungen, bewahren" (Quelle: Oslobodjenje, 16.4.2001).

[37] Im Schrifttum wird dieses Institut zutreffend als ein Veto-Instrument zur Blockade des Entscheidungs- und Gesetzgebungsverfahrens gesehen vgl. o. Fn. 87 sowie die Analyse in ICG, Ed. (Fn. 5), Kap. VI., lit. D und E, S. 56 ff.; *Trnka* (Fn. 36), S. 382 f.; *Graf Vitzthum* (Fn. 6), S. 108; *C. Stahn*, Die verfassungsrechtliche Pflicht zur Gleichstellung der drei ethnischen Volksgruppen in den bosnischen Teilrepubliken – Neue

(d) Mit dem Annex 4 wird ein *staatliches Provisorium* eingerichtet, das den sezessionistischen Plänen der großserbischen[38] und großkroatischen[39] Parteien und nationalistischen Eliten entgegenkommt. Das ganze System fußt demnach auf der mit diesem Annex konstituierten Souveränität der Entitäten. Diese legitimieren sich somit im Verhältnis zur gesamtsstaatlichen Souveränität als originäre Träger der staatlichen Gewalt und nicht das bosnische Staatsvolk. In welchem gegenseitigen Zusammenhang der provisorische Staatscharakter und die konstruierte Souveränitätsvermutung zugunsten der Entitäten stehen, zeigt beispielhaft die gesamtstaatliche Gesetzgebung. Ihre Gesetzgebungskompetenzen sind extrem schmal: Sie umfasst nach Art. 3/1 Bereiche der Außenhandels-, Zoll-, Außen- und Finanzpolitik, Finanzierung der Institutionen B-H und Zahlung der internationalen Verbindlichkeiten, Immigration, Flüchtlings- und Asylwesen, internationale Politik und die Beziehungen zwischen den Entitäten sowie die internationale und interentitäre Strafverfolgung einschließlich der Zusammenarbeit mit Interpol sowie die Kontrolle des Luftverkehrs. Die eigentlichen Gesetzgeber sind somit die Entitäten: die militärischen Angelegenheiten, das Strafrecht, das bürgerliche Recht, das Telekommunikationsrecht, Gebiete wie Eisenbahnverkehr, Eigentum und Boden, Verwaltungsrecht, gewerblicher Rechtsschutz, das Urheber- und Verlagsrecht, die Gerichtsordnung, das gerichtliche Verfahren stellen zum Beispiel ausschließliche Angelegenheiten der Entitäten dar.[40] Hierzu ist noch anzumerken, dass der Annex 4 keine

---

Hoffnung für das Friedensmodell von Dayton ? Zugleich eine Anmerkung zur dritten Teilentscheidung des bosnischen Verfassungsgerichts vom 1. Juli 2000 im Izetbegović-Fall, Zeitschrift für ausländisches öffentliches Recht und Völkerrecht, Bd. 60 (2000), S. (663 ff.) 667.

[38] Statt vielen anderen Dokumenten belegt dies eindeutig die Deklaration der Parlamentarischen Versammlung der Serbischen Republik über die Gleichberechtigung und Unabhängigkeit der Serbischen Republik vom 17.11.1997 (Narodne novine RS [Volkszeitung Serb. Rep.] Nr. 30/1997): „Die Volksversammlung der Serbischen Republik betont noch einmal die eigene Entschlossenheit, aufgrund der Vereinbarung über die speziellen Beziehungen zwischen der BR Jugoslawien und der Serbischen Republik in jeder Hinsicht zur Verstärkung der gegenseitigen Beziehungen des serbischen Volkes an den beiden Seiten des Flusses Drina und zu seiner endgültigen Einigung beizutragen."

[39] Vgl. o die Ang. in Fn. 27. Hierzu der offene Brief von *A. Jelavić* (kroatisches Mitglied des Staatspräsidiums, Präsident der HDZ für B-H und Präsident der „Versammlung des kroatischen Volkes" in B-H), wonach die „Entwicklung der Konzeption der dritten Entität" verlangt wurde. Quelle: Oslobodjenje, Sarajevo, 05. 02. 2001.

[40] Weitere Einzelheiten bei *E. Šarčević*, Schlussphase der Verfassungsgebung in Bosnien-Herzegowina, 1996, S. 41 f.; *ders.* (Fn. 33), S. 8.

Kollisionsnorm enthält, keine gesamtsstaatlichen Streitkräfte und keine zwingenden Mechanismen zur Durchführung der auf der gesamtstaatlichen Ebene getroffenen Entscheidungen vorsieht. Die entitäre Durchführung der gesamtstaatlichen Vorschriften und der Entscheidungen des bosnischen Verfassungsgerichtshofes[41] beruht durchaus auf Freiwilligkeit, wenn nicht gar auf Willkür der entitären politischen Parteien und Verwaltungsstrukturen. Die Ratio der bosnischen Staatlichkeit erschöpft sich demnach in einem dauernden Provisorium, das von ständigen nationalistischen Streitigkeiten lebt und nur noch durch die „Assistenz von außen"[42] überleben kann. Nur als Folge eines solchen Systems konnte dann der Hohe Vertreter in der Funktion eines völkerrechtlich gekrönten „bosnischen Kaisers" fast vollkommen die Gesetzgebungs- und Richterfunktion übernehmen.[43]

---

[41] Exemplarisch ist die Entscheidung des B-HVErfGH v. 30.6./1.7.2000 (Fn. 5) über die Anpassung der entitären Verfassungen an den Annex 4, die bis zum Februar 2001 in den entitären Gremien weder angesprochen noch in irgendeiner Weise als durchführungsrelevant behandelt wurde.

[42] *Schneider* (Fn. 7), S. 4.

[43] Das bosnische Parlament war von Anfang an vollkommen unfähig, die Tätigkeit eines Gesetzgebungsorgans auszuüben. Wegen andauernder Auseinandersetzungen, Boykotts und Nutzung des Vetorechts war schon 1997 der Hohe Vertreter gezwungen, seine Befugnisse aus Art. I und II des Annexes 10 i.V.m. Punkt X des Schlussdokuments der PIC (Bonn, 9./10. 12. 1997, Übersetzung in: Internationale Politik 4/1998, S. 68 ff., 90) wahrzunehmen und das Staatsangehörigkeitsgesetz selbst zu erlassen. Die Liste der vom Hohen Vertreter *C. Westendorp* erlassenen Entscheidungen und Gesetze erweiterte sich bis zum Juli 1999 auf insgesamt 55 Rechtsakte, wovon auf der gesamtstaatlichen Ebene die Gesetze über Flagge und Siegel, über die Politik der direkten ausländischen Investitionen, über die militärischen Uniformen, über Telekommunikation und über die Privatisierung der Unternehmen und der Banken erlassen wurden. Von August 1999 bis Februar 2001 erließ sein Nachfolger *W. Petritsch* weitere 112 Entscheidungen und Gesetze (unter anderem das Gesetz über den Grenzdienst, das Gesetz über den bosnischen Gerichtshof, über Reisepässe usw.). Quelle: OHR-Legal Department, Decisions by the High Representative, Stand: Februar 2001, alles unter www.ohr.int/decisions/. Erst kürzlich erließ er ein Gesetz über ein bosnisch-herzegowinisches Gericht (Amtsblatt Föd. B-H, Nr. 52/2000) und traf die Entscheidung über die Formung einer Kommission der entitären Parlamentsversammlungen (Decision establishing interim procedures to protect vital interests of Constituent Peoples and Others, including freedom from Discrimination v. 11.1.02, vgl. ebda), die angeblich vorübergehend die Durchführung der Entscheidung des B-HVerfGH (o. Fn. 5) ermöglichen soll. Die Parlamentarische Versammlung erließ bis Ende 1999 jährlich etwa 8 Gesetze. Die demokratisch legitimierte parlamentarische Gesetzgebung wurde

2. Alle diese Elemente lassen die Schlussfolgerung zu, dass der Annex 4 keine tragfähige Basis für die rechtliche Gestaltung einer selbsterhaltenden und konsensfähigen Staatsgemeinschaft bietet. Das Dokument notifiziert alles in allem die Ergebnisse eines völkermörderischen Krieges,[44] indem es den eklatanten Menschenrechtsverletzungen mit einem irrationalen Föderalismus-Modell und mit einem funktionsunfähigen, auf dem „konstitutiven Volk" beruhenden Parlamentarismus Verfassungsform verlieh. Gemessen an den Wesensmerkmalen einer Verfassung, wie oben bezüglich der Verfassungstheorie dargelegt, muss seine Verfassungsqualität eindeutig verneint werden. Dieses Dokument begünstigt das Hervorbrechen politischer und ethnischer Konflikte, bietet keine rationale Grundlage der gesellschaftlichen Integration, ermöglicht keine bürgerliche Identifizierung mit seinem Grundinhalt und lebt gerade von dem willkürlichen Chaos der nationalistischen Politik, die sowohl in den Nachbarstaaten als auch in der internationalen Gemeinschaft eifrige Mentoren hat.

3. Der Annex 4 lässt sich keinesfalls getrennt von dem Rahmenabkommen verstehen, auslegen oder anwenden. Seine Positionierung im Daytoner Friedenspaket, seine Entstehungsgeschichte, sein Inkrafttreten, die Vertragsparteien und ihr impliziter Wille, die Annexe dem Völkerrecht zu unterstellen, sprechen gegen die verfassungsrechtliche Qualität des Annexes 4. Dieser Annex ist ein völkerrechtlicher Vertrag,[45] dessen eigentliches Spezifikum darin

---

i.E. in den wichtigsten Fragen durch die „gesetzgeberische Tätigkeit" des Legal Department des OHR ersetzt. Kurz und instruktiv hierzu ICG, Ed. (Fn. 7), S. 62 f. („Legislative Ineffectives") sowie Declaration of the Peace Implementation (Fn. 7) zusammen mit dem Annex to the PIC Declaration (ebda.), Erwägung zu „Institutions" sowie *K. Trnka* (Fn. 36). S. 333.

[44] Kürzlich hat das Bundesverfassungsgericht (BVerfG) das erste rechtskräftige Urteil eines deutschen Strafgerichts wegen Völkermordes an den Bosniaken bestätigt. Das BVerfG ging m.E. zutreffend davon aus, dass eine Verurteilung wegen Völkermords trotz des Wortlauts nicht die Absicht der „physisch-biologischen Zerstörung einer Gruppe" voraussetze. Der Straftatbestand schütze die soziale Existenz. Der Zweck und der gesamte Wortlaut sowohl des Deutschen Strafgesetzes als auch der UN-Konvention machen deutlich: Wer die soziale Existenz einer Gruppe zerstören wolle, etwa durch systematische Vertreibungen, begehe Völkermord (Beschl. v. 16.1.2001, Az. 2 BvR 1290/99). Das UN-Kriegsverbrechertribunal in Den Haag (ICTY) hat den General der serbischen Armee *R. Krstić* als erste Person am 02.08.2001 wegen Völkermordes im Bosnienkrieg verurteilt (vgl. Fall Nr. IT-98-33-T, Urteil v. 2.8.2001, unter http://www.un.org/icty/), womit implizit der völkermörderische Charakter des Krieges in B-H anerkannt wurde.

[45] Im einzelnen *Šarčević* (Fn. 3); in diese Richtung B-H VerfGH (Fn. 5), Abs. 19, 73.

liegt, dass er eine verfassungsrelevante Materie regelt und im Ganzen als Staatsverfassung anerkannt worden ist.[46]

Die Feststellung der rechtlichen Natur des Annexes 4 und seiner verfassungsrechtlichen Funktion in Bosnien wirft die Frage auf, unter welchen Umständen und mit welcher gesellschaftlichen Nachwirkung das Völkerrecht bzw. der völkerrechtliche Vertrag die verfassunggebende Kraft eines Staatsvolkes übernehmen kann.

IV. Notlage und Verfassunggebung

1. Der Rechtfertigungsgrund für das bosnische verfassunggebende Experiment lässt sich in der Notlage von Bosnien-Herzegowina finden. Nur damit ist die Situation zu erklären, dass ein souveräner Staat, der damals geltenden Verfassung widersprechend, das eigene Staatsvolk, die eigenen Institutionen und nicht zuletzt die eigenen souveränen Angelegenheiten suspendiert und die Regelung der Verfassungsmaterie drei politischen Parteien, der internationalen Diplomatie und den Nachbarstaaten überlässt. Diese Überlegung beruht auf dem Gedanken, dass die internationale Vereinbarung einer nationalen Verfassung lediglich unter dem Vorbehalt als zulässig anzusehen ist, dass auf diese Weise der vom Zerfall bedrohte Staat und eine von der Ausrottung bedrohte Bevölkerung (Bosniaken) auf die Instrumente des Völkerrechts zurückgreifen können, um damit Leib und Leben vor der „ethnischen Säuberung" in Form von Massenvertreibungen zu schützen.[47]

2. Soweit eine solche Möglichkeit als zulässig angesehen werden kann, müssen wenigstens die völkerrechtlichen Prinzipien und die anerkannten theoretischen Standards als äußerer Maßstab der vertraglich vereinbarten Verfassung gelten. Eine Anlehnung an die staatliche Tradition und an die letzte legitime Verfassungsordnung ist genau so erforderlich wie die konsequente Normierung des rechtsstaatlichen Prinzips.

Der völkerrechtliche Vertrag muss folglich als ein Instrument der verfassunggebenden Modernisierung fungieren: Er soll in den

---

[46] Einerseits die internen Dokumente des Vertragspakets und die Äußerungen des Friedensimplementierungsrates (vgl. Schlussdokumente PIC, Punkt II, Internationale Politik 1998, S. 74 f.), andererseits die unter dem Vorbehalt, es handle sich hier um ein völkerrechtliches Werk, zustande gekommenen Äußerungen des BH-VerfGH (Fn. 5) und der bosnischen Staatsrechtswissenschaft (stellvertretend *Pobrić*, Fn. 36, S. 110, *Trnka*, Fn. 36, S. 352 f.) trugen zur allgemeinen Anerkennung seiner Verfassungsqualität bei. Der Begriff „Verfassung" hat sich inzwischen auch in der internationalen, in der politischen sowie in der fachjuristischen Öffentlichkeit eingelebt.

[47] Im einzelnen dargestellt bei *Šarčević* (Fn. 3).

Ländern, in denen die Gestaltung politischer Gemeinschaft der Faktizität der Ereignisse - in Form des Völkermords und der „ethnischen Säuberung" - überlassen wurde, die Bevölkerung in ihrer Loyalität zum Rechtsstaat bestärken, und nicht den Völkermord, die Verbrechen gegen die Menschlichkeit, die Ausrottung und die Deportation mithilfe der internationalen Diplomatie im Ergebnis legalisieren.

Der völkerrechtliche Vertrag müsste demnach als ein Modernisierungsinstrument in eine Rechtskultur einwirken, die gerade die rechtsstaatlichen Prämissen, soziale Gerechtigkeit, Menschenrechte und nicht zuletzt die rechtlichen Grundlagen einer Marktwirtschaft zur Geltung bringen will. In diesem Sinne ist die Verantwortung des internationalen „Verfassungsgebers" proportional zum „Multikulturalismusgrad" der jeweiligen „Staats-Gesellschaft" zu erhöhen: Soweit es sich um einen Fall des zerstörten Multikulturalismus handelt, muss sich der Verfassungsgeber vor der ethnozentrischen Deutung einer Nation/eines Volkes und von der ethnozentrischen Institutionalisierung der Verfassungsordnung hüten, da sich diese naturalistisch geformten „Nationen" im latenten Kriegszustand befinden.[48] Nur eine nicht-naturalistisch geprägte „Nation" und eine bürgerliche Verfassung, die die staatliche Homogenität in den ethnisch neutralen Angelegenheiten normativ absichern, fügen sich reibungslos in das Gerechtigkeitspotenzial und in den Universalitätsanspruch des demokratischen Rechtsstaates.[49]

3. Eine erzwungene Verfassungsgebung, die durch das Vorschreiben der verfassungsrechtlichen Prinzipien „konstitutives Volk" und „vitales Interesse des Volkes" ethnozentrische Prämissen des politischen Lebens favorisiert, kann nicht gleichzeitig die ethnische Aufteilung und ein Zusammenleben in einem staatlichen Provisorium erzielen. Nicht deshalb, weil keine rechtlichen Mechanismen existieren, sondern weil dies hier die nachträgliche Legalisierung der para-staatlichen Organe und die verfassungs- und völkerrechtliche Anerkennung der ethnischen Säuberung und des Genozids bedeutet. Vor diesem Hintergrund zeigt sich die diplomatische Verfassungsintervention in das bosnisch-herzegowinische Recht vornehmlich als ein Rückfall in die Ethnokratie. Diese Intervention zerstört die lokale Rechtskultur und zementiert durch „Intervention von oben", idealtypisch gesehen, die kriegerischen Ziele als verfassungsrechtliche Ordnung.

---

[48] *Habermas*, Der europäische Nationalstaat - Zu Vergangenheit und Zukunft von Souveränität und Staatsbürgerschaft, in: *ders.*, Die Einbeziehung des Anderen, 1999, S. 128 ff., 138 ff.; vgl. a. *Rüb*, Kritische Justiz 1999, S. 163 ff.; *Šarčević* (Fn. 3), S. 324 ff.
[49] *Šarčević*, Der Rechtsstaat, 1996, insb. S. 292 ff., 307, 322 ff.

V. Völkerrechtlicher Verfassungsimport und lokale Rechtskultur: Misslungene Modernisierung

1. Die Entwicklung zum Krieg und zum Genozid war in Bosnien kein zwangsläufiger Prozess. Die Ethnizität wurde hier von den Eliten produziert, um Machtbildungsprozesse zu aktivieren, die im Ergebnis über die Politisierung der ethnischen Zugehörigkeit zu territorialen Grenzziehungen führten.[50] Soweit dieser Prozess auf der internationalen Ebene als eine geschichtliche Notwendigkeit und als ein Prozess der natürlichen Grenzziehung behandelt wurde,[51] antizipierte die internationale Diplomatie eine präzis geplante Teilung des bosnischen Staats und der bosnischen Gesellschaft, was letztendlich zum Genozid führte.[52] Die Verhandlungsdiplomatie und ihr eigentliches Ergebnis, das Daytoner Friedensabkommen, dienten dabei vornehmlich als eine konservierende Kraft, die jede gewaltsam herausdestillierte Situation jeweils „rechtlich" abzusichern hatte.

2. Die Überführung der „*Republik Bosnien und Herzegowina*", die zur Zeit der internationalen Anerkennung rechtsstaatlich geprägt war,[53] in den Daytoner Staat „*Bosnien und Herzegowina*" beruht auf dem international unterstützten Verbrechen der serbischen und großkroatischen Regime. Soweit das bosnische Staatsvolk (Volk in seiner Bedeutung als *Demos*) zerstört und dann durch den dreifachen Ethnos ersetzt wurde, erschien das Daytoner Verfassungswerk letztendlich als eine Ethnien-Vereinbarung,[54] die sich zur Zeit der

---

[50] Zum Verständnis der realen Dimension dieses Ablaufs verhelfen die Ausführungen von *Rüb* (Fn. 48) sowie International Crisis Group (ICG) Balkans Report N° 118, The Wages of Sin: Confronting Bosnia's Republika Srpska, Sarajevo/Brussels, 8. 10. 2001.

[51] Und genau so verhielten sich die Vertreter der Internationalen Gemeinschaft in Bosnien-Herzegowina, die mit dem Owen/Vance-Plan (Jan.-März. 1993) den ersten Höhepunkt der ethnischen Territorialisierung nach dem großserbischen und großkroatischen Muster arrangierten. Hierzu instruktiv *Ribičić*, Geneza jedne zablude (Genese eines Irrtums), Zagreb/Sarajevo/Idrija 2000, S. 102; vgl. a. *Malcolm*, Bosnia - A Short History, 1994, Kap. 16; *Begić*, Bosna i Hercegovina od Vanceove misije do Dejtonskog sporazuma (Bosnien und Herzegowina von der Vance-Mission bis zum Daytoner Abkommen), Sarajevo 1997, S. 109 ff.; vgl. a. die Angaben in Fn. 29.

[52] Zu den Teilungsplänen von Kroatien (Tudjman) und BR Jugoslawien (Milošević) vgl. *Šarčević*, Die wichtigsten Gesetzgebungsakte in den Ländern Ost- und Südosteuropas – Monatsheft für Osteuropäisches Recht (WGO-MfOR) 1997, S. 327 ff. m.w.Nachw.

[53] Hierzu im einzelnen *Šarčević* (Fn. 34), S. 16 f.; *ders.* (Fn. 40), S. 24 f., 74 ff.

[54] Im einzelnen *Šarčević* (Fn. 3).

Paraphierung als geschichtliche Notwendigkeit und zukunftsversprechende Chance ergab.[55] Die sachlichen Zusammenhänge zwischen der „Ethnischen Säuberung" und der völkerrechtlich gefestigten Ordnung verdichten sich folglich in ein System zur Regelung der Völkermordergebnisse und nicht in ein System zur Sanktionierung schwerer Normverletzungen des Völkerrechts. Der völkerrechtliche Vertrag als eine „verfassunggebende Quelle" mutiert damit von einem potentiellen Modernisierungsinstrument zu einem Instrument der Zerstörung der rechtsstaatlichen Systeme. Das betrifft auch die völkerrechtlichen Prinzipien, zahlreiche UN-Resolutionen sowie politische Fragen, die das ethnische Selbstverständnis und die Identität der Bürger berühren. In diesen Bereichen dürfen die rechtsstaatlichen Prämissen und rechtlichen Prinzipien nicht ohne weiteres zerstört werden. Anderenfalls muss man davon ausgehen, dass die „rechtsstaatliche Kultur", die sog. westeuropäische Wertegemeinschaft und das Völkerrecht von Proklamationen leben, deren Erfüllung sie selbst nicht garantieren können.

3. Gerade die Zerstörung dieser Prinzipien und Grundwerte markiert den Weg zum Daytoner Verfassungswerk: Wohl nie in der neueren Völkerrechtsgeschichte haben sich die maßgeblichen supranationalen Institutionen der Völkerrechtsgemeinschaft durch eigene Vertreter und Verhandlungsführer so offensichtlich in Widerspruch zum eigenen Vorverhalten und zu früheren Erklärungen gesetzt,[56] mit der Folge, dass die Inanspruchnahme der Kompetenz, völkervertragsrechtlich eine Verfassung zu erlassen, zur Anerkennung von Vertreibungs- und Tötungsmaßnahmen aus ethnisch-religiösen Gründen und ihrer verfassungsrechtlichen Festigung führte. Die jetzige bosnische „Verfassung" steht somit im Widerspruch zu zahlreichen vorangegangenen Erklärungen, die Ergebnisse gewaltsamer Grenzänderungen und Bevölkerungsvertreibungen nicht an-

---

[55] Vgl. *Clintons* Rede v. 21.11.95, wonach die Bevölkerung in Bosnien zum ersten Mal nach Jahren des Schreckens eine gute Aussicht habe, den Schritt vom Krieg zum Frieden zu tun (Frankfurter Allgemeine Zeitung v. 22.11.95, S. 1). Vgl. a. die Erklärungen bei der Paraphierung des Friedensabkommens für B-H am 21.11.1995, in: Internationale Politik: 1/1996, S. 94 ff.; Erklärung des Ministers der Kontaktgruppe am 25.3.1998 in Bonn, Internationale Politik 4/1998, S. 123 ff.
[56] Vgl. z. B. Beschluss der KSZE in Stockholm v. 14./15. 12.1992, Bulletin Presse- und Informationsamt der Bundesregierung Nr. 138 v. 18. 12. 1992; EU: Erklärung der Außerordentlichen Ministertagung in Brüssel zu Jugoslawien v. 27.8.1991, Europaarchiv, 21/1991, S. D 543 f.; UN: Resolution des Sicherheitsrates 713/1991 über ein bindendes Waffenembargo gegen Jugoslawien, verabschiedet am 25.9.1991; Äußerung des damaligen Außenministers *H. D. Genscher* in TAZ v. 14.7.1992; Kommuniqué des Treffens der Außenminister der Jugoslawien-Kontaktgruppe vom 30.7.1994, Europaarchiv 1995, S. D 638.

zuerkennen. Ihre Geltung und Akzeptanz ziehen zwangsläufig den Geltungsverfall eines funktionierenden Rechtsstaates nach sich. Die äußeren Grenzen einer rechtlichen Intervention, die die Zerstörung des lokalen Rechtssystems mit sich bringt, ergeben sich danach aus zwei rechtlich und politisch definierbaren Prinzipien: Diese Grenzen bestimmen einerseits der anerkannte Inhalt des Rechtsstaatsprinzips (materielle Gerechtigkeit mit effektivem Schutz der Menschenrechte, prozedurale Demokratie mit den souveränen Bürgern an der gesellschaftlichen Basis, strikte Gewaltenteilung sowie Rechtssicherheit, Rückwirkungsverbot, Institutionalisierung des politischen und gesellschaftlichen Pluralismus und die Bindung des Staats- und Verwaltungsapparats an Gesetze und Recht) und andererseits die zwingenden Normen des allgemeinen Völkerrechts, die von der „internationalen Gemeinschaft in ihrer Gesamtheit" angenommen und anerkannt sind (etwa das Aggressionsverbot, das Verbot des Sklavenhandelns und des Völkermords, das Gebot der Achtung elementarer Menschenrechte sowie die Normen des humanitären Völkerrechts).[57] Soll folglich die lokale Rechtskultur im Wege einer völkerrechtlichen Verfassungsintervention modernisiert oder wegen des Drucks der Ereignisse umgestaltet werden, müssen die rechtsstaatlichen Prämissen und das völkerrechtliche *ius cogens* respektiert werden. Im Falle von Bosnien-Herzegowina sind jedoch diese beiden Prinzipien im Wege einer völkerrechtlichen Friedensvereinbarung in einem wesentlichen Umfang verletzt worden.

VI. Das bosnische Experiment: der gefallene Mythos „Rechtsstaat"

1. Die osteuropäischen Länder stehen unter einem Modernisierungsdruck. Gemeint ist vornehmlich die rechtsstaatliche Umgestaltung mit der zunehmenden Demokratisierung des politischen Lebens.[58] Beides gehört jedoch zusammen: Soll ein Staat als Rechtsstaat funktionieren, muss er gleichzeitig demokratisch sein. Wer darüber hinaus das rechtsstaatliche Gedankengut genauer ergründen will, der muss die Grundprämissen des rechtsstaatlichen Systems verstehen.

Es liegt in dem Anspruch der westeuropäischen politischen Philosophie seit dem Zeitalter des „Vernunftrechts", die staatliche Gewalt und die staatlichen Institutionen von einem „Menschentypus"

---

[57] Vgl. hierzu v. *Heinegg*, in: Ipsen, Völkerrecht, 4. Aufl., 1999, § 9 Rn. 53 ff. m.w. Hinw.
[58] Stellvertretend *Ziemer*, Politischer Wandel in Osteuropa: Die maßgeblichen innenpolitischen Kräfte, in: Brunner (Hrsg.), Politische ... (Fn. 1), S. 11 ff.

abhängig zu machen⁵⁹: Dieser „Menschen-Typus" ist schlicht der Bürger. Seine „Natur" ist unabhängig von allen ethnischen, biologischen oder religiösen Bedingungen. Soweit die Rechtsstaatlichkeit die *Begrenzung jeder staatlichen Herrschaft durch Recht* verkörpern soll, verlangt sie folglich, dass das „natürliche", „eingeborene" und „unveräußerliche" Recht, Mensch zu sein, die Legitimationsgrundlage der staatlichen Gewalt darstellt. Dieses Recht bringt das isolierte und unabhängige Individuum in den staatlichen Verband ein. Die anthropologische Prämisse des modernen Staates führt hin zur Verbindung von staatlicher Macht und ethnisch-religiös neutralen Staatsfunktionen. Dies ist die Idee des modernen Rechtsstaates. Wie sie sich im einzelnen auch immer, jenseits der kulturkreisbedingten Relativierung der Menschenrechte oder jenseits der einzelnen das Rechtsstaatsprinzip bildenden Elemente gestalten mag, kann dahingestellt bleiben.⁶⁰ Hervorzuheben ist aber, dass der Mythos „Rechtsstaat" in allen denkbaren Varianten ein Staatsmodell umfasst, in dessen Mittelpunkt der *abstrakte Bürger* steht: Die Rechtsstaatlichkeit steht und fällt mit der verfassungsrechtlichen Absicherung und normativen Institutionalisierung des abstrakten Bürgers.

2. Dramatische Aktualität gewinnt dieser Befund in multikulturellen Gesellschaften, wo die rechtsstaatlichen Mechanismen die produktive Koexistenz unterschiedlicher Ethnien ermöglichen. Eine konsequente Anerkennung der allgemeinen Menschengleichheit auf dem Gebiet des öffentlichen Lebens und des öffentlichen Rechts ist hierfür notwendig. Die Verwerfung einer ethnisch neutralen Staats-Sphäre und ihrer gleichzeitigen Bindung an eine unverfügbare kollektive Identität, zerstört die Rechtsstaatlichkeit. Denn die Annahme einer solchen, ethnisch geladenen Identität nötigt zu repressiven Politiken und ethno-autoritären Herrschaftsmethoden, „sei es der zwangsweisen Assimilation fremder Elemente oder der Reinerhaltung des Volkes durch Apartheid und Säuberung".⁶¹ Das schließt nicht aus, dass sich ethnisch gemischte Staaten eine rechtsstaatliche Verfassung nicht geben können, weil sich die Rechtsstaatlichkeit „aus dem individuellen Recht der Bürger, in gesetzlicher Freiheit zu leben", legitimieren muss.⁶² Soll also ein Staat als Rechtsstaat konstituiert werden, muss seine ganze Macht von der Summe abstrakter Bürger (der Gesellschaft) ausgehen. Ein Rechtsstaat setzt die Existenz verschiedener Kulturkreise (Religionen, Ethnien u.ä.)

---

⁵⁹ *Šarčević* (Fn. 49), passim.
⁶⁰ *Denninger* (Fn. 15), S. 83 ff
⁶¹ *Habermas*, Inklusion – Einbeziehen oder Einschließen? Zum Verhältnis von Nation, Rechtsstaat und Demokratie, in: *ders.* (Fn. 48), S. 154 ff., 169.
⁶² Ebda.

voraus, verbietet aber die Totalidentifikation des Staates mit *einem* Kulturkreis. Vor dem Rechtsstaat sind alle Ethnien, Kulturen, Rassen, Religionen gleich. Diese dürfen nicht, auch wenn sie die Form einer bestimmten Institution annehmen, zum ausschließlichen Legitimationsgrund der Staatsgewalt oder zum Konstruktionsprinzip der staatlichen Organe werden. Ebensosehr wie die Rechtsstaatlichkeit das Bestehen unterschiedlicher Ethnien voraussetzt, indem sie die Möglichkeit der Institutionalisierung verschiedener Ethnien, Kulturen, Religionen schützt, verbietet der Rechtsstaat die Überführung der staatlichen Organe in die exklusive Institution *einer* Ethnie, *einer* (Staats)Rasse, *einer* (Staats)Kultur.

In Bosnien-Herzegowina wurde gerade von diesem Punkt her der Mythos Rechtsstaat zerstört und in sein Gegenteil umgewandelt: Anstelle der Gesamtheit der abstrakten Bürger (nicht der „Bürgergruppen") statuiert der bosnische Verfassungsgeber die in den Entitäten konzentrierten staatstragenden Völker („Konstitutives Volk") als Träger der demokratischen Legitimation; statt die Kriegsverbrecher effektiv aus dem politischen Leben zu entfernen und zügig vor Gericht zu bringen, eröffnete ihnen das Daytoner System breite Schutzmöglichkeiten durch die entitären Verwaltungsstrukturen und die Ideologie des „vitalen Interesses des Volkes"; statt die Modernisierungspotenziale des rechtsstaatlichen Systems zu nutzen, reagierte die völkerrechtliche Praxis und westliche Diplomatie mit der Anerkennung des Effektivitätsprinzips. Damit wurden die der europäischen Kultur naheliegenden Methoden der Emigration und Vertreibung bis hin zum Genozid nochmals erlebt.

3. Der Annex 4 prägt die neuen bosnischen Staatsorgane so, dass die „konstitutiven Völker" (als Ethnien) und nicht die Staatsbürger (als Demos) durch diese Organe die Staatsgewalt ausüben. Vor diesem Hintergrund muss der *rechtsstaatliche Charakter* dieses Verfassungssystems kategorisch bestritten werden. Nach den Prämissen einer Ethnokratie, in der die nationalistischen Minderheiten die bürgerliche Mehrheit einer alltäglichen politischen Tortur unterwerfen,[63] lässt sich kein rechtsstaatliches System etablieren. Dieser

---

[63] Beispielhaft ist hierfür die Blockade des politischen Systems durch die HDZ (Kroatische Demokratische Gemeinschaft). Nach den letzten Wahlen (vgl. o Fn. 27) formte sich auf staatlicher Ebene eine Koalition von insgesamt 10 („Demokratische Allianz für Änderungen", vgl. Oslobodjenje, Sarajevo v. 13.1.01) nicht-nationalistischen Parteien mit der bosnischen SPD an der Spitze. Die HDZ-Politiker gingen aber davon aus, dass ihre Partei das ausschließliche Recht habe, das „kroatische Volk" zu vertreten und folglich den Regierungsmandatar zu nennen. Als dies in dem verfassungsrechtlichen Verfahren von der parlamentarischen Mehrheit abgelehnt wurde, drohte der HDZ-Politiker und Präsidiumsmitglied *Jelavić*, das politische System völlig zu blockieren, die „kroatischen Kantone" zu vereinigen und ihre Sezession aus

Befund wurzelt in der realpolitischen Vorgabe des bosnischen Verfassungssystems, die die westlichen Staaten diktierten, sowie in den innenpolitischen Bedürfnissen der USA.[64] An seinem Ende befindet sich die diplomatische Überführung eines als Bürgerkrieg dargestellten Genozids in die verfassungsrechtliche Norm. Der moderne Mythos „Rechtsstaat" ist somit im Fall Bosnien-Herzegowina dem Ideologem „Frieden um jeden Preis" geopfert.

Die Unverbindlichkeit des bosnischen Staates mit dem rechtsstaatlichen Standard und seine verfassungsrechtliche Gestaltung nach den Prämissen der ethnischen Säuberung und des Genozids spiegeln sich in dem völlig funktionsunfähigen Verfassungssystem.

VII. Ergebnisse

Denkt man an die katastrophale Lage der bosnischen Wirtschaft, an die tägliche Emigration jüngerer Fachkräfte, an die unglaubliche Korruption der gesamtgesellschaftlichen Schichten und nicht zuletzt an die westliche Finanzhilfe, die innerhalb der gut vernetzten ethnonationalistischen Staats- und Wirtschaftseliten schnell und wirtschaftlich vollkommen steril in private Hände transferiert wird,[65] werden die tatsächlichen Maßstäbe eines misslungenen verfassunggebenden Experimentes offensichtlich.

Bosnien und Herzegowina zu veranlassen. Dieser Politik entsprechend boykottieren HDZ-Politiker seit Mitte Januar 2001 die Arbeit des Hauses der Völker sowie die Konstitutionalisierung der parlamentarischen Versammlungen in 2 Kantonen (Nr. 8 und 10) und wollen seit dem 14.2.01 die „Sezession der kroatischen Territorien" in Gang bringen. Vgl. hierzu Oslobodjenje, Sarajevo, 13. 2. 2001; Nacional, Zagreb, Nr. 273, v. 08.01.01.

[64] Vgl. statt vieler *Vollmer* (Fn. 7), S. 6 f.; *Calic* (Fn. 4), S. 217 f.; instruktiv a. *Wohlsteter*, Wie man Groß-Serbien schafft, Frankfurter Allgemeine Zeitung v. 9.9.1994, S. 12 f.

[65] Hierzu ICG Balkans Report N° 115, Bosnia's Precarious Economy: Still not open for business, Sarajevo/Brussels, 7.8.2001. Vgl. a. die Angaben zur Kontrolle der Finanzpolizei und zum Darlehen der föderalen Regierung in: Slobodna Bosna, Sarajevo, Nr. 210, 23.11.2000, S. 17 ff. sowie die Einschätzungen von *B. Culahović* (FIP, Agentur für Promotion der ausländischen Investitionen) und *D. Stojanov* (Wirtschaftswissenschaftliche Fakultät zu Sarajevo) in Dani, Sarajevo Nr. 186, 22. 12. 2000, S. 36 f. Illustrativ sind die Entscheidungen des OHR (Decision in the Economic Field) insbesondere die Entscheidung v. 21. 12. 2000, alles unter http://www.ohr.int/decisions/. Hierzu a. *Graf Vitzthum* (Fn. 6), S. 92.; ICG, Bosnia's (Fn. 7).

Vor diesem Hintergrund lässt sich am dargestellten Beispiel die Rolle des Verfassungsrechts beim Transformationsprozess innerhalb der postsozialistischen Gesellschaften in folgenden Aussagen zusammenfassen:

(a) Die verfassungsgeberische Intervention, im Sinne einer „Intervention von außen", kann in den kriegerisch zerstörten Ländern des (post)sozialistischen Kulturkreises (hier des ehem. Jugoslawiens) nur dann sinnvoll und potentiell erfolgreich durchgesetzt werden, wenn die rechtsstaatlichen Prämissen im geschriebenen Verfassungsrecht konsequent verankert werden. Dafür reichen die verfassungsrechtliche Proklamation der Rechtsstaatlichkeit oder das Vorschreiben verfassungsrechtlicher Gebote nicht aus. Vielmehr muss die Verfassung staatsorganisationsrechtliche Strukturen etablieren, die die staatliche Gewalt von den Staatsbürgern (und nicht von „Bürgergruppen") abhängig macht. Nur eine der gesamten Gesellschaft gegenüber verantwortliche staatliche Gewalt kann die Modernisierungspotenziale der rechtsstaatlichen Systeme ausnutzen.

(b) Ein funktionierender Rechtsstaat kann nicht in einem fingierten Rechtsvakuum eingerichtet werden. Die staatsrechtliche Tradition des betreffenden Staates ist die Grundvoraussetzung der erfolgreichen Durchsetzung des rechtsstaatlichen Modells. Wer in Bosnien-Herzegowina ein sich selbst erhaltendes und friedensstiftendes Modell auf Dauer rechtlich und institutionell absichern will, der muss gerade die rechtsstaatlichen Elemente der letzten legitimen Verfassungsordnung (d.h. der Republikverfassung aus den Jahren 1974/93) wiederbeleben und sie in die neue Verfassungsordnung übernehmen. Dies bezieht sich zumindest auf die Regelung der für die multiethnischen Gesellschaften erforderlichen, ethnisch-neutralen Sphäre der gesamtsstaatlichen Zuständigkeiten.

(c) Die Institutionalisierung des Rechtsstaates setzt die Demokratisierung der (Staats-)Gesellschaft voraus. Von diesem Axiom her betrachtet, muss jede verfassungsrechtlich abgesicherte Gesellschaftsethnisierung nach den Prämissen der „Ethnischen Säuberung" und des Genozids konsequent verhindert und nachträglich annulliert werden. Sonst zieht die Übertragung der verbrecherischen Politik in die Transformationsprozesse des Verfassungsrechts den Geltungsverfall der materiellen Gerechtigkeit und damit des Rechtsstaates nach sich.

(d) Die „Transformation durch das Recht" kann nur dann erfolgreich sein, wenn das „Recht" auch „Gerechtigkeit" bedeutet und nicht der machiavellistisch profilierten Realpolitik oder der „Anerkennung der Ereignisse" Rechnung trägt. Eine weitere Voraussetzung der rechtsstaatlichen Modernisierung ist demnach die Forderung, dass die „rechtliche Intervention" gegen die eklatanten Menschenrechtsverletzungen und kriegerisch gefestigten Ergebnisse gerichtet werden muss. Wenn dagegen die „Transformation durch Recht" den

Konstruktionen „Konstitutives Volk", „vitales Interesse des Volkes" oder „multikultureller Föderalismus" den Rang von verfassungsrechtlich geschützte Gütern sichert, wird der Schutz rechtsstaatlicher Prinzipien wie individueller Grundrechtsschutz, Verbot des Völkermords und der Verbrechen gegen die Menschlichkeit zugunsten von Ausrottung und Deportation preisgegeben. Die „Transformation durch das Recht" wird daher - wie dies der Fall Bosnien-Herzegowina zeigt - zu einer Transformation in ein konfliktgeladenes Unrecht.

Im *Ergebnis* bleibt damit festzuhalten: Das verfassungsgeberische Experimentieren in Bosnien-Herzegowina zeigt, wie tief sich die Rechtstransformation von außen, auch vor dem Hintergrund eines Krieges, bei der Umgestaltung der gesellschaftlichen und der staatlichen Grundlagen vollziehen kann. Die äußeren Grenzen einer angemessenen und rechtsfriedensichernden „Intervention mittels Recht" bilden die rechtsstaatliche Tradition des betreffenden Staates und die anerkannten rechtsstaatlichen Prämissen mit einem effektiven Menschenrechtsschutz an der Spitze. Dies verstärkt die gegenseitige Bedingtheit von Staat, Verfassung und Nation in der Form eines radikal republikanischen Rechtsstaatssystems. Die Ignoranz dieser polit-philosophischen Prämisse führt zur Ignoranz der integrativen Kraft der Staatsbürgernation und folgerichtig zur ethnozentrischen Deutung einer Nation, die sich auf Dauer im latenten Kriegszustand befindet. Soll die rechtliche Transformation mit der Transformation des Verfassungsrechts anfangen und darüber hinaus die „verfassunggebende Gewalt" der internationalen Diplomatie zugeteilt werden, dürfen gerade diese Grenzen nicht relativiert oder unter Berufung auf den Druck der Ereignisse außer Kraft gesetzt werden.

Bibliographie

Alexander, Gregory S. & Grazyna Skapska (Hg.), 1994: *A Fourth way? : privatization, property, and the emergence of new market economics.* New York: Routledge.

Anderheiden, Michael, Stefan Huster & Stefan Kirste (Hg.), 2001: *Globalisierung als Problem von Gerechtigkeit und Steuerungsfähigkeit des Rechts.* Stuttgart: Franz Steiner.

Arango, Rodolfo, 2002: *Der Begriff der sozialen Grundrechte.* Baden-Baden: Nomos.

Arato, Andrew, 1994: „Constitution and Continuity in the East European Transitions. Part I: Continuity and its Crisis", *Constellations,* Bd. 1 [1], S. 93-112.

Patrick Artisien-Maksimenko & Matija Rojec (Hg.), *Foreign Investment and Privatization in Eastern Europe.* Houndsmills, Basingstoke: palgrave 2001.

Barr, Nicholas (Hg.), 1994: *Labor Markets and Social Policy in Central and Eastern Europe.* Washington, D.C.: World Bank.

Barry, Donald D. (Hg.), 1992: *Toward the „rule of law" in Russia? Political and legal reform in the transition period.* Armonk, N.Y.: M.E. Sharpe.

Basta, Danielo, Werner Krawietz & Dieter Müller (Hg.), 1993: *Rechtsstaat - Ursprung und Zukunft einer Idee,* (*Rechtstheorie,* Bd. 24 [1-2]).

Becker, Michael, Hans-Joachim Lauth & Gerd Pickel (Hg.), 2001: *Rechtsstaat und Demokratie. Theoretische und empirische Studien zum Recht in der Demokratie.* Wiesbaden: Westdeutscher Verlag.

Bellamy, Richard & Dario Castiglione (Hg.), 1996: *Constitutionalism in Transformation: European and Theoretical Perspectives.* Oxford: Blackwell.

Bender, Gerd (Hg.), 1997: *Normdurchsetzung in osteuropäischen Nachkriegsgesellschaften (1944-1989): DDR, Polen, Ungarn, Tschechoslowakei. Einführung in die Rechtsentwicklung mit Quellendokumentation.* Frankfurt a.M.: Vittorio Klostermann.

Berg-Schlosser, Dirk & Ferdinand Müller-Rommel (Hg.), 1997 (3. Aufl.): *Vergleichende Politikwissenschaft. Ein einführendes Studienbuch.* Opladen: Leske & Budrich.

Berman, Harold J., 1963: *Justice in the U.S.S.R.* Cambridge, MA: Harvard University Press.

Bock, Ivo (Hg.), 1999: *Recht und Kultur in Ostmitteleuropa.* Bremen: Edition Temmen.

Boguslavskij, Mark & Rolf Knieper (Hg.), 1997: *Wege zu neuem Recht. Materialien internationaler Konferenzen in Sankt Petersburg und Bremen.* Berlin: Berlin Verlag Arno Spitz.
Bozóki, András (Hg.), 1999: *Intellectuals and Politics in Central Europe.* Budapest: Central European University Press.
Brietzke, Paul, 1999: „Democratization and...Administrative Law", *Oklahoma Law Review,* Bd. 52 [1].
Brunner, Georg, 1977: „The Functions of Communist Constitutions", *Review of Socialist Law,* Bd. 3, S. 121-153.
Brunner, Georg (Hg.), 1990: *Before Reforms: Human Rights in the Warsaw Pact States, 1971-1988.* New York: St. Martin's Press.
Brunner, Georg, 1990b: *Politischer Systemwandel und Verfassungsreformen in Osteuropa.* Bergisch Gladbach: Josef Eul.
Brunner, Georg (Hg.), 1995: *Juristische Bewältigung des kommunistischen Unrechts in Osteuropa und Deutschland.* Berlin: Berlin Verlag Arno Spitz.
Brunner, Georg, 1996: „Rechtskultur in Osteuropa: das Problem der Kulturgrenzen", in: Georg Brunner (Hg.), *Politische und ökonomische Transformation in Osteuropa.* Berlin: Arno Spitz, S. 91-112.
Brunner, Georg (Hg.), 1997 (2., aktualisierte Aufl.): *Politische und ökonomische Transformation in Osteuropa.* Berlin: Arno Spitz.
Brunner, Georg (Hg.), 1999: *Das Recht der nationalen Minderheiten in Osteuropa.* Berlin: Berlin Verlag Arno Spitz.
Brunner, Georg & Boris Meissner (Hg.), 1979: *Verfassungen der kommunistischen Staaten.* Paderborn: Ferdinand Schöningh.
Brunner, Georg & László Sólyom, 1995: *Verfassungsgerichtsbarkeit in Ungarn.* Baden-Baden: Nomos.
Brunner, Georg & Leszek Garlicki, 1999: *Verfassungsgerichtsbarkeit in Polen. Analysen und Entscheidungssammlung 1986-1997.* Baden-Baden: Nomos.
Brunner, Georg, Mahulena Hofman & Pavel Holländer (Hg.), 2001: *Verfassungsgerichtsbarkeit in der Tschechischen Republik. Analysen und Sammlung ausgewählter Entscheidungen des Tschechischen Verfassungsgerichts (Bände I. - X. der amtlichen Sammlung).* Baden-Baden: Nomos.
Bryde, Brun-Otto, 2000: „Die Rolle der Verfassungsgerichtsbarkeit in Umbruchsituationen", in: Joachim J. Hesse, Gunnar F. Schuppert & Katharina Harms (Hg.), *Verfassungsrecht und Verfassungspolitik in Umbruchsituationen.* Baden-Baden: Nomos, S. 197-210.
Brzezinski, Mark, 1998: *The Struggle for Constitutionalism in Poland.* Houndsmills, Basingstoke: Macmillan Press.
Burawoy, Michael, 1992: „The End of Sovietology and the Renaissance of Modernization Theory", *Contemporary Sociology,* Bd. 21, S. 774.

Cohn, Ellen S. & Susan O. White, 1997: „Legal socialization effects on democratization", *International Social Science Journal*, Bd. 49 [2], S. 151-163.

Crawford, Beverly & Ronnie D. Lipschutz (Hg.), 1998: *The Myth of „Ethnic Conflict". Politics, Economics and „Cultural" Violence*. Berkeley: University of California at Berkeley / International and Area Studies.

Damaska, Mirjan R., 1986: *The Faces of Justice and State Authority. A Comparative Approach to the Legal Process*. New Haven: Yale University Press.

Dilssner, Heike, 1997: Bibliographie zu Gender und Internationaler Politik. Mit einem Schwerpunkt auf post-kommunistischen Transformationsgesellschaften und dem Wandel der Geschlechterverhältnisse. Berlin: Zentraleinrichtung zur Förderung von Frauenstudien und Frauenforschung an der Freien Universität Berlin (*Extra-Info*, Nr. 21).

Downing, John D. H., 1996: *Internationalizing Media Theory. Transition, Power, Culture. Reflections on Media in Russia, Poland and Hungary 1980-95*. London: Sage.

Dworkin, Ronald, 1986: *Law's Empire*. Cambridge, MA: Havard University Press.

Ebke, Werner F. & Detlef F. Vagts (Hg.), 1995: *Demokratie, Marktwirtschaft und Recht. Rechtliche, wirtschaftliche und politische Probleme der Übergangs zur Demokratie*. Heidelberg: Verlag Recht und Wirtschaft.

Eichorn, Barbara, 1993: *Cinderella goes to the Market. Citizenship, Gender, and Women's Movements in East Central Europe*. London:

Eidenmüller, Horst, 1995: *Effizienz als Rechtsprinzip. Möglichkeiten und Grenzen der ökonomischen Analyse des Rechts*. Göttingen: Mohr Siebeck.

Elster, Jon, 1993a: „Constitution-Making in Eastern Europe: Rebuilding the Boat in the Open Sea", in: Joachim J. Hesse (Hg.), *Administrative Transformation in Central and Eastern Europe*. Oxford: Blackwell, S. 169-218.

Elster, Jon, 1993b: „Constitution-Making in Eastern Europe: Rebuilding the Boat in the Open Sea", *Public Administration*, Bd. 71, S. 169-217.

Elster, Jon, Claus Offe & Ulrich K. Preuß, 1998: *Institutional Design in Post-communist Societies. Rebuilding the Ship at Sea*. Cambridge: Cambridge University Press.

Epp, Charles R., 1998: *The Rights Revolution. Lawyers, Activists, and Supreme Courts in Comparative Perspective*. Chicago: University of Chicago Press.

Ermacora, Felix (Hg.), 1993: *Volksgruppen im Spannungsfeld von Recht und Souveränität in Mittel- und Osteuropa*. Wien: Braunmüller.
Fraenkel, Ernst, 1969 (orig. 1941): *The dual state. A contribution to the theory of dictatorship*. New York: Octagon Books.
Frank, Thomas, Anne Jenichen & Nils Rosemann (Hg.), 2001: *Soziale Menschenrecht - die vergessenen Rechte? Zur Unteilbarkeit der Menschenrechte- Ein interdisziplinärer Überblick*. Berlin.
Frankowski, Stanislav & Paul B. Stephan (Hg.), 1995: *Legal reform in post-communist Europe : the view from within*. Dordrecht ; Boston: M. Nijhoff.
Friedman, Lawrence M. & Harry N. Scheiber (Hg.), 1996: *Legal Culture and the Legal Profession*. Boulder, CO: Westview Press.
Frowein, Jochen A. & Thilo Marauhn (Hg.), 1998: *Grundfragen der Verfassungsgerichtsbarkeit in Mittel- und Osteuropa*. Heidelberg-New York: Springer.
Funk, Nanette & Magda Mueller (Hg.), 1993: *Gender Politics and Post-Communism. Reflections from Eastern Europe and the former Soviet Union*. New York: Routledge.
Galligan, Denis J. & Daniel M. Smilov (Hg.), 1999: *Administrative law in Central and Eastern Europe, 1996-1998*. Budapest: Central European University Press.
Gerlich, Peter, Fritz Plasser & Peter A. Ulram (Hg.), 1992: *Regimewechsel. Demokratisierung und politische Kultur in Ost-Mitteleuropa*. Wien: Böhlau.
Gessner, Volkmar, Armin Hoeland & Csaba Varga (Hg.), 1996: *European Legal Cultures*. Brookfield, VT: Dartmouth Publishing.
Glaser, Barney & Anselm Strauss, 1967: *The Discovery of Grounded Theory*. Chicago: Aldine.
Grotz, Florian, 2000: *Politische Institutionen und post-sozialistische Parteiensysteme in Ostmitteleuropa. Polen, Ungarn, Tschechien und die Slowakei im Vergleich*. Opladen: Leske + Budrich.
Habermas, Jürgen, 1968: *Erkenntnis und Interesse*. Frankfurt a.M.: Suhrkamp.
Hankiss, Elemér, 1990: *East European Alternatives*. Oxford: Clarendon Press.
Hann, Chris & Elizabeth Dunn (Hg.), 1996: *Civil Society: Challenging Western Models*. London: Routledge.
Heidenheimer, Arnold J. & Michael Johnston, 2002 (3rd ed): *Political corruption: concepts & contexts*. New Brunswick, N.J: Transaction Publishers.
Hesse, Joachim J. & Nevil Johnson (Hg.), 1995: *Constitutional Policy and Change in Europe*. Oxford: Oxford University Press.

Hesse, Joachim J. (Hg.), 1993: *Administrative Transformation in Central and Eastern Europe. Towards Public Sector Reform in Post-Communist Societies.* Oxford: Blackwell Publishers.

Hesse, Joachim J., Gunnar F. Schuppert & Katharina Harms (Hg.), 2000: *Verfassungsrecht und Verfassungspolitik in Umbruchsituationen. Zur Rolle des Rechts in staatlichen Transformationsprozessen in Europa.* Baden-Baden: Nomos.

Heuer, Uwe-Jens (Hg.), 1995: *Die Rechtsordnung der DDR. Anspruch und Wirklichkeit.* Baden-Baden: Nomos.

Heydebrand, Wolf, 1983: „Organization and Praxis", in: G. Morgan (Hg.), *Beyond Method.* Beverly Hills: Sage.

Heydebrand, Wolf, 1997: „Globalization and Rule of Law at the End of the 20th Century", *European Yearbook in the Sociology of Law.*

Hildebrand, James L., 1972: *The Sociology of Soviet Law.* Buffalo, NY: William S. Hein.

Hobér, Kaj, 1997: *Transforming East European Law. Selected essays on Russian, Soviet and East European Law.* Upsala: Iustus Förl.

Höland, Armin, 1996: „The Evolution of Law in Central and Eastern Europe: Are we Witnessing a Renaissance of 'Law and Development'?", in: Volkmar Gessner, Armin Hoeland & Csaba Varga (Hg.), *European Legal Cultures.* Aldershot: Dartmouth, S. 482-484.

Holland, Kenneth M. (Hg.), 1991: *Judicial Activism in Comparative Perspective.* New York: St. Martin's Press.

Horn, Norbert (Hg.), 1997: *Handelsrecht und Recht der Kreditsicherheiten in Osteuropa.* Berlin: de Gruyter.

Howard, Dick (Hg.), 1993: *Constitution-Making in Eastern Europe.* Baltimore, MA: John Hopkins University Press.

Hunt, Alan, 1978: *The Sociological Movement in Law.* London: MacMillan.

Hunt, Alan, 1993: *Explorations in Law and Society. Towards a Constitutive Theory of Law.* London and New York: Routledge.

Huskey, Eugene, 1991: „A Framework for the Analysis of Soviet Law", *The Russian Review,* Bd. 50, S. 53.

Joppke, Christian, 1995: *East German Dissidents and the Revolution of 1989. Social Movement in a Leninist Regime.* New York: New York University Press.

Juristische Fakultät der Universität Dresden (Hg.), 1998: *Entwicklung des Zivilrechts in Osteuropa.* Dresden: Dresden University Press.

Kádár, András (Hg.), 2001: *Police in Transition. Essays on the Police Forces in Transition Countries.* Budapest: Central European University Press.

Kahl, Wolfgang, 1994: *Das Grundrechtsverständnis der postsozialistischen Verfassungen. Eine Studie am Beispiel von Polen, Ungarn, Tschechien, Slowakei und Rußland.* Duncker & Humblot, Berlin.
Kassymbekova, Botagoz, 2001: „Vom Geist der Gesetze in Zentralasien", *WeltTrends*, Nr. 31, S. 45-52.
Keane, John (Hg.), 1988: *Civil Society and the State. New European Perspectives.* London: Verso.
Kelley, Donald R., 1990: *The Human Measure. Social Thought in the Western Legal Tradition.* Cambrigde, MA: Havard University Press.
Knieper, Rolf & Mark Boguslavskij, 1995: *Konzept zur Rechtsberatung in Transformationsstaaten.* Eschborn: Deutsche Gesellschaft für Technische Zusammenarbeit.
König, Klaus, 1992: „Zur Transformation einer real-sozialistischen Verwaltung in eine klassisch-europäische Verwaltung", *Verwaltungsarchiv*, S. 229-245.
Krawietz, Werner, 1988: „Der soziologische Begriff des Rechts", *Rechtshistorisches Journal*, Bd. 7, S. 157-177.
Krawietz, Werner, Mihály Samu & Péter Szilágyi (Hg.), 1995: „Verfassungsstaat, Stabilität und Variabilität des Rechts im modernen Rechtssystem", *Rechtstheorie*, Bd. 26 [3].
Kreisky, Eva (Hg.), 1996: *Vom patriarchalen Staatssozialismus zur patriarchalen Demokratie.* Wien: Verlag für Gesellschaftskritik.
Kritz, Neil J. (Hg.), 1995: *Transitional Justice. How Emerging Democracies Recon With Former Regimes.* Washington, D.C.: United States Institute of Peace Press.
Krygier, Martin & Adam Czarnota (Hg.), 1999: *The Rule of Law after Communism. Problems and Prospects in East-Central Europe.* Aldershot: Ashgate/Dartmouth.
Kulcsár, Kálmán, 1991: „Experiences from Making Legal Change in Hungary. Paper presented at the Joint Meetings of the Law & Society Association" (Amsterdam).
Kulcsár, Kálmán, 1992: *Modernization and Law.* Budapest: Akadémiai Kiadó.
Küpper, Herbert, 1999: „Rechtskultur und Modernisierung in Ostmitteleuropa", *Osteuropa*, Bd. 49 [4], S. 337-353.
Kurczewski, Jacek, 1993: *The Resurrection of Rights in Poland.* Oxford: Clarendon.
Kuss, Klaus J., 1985: „Rechtsstaatliche Wurzeln in den Osteuropäischen Staaten", *Jahrbuch des öffentlichen Rechts der Gegenwart*, Bd. 34 [589].
Kutter, J. V. & Tim Schröder (Hg.), 2000: *Rechtsprechung des russischen Verfassungsgerichtes 1995-1999. Ausgewählte Entscheidungen zum Zivil-, Wirtschafts- und Verfahrensrecht.* Berlin: Arno Spitz.

Lichbach, Mark I. & Alan S. Zuckerman (Hg.), 1997: *Comparative Politics.* New York: Cambridge University Press.

Lijphart, Arend & Carlos H. Waisman (Hg.), 1996: *Institutional Design in New Democracies. Eastern Europe and Latin America.* Boulder, CO: Westview Press.

Los, Maria, 1993: „The Transitory Law in Poland". Paper presented at the Law & Society Annual Meeting, Chicago, IL, May 28, 1993.

Ludwikowski, Rett R., 1996: *Constitution-Making in the Region of Former Soviet Dominance.* Durham: Duke University Press.

MacCormick, Neil, 1984: „Der Rechtsstaat und die rule of law", *Juristen-Zeitung,* S. 65-70.

Magalhães, Pedro C., 1999: „The politics of judicial reform in eastern Europe", *Comparative Politics,* Bd. 32 [1], S. 43-62.

Manssen, Gerrit & Boguslaw Banaszak (Hg.), 1998: *Wandel der Eigentumsordnung in Mittel- und Osteuropa.* Berlin: Berlin Verlag Arno Spitz.

Manssen, Gerrit & Boguslaw Banaszak (Hg.), 2000: *Die Wahlrechtssysteme in Mittel- und Osteuropa.* Berlin: Berlin Verlag Arno Spitz.

Manssen, Gerrit, 1997: *Grundrechte im Umbruch. Das Beispiel von Polen und Deutschland.* Berlin: Berlin-Verlag Arno Spitz.

Markovits, Inga, 1982: „Law or Order. Constitutionalism and Legality in Eastern Europe", *Stanford Law Review,* Bd. 34, S. 513-613.

Markovits, Inga, 1989a: „Law and Glasnost: Some Thoughts about the Future of Judicial Review under Socialism", *Law & Society Review,* Bd. 23 [3], S. 399-447.

Markovits, Inga, 1989b: „Playing the Opposites Game: On Mirjam Damaska's 'The Faces of Justice and State Authority'", *Stanford Law Review,* Bd. 41, S. 1313.

Markovits, Inga, 1993: *Die Abwicklung. Ein Tagebuch zum Ende der DDR-Justiz.* München: Beck.

Maus, Ingeborg, 1986: *Rechtstheorie und politische Theorie im Industriekapitalismus.* München: Fink.

Maydell, Bernd v. (Hg.), 2000: *Transformation von Systemen sozialer Sicherheit in Mittel- und Osteuropa. Bestandaufnahme und kritische Analyse aus dem Blickwinkel der Rechtswissenschaft.* Berlin: Duncker & Humblot.

McClelland, Charles, 1995: *Professionen im modernen Osteuropa - Professions in Modern Eastern Europe.* Berlin: Dunker & Humblot.

Merkel, Wolfgang & Hans-Jörg Puhle (Hg.), 1999: *Von der Diktatur zur Demokratie. Transformationen, Erfolgsbedingungen, Entwicklungspfade.* Opladen: Westdeutscher Verlag.

Merkel, Wolfgang, 1996: „Institutionalisierung und Konsolidierung der Demokratie in Ostmitteleuropa", in: Wolfgang Merkel, Eberhard Sandschneider & Dieter Segert (Hg.), *Systemwechsel 2: Die Institutionalisierung der Demokratie.* Opladen: Leske + Budrich, S. 73-112.

Merkel, Wolfgang, 1999: *Systemtransformation. Eine Einführung in die Theorie und Empirie der Transformationsforschung.* Opladen: Leske & Budrich.

Merkel, Wolfgang, Eberhard Sandschneider & Dieter Segert, 1996: „Die Institutionalisierung der Demokratie", in: Wolfgang Merkel, Eberhard Sandschneider & Dieter Segert (Hg.), *Systemwechsel 2: Die Institutionalisierung der Demokratie.* Opladen: Leske + Budrich, S. 9-36.

Merryman, John H., 1985 (2nd ed): *The Civil Law Tradition.* Stanford: Stanford University Press.

Meuschel, Sigrid, 1992: *Legitimation und Parteiherrschaft. zum Paradox von Stabilität und Revolution in der DDR 1945 -1989.* Frankfurt a.M.: Suhrkamp.

Mögelin, Chris, 1999a: *Die sozialistische Staats- und Rechtsordnung vor dem Hintergrund des westeuropäisch-atlantischen Rechtsstaatsbegriffs am Beispiel Rußlands.* (Arbeitsberichte des Frankfurter Instituts für Transformationsstudien, 4/99). Frankfurt (Oder): Europa-Universität Viadrina.

Mögelin, Chris, 1999b: *Ursprünge rechtsstaatlichen Denkens in den mittel- und osteuropäischen Staaten am Beispiel Rußlands.* (Arbeitsberichte des Frankfurter Instituts für Transformationsstudien, 5/99). Frankfurt (Oder): Europa-Universität Viadrina.

Müller, Klaus, 2001: *Totalitarismus, Modernisierung und Transformation.* Opladen: Leske + Budrich.

Nelken, David (Hg.), 1997: *Comparing legal cultures.* Aldershot: Dartmouth.

Nelson, Joan M., Charles Tilly & Lee Walker (Hg.), 1997: *Transforming Post-Communist Political Economies. Task Force on Economies in Transition, Commission on Behavioral and Social Sciences and Education, National Research Council.* Washington, D.C.: National Academy Press.

Neumann, Franz, 1957: „The Change in the Function of Law in Modern Society", in: Franz Neumann & Herbert Marcuse (Hg.), *The Democratic and the Authoritarian State.* New York: Free Press of Glencoe, S. 22-68.

Neumann, Gerald I., 2000: „The U.S. Constitutional Conception of the Rule of Law and the Rechtsstaatsprinzip of the Grundgesetz", in: Ulrich Battis et al. (Hg.), *Das Grundgesetz im Prozess europäischer und globaler Verfassungsentwicklung.* Baden-Baden: Nomos, S. 253-268.

Open Society Institute EU Accession Monitoring Program (Hg.), 2001: *Monitoring the EU Accession Process: Judicial Independence. Country Reports: Bulgaria, Czech Republic, Estonia, Hungary, Latvia, Lithuania, Poland, Romania, Slovakia, Slovenia.* Budapest: Central European University Press.

Örkény, Antal & Kim Lane Scheppele, 1997: „Rules of Law: The Complexity of Legality in Hungary", *International Journal of Sociology,* Bd. 26 [4], S. 76-94.

Pfaff, Dieter (Hg.), 2000: *Zehn Jahre danach. Versuch einer Bestandsaufnahme der Entwicklungen und Trends zum demokratischen Rechtsstaat und zur sozialen Marktwirtschaft in einigen MSOE-Ländern.* München: Südosteuropa-Gesellschaft.

Pitschas, Rainer (Hg.), 1996: *Politik und Recht der inneren Sicherheit in Mittel- und Osteuropa.* München: Rehm.

Plasser, Fritz, Peter A. Ulram & Harald Waldrauch, 1997: *Politischer Kulturwandel in Ost-Mitteleuropa. Theorie und Empirie demokratischer Konsolidierung.* Opladen: Leske & Budrich.

Podgórecki, Adam & Vittorio Olgiati (Hg.), 1996: *Totalitarian and post-totalitarian law.* Aldershot: Dartmouth.

Pogany, Istvan (Hg.), 1995: *Human Rights in Eastern Europe.* Aldershot, Hants: E. Elgar.

Posner, Richard A., 1972: *Economic Analysis of Law.* Boston: Little & Brown.

Preuß, Ulrich K. (Hg.), 1994: *Zum Begriff der Verfassung. Die Ordnung des Politischen.* Frankfurt a.M.: Fischer.

Priban, Jiri & James Young (Hg.), 1999: *The Rule of Law in Central Europe. The Reconstruction of Legality, Constitutionalism and Civil Society in the Post-Communist Countries.* Aldershot: Ashgate.

Quensel, Bernhard K., 1997: „Logik und Methode in der „Rechtssoziologie „ Max Webers. Ein Beitrag zur Klärung der grundlegenden Begriffe und Perspektiven", *Zeitschrift für Rechtssoziologie,* Bd. 18 [2], S. 133-159.

Quigley, John B., 1973: „Criminal Procedure", in: F. J. M. Feldbrugge (Hg.), *Encyclopedia of Soviet Law.* Dobbs Ferry: Oceana Publishers.

Raiser, Thomas, 1999 (3. Aufl.): *Das lebende Recht. Rechtssoziologie in Deutschland.* Baden-Baden: Nomos.

Ramet, Sabrina P., 1997: *Whose Democracy? Nationalism, Religion, and the Doctrine of Collective Rights in Post-1989 Eastern Europe.* Lanham, MA: Rowman & Littlefield.

Richardi, Reinhard (Hg.), 2000: *Individuelles Arbeitsrecht in Osteuropa. Referate der VII. Münchener Ost-West-Rechtstagung.* Berlin: Berlin Verlag Arno Spitz.

Roggemann, Herwig (Hg.), 1994: *Wirtschaften und Investieren in Osteuropa. Rechtsgrundlagen und Rechtspraxis ; Gesellschaftsrecht, Eigentum, Firmenrepräsentanz, Arbeitsrecht, Steuerrecht, Wirtschaftskriminalität*. Berlin: Berlin Verlag Arno Spitz.
Roggemann, Herwig (Hg.), 1996: *Eigentum in Osteuropa. Rechtspraxis in Ost-, Ostmittel- und Südosteuropa mit Einführungen und Rechtstexten*. Berlin: Berlin Verlag Arno Spitz.
Roggemann, Herwig (Hg.), 1999: *Die Verfassungen Mittel- und Osteuropas. Einführung und Verfassungstexte mit Übersichten und Schaubildern*. Berlin: Berlin Verlag Arno Spitz.
Rottleuthner, Hubert, 1987: *Einführung in die Rechtssoziologie*. Darmstadt: Wissenschaftliche Buchgesellschaft.
Rottleuthner, Hubert, 1991: „Zum soziologischen Rechtsbegriff", in: Robert Alexy, Ralf Dreier & Ulfrid Neumann (Hg.), *Rechts- und Sozialphilosophie in Deutschland heute. Archiv für Rechts- und Sozialphilosophie Beiheft 44*. Stuttgart: Franz Steiner, S. 300-311.
Rottleuthner, Hubert, 1994: *Steuerung der Justiz in der DDR*. Köln: Bundesanzeiger Verlag.
Rueschemeyer, Dietrich (Hg.), 1973: *Lawyers and their Society. A Comparative Study of the Legal Profession in Germany and the U.S.* Cambridge, MA: Harvard University Press.
Rueschemeyer, Marilyn (Hg.), 1994: *Women in the Politics of Post-communist Eastern Europe*. Armonk, NY: M.E. Sharpe.
Russell, Peter H. & David M. O'Brien (Hg.), 2001: *Judicial independence in the age of democracy. Critical perspectives from around the world*. Charlottesville: University Press of Virginia.
Rüthers, Bernd, 1992: *Ideologie und Recht im Systemwechsel*. München: Beck.
Rüthers, Bernd, 1997 (5. Aufl.): *Die unbegrenzte Auslegung. Zum Wandel der Privatrechtsordnung im Nationalsozialismus*. Heidelberg: Juristischer Verlag Müller.
Sachs, Jeffrey D. & Katharina Pistor (Hg.), 1997: *The rule of law and economic reform in Russia*. Boulder, CO: Westview Press.
Sajó, András (Hg.), 1996: *Western rights? : post-communist application*. Hague: Kluwer Law International.
Sajó, András, 1990a: „New Legalism in East Central Europe: Law as an Instrument of Social Transformation", *Journal of Law and Society*, Bd. 17 [3], S. 329-344.
Sajó, András, 1990b: „The Difficulties of Socio-Legal Transition: Constitutional Efforts in Hungary", *UNB Law Journal*, Bd. 39, S. 254.
Sajó, András, 1999: *Limiting Government. An Introduction to Constitutionalism*. Budapest: Central European University Press.

Sajó, András, Shlomo Avineri & Lorri Rutt Bentch, 1999: *The law of religious identity. Models for post-Communism.* The Hague: Kluwer Law International.
Sarat, Austin & Stuart A. Scheingold (Hg.), 1998: *Cause Lawyering. Political Commitments and Professional Responsibilities.* New York: Oxford University Press.
Sarat, Austin & Thomas R. Kearns (Hg.), 1991: *The Fate of Law.* Ann Arbor: The University of Michigan Press.
Sarat, Austin et al. (Hg.), 1998: *Crossing Boundaries. Traditions and Transformations in Law and Society Research.* Evanston, IL: Northwestern University Press.
Sarcevic, Edin, 1996: *Der Rechtsstaat. Modernität und Universalitätsanspruch der klassischen Rechtsstaatstheorien - eine Bilanz der Rechtsstaatslehren zwischen aufgeklärtem Liberalismus und Nationalsozialismus.* Leipzig: Leipziger Universitätsverlag.
Sauer, Birgit, 1996: „Transition zur Demokratie? Die Kategorie „Geschlecht" als Prüfstein für die Zuverlässigkeit von sozialwissenschaftlichen Transformationstheorien", in: Eva Kreisky (Hg.), *Vom Patriarchalen Staatssozialismus zur patriarchalen Demokratie.* Wien: Verlag für Gesellschaftskritik, S. 131-164.
Savelsberg, Joachim J., 1995: „Crime, Inequality, and Justice in Eastern Europe: Anomie, Domination, and Revolutionary Change", in: J. Hagan & R. Peterson (Hg.), *Crime and Inequality.* Stanford: Stanford University Press.
Schwartz, Herman, 2000: *The Struggle for Constitutional Justice in Post-Communist Europe.* Chicago: Chicago University Press.
Schweisfurth, Theodor & Ralf Alleweldt, 1997: „Die neuen Verfassungsstrukturen in Osteuropa", in: Georg Brunner (Hg.), *Politische und ökonomische Transformation in Osteuropa.* Berlin: Berlin Verlag Arno Spitz (2., aktualisierte Aufl.), S. 45-102.
Schwinger, Elke, 2001: „Die Mauerschützenprozesse oder: das 'moderne Gewissen' vor Gericht", *WeltTrends,* Nr. 31, S. 85-100, Kritik von Volkmar Schöneburg mit Antwort der Autorin in *WeltTrends,* Nr. 34, Frühjahr 2002.
Seewann, Gerhard (Hg.), 1995: *Minderheiten als Konfliktpotential in Ostmittel- und Südosteuropa.* München: Oldenbourg / Südosteuropa-Gesellschaft.
Shapiro, Martin, 1981: *Courts. A comparative and political analysis.* Chicago: University of Chicago Press.
Sharlet, Robert, 1992: *Soviet Constitutional Crisis: From De-Stalinization to Disintegration.* Armonk, NY: M.E. Sharpe.
Shelley, Louise I., 1984: *Laywers in Soviet Work Life.* New Brunswick, N.J.: Rutgers University Press.

Shelley, Louise I., 1992: „Legal Consciousness and the Pravovoe Gosudarstvo", in: Donald D. Barry (Hg.), *Toward the „rule of law" in Russia? Political and legal reform in the transition period.* Armonk, N.Y.: M.E. Sharpe, S. 63-76.

Shlapentokh, Vladimir, 1989: *Public and Private Life of the Soviet People: Changing Values in Post-Stalin Russia.* New York: Oxford University Press.

Shlapentokh, Vladimir, Christopher Vanderpool & Boris Doktorov (Hg.), 1999: *The New Elite in Post-Communist Eastern Europe.* College Station, TX: Texas A&M University Press.

Skapska, Grazyna, 1994: „The Legacy of Anti-Legalism", *Poznan Studies in the Philosophy of the Sciences and the Humanities,* Bd. 36, S. 200-218.

Skapska, Grazyna, 1999: „Between 'Civil Society' and 'Europe': Post-Classical Constitutionalism after the Collapse of Communism in a Socio-Legal Perspective", in: Jiri Priban & James Young (Hg.), *The rule of law in Central Europe.* Aldershot: Ashgate, S. 204-222.

Slawinski, Ilona & Michael Geistlinger (Hg.), 1991: *Gesetzgebung in Ost- und Südosteuropa. Legislative Technik im Wandel.* Wien: Verlag für Geschichte und Politik.

Stalev, Stoyan, 1999: *Verfassungssysteme im Umbruch. Eine rechtsvergleichende Untersuchung zu Bulgarien, Rumänien und Slowenien.* Baden-Baden: Nomos.

Stark, David & László Bruszt, 1997: *Postsocialist Pathways: Transforming Politics and Property in East Central Europe.* Cambridge: Cambridge University Press.

Sterbling, Anton & Heinz Zipprian (Hg.), 1997: *Max Weber und Osteuropa.* Hamburg: Krämer.

Sterbling, Anton, 1994: „Modernisierungstheorie und die Entwicklungsproblematik Osteuropas. Eine kritische Betrachtung", in: Bálint Balla & Wolfgang Geier (Hg.), *Zu einer Soziologie des Postkommunismus.* Münster: Lit, S. 6-19.

Stern, Klaus (Hg.), 1998: *Zukunftsprobleme der Europäischen Union: Erweiterung nach Osten, Vertiefung oder beides?* Berlin: de Gruyter.

Suchman, Mark C., 1997: „On Beyond Interest: Rational, Normative and Cognitive Perspectives in the Social Scientific Study of Law", *Wisconsin Law Review,* Bd. 3, S. 475-501.

Teitel, Ruti, 2000: *Transitional Justice.* Oxford: Oxford University Press.

Thomass, Barbara & Michaela Tzankoff (Hg.), 2001: *Medien und Transformation in Osteuropa.* Opladen: Westdeutscher Verlag.

Thompson, E. P., 1975: „The Rule of Law", in: *Whigs and Hunters. The Origins of the Black Act.* London: Penguin, S. 219-269.

Tomandl, Theodor & Wolfgang Mazal (Hg.), 2000: *Soziale Sicherheit in Mitteleuropa. Ein Systemvergleich zwischen Kroatien, Österreich, Polen, Slowakei, Slowenien, Tschechien und Ungarn.* Wien: Orac.

Topitsch, Ernst, 1965: *Logik der Sozialwissenschaften.* Köln: Kiepenheuer & Witsch.

Uhl, Manfred, 1999: *Verfassungen in den politischen Systemtransformationen Osteuropas. die postsozialistischen Verfassungsordnungen in der Russischen Föderation, Belarus und Lettland.* Würzburg: Ergon-Verlag.

Unger, Roberto M., 1976: *Law in Modern Society. Toward a Criticism of Social Theory.* The Free Press, New York.

Varga, Csaba (Hg.), 1993: *Marxian Legal Theory.* Aldershot: Dartmouth.

Voiculescu, Aurora, 2000: *Human rights and political justice in post-communist Eastern Europe: Prosecuting history.* Lewiston, N.Y: Edwin Mellen Press.

Voigt, Rüdiger (Hg.), 2000: *Globalisierung des Rechts.* Baden-Baden: Nomos.

Weber, Max, 1980 (5., rev. Aufl.[orig. 1921]): *Wirtschaft und Gesellschaft. Grundriß der verstehenden Soziologie.* Tübingen: Mohr.

Zweigert, Konrad & Hein Kötz, 1996 (3. Aufl.): *Einführung in die Rechtsvergleichung.* Tübingen: J.C.B. Mohr.

Für deutsche *juristische* Literatur zum Thema siehe insbesondere auch
- die Zeitschriften *Osteuropa-Recht, Wirtschaft und Recht in Osteuropa* und *WGO-Monatshefte für Osteuropäisches Recht*;
- die Reihe *Osteuropaforschung* und die *ROW-Schriftenreihe* im Berlin-Verlag Arno Spitz;
- das *Jahrbuch für Ostrecht,*
- die *Themenbände* und *Studien* des Instituts für Ostrecht in München (http://www.ostrecht.de).

Ein Internetportal mit weiteren Links zu juristischen und sozialwissenschaftlichen Internetportalen und Literaturhinweisen findet sich unter http://www.rechtswirklichkeit.de/transformation, dort auch Verweis auf englischsprachige Zeitschriften.

Autoren und Autorinnen

Katalin Füzér, geb. 1971, Doktorandin an der University of Pennsylvania / Philadelphia. Ihre Doktorarbeit behandelt die Staatsrechtslehre in der Weimarer Republik. Das Interesse an der Untersuchung von politischen Ideen und Diskursen hat auch ihre Studien zur Entwicklung des postkommunistischen Ungarn beeinflusst (siehe z.B. „The Invisible Constitution: The Construction of Constitutional Reality in Hungary", International Journal of Sociology, Winter 1996-97, Bd. 26, Nr.4, S. 48-65). Neben dem Interesse an Verfassungstheorie und –praxis arbeitet Katalin Füzér zu verwandten Feldern der politischen, rechtlichen und sozialen Theorie, inklusive der Rechtssoziologie.

Aleš Galič, Dr., geb. 1968. Rechtswissenschaftliches Studium an der Universität Ljubljana, Examen 1991, LL.M. in bürgerlichem und Handelsrecht 1994, 2. Staatsexamen 1995 und Promotion 1998 über „Verfassungsprozessuale Garantien im Zivilprozessrecht". Dr. Galič ist Universitätsdozent in Zivilprozessrecht an der Rechtswissenschaftlichen Fakultät der Universität Ljubljana und rechtlicher Berater am Verfassungsgericht. Er war an der Ausarbeitung des neuen Zivilprozessgesetzes und des Wettbewerbsgesetzes beteiligt und ist zur Zeit ein Mitglied der Expertengruppe für die Gesetzesreform im Vollstreckungsrecht, im Recht der außergerichtlichen Streitschlichtung, der geistigen Gesundheit und der Arbeits- und Sozialgerichtsbarkeit.

Wolfgang Gaul, geb. 1967, Dr. iur., ist als Wirtschaftsanwalt in Berlin tätig (Buse Heberer Fromm). In den letzten Jahren hat er Rechtsreformprojekte in Osteuropa, der GUS und Asien für verschiedene Geberorganisationen begleitet. Längere Forschungsaufenthalte in Georgien. Veröffentlichungen u.a: Der Georgische Knoten, Selbstverlag, 1992; „Stellung der Verfassungsgerichtsbarkeit im Verfassungsstaat – Die Unentbehrlichkeit des höchsten Richters", 1998 (Walter-Hallstein-Insitute-Papers); „Neue Verfassungsstrukturen in Georgien", VRÜ, 1999; „Verfassungsgebung in Georgien. Ergebnisse internationaler rechtlicher Beratung in einem Transformationsstaat"; Berlin-Verlag Arno Spitz, 2001; „About Constitutional Moments and Everyday Life in Georgian Constitutionalism", Georgian Constitutional Law Journal, 2001 (mit Prof. Dr. Blankenagel).

Paul Georg Geiß, Dr. phil., geb. 1969, Studium der Politikwissenschaft, Slawistik (Russisch), des Völker- und Europarechts, der Geschichte und Sozialkunde, der Psychologie, Pädagogik und Philosophie in Wien, München und London. Dissertation zum Wandel von Gemeinschaftsstrukturen und politischer Ordnung im vorzarischen und zarischen Zentralasien; seit Oktober 2000 freier wissenschaftlicher Mitarbeiter am Deutschen Orientinstitut in Hamburg und seit 2001 Lehrbeauftragter an der Universität Wien. Veröffentlichungen u.a.: Wahlen und Politik in Kirgisien, Orient, 2001/2, vol. 42, S. 1-18; Voraussetzungen und Grenzen politischer Reformen in Turkmenistan, Osteuropa, 2000/2, S. 176-88; Zivilgesellschaft: Risiko oder Chance für Mittelasien? In F. Kolland, E. Pilz, A. Schedler, W. Schicho (Hrsg.): Staat und Zivile Gesellschaft, Frankfurt 1996, S. 167-182; Nationenwerdung in Mittelasien, Frankfurt, Peter Lang, 1995.

Wolf Heydebrand, geb. 1930, ist Professor für Soziologie an der New York University. Ph.D. in Soziologie, University of Chicago. Lehrte an den Universitäten Chicago, Washington (St. Louis), Columbia, Heidelberg, Frankfurt/M. und am Europäischen Hochschulinstitut in Florenz. Ausgewählte Publikationen: „Globalisation and the Rule of Law at the end of the 20th century", European Yearbook in the Sociology of Law, 2000; „Multimedia Networks, Globalization, and Strategies of Innovation: the Case of Silicon Alley", in H.J. Braczyk u.a. (Hg.), Multimedia and Regional Economic Restructuring. New York, Routledge, 1999; Rationalizing Justice: The Political Economy of Federal District Courts (mit C. Seron). Albany, NY: SUNY Press, 1990. Herausgeber von: Max Weber: Sociological Writings. New York: Continuum, 1994. Forschungsschwerpunkte: Einfluss der Globalisierung auf die Rechtsentwicklung in Europa und USA; Innovation in zwischenbetrieblichen Netzwerken in den neuen Medien.

Armin Höland, geb. 1948, Professor an der Juristischen Fakultät der Martin-Luther-Universität Halle-Wittenberg. Schwerpunkte in Forschung und Lehre: Mitbestimmung in Europa, Betriebsverfassung, Recht und Praxis des Tarifvertrages, Rechtskulturen, rechtliche Aspekte der Transformation in Mittel- und Osteuropa, Fragen der Europäisierung des Privatrechts. Publikationen zum Thema u.a: European Legal Cultures (zusammen mit Volkmar Gessner und Csaba Varga) Aldershot, 1996, „Rechtsreform durch Wiedervereinigung? - Zivil- und wirtschaftsrechtliche Rückwirkungen des Prozesses der deutschen Einigung", Kritische Vierteljahresschrift für Gesetzgebung und Rechtswissenschaft 1 / 1996; „The Normative Foundation of the Polity. Conceptual approaches in East and Central Europe", (zus. mit Ulrich K. Preuß), ZERP- Diskussionspapier 6/97.

Jörg Jacobs, Dipl.-Pol., geb. 1966, wissenschaftlicher Mitarbeiter Lehrstuhl für vergleichende Kultursoziologie an der Europa Universität Viadrina Frankfurt: Transformationsforschung, Empirische Politikforschung. Ausgewählte Publikationen: Demokratie – Erscheinungsformen und Entwicklung im interkulturellen Vergleich. Bamberg 1997 (mit S. Pickel/ G. Pickel); Demokratie auf dem Prüfstand – Konsolidierung und Widerstandspotential der Bevölkerung in Osteuropa im Vergleich. Berliner Debatte INITIAL (11) 5/6, 2000 (mit O. Müller/ G. Pickel); Political Culture in Post-Communist Europe – Attitudes in New Democracies (mit D. Pollack/O. Müller/ G. Pickel).

Gert Pickel, Dipl.-Soz., Dipl.-Pol, geb. 1963, wissenschaftlicher Mitarbeiter am EU-Projekt „Democratic Values", Lehrstuhl für vergleichende Kultursoziologie Europa Universität Viadrina Frankfurt (Oder)/ Ernst-Moritz-Arndt-Universität Greifswald, Forschungsschwerpunkte: Empirische Demokratie- und Politische Kulturforschung, Transformationsforschung, Religionssoziologie, regionaler Schwerpunkt Osteuropa. Ausgewählte Publikationen: Politische Einheit – kultureller Zwiespalt? (mit S. Pickel/ D. Walz); Demokratiemessung. Konzepte und Befunde im internationalen Vergleich, Wiesbaden 2000 (mit H.-J. Lauth/ Chr. Welzel); Rechtsstaat und Demokratie. Theoretische und empirische Studien zum Recht in der Demokratie, Wiesbaden 2001 (mit M. Becker/ H.-J. Lauth).

Ulrich K. Preuß, Prof. Dr., geb. 1939, Studium der Rechtswissenschaft und Soziologie in Kiel und Berlin, 1968 Promotion in Gießen, von 1972 bis 1996 Professor für öffentliches Recht an der Universität Bremen, seit 1996 Professor für öffentliches Recht und Politik an der Freien Universität Berlin. Ende 1989 bis April 1990 Berater der mit der Erarbeitung einer neuen Verfassung betrauten Arbeitsgruppe des Runden Tisches für das Neue Forum, seit 1992 Mitglied des Bremischen Staatsgerichtshofs. Forschungsschwerpunkte liegen im Bereich des deutschen, des vergleichenden und des europäischen Verfassungsrechts sowie der Verfassungs- und der politischen Theorie. Publikationen aus letzter Zeit: Institutional Design in Post-Communist Societies. Rebuilding the Ship at Sea (Ko-Autor, gemeinsam mit Jon Elster u. Claus Offe). Cambridge 1998 (Cambridge University Press); Zum Begriff der Verfassung. Die Ordnung des Politischen. Frankfurt/M. 1994 (S. Fischer); Revolution, Fortschritt und Verfassung. Zu einem neuen Verfassungsverständnis. Berlin 1990 (Wagenbach). 2. erw. Aufl. Frankfurt/M. 1994.

Edin Šarčević, Dr. jur. habil., geb. 1958, Studium der Rechtswissenschaften in Sarajevo, Belgrad und Saarbrücken; Promotion 1992 (Saarbrücken) Habilitation 1999 (Leipzig). Lehrtätigkeit an den Universitäten in Sarajevo, Helsinki und Leipzig. Seit 1999 Privatdozent an der Leipziger Juristenfakultät. Ausgewählte Publikationen: Der Rechtsstaat (Leipzig, 1998); Die Schlussphase der Verfassungsgebung in Bosnien-Herzegowina (Leipzig, 1996); Ustav i politika - Verfassung und Politik, (Sarajevo/Ljubljana 1997); Das Bundesstaatsprinzip (Tübingen, 2000); Religionsfreiheit und der Streit um den Ruf des Muezzins (Leipzig, 2000). Forschungsfelder: Öffentliches Recht, Völker- und Europarecht, Rechts- und Staatslehre, osteuropäische Rechtssysteme.

Marcel Tomášek, geb. 1971, Doktorand an der Graduate School for Social Research der Polnische Akademie der Wissenschaften, Visiting fellow am Transregional Center for Democratic Studies (New School University, New York). M.A. in Soziologie an der Central European University (Warschau), und M.A. in Politikwissenschaft und Geschichte an der Palacký University (Olomouc, Tschechische Republik). Studienaufenthalte an der Universität Aarhus (Dänemark) and Miami University (Ohio, USA). Forschungsinteresse: Transformationstheorie, Europäische Integration.

Karel Vodička, Dr., geb. 1949, wissenschaftlicher Mitarbeiter an der Universität der Bundeswehr Hamburg und an der Karls-Universität Prag, Fakultät für Sozialwissenschaften. Publikationen: EU-Osterweiterung. Soziale und politische Angleichung, Karls-Universität, Prag, 2001 (mit Dagmar Moravcová); Slowakische Republik. Studien zur politischen Entwicklung, LitVerlag Münster, 2000 (mit Rüdiger Kipke); Das Politische System Tschechiens, LitVerlag Münster, 1996; Abschied von der Tschechoslowakei, Wissenschaft und Politik, Köln, 1993 (mit Rüdiger Kipke); Vademecum der tschechoslowakischen Wissenschaft, Bonus Prag, 1991. Forschungsinteresse: Politischer Systemwechsel bzw. Transformation des postkommunistischen Mitteleuropas mit Schwerpunkt auf Tschechien und die Slowakei.

Herausgeber:
Christian Boulanger, M.A., geb. 1970, studierte Geschichte, öffentliches Recht und Politikwissenschaft in Heidelberg, Berlin und Seattle, zur Zeit Doktorand am Otto-Suhr-Institut für Politische Wissenschaft der Freien Universität Berlin. Herausgeber von: Zur Aktualität der Todesstrafe. Interdisziplinäre und globale Perspektiven. Berlin: Berlin Verlag Arno Spitz, 2., erw. und vollst. neu bearb. Aufl., 2002.